제자백가의 철학사상 1

제자백가의 철학사상 1

2022년 11월 10일 초판 1쇄 발행

저　자 | 송 영 배
펴낸이 | 박 기 봉
펴낸곳 | 비봉출판사
출판등록 | 2007-43 (1980년 5월 23일)
주 소 | 서울 금천구 가산디지털2로 98. 2동 808호(가산동, IT캐슬)
전 화 | (02) 2082-7444
팩 스 | (02) 2082-7449
E-mail | bbongbooks@hanmail.net

ISBN | 978-89-376-0491-1 03150

값 20,000원

1

서울대학교 철학과 명예교수
송영배 지음

제자백가의 철학사상

비봉출판사

머리말

나는 1963년에 대학에 입학하여 본격적으로 철학 공부를 시작하였다. 그 당시 한국은 무척 가난하였고, 나는 특히 그러했다. 어렵사리 국립교통고등학교를 졸업하고 철학과에 진학하는 경우는 더욱 그러했다. 나는 선친에게서 들어온 풍월대로 한문漢文을 진서眞書로 알았다. 그래서 아무도 거들떠보지 않는 동양철학을 전공하리라 생각했다. 그러나 서울대에는 동양철학을 가르칠 교수가 없었다. 다만 고려대학교의 김경탁金敬琢(1906-1970) 교수가 시간을 맡아서 중국철학을 강의하였다.

학부시절에 내게 강렬한 인상을 심어준 교수로, 서양 고대철학을 가르치는 박홍규(1919-1994) 교수가 있었다. 나도 급우들과 함께 독일어로 된 플라톤의 「티마이오스」편의 강독에 참여하였다. 수학적으로 설명하는 우주의 구조분석이 어찌나 정밀한지 새삼 놀라며 주의 깊게 플라톤 강독을 따라갔다. 그러나 김경탁 교수가 하는 『장자』 강독시간은 참으로 놀라웠다. 과장과 풍자가 뒤섞인 장자의 스토리 전개는 장대하고 환상적인 멋이 있었다. 과학적 엄밀성보다는 인간 세계에 대한 날카로운 비판과 아무것에도 구속받지 않는 자유스런 삶의 구가謳歌가 나를 매료시키었다. 2학년을 마치면서 동양철학 전공으로 마음을 굳혀 먹었다.

이것이 60여 년 전의 일이다. 그 후 나는 대만臺灣에 가서 중국철학을 배워보고자 하였으나, 지난 세기 70년대 초에는 장개석蔣介石(1887-1975)의 독재체제가 아주 왕성한 시기로, 비판적인 사고나 역사·사회의식은 대만에서는 찾기 힘들었다. 그곳에는 역사와 철학의 박사과정이 없었다. 나는 중국어와 한문만을 배우고, 할 수 없이 석사과정을 한 번 더 마치고, 철학이 있는 나라인 독일로 유학을 계속하지 않을 수 없었다.

독일은 개방적인 사회였다. 지난 세기 70년대 초에는 제국주의를 반대하는 민주화의 학생데모가 전 유럽을 휩쓸고 있었다. 나는 독일에서 비로소 내가 이제까지 자기 현실도 모르고 관념적인 환상에 빠진 자기 모습을 볼 수 있었다. 당시의 가난한 한국, 박정희 독재, 당면한 이런 현실 속에서 도대체 철학을 배운다는 것이 무엇인지를 뼈저리게 생각해보지 않을 수 없었다. 세계를 지배하는 유럽 문명은 그 시발이 프랑스혁명이라는 사실을 새삼 알게 되면서, 동아시아를 뒤바꾼 공산주의혁명을 깊이 있게 연구해보지 않을 수 없었다. 사회의 변화와 철학적 사유의 연관을 되묻지 않을 수 없었다. 박정희의 사후, 유신체제를 반대했던 해외 인물들이 귀국해도 괜찮다는 소문에 따라, 나는 1982년 9월 초에 13년간의 유학 생활을 마치고 귀국하였다.

그로부터 거의 50년 가까이 한국에서 생활하고 있다. 귀국 직후부터 나는 사회의 변화와 철학의 다양성에 주목하면서, 중국 고대의 제자백가諸子百家의 철학을 중심으로 학생들에게 선신先秦시대의 철학을 가르쳐 왔다. 나는 일찍이 『제자백가의 사상』(현음玄音사, 1994)을 출판한 바 있다. 그러나 그것이 미진하여 좀 보완해 보려고 노력은 하였으나, 그 일이 쉽지만은 않았다.

나는 그간에 노자老子에 관한 부분을 많이 연구하여 2008년에 드디어, 노자 텍스트가 기원전 5세기 노자老子 당시에 출현하여 3세기 전국戰國시대에 와서야 현재 우리가 보는 노자 텍스트가 나타났음을 입증하였다. 그리고 『노자』에는 양주楊朱나 장자莊子에서 찬연히 빛나는 개인주의 철학의 일면을 가지면서도, 황로黃老학의 특성이 담긴 이중성을 발견하였다. 또한 『관자管子』를 수년간 열독하여 처음으로 완정한 『관자』 한글 번역서를 출판하게 되었다. 또한 『주역』에 대한 전국시대의 해설서인 『역전易傳』을 완독하여 『역전』의 철학사상을 소개하기에 이르렀다. 전국戰國시대를 마감하는 『여씨춘추呂氏春秋』는 아직 체계적 정리를 다하지 못하였다. 아무래도 이 작업은 후학에게 맡길 수밖에 없다.

원고 전체가 A4용지로 560여 쪽이나 되는 방대한 분량이다. 학생, 후학 그리고 일반인들의 중국 고대의 다양한 철학사상 연구에 보탬이 되길 바란다. 그리고 동료나 후학들의 질정을 부탁드린다.

오랫동안 이 책의 출판을 허락해 주신 비봉출판사의 박기봉 사장에게 심심한 감사를 드린다. 그리고 이 방대한 분량의 원고를 애써 열심히 편집해 주신 박은진 등 편집진 여러분에게 동시에 감사를 드리는 바이다.

2018. 9. 28.

송영배宋榮培

1권 목차

머리말 / V

목차 / Ⅷ

제1장 천명론과 인문주의 사상의 맹아 / 1

    1. 천명론과 그 비판 / 3

    2. 음양陰陽 · 오행五行론의 자연관 / 14

    3. 인문주의 사상의 맹아 / 28

제2장 공자의 인문주의적 이상과 교육론 / 34

    1. 공자의 위기의식과 주례周禮의 이상화 / 39

    2. 공자의 유신된 〈군자君子〉관과 〈화和〉의 세계관 / 49

    3. 정명正名론과 덕치德治의 이념 / 55

    4. 공자의 인仁사상 / 62

    5. 교육에 대한 태도와 방법 / 65

    6. 천명天命론의 수정과 인본주의 사상 / 71

제3장 묵가의 '만인 상호사랑' [兼相愛]과 사회 실천사상 / 78

   1. 묵가의 노동하는 인간관과 의義[사회정의]에 대한 규정 / 83

   2. 처참한 전쟁 상황과 묵가의 침략전쟁 반대론 / 89

   3. 묵가사상의 출발점 / 91

   4. 공리주의적인 '겸이역별兼以易別'의 이상론 / 96

   5. 상현尙賢론과 현자賢者 독재론 / 104

   6. 묵가의 주체적 실천[非命]론 / 112

   7. 공리주의적인 천의天意론과 종교관 / 122

   8. 묵가사상에 대한 비판적 평가 / 134

제4장 양주학파의 개인주의 사상 / 139

   1. 양주의 개인주의 철학은 어떻게 평가되었나? / 142

   2. 자기 자신을 위하라[爲我論] / 144

   3. 서로 간섭 없이 자기 일을 해나가라 / 145

   4. 외물外物을 경시하고 생명을 중시하라 / 148

   5. 인간은 감성적 존재이므로 욕구를 조절해야 한다 / 150

제5장 『손자』에 나타난 군사변증법 사상 / 157

   1. 전쟁 운용을 어떻게 할 것인가? / 163

   2. 실전 없이 지략智略으로 승리하라 / 167

   3. 상대를 이길 수 있는 전투상황[形]을 만들라 / 171

   4. 전투형세는 변증법적으로 변화한다 / 176

   5. 적에게는 불리한, 아군에게는 유리한 형세를 만들라! / 179

   6. 적의 실實을 피하고 허虛를 치는 전쟁의 주도권을 잡으라! / 190

제6장 상앙商鞅학파 법치주의 진보성과 반동성 / 199

　　1. 절대 국가권력의 창출 / 206

　　2. 진보적 역사관과 개혁의 논리 / 208

　　3. 법치이론의 진보성과 반동성 / 212

　　4. 중형경상重刑輕賞론과 반反문화적 군국주의 / 217

　　5. 유가적 지식인들의 '주체적 자율' 의식의 성장과 법가적
　　　　전체주의에 대한 비판 / 223

　　6. 한漢대 유가적 지식인의 상앙 비판 / 225

제7장 『노자』의 철학사상: '도', 즉 '무'의 형이상학 태동과
　　　　다의적 철학사유 / 229

　　1. 머리말 / 229

　　2. 유가, 묵가, 법가 등을 비판하다 / 241

　　3. 폭력과 전쟁 반대론 / 246

　　4. '유기체적 정체整體론'과 군주의 '유위有爲' 통치 비판 / 254

　　5. 『노자』의 형이상학(1): 무궁한 자연변화와 우주생명의 철학 / 259

　　6. 『노자』의 형이상학(2): '유有' '무無'의 상생相生과
　　　　상관적 사유 / 267

　　7. 『노자』의 형이상학(3): '독단적 사유' 지평을 넘어서는
　　　　'도' 이야기 / 282

　　8. 군주의 불간섭과 만물[마위] 스스로의 자발성:
　　　　— 문명비판과 소국과민小國寡民의 이상 — / 294

　　9. 황노학黃老學 '무위' 정치의 이상과 우민정치의 비극 / 305

제8장 송견 · 윤문학파의 평화주의와 전쟁반대론 / 317

  1. 평화주의와 전쟁반대론 / 320

  2. 절욕을 통한 마음의 평화와 정기精氣의 보전을 통한 양생술 / 324

제9장 맹자孟子의 왕도王道 정치론과 인본주의 철학 / 340

  1. 인정仁政론과 왕도王道정치 / 346

  2. 왕도정치의 경제적 기초 / 352

  3. 민본주의民本主義 / 359

  4. 국가 공리주의의 비판 / 362

  5. 혁명론: 군주 교체[革命]론의 합법성 / 367

  6. 군신君臣 평등론의 부정과 상하 차등적 분업론 / 370

  7. 힘에 의한 통치[覇道]와 겸병전쟁의 반대 / 375

  8. 성선性善론의 도덕 형이상학 / 378

  9. 호연지기浩然之氣: 도덕정신 역량의 물리적 표현 / 389

  10. 제자백가들에 대한 비판 / 391

제10장 장자의 상관적 사유와 자유주의 철학사상 / 397

  1. 장자가 말하는 자신의 '무한한 변화'의 철학사상 / 403

  2. 인위적 제도 및 이념적 명분론에 대한 비판 / 406

  3. 제물론齊物論에 입각한 상관적 인식이론 / 432

  4. 험난한 세상과 인간 중심적 소용所用의 세계를 넘어서는
    '무용無用'의 자연적 생명세계 / 455

  5. 정신적 자유와 해방: 소요유逍遙遊의 세계 / 488

  6. 진흙 속에서의 삶의 자유와 예술적 자유의 세계 / 513

(이상 제1권)

2권 목차

제11장 『관자管子』의 다양한 사상 / 529

  1. 머리말 / 529

  2. 「유관幼官」 곧 유관幽館편 / 539

  3. 수지 ┃ 물과 땅水地 / 565

  4. 이른바 『관자』 4편: 도가道家 철학 / 575

    1)「심술心術」(상)편 / 575

    2)「심술心術」(하)편 / 585

    3)「내업內業」편 / 591

    4)「백심白心」편 / 606

  5. 음양오행사상 / 620

    1)「사시四時」편 / 621

    2)「오행五行」편 / 633

  6. 농가農家사상: 지원地員편 ┃ 토지와 물산의 종류 / 646

제12장 혜시의 상대주의적 논리와 공손룡의 절대고립주의의 논리 / 675

  1. 혜시惠施 '역물歷物' [사물관찰]의 열 가지 명제 / 680

  2. 혜시와 다른 논변자들의 21가지 논리적 궤변 명제 / 682

  3. 장자와의 대화에 나타난 혜시의 모습 / 688

4. 『순자荀子』에 소개된 혜시의 이야기 / 694

5. 공손룡公孫龍의 논변 세계 / 697

제13장 후기 묵가의 논변사상 / 709

1. 〈경經〉과 〈설說〉에서 인식론과 논리사상 / 712

2. 〈경〉과 〈설〉에 나타난 묵가의 사회윤리사상 / 717

3. 〈소취小取〉: 논리와 인식의 운용에 나타난 비판적 분석 / 720

제14장 『역전易傳』의 철학사상 / 728

1. 「계사繫辭」 상전傳 / 731

2. 「계사繫辭」 하전傳 / 758

3. 「설괘說卦」전傳: 괘에 대한 설명 / 781

4. 「서괘序卦」전傳 / 793

5. 「잡괘雜卦」전傳 / 804

제15장 순자의 사회철학과 인본주의 사상 / 811

1. 직하稷下에서의 순자의 활약상 / 817

2. 사회적 존재로서의 인간과 예禮에 기초하는 이상사회 / 819

3. 〈예禮〉에 기초하는 사회 / 824

4. 성악性惡설과 인간의 실천적 행위[僞]의 의의 / 828

5. 군자君子: 법의 근원 / 831

6. 정명正名, 즉 '명분과 실제의 합치'론 / 832

7. 물리적 자연으로서의 천天론과 주체적 인본주의 / 852

8. '도'에 허심虛心한 인식과 제자백가에 대한 비판 / 865

제16장 추연鄒衍의 역사발전 순환론 / 878

    1. 추연鄒衍학술의 출발점과 특징 / 882

    2. 당대 공자나 맹자보다 월등했던 추연 영향력 / 883

    3. 중국中國중심의 지리적 세계관의 무한 확장 / 885

    4. '오덕종시五德終始' 설: 결정론적인 역사순환론 / 886

    5. 오덕종시설과 진시황秦始皇의 제도개혁 / 888

    6. 동중서董仲舒의 '천인감응' 설에 나타나는 추연의 영향 / 889

제17장 한비자의 철저한 법치주의의 이상과 비극 / 891

    1. 머리말 / 891

    2. 이기적 인간 본성과 법치의 필연성 / 907

    3. 법치에 의한 '부국강병'의 실현 / 923

    4. 인위적 '필연의 도리'의 근거 / 929

    5. 실증적인 합리적 인식론과 미신 반대론 / 935

    6. 시대의 변화와 사회 · 역사발전론 / 950

    7. '공'과 '사'의 모순적 이해관계 / 956

    8. '세勢'[군주절대권]에 대한 지적인 운용 / 962

    9. 법치의 의의와 원칙 / 968

    10. 중신을 제압하는 군주의 '술術'론 / 975

    11. 한비의 '외로운 울분[孤憤]'과 사명감 / 978

색인 / 986

제 1 장

천명론과 인문주의 사상의 맹아

　제왕의 통치권을 '하느님', 즉 상제上帝의 권위를 빌어서 절대화 하려는 천명天命론의 흔적은 중국 원시문명의 초기 단계에까지 거슬러 올라간다. 대량으로 출토된 은殷나라의 유물인 갑골甲骨문자는 제사, 정벌, 농사, 수렵, 기후, 수확 등의 내용을 거북 뼈[龜甲]나 짐승 뼈[牛胛骨 등]로 점을 쳐서 그 위에 점사를 기록하였다. 여기에서 이미 '하느님', 또는 기타의 신의 존재를 확인할 수 있다. 여기서 '상제'는 천상과 인간세계를 모두 지배하는 최고의 주재자로 나타나 있다.

　'상제'를 최고신으로 보는 전통적인 관념은 물론 주周, 즉 서주西周(기원전 11~9세기) 때 청동기의 명문銘文, 이른바 금문金文에도 명백히 나타나고 있다. 기존의 '제帝', 즉 '상제'의 명칭은 이제 주周씨 종족 고유의 최고신인 '천天'의 명칭과 동일시되어 쓰이고 있으며, 여기에서 비로소 주 왕조의 최고통치자인 왕王은 '천'으로부터 지상의 절대통치권인 천명天命을 부여받았다고 하는 천명사상이 뚜렷한 하나의 관념형태를 이루고 있다.

그리고 중국의 최고最古 역사 자료집인 『상서尚書』(또는 『서경書經』으로 불림)에서 천명사상이 더욱 발전되어 나타나면서 '천명'에 가탁하여 최고통치자인 인간, 즉 왕王의 의지적, 도덕적인 노력이 강조되고 있다. 지상의 통치자인 '왕'에 대하여 천상의 인격적, 의지적 '하느님', 즉 '천天'의 무조건적 신임이 이제 부정되기에 이른다. 말하자면, 부덕한 '왕'에 대하여는 마침내 천명이 철회되고, 새로 등장한 유덕한 '왕'에게 '천명'의 권위가 양여됨으로써, 은殷왕조에서 주周왕조로의 '천명'의 전이를 새롭게 공표하는 이른바 천명무상[唯命不于常]론이 제기되고 있다. 이에 주공周公(이름 단旦, 기원전 11세기)은 '천명' 외에 통치자들의 명덕明德, 경덕敬德의 중요성을 강조하기에 이른다.

요컨대 통치자에 대한 '상제의 의지', 즉 '천명'의 수탁은 결국 오직 유덕자唯德者에게 주어질 수밖에 없다는 새로운 정치사상이 확립된 셈이다. 여기에서 우리는 중국 철학사상에서 최초로 인간의 도덕적 실천의지에 결정적 의미를 부여하는 인문주의(人文主義) 사상의 맹아를 만나게 되는 것이다. 이뿐만 아니라 이러한 '천명'에 대한 인식의 전환은 『시詩』(또는 『시경詩經』으로 불림)의 일부 속에 전해지고 있는 당시의 민중들의 민요들 속에서도 나타나고 있다. 이와 동시에 중국 고대인들의 소박한 자연 인식들이 초기 단계의 음양오행陰陽五行설 속에서 나타나고 있다.

이 부분의 사상 자료는 「천명天命론과 그 비판」(제1절), 「음양陰陽오행五行론의 자연관」(제2절) 및 「인문주의 사상의 맹아」(제3절)의 세 부분으로 나누어 정리하였다.

1. 천명론과 그 비판

1.1) 천명天命의 절대적 권위

1.1.1) 하느님[天]에 대한 제사

을해乙亥날에 왕은 대풍大豊의 예禮를 거행하였다. 왕은 삼방三方의 제
후들과 함께 회동하였다. 왕은 천실天室 [하느님을 모신 사당]에서 엎드려
제사하고 하느님[天]께서 왕에게 허물을 내리지 않기를 빌었다. 선대의
대왕이신 문文왕께 [먼저] 융숭히 제사하고, '상제上帝'에게 제사를 드렸
다. (金文자료: 대풍궤大豊殷1))

> [乙亥, 王又(有)大豊, 王*(同)三方。王祀*于弓(于)天室降, 天亡尤王。
> 衣(殷)祀*于弓(于)顯考文王, 事喜(熹)上帝.]

1.1.2) 천명天命에 대한 최초의 언급

9월에 [무武]왕이 종주宗周[주周 왕조의 도읍지 호경鎬京]에서 [신하] 우盂에
게 명령하였다.

> [隹九月, 令(王才(在)宗周, 命)盂.]

왕은 이렇게 말하였다: "우야! 선대왕인 문왕께서는 천명天命을 받으
셨다. 무왕께서는 [문왕을 이으시어] 나라를 세우셨다. …

> [王若曰: "盂, 丕顯玟王, 受天, 有大令(命). 在珷王邦. …]

---

1) 대풍궤는 수周나라 무武왕 시기의 청동 제기祭器이다. 대풍大豊에는 大禮의 뜻이 있다.

지금 나는 문왕의 정덕政德을 본받아서 문왕처럼 너희들 두셋 장관들에게 명령하노니 … (金文자료: 대우정大盂鼎[2])

[今我隹卽井[刑]于玟王正[政]德; 若玟王, 令[命]二三正. …]

1.1.3) 천명天命의 준수: 민생의 안정과 하늘에 대한 제사 모심

왕께서 말씀하셨다: "아아! 봉封[강숙康叔의 이름]아, [하느님을] 삼가하며 행동할 것이로다! 백성들의 원성을 사서는 안 된다. 온당치 못한 음모나 불법을 써서 그 백성들의 실상을 가려서는 안 된다.

[王曰: "嗚呼! 封, 敬哉! 無作怨, 勿用非謀非彝蔽時忱.]

[그렇게 해야 그들은] 민첩하게 덕행으로 나아갈 것이다. 그대의 마음을 평안히 가질 것이며, 그대의 덕행을 반성해 보며, 그대의 원칙을 오래 두고 실시해 나가면 이에 백성들은 안녕을 누리게 되고, 그대의 [봉토도] 단절되지 않을 것이다."

[丕則敏德. 用康乃心, 顧乃德, 遠乃猷, 裕乃以民寧, 不汝瑕殄.]

왕께서는 말씀하셨다: "아, 그대 젊은 청년인 봉아! 천명이란 무상無常한 것이다. 그대는 유념해야 한다!

[王曰: "嗚呼! 肆汝小子封, 惟命不于常, 汝念哉!]

우리가 [망하여, 즉 천명을 잃고서] 조상의 제사를 끊어서는 안 된다는 것을! 그대의 천명을 명백히 밝히고, 그대의 견문을 높임으로써 백성들

---

2) 주周나라 강康왕 때의 청동 예기禮器이며, 우盂는 신하의 이름이다.

을 평안하게 다스려라."

[無我殄享! 明乃服命, 高乃聽, 用康乂民."]

왕께서 말씀하셨다: "이제 가라, 봉아! 받들어야 할 법도를 깨뜨리지 말 것이며, (또한) 짐殄이 그대에게 내린 훈계에 귀를 기울여서 은殷나라 백성들과 함께 세세대대로 제사를 받들게 해야 할 것이다."(『상서尚書』, 「강고康誥」3))

[王若曰: "往哉, 封! 勿替敬典, 聽朕告汝, 乃以殷民世享."]

1.1.4) 천명天命 무상無常론

주공은 말하였다: "(신臣은) 삼가 꿇어 엎드리어 머리를 땅에 대고 왕 전하와 소공에게 말씀드리려고 합니다. (또한) 많은 은殷나라 사람 여러분들과 (주周나라의) 관리들에게도 말씀드리고자 합니다.

[周公曰: "拜手稽首, 旅王若公; 誥告庶殷越自乃御事.]

아아! 저 하늘의 위대한 상제上帝는 그의 큰아들 [은나라 주紂임금]에게서 그 큰 나라 은殷의 천명을 거두어 갔습니다. 그리고 (지금) 왕께 천명을 내리신 것입니다.

[嗚呼! 皇天上帝, 改厥元子茲大國殷之命! 惟王受命.]

이것은 무궁무진한 행복이며 또한 무궁무진한 걱정거리입니다. 아

---

3) 주공周公이 일단 관숙管叔과 채숙蔡叔의 반란을 진압하고 나서, 강숙康叔을 은殷나라 유민들의 새로운 영주로 봉하면서 어린 성왕成王을 대신하여 그를 왕명으로 훈계한 내용의 글이다.

아, 어찌 삼가 근신하지 않을 수 있겠습니까!

　　[無疆惟休, 亦無疆惟恤. 嗚呼! 曷其柰何弗敬!]

　하늘은 일단 그 큰 나라 은의 천명을 거두어 갔습니다.

　　[天旣遐終大邦殷之命.]

　저 은나라의 많은 선대 성왕들의 [영혼들은] 천상에 있으며, 그들의 후대의 군왕과 후대의 백성들은 (또한) 그와 같이 그들의 명령에 복종했습니다.

　　[茲殷多先哲王在天, 越厥後王後民, 茲服厥命.]

　(그러나) 마지막 끝에 (이르러) 현자들은 숨어버리고 문제 있는 이들만 [관직에] 남았습니다. (백성들은) 부녀와 아이들을 등에 지고 팔로 껴안고 손으로 잡고 끌고 가면서 애통하게 하느님께 호소하였습니다.

　　[厥終, 智藏, 瘝在. 夫知保抱攜持厥婦子, 以哀籲天.]

　(도망은) 저지당했고, 도망자는 체포당했습니다. 아아! 하느님은 또한 이들 사방의 백성들을 애련히 여기시오니 (왕께서는) 천명을 돌아보시고 [덕을 베푸는 일에] 힘쓰셔야 합니다. [새로 천명을 받은] 왕은 긴급히 삼가 덕행을 쌓기에 힘써야 합니다!

　　[徂厥亡出執. 嗚呼! 大小戾于四方民, 其眷命, 用懋. 王, 其疾敬德!]

　옛날 선대의 하夏나라를 살펴보면, 하늘은 그들을 사랑하고 도와주었습니다. 천의 뜻을 어기자 그들은 천명을 잃었습니다.

[相古先民有夏, 天迪從子保. 面稽天若, 今時既墜厥命.]

지금 은나라를 살펴보면, 하늘의 신령이 내리어 그들을 보우했습니다. 하늘의 뜻을 어기자 그들은 천명을 잃었습니다. 지금 왕께서는 젊은 나이에 대권을 이어받으셨으니, 나이 많은 노인들의 말씀을 흘려버리시면 아니 됩니다. …

[今相有殷, 天迪格保. 面稽天若, 今時既墜厥命. 今沖子嗣, 則無遺壽耇…]

우리는 하夏나라를 거울삼아 보지 않을 수 없으며, 또한 은殷나라를 거울삼아 보지 않을 수 없습니다. … 그들은 그들의 덕을 삼가 받들어 행하지 못하였기 때문에 일찍이 천명을 잃을 수밖에 없었습니다. …

[我不可不監于有夏, 亦不可不監于有殷. … 惟不敬厥德, 乃早墜厥命. …]

지금 왕께서는 천명을 이어 받으셨습니다. 우리들은 이제 이 두 선대 왕조의 천명의 내력을 깊이 생각해야만 그 위업을 이룰 수 있는 것입니다. (『상서尚書』, 「소고召誥」4))

[今王嗣受厥命. 我亦惟茲二國命, 嗣若功."]

1.2) 천명天命의 부정: 당시의 학정에 대한 비판

---

4) 당시 주周의 왕도는 풍豊이었다. 섭정자 주공은 성왕이 이미 장성하였기 때문에 정치의 대권을 성왕成王과 소공召公에게 위임하려고 하였다. 이에 주공周公은 먼저 소공을 낙읍洛邑에 보내어 새 왕도를 짓게 하고 이 글을 지었다.

1.2.1)

〈1장〉:

瞻卬昊天	머리를 들어 푸른 하늘 우러러 본다.
則不我惠	왜 우리에게 은혜를 베푸시지 않는지
孔塡不寧	평안을 누리던 것 이미 오래전 일
降此大厲	또 다시 이런 재난을 내리시다니
邦靡有定	나라 안 어지러워 안정된 곳 없어
士民其瘵	백성들 고통 이루 말할 수 없다.
蟊賊蟊疾	해충들마저 극성 벼이삭 갉아 먹어
靡有夷屆	그 괴로움 끝없고 다함도 없으니
罪罟不收	형벌은 그물 마냥 거두어짐 없고
靡有夷瘳	백성들 괴로움 나을 줄 모르는구나. 5)

〈2장〉:

人有土田	사람들 그 집에 논밭을 가졌으면
女反有之	너는 그를 **빼앗아** 네 것으로 하고
人有民人	사람들 그 집에 부리는 사람 있다면
女覆奪之	너는 그를 **빼앗아** 네가 부렸다.
此宜無罪	이 사람은 분명 무죄인데도
女反收之	너는 오히려 쫓아 붙잡고
彼宜有罪	저 사람은 분명 유죄인데도

---

5) 이 시「시경詩經ㆍ대아大雅ㆍ첨앙瞻仰(우러러 봄)」는 주周나라 유왕幽王이 포사褒似를 총애하여 나라를 어지럽히고 백성들을 괴롭힌 사실을 풍자하고 있다. 전부 7장으로 되어 있다. 그 중 세 장만을 뽑았다.

女覆說之　　너는 오히려 풀어 주는구나!

〈6장〉:

天之降罔　　하늘이 저 그물을 내렸다.
維其優矣　　넉넉하기도 하지
人之云亡　　현명한 자는 떠날 것을 말하고
心之憂矣　　그 마음속 근심으로 젖었다.
天之降罔　　하늘이 저 그물을 내렸다.
維其幾矣　　가깝구나, 위험함이!
人之云亡　　현명한 자는 떠날 것을 말하고
心之悲矣　　그 마음속 슬픔으로 젖었다.

1.2.2)

〈2장〉:

旱旣大甚　　가뭄이 이미 크게 심하여
蘊隆蟲蟲　　뜨거운 기운 훅훅 달아오른다.
不殄禋祀　　정결한 제사 끊이지 않아
自郊徂宮　　교제사로 종묘제사 빠뜨림 없었다.
上下奠瘞　　종이 태워 천신께, 귀한 옥 파묻어 지신께
靡神不宗　　신마다 높이지 않음 없었건만
后稷不克　　우리 선조 후직后稷은 도울 줄 모르고
上帝不臨　　상제 또한 내려올 생각을 않는다.
耗斁下土　　세상 모두 피폐하니

寧丁我躬　왜 내게 이런 일이 일어났는고?6)

1.2.3)

〈1장〉:

蕩蕩上帝　방탕하다, 상제上帝는

下民之辟　백성의 임금이시거늘

疾威上帝　포악하다, 상제上帝는

其命多辟　그 명령 기괴하도다.

天生烝民　하늘이 이 많은 백성 내셨건만

其命匪諶　그의 천명 감당할 수 없도다.

靡不有初　처음에는 좋지 않은 일 없으나

鮮克有終　끝까지 좋은 일은 드물도다.7)

1.2.4)

〈6장〉:

不弔昊天　몰인정한 저 푸른 하늘이여

亂靡有定　환란은 줄곧 평정될 줄 모르고

式月斯生　다달이 이어 생겨나니

俾民不寧　백성들 편할 날 아주 없네.

---

6) 이것은 「시경·대아大雅·운한雲漢」편이다. 주周 선왕宣王 때 큰 한발이 있어서 백성이 상하고 나라가 위태로웠다. 이에 신에 제사지내어 도움을 청하였다. 전부 8장으로 그 중 한 장을 뽑았다.

7) 이것은 「시경·대아大雅·탕蕩」편이다. 주의 귀족[大夫]들이 옛날 주나라 문왕文王이 은나라의 폭정을 질책했던 사실을 빌려서, 주나라 여厲왕의 폭정을 비판한 내용의 시이다.

憂心如酲　마음이 괴로워 술 취해 묻노니

　　　　　[아아, 푸른 하늘이여!]

誰秉國成　나라의 대권은 누가 잡고 있는가?

不自爲政　[하늘이] 스스로 바로 잡아주지 않으면

卒勞百姓　끝내 백성들을 괴롭게 할 뿐이로다.8)

1.2.5)

〈1장〉:

浩浩昊天　넓고 넓은 하늘

下駿其德　너의 하는 일은 항상 됨이 없구나!

降喪饑饉　병란과 흉년 내려

斬伐四國　사방 백성 다 죽이려는가!

旻天疾威　하늘이여, 너 포학한 자여

弗慮弗圖　사려하지도 생각하지도 않는구나!

舍彼有罪　너는 저 죄 있는 이에겐 관대하여

旣伏其辜　그들 죄 다 덮어주곤

若此無罪　여기 이 죄 없는 이엔

淪胥以鋪　벌 내려 고통 주는가!9)

---

8) 이것은 「시경·소아小雅·절남산節南山」편이다. 재상[太師] 윤씨尹氏가 직무를 태만히 하고 소인들을 임용하여 정사를 그르치고 있음을 비판한 내용의 시이다.

9) 이것은 「시경·소아小雅·우무정雨無正」편이다. 주나라 유幽왕의 혼탁한 정치를 비판한 시이다.

1.2.6)

〈7장〉:

黽勉從事	힘을 다해 일을 해도
不敢告勞	감히 힘들다 말도 못하네
無罪無辜	나는 본래 죄도 허물도 없건만
讒口囂囂	헐뜯는 입들은 많기도 하다.
下民之孼	백성들 받는 재난은
匪降自天	하늘로부터 내려온 것이 아니다.
噂沓背憎	마주 볼 때는 열심이나 돌아서면 원망
職競由人	모두 사람들이 자초한 것이로다.10)

1.2.7)

〈1장〉:

有饛簋飧	대그릇엔 밥이 수북하고
有捄棘匕	대추나무 주걱은 길기도 하다
周道如砥	주나라의 (서울로) 가는 길 평평하기 숫돌 같고
其直如矢	곧기는 화살 같도다!
君子所履	그 길은 귀족이 밟는 길
小人所視	천한 백성들은 바라만 볼 뿐
睠言顧之	돌아보고 또 돌아보는 그들 두 눈엔
潸焉出涕	줄줄 눈물만 흐르도다! 11)

---

10) 이것은 「시경 · 소아 · 시월지교十月之交」편이다. 일식, 월식 등 자연의 이상 현상을 들어서 주나라 유幽왕 당시의 혼란한 정치를 비판한 시이다.
11) 이것은 「시경 · 소아 · 대동大東」편이다. 황하 동쪽에 위치한 제후국들이 서쪽에 위

〈4장〉:

東人之子	동방 사람 자제들은
職勞不來	수고할 뿐 위로받지 못하는데
西人之子	서방 사람 자제들은
粲粲衣服	화려한 옷 입고 지내니
舟人之子	주周 왕실 자제들은
熊羆是裘	곰과 말곰 가죽 옷이요
私人之子	모든 벼슬자리는
百僚是試	그곳 가신家臣들 자제 차지

1.2.8)

〈1장〉:

坎坎伐檀兮	쿵쿵 탕탕 박달나무를 벤다.
寘之河之干兮	벤 나무 물가에 두어 말린다.
河水淸且漣猗	강물은 맑아 가볍게 물결친다.
不稼不穡	씨 뿌리지도 거두지도 않았으면서
胡取禾三百廛兮	벼 삼백 속은 왜 가져가나?
不狩不獵	사냥하러 산에 오른 적도 없으면서
胡瞻爾庭有縣貆兮	뜰에는 어찌 족제비 고기가 널려 있나?
彼君子兮	저 진실한 군자는
不素餐兮	일한 것 없이는 먹지도 않는다네!12)

치한 주 왕실의 과도한 착취에 대한 불평을 토로한 장편의 시이다. 여기서는 그 중 1장과 4장만을 소개한다.

12) 이것은 「시경·위풍魏風·벌단伐檀」편이다. 생산 활동을 하지 않는 관리들이 백성

1.2.9)

〈1장〉:

碩鼠碩鼠	큰 쥐야, 큰 쥐야
無食我黍	우리 기장 먹지마라
三歲貫女	삼년 너를 섬겼건만
莫我肯顧	너는 우리 사정 조금도 생각하지 않아
逝將去女	이제 너를 떠나
適彼樂土	저 즐거운 땅으로 가리니
樂土樂土	즐거운 땅이여, 즐거운 땅이여
爰得我所	거기서 우리 편안히 살리라.13)

2. 음양陰陽 오행五行론의 자연관

자연현상에 대한 중국 최초의 체계적인 사유는『주역周易』에서 찾을
수 있다. 그러나『주역』은 원래 주周 시대에 시초蓍草의 산가지를 여러
차례 양분하여 배열하는 방식으로 얻어진 괘卦의 상象을 보고서 점을 치
는 서筮점을 위하여 쓰인 점서이다. 그 체계는 아마도 수數 관념이 어느
정도 발달된 은殷 말이나 주周 초에 이미 소박한 형태로 존재했던 것 같
다. 이 서점의 방법은 괘상卦象[괘의 모양]에 따라 길흉화복을 점쳐내는
것이다. 괘상은 음효陰爻(--)와 양효陽爻(─)로 구성 되어 있으며 음양의

들로부터 취렴하여 잘사는 사실을 고발한 시이다.

13)「시경 · 위풍魏風 · 석서碩鼠」편이다. 일반백성들이 취렴해 가는 통치계층을 큰 쥐
에 비유하고, 또한 자기들의 "즐거운 땅"[樂土]을 그린 시이다.

부호가 세 겹(즉, 三爻)을 이루어 8괘가 성립되고, 이 8괘가 두 겹, 즉 육효六爻로 짝하여 모두 64괘, 384효爻를 이루고 있다. 64괘의 괘사卦辭와 384효의 효사爻辭의 부분을 『역경易經』이라고 한다. 이들 괘, 괘사, 효사에 관한 후대(대략 전국戰國말)에 성립된 『역경』에 대한 해설부분, 즉 십익十翼(예「단象」상·하(2편),「상象」상·하(2편),「계사繫辭」상·하(2편),「문언文言」,「설괘說卦」,「서괘序卦」,「잡괘雜卦」총10편)을 특히 『역전易傳』이라고 부른다. 따라서 『역경』에는 음양의 기본개념뿐만 아니라 은주殷周 시기의 자연현상에 대한 소박하나마 체계적인 사유형태가 나타나 있다.

2.1) 괘상卦象

8괘卦의 상象:

☰	☳	☵	☶
건(乾: 乾三連)	진(震: 震下連)	감(坎: 坎中連)	간(艮: 艮上連)
아버지[父]	장남長男	중남中男	소남少男
하늘天	우뢰雷	물水	산山
☷	☴	☲	☱
곤(坤: 坤三絕)	손(巽: 巽下絕)	이(離: 離虛中)	태(兌: 兌上絕)
어머니[母]	장녀長女	중녀中女	소녀少女
땅地	바람風	불火	못澤

8괘의 순서:

　건위천乾爲天; 이태택二兌澤; 삼리화三離火; 사진뢰四震雷;

　오손풍五巽風; 육감수六坎水; 칠간산七艮山; 곤위지坤爲地。

64괘卦:

상경上經:

1. 건乾	2. 곤坤	3. 준屯	4. 몽蒙	5. 수需	6. 송訟
䷀	䷁	䷂	䷃	䷄	䷅
乾 爲 天	坤 爲 地	水 雷 屯	山 水 蒙	水 天 需	天 水 訟
7. 사師	8. 비比	9. 소축小畜	10. 리履	11. 태泰	12. 비否
䷆	䷇	䷈	䷉	䷊	䷋
地 水 師	水 地 比	風 天 小 畜	天 澤 履	地 天 泰	天 地 否
13. 동인同人	14. 대유大有	15. 겸謙	16. 예豫	17. 수隨	18. 고蠱
䷌	䷍	䷎	䷏	䷐	䷑
天 火 同 人	火 天 大 有	地 山 謙	雷 地 豫	澤 雷 隨	山 風 蠱
19. 임臨	20. 관觀	21. 서합噬嗑	22. 비賁	23. 박剝	24. 복復
䷒	䷓	䷔	䷕	䷖	䷗
地 澤 臨	風 地 觀	火 雷 噬 嗑	山 火 賁	山 地 剝	地 雷 復

25. 무망无妄	26. 대축大畜	27. 이頤	28. 대과大過	29. 감坎	30. 이離
䷘	䷙	䷚	䷛	䷜	䷝
天雷无妄	山天大畜	山雷頤	澤風大過	坎爲水	離爲火

하경下經:

31. 함咸	32. 항恒	33. 둔遯	34. 대장大壯	35. 진晉	36. 명이明夷
䷟	䷠	䷡	䷢	䷣	䷤
澤山咸	雷風恒	天山遯	雷天大壯	火地晉	地火明夷

37. 가인家人	38. 규睽	39. 건蹇	40. 해解	41. 손損	42. 익益
䷤	䷥	䷦	䷧	䷨	䷩
風火家人	火澤睽	水山蹇	雷水解	山澤損	風雷益

43. 쾌夬	44. 구姤	45. 췌萃	46. 승升	47. 곤困	48. 정井
䷪	䷫	䷬	䷭	䷮	䷯
澤天夬	天風姤	澤地萃	地風升	澤水困	水風井

49. 혁革	50. 정鼎	51.진震	52.간艮	53.점漸	54.귀매歸妹
澤 火 革	火 風 鼎	震 爲 雷	艮 爲 山	風 山 漸	雷 澤 歸 妹

55. 풍豊	56.여旅	57.손巽	58.태兌	59.환渙	60.절節
雷 火 豊	火 山 旅	巽 爲 風	兌 爲 澤	風 水 渙	水 澤 節

61. 중부中孚	62. 소과小過	63. 기제旣濟	64. 미제未濟
風 澤 中 孚	雷 山 小 過	水 火 旣 濟	火 水 未 濟

주희朱熹의 『주역본의周易本義』에 실린 「괘명순서의 노래卦名次序歌」

건곤준몽수송사 乾坤屯蒙需訟師,   비소축혜이태비 比小畜兮噬嗑否。

동인대유겸예수 同人大有謙豫隨,   고임관혜서합비 蠱臨觀兮噬嗑賁。

박복무망대축이 剝復无妄大畜頤,   대과감리삼십비 大過坎離三十備。

함항둔혜급대장 咸恒遯兮及大壯,　　　진여명이가인규 晉與明夷家人睽。

건해손익쾌구췌 蹇解損益夫姤萃,　　　승곤정혁정진계 升困井革鼎震繼。

간점귀매풍여손 艮漸歸妹豊旅巽,　　　태환절혜중부지 兌渙節兮中孚至。

소과기제겸미제 小過旣濟兼未濟,　　　시위하경삼십사 是爲下經三十四。

2.2) 괘사卦辭와 효사爻辭

2.2.1) 건괘乾卦 : ䷀

건乾괘: 크게 제사지낼 만하고, 점쳐 물어보면 이롭다.

　　[元亨, 利貞.]

첫 양효, 물속에 잠복해 있는 용이니 움직이지 않고 때를 기다린다.

　　[初九, 潛龍勿用.]

둘째 양효, 용이 밭에 나타나 있는 형상이니 대인大人을 보게 되니 이롭다.

　　[九二, 見龍在田, 利見大人.]

셋째 양효, 군자가 종일토록 근면하고 저녁까지 경계하면 [운수가] 험난해도 별탈은 없을 것이다.

　　[九三, 君子終日乾乾, 夕惕若, 厲无咎.]

넷째 양효, 용이 물속에서 [하늘로] 뛰어오르려는 형상이니 탈이 없을 것이로다.

　　[九四, 或躍在淵, 无咎.]

다섯째 양효, 용이 하늘에서 날아다니니 대인을 만나봄에 이롭다.

　　[九五, 飛龍在天, 利見大人.]

끝 양효, 못[亢은 沆, 즉 池를 뜻함][14]에 빠진 용은 뉘우침이 있으리라.

[上九, 亢龍有悔.]

2.2.2.) 태괘泰卦 ䷊

태泰괘: 용렬한 관리는 가고 현능한 관리가 오니 길하도다. 제사를 모실 수 있다.

[泰: 小往大來.15) 吉, 亨.]

첫 양효, 띠[茅, 잡초, 적국의 비유]의 줄기를 뿌리와 함께 뽑는 형상이니 출정하면 길하도다.

[初九, 拔茅茹, 以其彙, 征吉.]

둘째 양효, 표주박이 커서 그것으로 황하를 건너감에 친구를 멀리 버리지 않았다. (그들은) 빠져 죽지 않았다. 도중에 그 친구로부터 상을 받았다.

[九二, 包荒, 用馮河, 不遐遺朋, 亡得. 尚于中行.]

셋째 양효, 줄곧 평탄하기만 하고 [가파른] 언덕이 없는 곳은 없다. 앞으로 가기만 하고 되돌아오지 않는 일은 없다. 어려운 일을 점쳐 물었으니 탈은 없으리로다. 약탈당할까 걱정하지 말라! 식복이 있을 것이다.

[九三, 无平不陂; 无往不復. 艱貞无咎; 勿恤其孚. 于食有福.]

넷째 음효, 흘랑흘랑 다 써버려 부유하지 못한 것은 그 이웃이 [뺏어 갔기 때문이니] 경계하지 못하여 빼앗긴 것이로다.

[六四, 翩翩, 不富, 以其鄰, 不戒以孚.]

다섯째 음효, 제을帝乙 왕16)이 소녀(누이)를 [주나라 문왕文王에게] 시집보

---

14) 『周易大傳今注』, 高亨著, 濟南: 齊魯書社, 1987, 59頁.
15) 泰는 태汰, 즉 도태를 뜻한다. 小는 작고 용렬함을 가리킨다. 高亨, 上同, 146頁.
16) 은殷의 임금으로 그의 명名은 을乙이다. 은의 마지막 제왕 주紂의 부친임.

내어 복을 얻었으니 크게 길할 것이로다.

　　[六五, 帝乙歸妹, 以祉元吉.]

　끝 음효, 성이 무너져 내려 물 없는 웅덩이가 되니 출병하지 말기를 도성의 사람들이 청하였다. 점괘의 물음은 이롭지 못하다.

　　[上六, 城復于隍, 勿用師, 自邑告命, 貞吝.]

2.3) 음양陰陽의 개념: 백양보伯陽父의 지진地震 현상 설명

　[주周나라] 유왕幽王 2년에 서주西周의 세 강의 유역에서 모두 지진이 발생했다.

　백양보가 말하였다: "주周는 이제 망할 것이다. 하늘의 기氣는 위에 있고, 땅의 기氣는 아래에 있으니, 본래 각각 그 정해진 자리가 있어 뒤바뀌지 않는 법이다. 만약 그 위치가 뒤바뀌었다면, 그것은 사람에 의해 그 질서가 어지럽혀졌기 때문이다. 양기가 밑에 엎드려 있어 빠져 나가지 못하고, 음기가 위에서 그를 압박하여 증발하지 못하면, 이에 지진이 발생하게 된다. 지금 세 강 유역에 지진이 발생했으니 이는 양기가 제자리를 잃고 음기에 의해 압박당하고 있기 때문이다. 양기가 제자리를 잃고 음기의 자리에 있으니 샘의 근원이 반드시 막히게 될 것이다. 그 근원이 막히면 나라는 반드시 망하게 된다.

　물이란 흙을 적셔 백성들이 그를 쓰도록 하는 것이다. 물이 흙을 적셔 주지 않으면 흙은 생산할 수 없게 되고 백성들은 궁핍하게 될 것이다. 그러면서도 어찌 망하지 않을 것을 기대할 것인가? 옛날 이수伊水와 낙수洛水가 말라 하夏가 망하였으며, 황하黃河가 말라서 상商나라가 망하였다. 지금 주周의 정치하는 모양이 비로 하, 상의 말년과 비슷하며, 그

샘의 원천 또한 막혀 있다. 샘의 원천이 한 번 막히면 강물 또한 반드시
마르기 마련이다. 국가[의 흥망]은 반드시 산천에 의지한다. (따라서) 산이
무너지고 강이 마르는 것은 바로 나라가 망할 징조인 것이다. 강물이
마르게 되면 산은 반드시 붕괴된다. 주가 멸망하기까지는 10년을 넘기
지 않을 것이니, [10년이] 수의 단위[기紀]이다. 하늘이 어떤 나라를 망하
게 하는 일은 1기紀를 넘기지 않기 때문이다."

그 해에 [주나라의] 세 강이 모두 말랐고 기산岐山이 붕괴되었다. 11년에
는 유왕幽王이 견융犬戎에게 살해당하니 [이에 서주西周는 멸망하고] 주나라
는 낙읍洛邑[지금의 낙양洛陽]으로 동천東遷하였다. (『국어國語 · 주어周語』)

[幽王二年, 西周三川皆震. 伯陽父曰: "周將亡矣! 夫天地之氣, 不失
其序, 若過其序, 民亂之也. 陽伏而不能出, 陰迫而不能烝, 於是有地
震陽伏而不能出, 陰迫而不能烝, 於是有地震. 今三川實震, 是陽失其
所而鎭陰也. 陽失而在陰, 川源必塞, 源塞國必亡. 夫水, 土演而民用
也. 水土無所演, 民乏財用. 不亡何待! 昔伊 · 洛竭而夏亡, 河竭而商
亡. 今周德若二代之季矣, 其川源又塞. 塞必竭. 夫國必依山川. 山崩
川竭, 亡之征也. 川竭, 山必崩. 若國亡, 不過十年, 數之紀也. 夫天之
所棄, 不過其紀." 是歲也, 三川竭, 岐山崩. 十一年, 幽王乃滅, 周乃
東遷.]

2.4) 오재五材, 즉 오행五行론

2.4.1) 사백史伯의 오재五材설:

정鄭 환공桓公이 주周의 사도師徒가 되어, … 주周 태사太史인 사백史伯
에게 말하였다. "주周는 아마 쇠락할 모양이지요?"

[사백이] 대답해서 말하였다. "아마 반드시 쇠락할 것입니다. 「태서泰誓」에17) 이르기를 〈백성이 원하는 바를 하늘은 반드시 좇는다.〉라고 하였습니다. (그런데) 지금 주왕周王은 지혜가 밝은 사람은 버려두고 간사하고 음험한 사람을 좋아하며, 현명한 사람은 싫어하고 유치하고 비루한 사람을 가까이 하며, 〈화和〉의 원칙은 버려두고 〈동同〉의 원칙을 취하고 있습니다. 〈화〉야말로 사물을 창조하는 원칙입니다. 〈동〉[모든 것을 같게]하면 [생명력이] 계속 이어질 수 없습니다. 여러 다른 것들을 결합시켜서 평형을 이루도록 하는 것이 〈화〉입니다. 바로 그 때문에 사물을 풍성하게 하고 새로운 것들을 창조할 수도 있는 것입니다. 그러나 만일 반드시 서로 같은 것에 같은 것만 덧보태어 나아간다면, (생명력은) 버려질 수밖에 없습니다. 그래서 선왕先王은 토土와 금金, 목木, 수水, 화火를 결합하여서 온갖 사물을 만들었습니다. 그러기에 오미五味를 조화시켜 입에 맞추었고, 사지四肢를 단련하여 신체를 돌보게 하며, 육율六律[양성陽聲에 속하는 여섯 가지 소리: 황종黃鐘, 태주太簇, 고선姑洗, 유빈蕤賓, 이칙夷則, 무역無射]로 귀를 밝게 하는가 하면, 칠체七體[즉 칠규七竅, 눈 코 귀 입……등]를 가다듬어 마음을 부립니다. 팔색八索[즉 팔체八體, 예 首, 腹, 足, 股, 目, 口, 耳, 手]으로 균형을 잡아 인격을 완성하며, 구기九紀[즉 水, 火, 木, 金, 土, 穀의 六府와 正德, 利用, 厚生의 三事]를 세워 순수한 덕성을 다듬고, 10등급[王, 公, 大夫, 土, 皂, 輿, 隸, 僚, 僕, 臺]의 사람들을 모아 백관百官의 통속統屬을 조정하고, 천千 가지의 품계를 정하고, 만萬 가지의 방식을 갖추고, 억億[여기서는 10萬의 의미]의 일을 계산하며, 조兆의 사물을 제재하고, 경經(즉 京)의 수입을 얻으며, 해姟(10경 또는 만경)의 행위를 합니다. 그

---

17) 「泰誓」는 『尙書』, 「周書」 중의 한 편명이다.

러므로 왕王은 구주九州의 광대한 땅을 가지고, 경經의 수입을 얻어 조兆
의 백성을 먹이며, 두루 백성을 교화하여 그들을 임용하고 화해하고 안
락하게 하여, 마치 한 몸인 듯이 하여야 합니다. 이와 같은 것이 〈화〉
[화해]의 지극함입니다. 그렇기 때문에 선왕은 성姓이 다른 부족으로부
터 왕후를 맞이하였고, 여러 다른 지방에서 재물을 찾았으며, 신하를
임용함에 직언하는 인물을 취하였고, 여러 사물들을 비교하고 가늠했습
니다. 이는 모두 〈화〉에 힘쓴 것입니다. 소리가 [모두 같은] 한 소리라면
듣는 것이 불가능하고, 사물이 하나같이 똑 같다면 [화려한] 문양은 그려
낼 수 없습니다. 맛이 전부 똑 같다면 맛있다는 말이 의미 없게 되고,
오직 하나의 물건만 있다면 비교가 불가능합니다. 주周왕은 이러한
〈화〉의 원칙을 버리고 오로지 〈동同〉[동일한 것]만을 구하니 하늘이 곧
그의 지혜를 박탈할 것입니다. (국정의) 폐해를 없애려 한들 (이제) 그것
이 가능하겠습니까? ……"(『국어國語·정어鄭語』)

[(鄭)桓公爲司徒, … 公曰: "周其弊乎?" 對曰: "殆於必弊者也.「泰
誓」曰: '民之所欲, 天必從之.' 今王棄高昭顯, 而好讒慝暗昧; 惡角
犀豐盈, 而近頑童窮固, 去和而取同. 夫和, 實生物. 同則不繼. 以他
平他謂之和, 故能豐長, 而物歸之. 若以同裨同, 盡乃棄矣. 故先王,
以土與金木水火雜, 以成百物. 是以, 和五味以調口; 剛四支以衛體;
和六律以聰耳; 正七體以役心. 平八索以成人; 建九紀以立純德; 合十
數以訓百體. 出千品, 具萬方, 計億事, 材兆物, 收經入, 行女亥極. 故
王者, 居九侅之田, 收經入, 以食兆民; 周訓, 而能用之, 和樂如一, 夫
如是, 和之至也. 於是乎, 先王聘后於異姓, 求財於有方, 擇臣取諫工,
而講以多物. 務和同也. 聲一, 無聽; 物一, 無文. 味一, 無果, 物一不
講. 王將棄是類也, 而與剸同. 天奪之明, 欲無弊, 得乎?]

2.4.2) 『상서尙書』의 오행설

[문왕文王이 천명을 받은 지] 13년에 무왕武王이 기자箕子를 방문하였다.

왕이 말했다. "아, 기자여! 하늘은 은밀히 백성들을 돌보셔서 그들이 안정된 생활을 이룰 수 있도록 도우십니다. 그런데 나는 어떻게 해야 그 밝은 질서를 [세상에] 펼칠 수 있을지 알지 못하겠습니다."

기자가 이에 말했다. "제가 들으니 옛날 곤鯀은 홍수를 다스림에 [물구멍을] 막는 방법을 씀으로써 오행五行의 질서를 어지럽혔습니다. 상제가 이에 크게 노하여, 그에게 홍범구주洪範九疇[즉 세상을 다스리는 아홉 가지의 큰 법도]를 주어서 밝은 질서를 펼치게 하지 않았습니다. 곤이 유형당하여 죽으니 그의 아들 우禹가 그 직위를 계승하였습니다. 하늘이 그때 비로소 우에게 홍범구주를 내렸으므로 우는 밝은 질서를 세상에 바르게 펼칠 수 있었습니다. [홍범구주의] 첫째는 오행五行입니다. 둘째는 오사五事를 엄숙하게 운용하는 것입니다. 셋째는 팔정八政[여덟 가지의 정사]에 힘쓰는 것입니다. 넷째는 오기五紀[다섯 가지 시간을 재는 계산법]에 의지해서 천시天時[계절의 변화]와 조화하는 일입니다. 다섯째는 황극皇極[지극히 바른 군주의 준칙]을 세우는 것입니다. 여섯째는 삼덕三德으로 다스리는 것입니다. 일곱째는 계의稽疑[의심나는 것을 점을 쳐봄]하여 명확히 하는 것입니다. 여덟째는 여러 가지 하늘의 징험[서징庶徵]을 생각하는 것입니다. 아홉째는 오복五福으로 백성을 인도하는 것이며, 육극六極[여섯 가지 곤고함]으로 백성을 (엄히) 다스리는 것입니다.

첫째의 오행五行은 수水, 화火, 목木, 금金, 토土의 다섯 가지 물질을 가리킵니다. 물[水]의 성질은 사물을 적시면서 아래로 흘러가는 것이요, 불[火]의 성질은 타올라 위로 올라가는 것이며, 나무[木]의 성질은 구부릴 수도 곧게 할 수도 있고, 쇠金의 성질은 녹여서 형태를 바꿀 수 있고, 흙土의 성질은 씨 뿌려 곡식을 거둘 수 있습니다. 적시면서 아래로 흐름은 짠맛을 만들며, 타올라 위로 올라감은 쓴맛을 만들고, 구부릴 수도 곧게 할 수도 있음은 신맛을 만들며, 녹여서 형태를 바꿀 수 있음은 매운맛을 만들며, 씨 뿌려 곡식을 거둘 수 있음은 단맛을 만듭니다.

둘째의 오사五事는 용모[貌]와 언어[言]와 보는 것[視]과 듣는 것[聽]과 사려함[思]의 다섯 가지를 가리킵니다. 용모는 공손해야 하며, 언어는 조리가 있어야 하고, 보는 것은 밝아야 하며, 듣는 것은 명료해야 하고, 사려는 슬기로워야 합니다. 공손하면 엄숙할 수 있고, 조리가 있으면 일을 잘 처리할 수 있으며, 밝으면 일체를 분별할 수 있고, 명료하면 그 도모함에 어긋남이 없게 되며, 슬기로우면 모든 일에 통달할 수 있습니다. …

넷째의 오기五紀는 세歲, 월月, 일日, 성신星辰, 역수曆數의 다섯 가지입니다. …

여덟째 서징庶徵은 비雨, 맑음暘, 온난함燠, 추위寒, 바람風, 절기에 맞음時을 가리킵니다. 처음의 다섯 가지의 천기天氣가 고루 갖추어져 각각 그 때를 놓치지 않고 베풀어지면 뭇 농작물들이 번성하게 됩니다. 하나라도 지나치게 갖추어 지면 불길하고, 하나라도 지나치게 모자라도 이롭지 못합니다. 아름다운 징험에 다섯 가지가 있습니다. 일을 행함에 엄숙히 하면 때 맞은 비가 그에 따릅니다. 일을 처리함에 조리가 있으면 적절한 햇빛이 그에 따릅니다. 일을 밝히 살피면 적절한 따뜻함이 그에 따릅니다. 일을 도모함이 이치에 맞으면 적절한 차가움이 그에 따릅니다. 일의 이치에 통달하면 적절한 바람이 그에 따릅니다. 나쁜 징험에도 다섯 가지가 있으니, [일을 행함에] 광폭하게 하면 홍수가 납니다. [일 처리에] 참월되고 망령되게 하면 가뭄이 그에 따릅니다. 안일하고 게으르면 무더위가 계속됩니다. 마음가짐이 조급하면 추위가 계속됩니다. 어리석어 깨치지 못하면 바람이 그치지 않습니다. 또 왕이 주관하는 일은 해[歲]에 비유되고 경사卿士는 달[月]에, 사윤師尹은 날[日]에 비유됩니다. 해, 달, 날의 시각[時]에 어긋남이 없으면 온갖 곡식이 자랄 수 있고, 정치가 밝아지며, 우수한 인재가 임용되어 나라가 평안해집니다. 그러나 해, 달, 날의 시각에 어긋남이 있으면 곡식이 자랄 수 없고, 정치가 문란하여 혼미해 지며, 우수한 인재가 임용되지 않아 나라가 평안하지 않습니다. 뭇 백성은 별星과 같으니 별에는 바람을 좋아하는 것[기箕별]도 있고, 비를 좋아하는 것[필畢별]도 있습니다. 해와 달이 운행함에 겨울이 있으면 여름도 있습니다. 달이 별들을 따라감에 [기箕별에 가까워지면] 바람이 많아지고 [필畢별에 가까워지면] 비가 내리게 됩니다. 아홉째의 오복五福은 장수, 부유, 건강, 덕행을 좋아함, 그리고 자기 수명대로 사는 다섯 가지입니다. (『尙書·홍범洪範』)

[惟十有三祀, 王訪于箕子. 王乃言曰: "嗚呼! 箕子. 惟天陰隲下民, 相協厥居. 我不知其彝倫攸敍." 箕子乃言曰: "我聞, 在昔, 鯀陻洪水, 汨陳其五行. 帝乃震怒, 不畀洪範九疇, 彝倫攸斁. 鯀則殛死, 禹乃嗣興. 天乃錫禹洪範九疇, 彝倫攸敍. 初一曰: 五行. 次二曰: 敬用五事. 次三曰: 農用八政. 次四曰: 協用五紀. 次五曰: 建用皇極. 次六曰: 乂用三德. 次七曰: 明用稽疑. 次八曰: 念用庶徵. 次九曰: 嚮用五福, 威用六極. 一, 五行: 一曰水, 二曰火, 三曰木, 四曰金, 五曰土. 水曰潤下, 火曰炎上, 木曰曲直, 金曰從革, 土爰稼穡. 潤下作鹹, 炎上作苦, 曲直作酸, 從革作辛, 稼穡作甘. 二, 五事: 一曰貌, 二曰

言, 三曰視, 四曰聽, 五曰思. 貌曰恭, 言曰從, 視曰明, 聽曰聰, 思曰
睿, 恭作肅, 從作乂, 明作哲, 聰作謀, 睿作聖. … 四, 五紀: 一曰歲,
二曰月, 三曰日, 四曰星辰, 五曰曆數. … 八, 庶徵: 曰雨, 曰暘, 曰
燠, 曰寒, 曰風, 曰時. 五者來備, 各以其敍, 庶草蕃廡. 一極備, 凶;
一極無, 凶. 曰休徵: 曰肅, 時雨若; 曰乂, 時暘若; 曰哲, 時燠若; 曰
謀, 時寒若; 曰聖, 時風若. 曰咎徵: 曰狂, 恒雨若; 曰僭, 恒暘若; 曰
豫, 恒燠若; 曰急, 恒寒若; 曰蒙, 恒風若. 曰: 王省, 惟歲; 卿士, 惟
月; 師尹, 惟日. 歲月日日, 時無易; 百穀用成, 乂用明, 俊民用章, 家用
平康. 日月歲, 時旣易; 百穀用不成, 乂用昏不明, 俊民用微, 家用不
寧. 庶民惟星, 星有好風, 星有好雨. 日月之行, 則有冬有夏. 月之從
星, 則以風雨. 九, 五福, 一曰壽, 二曰富, 三曰康寧, 四曰攸好德, 五
曰考終命.]

3. 인문주의 사상의 맹아

3.1) 계량季良의 인본주의적 제사관

[수隋의] 제후가 말하였다. "우리가 제사에 바친 희생 제물은 순색이
었고 살찐 놈이었으며, 곡물 또한 풍성히 갖추었는데, [그대는] 어찌하여
[나라를 시켜줄] 신령의 휘신을 이찌 못할 것이니고 히는기?"

계량이 대답하여 말하였다: "백성이 신령의 주인입니다. 그렇기 때
문에 성왕聖王은 먼저 백성의 이익을 도모한 이후에 신령에 대해 정성을
다합니다. 그가 희생 제물을 바칠 때에는 신령에게 이렇게 말합니다.

〈삼가 이 온전하고 살찐 제물을 바치나이다.〉 이는 백성의 경제력이 일반적으로 충실해서 그 희생 제물이 크고 살쪘으며 피부병에 걸리지 않았음이요, 그 각기 좋은 품종임을 밝히 보여주는 것입니다. 또한 그가 기장 등의 곡물을 신령에게 바칠 때에는 이렇게 말합니다. 〈삼가 이 깨끗하고 풍성한 곡물을 바치나이다.〉 이는 그 곡물이 봄, 여름, 가을 모두 해를 입지 않고, 백성이 화목하고 풍년 들었음을 밝히 보여주는 것입니다. 그가 술을 바칠 때에는 이렇게 말합니다. 〈정성과 공경을 다해 이 달콤하고 향기로운 술을 바치나이다.〉 이는 그 윗사람과 아랫사람이 모두 아름다운 덕이 있어 사심이 없음을 밝히 보여주는 것입니다. 이른바 제물 등이 풍성하고 향기롭다는 것은 [사회적으로] 속임과 악덕이 없다는 것입니다. 그러므로 [임금은] 세 계절의 농사일을 주관하고, 다섯 가지 가르침을 닦으며, 아홉 친족에게 친하게 함으로써 귀신을 공경해야만 백성들이 화목하게 되고 신령이 복을 내려 주는 것이며, 무슨 일을 해도 다 공을 이루게 되는 것입니다. 지금 백성들은 각기 다른 마음을 가지며, 귀신은 그 주인을 잃었습니다. 주군께서 비록 홀로 제물을 풍성하게 해도 그 무슨 복이 있겠습니까? 주군께서는 우선 내정을 잘 돌보시고 형제의 나라들을 친하게 대하면 아마도 국난에서 벗어날 수 있을 것입니다."

수의 제후가 이에 두려운 마음으로 정사를 돌보니 초楚나라가 감히 치지 못하였다. (『좌전左傳』 환공桓公 6年)

[(隨)公曰: "吾牲牷肥腯, 粢盛豐備, 何則不信?" 對曰: "夫民, 神之主也. 是以, 聖王先成民而後致力於神. 故奉牲以告曰: '博碩肥腯', 謂民力之普存也, 謂其畜之碩大蕃滋也, 謂其不疾瘯蠡也, 謂其備腯咸有也. 奉盛以告曰: '絜粢豐盛', 謂: 其三時不害, 而民和年豐也.

奉酒醴以告曰: '嘉栗旨酒', 謂: 其上下皆有嘉德, 而無違心也. 所謂
馨香, 無讒慝也. 今民各有心, 而鬼神乏主. 君雖獨豐, 其何福之有?
君姑修政, 而親兄弟之國, 庶免於難." 隨侯懼而修政, 楚不敢伐.]

3.2) 장문중臧文仲의 미신 반대론

여름, 큰 가뭄이 들었다. 노魯 희공僖公이 [가뭄을 멈추게 하려고] 무녀와
곱사등이를 태워 죽이려 하였다.

장문중이 말하였다: "그렇게 하는 것은 가뭄에 대한 대책이 될 수 없
습니다. 성곽을 수리하고, 먹는 것을 덜며, 쓰는 것을 절약하여 검약에
힘쓰며, [부자들이 가진 것을] 나누어 주도록 권유하는 이러한 일들에 마땅
히 힘을 써야 합니다. 무녀나 곱사등이가 무슨 일을 할 수 있겠습니까?
만일 하늘이 그들을 죽이려 하신다면 마땅히 살려두지 않으실 것입니
다. 또한 만일 그들이 정말로 가뭄을 내릴 수 있다면 그들을 태워 죽이
는 일은 그들로 하여금 더욱 더 그 가뭄을 심하게 하도록 하는 일이 되
지 않겠습니까?"

희공이 그의 말을 따랐다. 이 해에 비록 수확이 풍성하지는 않았지만
백성들이 큰 해를 입지는 않았다. (『좌전』 희공僖公21年)

[夏, 大旱. 公欲焚巫尪. 臧文仲曰: "非旱備也. 脩城郭, 貶食, 省用,
務穡, 勸分, 此其務也. 巫尪何爲? 天欲殺之, 則如勿生. 若[其]能爲
旱, 焚之滋甚." 公從之. 是歲也, 饑而不害.]

3.3) 자산子産의 인본주의 사상

[노魯 소공昭公 17년] 겨울, 어떤 혜성이 대진大辰성[즉, 대화성大火星] [위에] 나타나서 서쪽으로 길게 뻗어 은하수에까지 이르렀다. … 정鄭의 [점술사] 비조裨竈가 자산子産에게 말하였다. "송宋, 위衛, 진陳, 정鄭나라는 장차 같은 날에 화재를 만날 것입니다. 만일 저더러 옥홀과 옥잔과 옥국자를 주셔서 제사 드리게 해주신다면 정鄭나라만은 화재를 입지 않을 것입니다." 자산은 그것들을 내주지 않았다. … [그 다음해, 즉 소공18년] 여름 5월, 화성火星이 저녁에 나타나기 시작했다. 병자丙子(초7)일에 바람이 불었다. [노魯나라 사람] 재신梓愼이 말하였다: "이 바람은 융풍融風[동북풍]이라는 바람이다. 화재의 시작(징조)이다. 칠일 후면 큰 화재가 일어날 것이다!"

무인戊寅(초9)일에 바람이 심해졌다. 임오壬午(14)일이 되자 바람은 더욱 심해졌다. 이날 송, 위, 진, 정에서는 모두 화재가 났다. 재신이 대정씨大庭氏의 (높은) 창고에 올라가 그쪽을 바라보며 말하였다. "송, 위, 진, 정이다." [과연] 며칠이 지나서 네 나라가 모두 [사신을 노魯나라에] 보내어 화재가 났음을 고하였다.

[이에 정나라의 점사] 비조는 말하였다: "만일 [이번에도] 제 말을 듣지 않으면 정鄭나라는 다시 [큰] 화재를 만나게 될 것입니다." 정나라 사람들은 그의 말을 들어 주었으면 하였으나, 자산은 여전히 응하지 않았다.

(이에) 자태숙子大叔이 말하였다. "보물은 원래 백성을 보위하라고 있는 것입니다. 만일 다시 큰 화재가 발생한다면 나라는 거의 망하게 될 것입니다. 나라를 구할 수만 있다면 어찌 보물을 아깝다 하겠습니까?"

자산이 대답하였다. "천도天道[우주의 자연 질서]는 멀고, 인도人道[인간 사회의 질서]는 가깝습니다. (이 둘은) 서로가 미칠 수가 없는 것인데 어찌 그것을 알 수 있겠습니까? [비조 따위가] 어찌 천도를 알겠습니까? 아마 말을 많이 하다 보면 우연히 한번 들어맞을 수도 있지 않겠습니까?"

자산은 끝내 그 보물들을 내주지 않았다. 또한 다시 화재가 정나라에 일어나지도 않았다. (『좌전』 소공昭公 17/18年)

[冬, 有星孛于大辰, 西及漢… 鄭裨竈言於子産曰: "宋、衛、陳、鄭將同日火. 若我用瓘斝玉瓚, 鄭必不火." 子産弗與. 夏五月, 火始昏見. 丙子, 風. 梓愼曰, "是謂融風, 火之始也; 七日, 其火作乎!" 戊寅, 風甚. 壬午, 大甚. 宋、衛、陳、鄭, 皆火. 梓愼登大庭氏之庫以望之, 曰: "宋、衛、陳、鄭也." 數日皆來告火. 裨竈曰: "不用吾言, 鄭又將火." 鄭人請用之, 子産不可. 子大叔曰: "寶以保民也. 若有火, 國幾亡. 可以救亡, 子何愛焉?" 子産曰: "天道遠, 人道邇, 非所及也, 何以知之? 竈焉知天道? 是亦多言矣, 豈不或信?" 遂不與. 亦不復火.]

〈참고문헌〉

『시경』, 이상진, 이준녕, 황송문 解譯, 서울: 자유문고, 1994;

『詩經全譯』, 金啓華譯注, 南京: 江蘇古籍出版社, 1984;

『詩經譯注』, 袁梅著, 濟南: 齊魯書社, 1985;

『周易大傳今注』, 高亨著, 濟南: 齊魯書社, 1979;

『尙書釋義』, 屈萬里著, 臺北: 華岡出版部, 1968;

『尙書今註今譯』, 屈萬里著, 臺北: 臺灣商務印書館, 1973;

『今古文尙書全譯』, 江灝, 錢宗武譯注, 貴陽: 貴州人民出版社,
    1990;
『今古文尙書全譯』, 江灝, 錢宗武譯注, 貴州: 人民出版社, 1990;
『國語譯注』, 汪濟民, 仲坤, 徐玉侖, 張學賢(共著), 南昌: 百花洲文
    藝出版社, 1992;
『春秋左傳注』(上/下), 楊伯峻著, 臺北: 源流出版社, 1982.

제2장

공자의 인본주의적 이상과 교육철학

공자(전551-전479)는 중국 고대사회의 역사발전에 있어서 본질적인 혁신과 발전을 하는 춘추전국春秋戰國 시대(전770-전221)라는 사회적 전환기에 살았던 인물이다. 이 춘추전국 시대는 기원전 11세기 이래의 서주西周 사회의 혈연 중심의 귀족봉건제(또는 종법宗法 사회)가 급격히 붕괴되고 새로운 '비-귀족적인' 평민 엘리트[士] 중심의 중앙집권적 관료제가 태동하는 시기이다. 특히 8세기 이래, 중국의 고대사회는 과학기술의 발달로 청동기에서 철제문명기로 접어들면서 사회생산력의 급격한 상승을 가져왔다. 그 결과 낙후된 자연경제 상태에서 고립되었던 봉건 제후 국가들 간에 서서히 경제적 교류와 통합이 진행되었다. 종래의 목재나 석재의 농기구 대신에 새로 등장한 철제의 농기구는 경작능률을 본질적으로 증가시켰을 뿐만 아니라, 새로운 초지를 농지로 개간할 수 있게 했으며, 이에 따른 관개수로의 설치 및 개선은 농업생산을 본질적으로 발전시켰다.

이와 같이 토지를 중심으로 하는 사회적인 부의 증가는 급기야 토지

의 사유화를 현실화했으며, 이와 더불어 지주 계층이 성립되고 잉여생
산물의 유통을 담당하는 상인들의 활동을 중심으로 시장경제도 상대적
인 발전을 하였다. 이에 따른 교통수단(예: 수레, 배 등)은 물론 도로의 개
선과 종합적 성격을 띤 관개수로의 개설과 정리는 봉건 제후들의 군사
적 목적과 더불어 더욱 가속화되었다. 이 같은 사회생산력의 본질적인
증가는 종법사회 내부에서 종래의 인간관계를 엄청나게 바꿔놓았을 뿐
만 아니라, 자연적—경제적 조건의 차이에 따른 대소 제후국가들 상호
간에 상호 통합적 전쟁·경쟁의 상태를 낳게 되었다.

　이런 전통사회의 변혁은 세력을 잡고 있는 대소 봉건귀족들의 '사적
이익' 즉, 이利의 추구를 통하여 더욱 가속화되었다. 그들은 당시 시장
경제의 상대적인 발전으로 인하여 사유재산의 집적 또는 농단壟斷을 통
한 자기의 정치세력을 강화하였다. 그들은 자기 봉토 내의 초지를 개간
하여[拓]하여 경작지를 늘리고, 그것을 경작할 노동력, 즉 민民의 확보에
힘썼을 뿐만 아니라, 무력으로 주위의 약소 봉건세력을 병합해 나갔다.
자기 권력의 강화 또는 중앙집권화를 위한 새로운 근거지로서 경제적
군사적 목적을 띤 많은 크고 작은 도시, 즉 성城과 보堡를 자기 영내의
요로에 건설하였다. 그리고 이들 대소 봉건귀족들은 개인의 경제적 군
사적 및 행정적 목적을 효과적으로 달성하기 위하여, 또한 '비—귀족적
인' 새로운 지식인 또는 전문가[士]를 개인 관료로 기용하였다.[1]

　이러한 춘추전국 시대의 사회적 발전과 변화의 의미는 무엇보다도 먼
저 군주 중심의 중앙 권력국가를 탄생시킬 수 있는 물질적 여건이 성숙

---

1) 송영배, 『중국사회사상사』(증보판), 제1부, 제1장 「공자 전후시대의 사회문제」, 서
　울: 사회평론, 1998; Cho-yun Hsu, *Ancient China in Transition*, Stanford 1965;
　楊寬, 『戰國史』, 上海 1980 등 참조.

되었다는 사실에서 찾아질 수 있다. 그것은 또한 다른 한편 당시에 상당한 사유재산(예, 토지 등)을 가진 자유농민이나 지주들, 또는 상인이나 수공업자 등의 계층으로부터 그들의 권리와 주장들을 독자적으로 펼치려는 수많은 지식인 집단들의 생성과 발전이 동시에 가능하게 되었다는 역사적 사실에서도 나타난다.

이런 춘추전국 시대 당시의 사회의 변화는 말할 것도 없이 전통적 서주西周 시대의 행동양식인 〈예禮〉의 파괴를 의미하는 것이었으며, 동시에 새로운 사회규범인 〈법法〉의 제정을 요구하는 것을 뜻하기도 하였다. 따라서 변화하는 시대에 있어서 당시의 지식인들은 크게 보자면 일단 과거의 전통(즉, 고古)을 고집하고 새로운 질서(즉, 금속)를 경계하는 보수적인 입장(是古非속)과 옛날(과거)의 제도를 부정하고 그것을 혁신하려는 진보적인 입장(非古是속)으로 나뉘어 서로 대립할 수밖에 없었다.

이들 사상가들 중에서 종래의 종법사회 내부에서 귀족(혈연)을 중심으로 하는 전통적인 행위규범인 〈예禮〉를 부정하고, 오로지 새로운 중앙집권적 국가의 〈절대군주 권력〉의 창출을 목적으로 모든 자율계층의 독자적인 주장과 행위들을 새로운 〈공권력〉, 즉 〈법法〉에 의하여 규제하려는 사상가 집단을 우리는 보통 〈법가法家〉라고 부른다. 그러나 유가儒家 및 다른 사상가 집단[예, 묵가墨家, 도가道家, 음양가陰陽家 등]들은 당시 사회적으로 새롭게 상승하는 농상공農商工 등의 자율계층의 주체적, 자율적 의지를 강력하게 표출한 지식인 집단이라고 볼 수 있다. 이들 춘추전국 시대의 사상가 전체를 우리는 보통 '제자백가諸子百家'라고 부르고 있다.

공자孔子는 바로 이들 중에서 이론체계를 갖춘 첫 번째 유가儒家의 철학자이다. 그의 명名은 구丘이고 자字는 중니仲尼이다. 그는 송宋나라의 몰락한 귀족 출신으로서, 성장 과정에서는 집안이 상당히 가난하여 젊어서는 창고의 관리직이나 남의 가축을 돌보아 주는 등의 천한 일들을 하였다. 그러나 그는 귀족들에게만 한정되었던 전통적인 교육, 즉 육예六藝[예禮, 악樂, 사射, 어御, 서書, 수數] 등을 열심히 습득함으로써 중국역사상 처음으로 당시 성장하는 자율적인 사회계층에게 보편적인 대중교육을 실시한 위대한 교육자 중의 한 사람이 되었다. 공자는 당시 사회의 변화, 즉 주례의 파괴를 무엇보다도 먼저 사회적 위기로 간주하고, 당시 사회를 "천하무도天下無道"라고 보았다. 그는 특히 사대부 귀족들의 〈공리주의적인〉 물질적 '이利'의 추구를 그들의 〈도덕적 타락〉으로 간주하고, 그 결과 공자 자신이 이상적 사회질서로 상정하고 있는 전통적인 〈주례周禮〉가 파괴된다는 사실에서 그 당시 사회의 "위기"를 도처에서 한탄하고 있다. 따라서 그의 일생의 과제는 새로이 상승하는 지식인 계층을 교육하여 그들로 하여금 스스로의 욕심을 절제·극복하여 당시 파괴되어 가는 주례周禮를 회복시킴으로써, 그가 주관적으로 이상화한 주周의 사회질서, 즉 주례周禮를 유신시키고자 하는 일이었다. 이 점에서 그의 강한 명분론적인 〈정명론正名論〉 사상이 두드러지게 나타나고 있다. 따라서 우리는 그의 〈정명론〉적 사고에서는 당대 사회에 있어서 그의 정치적인 보수성을 보게 된다.

그러나 그가 아무리 보수적인 정치적 입장을 가졌다고 하지만, 그의 철학사상의 의의는 첫째로 춘추시대에 나타난 〈인본주의〉 사상의 맹아를 이어받아, 그것을 하나의 세계관으로 크게 선양 발전시켰다는 점에 있다고 하겠다. 그는 무엇보다도 먼저 인간, 특히 당시 춘추전국시대(기원전 770~221)에 사회적으로 상승하는 자율적 계층, 즉 지식인(또는 시민 엘리트, 士) 계층의 윤리적-도덕적 의지에 결정적인 의의를 부여하는 인본주의적인 사회 윤리론을 펼친 것이다.

공자 철학에서는 이와 같이 지식인, 즉 개개 인간의 주체적인 자기 계발이 사상의 출발점을 이룬다. "공자는 말하였다: 〈인仁의 실천은 자기[己]로부터 말미암을 뿐인데, 남[人]으로부터 말미암을 수 있겠는가?〉"(『논어』,「안연顔淵」, 12:01) 그는 또한 학문하는 진정한 의미는 "자기[계발]을 위함이지, 남[타인]에게 보여주는 데 있지 않음"을 강조하여 말하였다.2) 이와 같이 공자 철학의 출발점은 〈배움〉(學)을 통한 자기 자신의 계발인 것이다. 요컨대, 공자 철학의 출발점은 인간 개개인의 자기 발전에 있다.

따라서 그는 국가의 일방적인 〈형刑 · 정政〉, 즉 통치자의 독단적인 〈행정명령〉(政)이나 사법조치(刑)만을 통한 일방적인 지배통치를 반대하였다. 말하자면 그는 법가法家식의 군주의 독단정치 대신에 통치자들의 〈도덕적 자각〉(德), 즉 책임 있는 지식인(엘리트, 士)들의 〈충忠〉과 〈서恕〉를 통하여, 서로 양보하고 조화할 수 있는 자율적인 도덕계발(즉 인仁의 계발)과 그것에 바탕을 둔 정치, 즉 덕치德治의 이념을 제시하였다. 그는 '덕치'의 이념을 통하여 상上에 있는 지식인(또는 통치자)들과 아래下에 있는 일반 백성들의 조화, 말하자면 지식인들의 적극적인 윤리적 자각과 결단에 의한 민생의 보장을 말하고 있다. 공자에 의하면, 사회의 문제란 옛 제도의 혁신적 개혁에서가 아니라 오히려 지식인(통치자)들의

---

2) "子曰: 古之學者爲己, 今之學者爲人."(『論語』,「헌문憲文」 14:24 이하에서 『논어』의 인용은 편명만 밝힌다.)

자율적인 윤리의식의 계발, 그의 용어에 따른다면, 지식인(또는 통치자)들에게 고유한 도덕성, 즉 〈인仁의 회복〉에서야 비로소 사회적 안정과 번영이 기대될 수 있음을 말하였다.

이와 같이 공자 철학은 당시 상승하는 지식인들의 주체적이고 자율적인 도덕성의 계발에 결정적인 의의를 부여한 인본주의적인 철학을 중국에서 최초로 체계적인 이론을 가지고 제시한 것이다. 바로 이 점에서 우리는 중국 전통사회의 역사발전에 있어서 공자 사상이 갖는 적극적인 역사적 진보성을 보게 되는 것이다. 지식인이란 중국의 전통적 농업사회 내에서는 결국 생산 활동에서 벗어난 지주계층을 그 기반으로 하지 않을 수 없었다는 점을 감안한다면, 우리는 또한 지식인들의 주체적인 윤리적 결단에 결정적 의미를 부여하는 – 공자에서 비롯되는 – 유교儒敎 사상이 왜 최근세에 이르기까지 2천 년 이상이나 중국의 전통적 농업사회에서 정통적 국가통치이데올로기로서 기능할 수 있었던가 하는 이유를 짐작할 수 있을 것이다.

여기서는 공자의 철학사상을 체계적으로 이해하기 위하여, 첫째 「공자의 위기의식과 주례周禮의 이상화」(제1절), 둘째 「공자의 유신된 군자와 〈화和〉의 세계관」(제2절), 셋째 「정명正名론과 덕치德治의 이념」(제3절), 넷째 「공자의 인仁 사상」(제4절), 다섯째 「공자의 교육태도와 방법」(제5절) 및 여섯째 「천명론의 수정과 인본주의 사상」(제6절)의 여섯 부분으로 공자의 사상 재료를 정리하였다.

1. 공자의 위기의식과 주례周禮의 이상화

공자 당시의 사회는 그가 이상화했던 주나라의 질서, 즉 주례周禮의 파괴를 통하여 자기 변혁을 하고 있었다. 그러나 공자는 이러한 당시 사회의 변혁을 근본적으로 사회적 위기[天下無道]로 파악하였다. 따라서 〈주례周禮의 파괴〉[非禮]를 사회정치적 혼란으로 여겼으며, 이러한 〈비례〉를 집중적으로 비판하고 있다. 그에게 있어서는 〈주례의 회복〉만이 사회적 안정을 도모하는 일이었다.

1.1) 천하무도天下無道

공자가 말하였다. "천하에 질서가 있다면 예악의 제정과 정벌에 관한 명령이 천자로부터 나오고, 천하에 질서가 없으면 예악의 제정과 정벌에 관한 명령이 제후로부터 나온다. 제후로부터 나오기 시작하면 10세대를 지나 천하를 잃지 않는 경우가 드물고, 대부로부터 나오기 시작하면 5세대를 지나 천하를 잃지 않는 경우가 드물며, 만약 대부의 가신이 정권을 잡게 된다면 3세대를 지나 천하를 잃지 않는 경우가 드물다. 천하에 질서가 있으면 정치권력이 대부의 손에 있지 않게 되며, 천하에 질서가 있으면 일반 백성들이 정치에 대해 이러쿵저러쿵 잔소리를 하지 않게 된다."(「계씨季氏」 16:2))

[孔子曰, "天下有道, 則禮樂征伐自天子出. 天下無道, 則禮樂征伐自諸侯出. 自諸侯出, 蓋十世希不失矣; 自大夫出, 五世希不失矣; 陪臣執國命, 三世希不失矣. 天下有道, 則政不在大夫. 天下有道, 則庶人不議."]

1.2) 노魯나라의 정치혼란

공자가 말하였다. "작록의 권한이 [노魯제후의] 공실에서 떠난 지가 5대[世]이고 정권이 귀족[大夫]에게 전횡된 지 4대가 되었다. 따라서 (이제) 삼환三桓[魯 桓公(재위: 전711-전694)의 후손으로 孟孫, 叔孫, 季孫, 노의 대 귀족]의 자손들도 쇠망할 것이로다."(「季氏」16:3)

> [孔子曰: "祿之去公室五世矣, 政逮於大夫四世矣, 故夫三桓之子孫微矣."]

1.3) 노魯의 정치적 혼란과 예禮의 기능

[노나라] 소공昭公이 진晉에 갔다. 교외의 상견례에서부터 떠날 때의 선물교환에 이르기까지 (그는) 예禮에 어긋남이 없었다. 진의 제후가 여숙제女叔齊에게 말하였다. "노魯나라 소공昭公은 예를 잘 알지 않는가?"

여숙제가 대답하였다. "노 소공이 어찌 예를 안다고 할 수 있겠습니까?"

진의 제후가 말했다. "교외의 의식부터 떠날 때의 선물의식에 이르기까지 예에 어긋나지 않은 사람을 어찌 예를 모른다고 하겠는가?"

[여숙제가] 대답하였다. "그것은 〈예〉가 아니라 형식적인 의식[儀]에 지나지 않습니다. 예라는 것은 (통치자가) 그것으로써 나라를 보존하고 정령政令을 실행하여 이를 통해서 백성을 잃지 않는 것을 말합니다. 그런데 지금 정령이 대부[家]의 손에 있습니다. … 제후의 봉토[公室]가 넷으로 [두 부분은 季孫에게, 叔孫, 孟孫에게는 각 한 부분 씩] 나뉘어 백성들이 다

른 사람들[즉, 이들 셋의 강력한 귀족]에 의탁해 살고 아무도 제후를 생각하지 않는데도, [노 소공은] 자신의 미래를 계획하지 못합니다. 나라의 군주가 되어 〈예〉의 본말(원리)를 돌보고 적용하는 데 힘쓰지 않고 소소한 일들에 대한 형식적 의식만 행하는 것을 높게 평가하니, 그가 예에 익숙하다고 말하는 것은 [사실과] 멀지 않습니까?"(『좌전左傳』 소공昭公5년)

[公如晉, 自郊勞至于贈賄, 無失禮. 晉侯謂女叔齊曰: "魯侯不亦善於禮乎?" 對曰: "魯侯焉知禮!" 公曰: "何爲? 自郊勞至于贈賄, 禮無違者, 何故不知?" 對曰: "是儀也, 不可謂禮. 禮, 所以守其國, 行其政令, 無失其民者也. 今政令在家 … 公室四分, 民食於他. 思莫在公, 不圖其終. 爲國君, 難將及身, 不恤其所. 禮之本末將於此乎在, 而屑屑焉習儀以極. 言善於禮, 不亦遠乎?"]

1.4) 〈예禮〉의 정치적 기능

"예는 국가의 기본이다."(『左傳』 襄公30년, 禮, 國之幹也.)

"예는 통치의 수레(수단)이다."(『左傳』 襄公21년, 禮, 政之輿也.)

"예는 왕王이 되는 근본원리이다."(『左傳』 昭公15년, 禮, 王之大經也.)

1.5) 춘추시대의 〈예禮〉의 파괴와 사회적 혼란

세상이 잘 다스려졌을 때[즉, 서주西周시대)에는 군자들은 능력을 숭상하여 아랫사람에게 양보하고, 소인들은 농사일에 열중하여 윗사람을 섬겼다. 이 때문에 상·하 모두가 예를 잘 지키며, 악한 일을 하는 사람은 경멸을 받고 멀리 쫓겨났다. (…) 세상의 질서가 어지러워졌을 때[즉, 춘추시대]에는 군자들이 자신의 공적을 뽐내어 소인을 억압하고, 소인은 실제적인 기량을 가지고 군자들에 대항하였다. 이 때문에 상·하 모두에 의해 예禮가 지켜지지 않고 어지러움[亂]과 학정[虐]이 동시에 생겨났다."(『左傳』 襄公13년)

> [世之治也, 君子尚能而讓其下; 小人農力以事其上. 是以, 上下有禮,
> 而讒慝黜. (…) 及其亂也, 君子稱其功以加小人, 小人伐其技以馮君
> 子. 是以, 上下無禮, 亂虐并生.]

1.6) 새로운 법제정치(즉, 형정刑鼎)에 관한 공자의 반대

겨울, 진晉의 조앙趙鞅과 순인荀寅이 군대를 이끌고 여빈汝濱에 성城을 쌓았다. [그 후] 진의 백성들에게서 480근의 철을 거두어 들여서 형정刑鼎[형법의 조문을 새겨놓을 솥] 하나를 주조하였다. 그리고 솥의 표면에는 범선자范宣子가 제정한 형법조문을 새겨 놓았다.

공자가 [그 소식을 듣고] 말하였다. "진이 망하려는 모양이구나! 그들의 (옛)법도를 버렸도다. 진은 이제라도 마땅히 그들의 선조인 당숙唐叔이 물려준 그 법도를 엄격히 지켜 그 백성을 다스려야 하며, 경대부들은 위차位次[신분서열]에 따라 각자의 직분을 다해야 할 것이다. 그렇게 해야만 백성들은 그들의 귀족들을 존경하게 되며, 귀족들 또한 그들의 가업을 지킬 수 있을 것이다. 귀천의 구별, 서열이 조금이라도 어지러워지지 않는 것, 그것이 법도이다. 그래서 진晉의 문공文公은 관직의 위차를 관장하는 전문 관직을 만들었고, 피려被廬지방에서 국가의 법률을 정비하였기 때문에 (후일) 제후들의 맹주가 되었다. (그런데) 지금은 오히려 그러한 법도들을 버리고 형정을 만들다니. 백성들이 솥 위에 쓰여 있는 법률 조문으로 누구나 스스로 범죄의 경중을 알 수 있으니 무엇으로 귀족을 존중하겠는가? 귀족이 지킬 가업이 어디 있겠는가? 귀천의 구별, 서열이 없어졌으니 국가는 또 어떻게 이룰 수 있겠는가? 게다가 범선자의 형법 조문은 이夷지방에서 사냥[즉, 군사검열]하면서 만든 것이다. [바로 그 해에 진에서 귀족들의 내란이 발생했으니] 그 법은 사회를 어지럽히는 법[亂法]이라 할 수 있다. 그와 같은 것을 어찌 지킬만한 법으로 삼겠는가?"(『左傳』昭公29년)

[冬, 晉趙鞅·荀寅, 帥師城汝濱. 遂賦晉國一鼓鐵, 以鑄刑鼎, 著范宣子所爲刑書焉. 仲尼曰: "晉其亡乎! 失其度矣. 夫晉國將守唐叔之所受法度, 以經緯其民, 卿大夫以序守之, 民是以能尊其貴, 貴是以能守其業. 貴賤不愆, 所謂度也. 文公是以作執秩之官, 爲被廬之法, 以爲盟主. 今棄是度也, 而爲刑鼎, 民在鼎矣, 何以尊貴? 貴何業之守? 貴賤無序, 何以爲國? 且夫宣子之刑, 夷之蒐也, 晉國之亂制也, 若之何以爲法?"]

1.7) 공자의 비례非禮에 대한 비판

1.7.1)

공자가 계씨季氏를 품평하여 말하였다. "그가 정원에서 64인으로 음악에 낯추어 춤을 추게 한나니, [즉, 한낱 대부大夫의 신분으로 천사의 예禮와 악樂을 참용한다니] 차마 그 무슨 짓인들 못하겠는가?"(「팔일八佾」 3:1)

[孔子謂季氏, "八佾舞於庭, 是可忍也, 孰不可忍也?"]

1.7.2)

맹손孟孫, 숙손叔孫, 계손季孫의 세 대 귀족들이 [천자에게 허용된 〈예〉를 참용하여] (장중한) 〈옹(雍)『시詩』, 「周頌」의 일편)의 음악으로 제사의 예를 끝 내었다.

공자가 말하였다. "『시』의 「옹」편에 〈제사를 거드는 이는 제후요, 천자가 엄숙히 제사를 모시도다.〉 하였으니, 이 음악의 뜻을 이들 세 귀족들은 어디에서 취하겠는가?"(「팔일八佾」 3:2)

[三家者以雍徹. 子曰: "'相維辟公, 天子穆穆,' 奚取於三家之堂?"]

1.7.3)

공자가 말하였다. "고觚[사각의 모가 난 예기禮器]에 모가 없다면 어찌 고이겠는가, 어찌 고이겠는가!"(「옹야雍也」 6:25)

[子曰: 觚不觚, 觚哉觚哉!]

1.8) 예禮: 기본적으로 타당한 사회질서

자장子張이 물었다.

"십대[十世] 후를 알 수 있습니까?"

공자가 대답했다: "은殷나라는 하夏나라의 예에 기초했으니 그 손익된 바를 알 수 있다. 주나라는 은나라의 예에 기초해 있으니 그 손익된 바를 알 수 있다. 혹 주나라를 이을 왕조가 있다면 비록 백세 후가 될지라도 어떻게 되어 가는가를 알 수 있다."(「위정爲政」 2:23)

[子張問: 十世可知也? 子曰: "殷因於夏禮, 所損益, 可知也, 周因於

殷禮, 所損益, 可知也. 其或繼周者, 雖百世, 可知也."]

1.9) 예의 내면적 규범성

공자가 말했다: "〈예禮〉라 예禮라 이르는 것이 (예禮에 쓰이는) 옥玉과
비단을 가리키는 것이겠는가? 〈악樂〉이라 악樂이라 이르는 것이 (악樂에
쓰이는) 종鐘과 북을 가리켜 한 말이겠는가?"(「양화陽貨」17:11)

[子曰: "禮云禮云, 玉帛云乎哉? 樂云樂云, 鐘鼓云乎哉?"]

임방林放이 예의 근본을 물었다.
공자가 말했다: "훌륭하도다, 질문이여! 일반적인 예禮에 있어서는
경건함이 없는 외형적인 사치함보다는 차라리 경건함이 있는 검소함이
더 낫다. 상례喪禮에 있어서는 슬픔이 없이 형식적 절차에 맞는 것보다
는 차라리 슬퍼함이 넉넉한 것이 더 낫다."(「팔일八佾」3:4)

[林放問禮之本. 子曰, "大哉問! 禮, 與其奢也寧儉, 喪, 與其易也寧
戚."]

자하子夏가 물었다:
"〈생긋 웃는 미소 어여쁘고, 까만 눈동자 아리땁게 반짝이니, 하얀
바탕에 한 떨기 꽃이로다!〉라고 한 (『詩』, 「衛風」, 「碩人」의) 이 한 구절은
무슨 뜻입니까?"
공자가 말하였다:
"그림을 그려내는 일은 먼저 흰 바탕이 있고서야 (아름다움이 살아난다
는) 뜻이네."

(자하가) 말했다:

"그럼 〈예〉의 의미는 (순수한 도덕심이 있은) 뒤에라야 살아나겠군
요?"

공자가 말하였다:

"네가 나를 깨우쳐 주었구나, 싱商[자하의 이름]아! 이제 너와 함께
『시』를 논할 만하구나!"(『팔일八佾』 3:8)

[子夏問曰: "'巧笑倩兮, 美目盼兮, 素以爲絢兮.' 何謂也?" 子曰:
"繪事後素." 曰: "禮後乎?" 子曰: "起予者商也! 始可與言詩已矣.]

공자가 말하였다:

"사람이 어질지 못하면 〈예〉는 무엇 하자는 것이며, 사람이 어질지
못하면 〈악〉은 무엇 하자는 것이냐?"(『팔일八佾』 3:3)

[子曰: "人而不仁, 如禮何? 人而不仁, 如樂何?"]

1.10) 공자의 확신: 이상적 사회질서로서의 주례周禮

공자가 말하였다:

"하夏나라의 예는 말할 수 있고 …… 은殷나라의 예는 말할 수 있
다."(『팔일八佾』 3:9)

[子曰: "夏禮吾能言之…… 殷禮吾能言之.]

공자가 말하였다:

"주나라의 문화는 (하, 은) 두 왕조와 비교해 볼 때 더욱 빛나는지라,
나는 주나라를 좇을 것이다."(『팔일八佾』 3:14)

[子曰: "周監於二代, 郁郁乎文哉! 吾從周."]

공자가 광匡땅에서 위험에 봉착해서 말하였다.

"문왕[周 文王]이 이미 돌아가셨으니 예악문물이 이제 (이 땅에) 없지 않느냐? 하늘이 장차 이 문물을 없애려면 뒤에 죽을 자(즉, 공자 자신)가 이 문물을 전수받지 못할 것이다. 하늘이 이를 없애고자 하지 않는다면, 광 땅의 사람들이 어찌 나에게 해를 끼칠 수 있겠는가?"(「자한子罕」 9:5)

[子畏於匡, 曰: "文王旣沒, 文不在茲乎? 天之將喪斯文也, 後死者不得與於斯文也, 天之未喪斯文也, 匡人其如子何?"]

공자가 말하였다:

"…… 누가 나를 기용한다면 나는 동쪽에 주周나라를 다시 세우겠다."(「양화陽貨」 17:5)

[…… "如有用我者, 吾其爲東周乎?"]

공자가 말하였다:

"내가 아주 노쇠해졌는가 보다. 오래 동안 나는 주공周公을 꿈에서 다시 만나 뵙지 못하였도다!"(「술이述而」 7:5)

[子曰: "甚矣吾衰也! 久矣吾不復夢見周公!"]

1.11) 극기복례克己復禮

안연顏淵이 인仁을 물었다.

공자가 말했다.

"자기의 사사로운 욕심을 이겨 그 언어 행동이 예禮에 합치되면 그
것이 곧 인仁이다. 하루라도 그렇게 한다면 온 세상이 인仁을 따르게 된
다. 인仁을 실천하는 것은 자기에게 달린 것이지, 다른 사람에게 달린
것이 아니다!"

안연이 말했다.

"좀 더 상세한 실천조목을 말해 주십시오."

공자가 말했다.

"예禮가 아니면 보지 말며, 예가 아니면 듣지 말며, 예가 아니면 말
하지 말며, 예가 아니면 행하지 말라."

안연이 말했다.

"제가 비록 어리석지만 이 말을 섬기겠습니다." (「안연顔淵」 12:1)

　　[顔淵問仁. 子曰: "克己復禮爲仁. 一日克己復禮, 天下歸仁焉. 爲仁
　　由己, 而由人乎哉?" 顔淵曰: "請問其目." 子曰: "非禮勿視, 非禮
　　勿聽, 非禮勿言, 非禮勿動." 顔淵曰: "回雖不敏, 請事斯語矣."]

2. 공자의 유신된 〈군자君子〉관과 〈화和〉의 세계관

　공자는 주나라의 귀족계층(즉, 혈연적 君子)이 더 이상 존재하지 않는
상황에서 그가 할 일이란 바로 지식인들을 교육하여 그들을 바로 주례
周禮를 집행하는 '유신된 군자' (즉, 시민적 지도자, 엘리트)로 키워내는 일
이었다. 따라서 공자는 급진적인 개혁이 아니라 전통의 온습溫習을 통한

점진적 개량의 입장을 내세웠다.

2.1) 공자의 유신된 〈군자〉[3]의 인간상

공자가 말했다:

"군자는 기器[기물이나 도구의 의미처럼 어떤 특수 분야의 생산적 직능을 가진 사람]가 아니다."(「위정爲政」 2:12)

　[子曰: 君子不器.]

번지樊遲가 곡식 농사짓는 법을 배우고자 하였다.

공자가 말하였다.

"나는 늙은 농부만 못하다."

번지가 채소 농사짓는 법을 배우고자 하였다.

(공자가) 말하였다.

"나는 늙은 채소장이만 못하다."

---

3) '君子'란 용어에 대하여 쉬줘윈許倬雲(Xu Zuoyun, 1930-생존)의 다음과 같은 설명이 있다. "君은 '통치자'를 의미하고, 子는 '아들'을 의미한다. 그러므로 君子는 본래 '통치자의 아들'을 의미했다. 이 의미 영역이 혈연관계에 의해 통치 집단과 관련된 모든 사람을 포함하는 개념으로 확장되어 君子는 귀족과 동의어가 되었다. … 君子는 공자 이래로는 그의 사회적 위치와 상관없이 도덕적 품성이 높은 위치에 있는 덕 있는 사람으로서 존경받는 사람이었다. … 君子가 갖는 각기 다른 의미는 세 가지로 분류될 수 있을 것이다. 첫째 통치자나 군주, 둘째 통치자의 아들, 훌륭한 사람, 신사, 귀족 또는 관료, 셋째 주인, 남편 등."(Cho-yun Hsu, *Ancient China in Transition*, p.158 이하 참조). 許씨가 지적하고 있는 것처럼 君子의 의미가 과거 서주西周시대에는 혈연상 귀족 통치계급에 대한 통칭으로 통했으나, 공자는 그것을 유신하여 - 귀족의 혈통과는 관계없이 - 이제 그의 시대에 새롭게 성장하고 있는 지식을 갖춘 새로운 자율계층을 그의 새로운 君子라는 인간유형으로 교육·형성해 내고자 하였다.

번지가 방밖으로 나갔다.

공자가 말하였다.

"번수(번지)는 참으로 소인이구나. 윗사람이 예禮를 좋아하면 백성들이 공경하지 않을 리 없고, 윗사람이 의義를 잘 지키면 백성들도 복종하지 않을 리 없고, 윗사람이 신의를 잘 지키면 백성들이 진실하지 않을 수 없다. 이렇게 되면 사방의 백성들이 제 자식을 포대기에 싸서 업고 찾아올 것이다. 어디에 농사짓는 일이 필요한가?"(「자로子路」 13:4)

[樊遲請學稼. 子曰: "吾不如老農." 請學爲圃. 曰: "吾不如老圃."
樊遲出. 子曰: "小人哉, 樊須也! 上好禮, 則民莫敢不敬, 上好義, 則
民莫敢不服, 上好信, 則民莫敢不用情. 夫如是, 則四方之民襁負其子
而至矣, 焉用稼?"]

공자가 말하였다.

"군자가 마음에 두는 것은 덕이고, 소인이 마음에 두는 것은 땅이다."(「리인里仁」 4:11)

[子曰: "君子懷德, 小人懷土."]

공자가 말하였다.

"군자는 의義에 밝고, 소인은 이利에 밝다."(「리인里仁」 4:16)

[子曰: "君子喩於義, 小人喩於利."]

공자가 말하였다.

"군자는 도道를 구할 뿐 밥을 구하지 않는다. 농사를 지으면 굶주림이 그 안에 있으나, 배우면 봉록奉祿을 얻을 수 있다. 군자는 도를 걱정

하지 가난을 걱정하지 않는다."(「위영공衛靈公」 15:32)

[子曰: "君子謀道不謀食. 耕也, 餒在其中矣, 學也, 祿在其中矣. 君
子憂道不憂貧."]

"군자의 배움은 인人을 사랑함에 있고, 소인小人의 배움은 일을 잘함
에 있다."(「양화陽貨」 17:4)

[君子學道則愛人, 小人學道則易使也.]

2.2) 노동 분업론: 군자의 정신노동[勞心]과
소인의 육체노동[勞力]

"군자는 〈예禮〉에 부지런하고, 소인은 육체노동에 힘을 다한다."
(『좌전左傳』 成公13년)

[故君子勸禮, 小人盡力.]

"군자는 정신노동, 즉 노심勞心을 하고, 소인은 육체노동, 즉 노력勞
力을 하는데, 이것은 선왕先王[이상적 통치자]의 제도이다."(『左傳』 襄公9
년)

[君子勞心, 小人勞力, 先王之制也.]

2.3) 군자의 이상적 임무

자로가 군자 됨에 관하여 물었다.
공자가 말하였다.

"경敬으로 자기를 수양해야 한다."

자로가 물었다.

"이것뿐입니까?"

공자가 말하였다.

"자기를 닦아서 타인을 평안하게 함이다."

자로가 물었다.

"이것뿐입니까?"

공자가 말하였다.

"자기를 닦아서 백성까지 평안하게 함이다. 자기를 닦아서 백성까지 평안하게 함은 요·순이라도 아마 힘들었을 것이다."(「헌문憲問」 14:42)

> [子路問君子. 子曰: "脩己以敬. 曰: "如斯而已乎? 曰: "脩己以安人." 曰: "如斯而已乎?" 曰: "脩己以安百姓. 脩己以安百姓, 堯舜其猶病諸?"]

공자가 자하子夏에게 말하였다.

"너는 군자의 지식인[儒]이 되고 소인의 지식인이 되지 말라."(「옹야雍也」 6:13)

> [子謂子夏曰: "女爲君子儒! 無爲小人儒!]

2.4) 군자의 〈화和〉와 소인의 〈동同〉의 세계관

공자가 말하였다.

"군자는 〈화和〉의 입장이고 〈동同〉의 입장이 아니며, 소인은 〈동〉

의 입장이지 〈화〉의 입장이 아니다."(「자로子路」 13:23)

　　[子曰: "君子和而不同, 小人同而不和."]

2.5) 〈화和〉와 〈동同〉에 대한 안영晏嬰의 설명

제나라 경공景公이 물었다.

"화和와 동同이 다른가요?"

안자晏子가 대답하였다.

"'화'는 고깃국[羹]을 끓이는 것과 같습니다. 물, 불, 식초, 고기, 간장, 소금, 매실을 갖추고, 물고기와 육류를 끓이자면 장작으로 불을 피워야 하고, 요리사가 국물에 양념을 쳐서 모든 맛을 고르게 해야지요. 맛이 덜 나면 좀 더 가미하고, 넘치면 좀 빼내야 군자들이 그것을 마시면 편안하게 됩니다. 군신의 관계도 이와 같습니다. 임금이 옳다고 해도 그릇된 것이 있으면, 신하는 그 그릇된 것을 드러내서 그 옳은 것을 완전하게 해야 합니다. 임금이 그르다고 해도 거기에 옳은 것이 있으면, 신하는 그 옳은 것을 받들고 그른 것을 없애야 합니다. 이럼으로써 정치가 화평해지며 서로의 간섭과 (마찰이) 없어지고, (따라서) 백성의 반항심[爭心]이 없어집니다. 선왕先王이 오미五味를 조리하고 오성五聲을 화음한 것은 마음을 평안하게 하여 정치의 (도를) 완성하려는 것입니다. 음악[聲] 또한 '맛'과 같으니, 일종의 '기氣'로서, … 서로 어울려서 이루어지는 것입니다. 청탁淸濁, 대소大小, 장단長短, 질서疾徐, 애락哀樂, 강유剛柔, 지속遲速, 출입出入, 주소周疏와 같은 '대립성'이 상보하여 화합하는 것입니다. … 만약 물에 물로만 조미한다면 누가 그것을 먹겠습니까? 금琴(5현)과 슬瑟(12현)의 모든 음을 한 가지 소리로만 한다면 누가 그것을 듣겠습니까? '동同'의 불가함이 바로 이와 같습니다."(『좌전左傳』昭公20年)

[公曰: "和與同異乎?" 對曰: "異. 和如羹焉, 水﹑火﹑醯﹑醢﹑鹽﹑梅, 以烹魚肉, 燀之以薪, 宰夫和之, 齊之以味, 濟其不及, 以洩其過. 君子食之, 以平其心. 君臣亦然. 君所謂可而有否焉, 臣獻其否以成其可. 君所謂否而有可焉, 臣獻其可以去其否, 是以政平而不干, 民無爭心…… 先王之濟五味﹑和五聲也, 以平其心, 成其政也. 聲亦如味, 一氣……以相成也. 清濁﹑小大﹑短長﹑疾徐﹑哀樂﹑剛柔﹑遲速﹑高下﹑出入﹑周疏, 以相濟也……若以水濟水, 誰能食之? 若琴瑟之專壹, 誰能聽之? 同之不可也如是.]

3. 정명론正名論과 덕치德治의 이념

공자에게 있어서 제1차적인 정치과제는 주례周禮에 의하여 각인된 사회구성원 각자의 명분을 바로 잡으려는 정치적 조치, 즉 '정명론正名論'의 실현이었다. 그리고 지식인 계층의 자율적 계발을 존중하고 그것에 기반 하는 정치, 즉 '덕치德治'의 이념을 제시하였다.

3.1) 정명正名: 공자의 제일 정치과제

자로子路가 말하였다.

"위衛의 군주가 선생님을 초빙하여 나라를 다스리게 한다면, 선생님께서는 무엇을 제일 먼저 하시겠습니까?"

　공자가 말하였다.

　"반드시 〈명名〉[이름 또는 명분]을 바로 잡겠다."

　자로가 말하였다.

　"진정이십니까? 그것은 너무 우원한 것이 아닙니까? 〈명〉을 바로
잡아 무엇을 한단 말입니까?"

　공자가 말하였다.

　"경망하도다, 유由(자로의 이름)야! 군자는 알지 못하는 것에 대해서
는 잠자코 있는 법이다. 〈명名〉이 바르지 않으면 말이 제대로 되지 않
고, 말이 되지 않으면 일이 이루어지지 않으며, 일이 이루어지지 않으
면 국가의 예악제도가 세워지지 않는다. 예악제도가 세워지지 않으면
형벌의 집행이 공정하게 되지 않고, 형벌의 집행이 공정하게 되지 않으
면 백성들은 손발을 둘 곳이 없게 된다. 그러므로 군자가 정한 〈명〉은
반드시 명료하게 말할 수 있으며, 명료하게 말할 수 있는 일은 반드시
행할 수 있는 것이다. 군자는 말하는 데 있어 조금이라도 구차하거나
경솔하게 해서는 안 된다."(「자로子路」 13:3)

　　　[子路曰: "衛君待子而爲政, 子將奚先?" 子曰: "必也正名乎!" 子路
　　　曰: "有是哉, 子之迂也! 奚其正?" 子曰: "野哉, 由也! 君子於其所
　　　不知, 蓋闕如也. 名不正, 則言不順, 言不順, 則事不成, 事不成, 則禮
　　　樂不興, 禮樂不興, 則刑罰不中, 刑罰不中, 則民無所錯手足. 故君子
　　　名之必可言也, 言之必可行也. 君子於其言, 無所苟而已矣.]

　3.2) 정명正名의 정치

공자가 말하였다.

"그 직위에 있지 않으면 그 직위의 정사를 논하지 않는 법이다."4)

증자曾子가 말하였다.

"군자는 자기의 직위를 넘어서는 일에 대해서는 생각하지 않습니다."(「헌문憲問」 14:26)

　[子曰: "不在其位, 不謀其政." 曾子曰, "君子思不出其位."]

제齊의 경공景公이 공자에게 정치에 대해 물었다.

공자가 대답하여 말하였다.

"임금은 임금답고, 신하는 신하다우며, 아비는 아비답고, 자식은 자식다워야 합니다."

경공이 말하였다.

"참 좋은 말이다. 진실로 임금이 임금 구실을 못하고, 신하가 신하답지 않으며, 아비가 아비 구실을 못하고, 자식이 자식답지 않다면, 비록 먹을 것이 아무리 풍성하게 있다고 해도 그것을 내가 먹을 수 있겠는가?"(「안연顏淵」 12:11)

　[齊景公問政於孔子. 孔子對曰: "君君, 臣臣, 父父, 子子." 公曰: "善哉! 信如君不君, 臣不臣, 父不父, 子不子, 雖有粟, 吾得而食諸?]

3.3) 치자治者의 올바름[정명正名]

계강자季康子가 공자에게 정치에 대하여 물었다.

---

4) 동일한 문장이 또한 〈泰伯〉(8:14)에도 보임.

공자가 대답하여 말하였다

"정치[政]는 바로잡는 것이다. 당신이 솔선하여 바르게 행하면 누가 감히 부정할 수 있겠는가?"(「顏淵」 12:7)

　[季康子問政於孔子. 孔子對曰: "政者, 正也. 子帥以正, 孰敢不正?"]

공자가 말하였다

"위정자 자신이 올바르면 명령을 내리지 않아도 만사가 이루어지고, 위정자 자신이 올바르지 못하면 비록 호령해도 백성들이 따르지 아니한다."(「子路」 13:6)

　[子曰: "其身正, 不令而行, 其身不正, 雖令不從."]

공자가 말하였다.

"위정자가 자신을 올바르게 하면 통치하는데 무슨 어려움이 있겠는가? 그 자신을 올바르게 할 수 없으면 어찌 다른 사람을 올바르게 할 수가 있겠는가?"(「子路」 13:13)

　[子曰: "苟正其身矣, 於從政乎何有? 不能正其身, 如正人何?"]

계강자季康子가 공자에게 정치에 대하여 물었다.

"만약 무법자를 죽여 없애고 백성들로 하여금 도道를 지키는 방향으로 나가게 한다면 어떻겠소?"

공자가 대답하였다.

"당신은 정치를 하겠다면서 어찌 살인을 하려고 하십니까? 당신이 선을 원하면 백성들도 착하게 되는 것입니다. 군자의 덕은 바람과 같고 소인의 덕은 풀과 같은 것이라, 풀은 바람이 불면 반드시 바람에 쏠리어 따르게 마련입니다."(「안연顔淵」 12:19)

> [季康子問政於孔子曰: "如殺無道, 以就有道, 何如?" 孔子對曰: "子爲政, 焉用殺? 子欲善而民善矣. 君子之德風, 小人之德草. 草上之風, 必偃."]

3.4) 덕치德治의 이념: 행정명령[政]과 사법명령[刑]의 법치法治주의 반대

백성들을 〈정政〉[행정명령]만을 통해서 지도하고 〈형刑〉[사법명령]만을 써서 강제하면 백성들은 (규정된) 죄만 짓지 않으려 할 뿐이며, 진정으로 부끄러워하는 마음은 (오히려) 없게 된다. 그러나 이끌기를 〈덕德〉으로써 하고 〈예禮〉를 써서 그들을 규율한다면, 백성들은 부끄러워할 줄 아는 마음을 가질 뿐 아니라 진심으로 복종하게 된다. (「위정爲政」 2:3)

> [子曰: "道之以政, 齊之以刑, 民免而無恥. 道之以德, 齊之以禮, 有恥且格."]

3.5) 덕치의 내용: 민심民心의 획득과 민생民生의 보장

자공子貢이 정치에 대해 물었다. 공자가 말했다.

"먹을 것을 충분히 하고, 병력을 충분히 하며, 백성들이 정부를 신뢰할 수 있도록 해야 한다."

자공이 말하였다.

"어쩔 수 없이 하나를 버린다면, 그 세 가지 중 어느 것을 버려야 합니까?"

(공자)가 말하였다.

"병력을 버려라!"

자공이 말하였다.

"어쩔 수 없어 나머지 둘 중 또 하나를 버려야 한다면, 무엇을 버려야 합니까?"

(공자가) 말하였다.

"식량이다. 예로부터 모두 죽었거니와, 민신民信이 없으면 정부는 설 수가 없는 것이다."(「안연顔淵」12:7)

> [子貢問政. 子曰: "足食, 足兵, 民信之矣." 子貢曰: "必不得已而
> 去, 於斯三者何先?"曰: "去兵." 子貢曰: "必不得已而去, 於斯二
> 者何先?"曰: "去食. 自古皆有死, 民無信不立."]

(공자가) 말하였다:

"…… (위정자가) 너그러우면 많은 사람을 얻고, 신의가 있으면 백성이 그들을 신임하게 된다.……"(「양화陽貨」17:6)

> […寬則得衆, 信則人任焉,……]

공자가 말하였다.

"천승千乘의 (작은) 나라를 다스림에도 거사를 신중히 하고, 신의를 지킬 것이며, 용도를 절약하고, 인人을 사랑할 것이며, 때를 맞추어 민民을 활용해야 한다."(「학이學而」1:5)

> [子曰: "道千乘之國, 敬事而信, 節用而愛人, 使民以時."]

공자가 위衛나라에 갈 때에 염유冉有가 수레를 몰았다. 공자가 말하였다.

"백성들이 번성하구나!"

염유가 물었다.

"백성들이 이처럼 많아지면 그 다음에는 어떻게 해야 합니까?"

(공자가) 대답하였다.

"부유하게 해야 한다."

(염유가 또) 물었다.

"부유하게 한 다음에는 또 어떻게 해야 합니까?"

(공자가) 말하였다.

"그들을 교육시켜야 한다."(「자로子路」 13:9)

　　[子適衛, 冉有僕. 子曰: "庶矣哉!" 冉有曰: "旣庶矣, 又何加焉?"
　　曰: "富之." 曰: "旣富矣, 又何加焉?" 曰: "敎之."]

[노魯] 애공哀公이 물었다.

"어떻게 하면 백성들이 복종하게 되겠습니까?"

공자가 대답해서 말했다.

"곧은[정직한] 사람을 들어 굽은[사특한] 사람의 윗자리에 임용해서 쓴다면, 백성들이 마음으로부터 복종할 것입니다. 그러나 굽은 사람을 오히려 곧은 사람의 윗자리에 두고 쓴다면, 백성들은 마음으로부터 복종하지는 않을 것입니다."(「위정爲政」 2:19)

　　[哀公問曰: "何爲則民服?" 孔子對曰: 擧直錯諸枉, 則民服, 擧枉錯
　　諸直, 則民不服."]

공자가 말하였다

"…… 제가 이해하기로는 국國을 다스리는 제후나 가家[大夫의 봉토]를 가진 귀족은 재정이 빈핍한 것을 염려하지 말며, 분배가 고르지 못함[不均]을 염려해야 하며, 백성이 적은 것을 근심하지 말고, 나라 안이 평안하지 않을까 걱정해야 한다. 분배가 고르면 빈핍할 수 없고, 서로 화목하면 (백성이) 적을 수 없으며, (나라 안이) 화평하다면 망할 염려가 없다."(「계씨季氏」16:1)

> [丘也聞有國有家者, 不患寡而患不均, 不患貧而患不安. 蓋均無貧, 和無寡, 安無傾.]

4. 공자의 〈인仁〉 사상

공자는 사회적 문제의 해결이란 결국 지식인들의 윤리적 결단에 있다고 보았다. 따라서 지식인 계층 내의 상호 양보와 지원을 통하여 친밀한 접근과 사랑, 즉 인仁의 실현이 덕치의 가장 핵심으로 파악하였다.

번지樊遲가 어떻게 하는 것이 〈인仁〉입니까 하고 물었다.
공자가 말하였다: "사람을 사랑하는 것이다."(「안연顔淵」12:22)

> [樊遲問仁. 子曰: 愛人.]

중궁仲弓이 〈인仁〉에 대하여 물었다.
공자가 말하였다: "자기 집 문을 나서서 사람을 대할 때에는 마치 큰 손님을 대하는 것처럼 하고, 백성을 부릴 때에는 큰 제사를 받드는 것처럼 해야 한다. 자기가 원하는 바가 아니면 남에게 행하지 말라! (그

래야) 제후의 나라[邦]에 원怨이 없어지고 대부의 읍[家]에도 원이 없어진
다.”(「안연顏淵」 12:2)

　　[仲弓問仁. 子曰：“出門如見大賓, 使民如承大祭. 己所不欲, 勿施於
　　人. 在邦無怨, 在家無怨.”]

　공자가 말하였다

　“삼參[증자의 이름]아! 내 가르침[吾道]은 한 이치로써 꿰뚫어져 있
다.”

　증자曾子가 대답하였다

　“예, 그렇습니다.”

　공자가 나가자 제자들이 물었다.

　증자가 대답하였다

　“선생님의 가르침은 〈충忠〉[진심]과 〈서恕〉[헤아려봄]뿐이다.”(「리인里
仁」 4:15)

　　[子曰：“參乎! 吾道一以貫之.” 曾子曰：“唯.” 子出, 門人問曰：“何
　　謂也?” 曾子曰：“夫子之道, 忠恕而已矣.”]

　자공子貢이 물었다.

　“평생에 지침이 될 만한 말씀이 있겠습니까?”

　공자가 말하였다.

　“그것은 서恕라고 할까? 자신이 원하는 바가 아니면 남에게도 행하
지 말라!”(「위영공衛靈公」 15:24)

　　[子貢問曰：“有一言而可以終身行之者乎?” 子曰：“其恕乎! 己所不
　　欲, 勿施於人.”]

자공子貢이 말하였다.

"만일 여기에 백성들에게 널리 은혜를 베풀어 많은 사람을 구제한 사람이 있다면, 그 사람을 인仁한 사람이라고 할 수 있겠습니까?"

공자가 말하였다.

"어찌 인仁하다고만 하겠는가? 그 사람은 성인聖人이라 할 수 있다. 요堯와 순舜과 같은 위대한 통치자도 그런 면에서는 자신이 부족하다고 생각했다. 인仁이라는 것은 자기가 서고자 하는 대로 다른 사람을 세우고, 자기가 이르고자 하는 대로 다른 사람을 이르게끔 하는 것이다. 범사에 가까운 데서부터 헤아려 볼 수 있는 것이 인仁을 실현하는 방도라고 할 것이다." (「옹야雍也」 6:30)

> [子貢日: "如有博施於民而能濟衆, 何如? 可謂仁乎?" 子日: "何事於仁! 必也聖乎! 堯舜其猶病諸! 夫仁者, 己欲立而立人, 己欲達而達人. 能近取譬, 可謂仁之方也已."]

공자가 말하였다:

"뜻있는 선비와 어진 사람은 생명에 연연하여 인仁을 해침이 없고, 오히려 몸을 죽여 인仁을 이룬다." (「위영공衛靈公」 15:9)

> [子日: "志士仁人, 無求生以害仁, 有殺身以成仁."]

공자가 말하였다

"부富와 귀貴는 만인이 바라는 바이다. (그러나) 그것을 도道로써 얻지 못하면 (군자는) 그것에 처하지 않는다. 빈貧과 천賤은 만인이 싫어하는 바이다. (그러나) 도에 맞지 않으면 (군자는) 그것을 벗어버리려고 하지 않는다. 군자가 인仁을 버리면 어디에서 군자라는 이름을 이루겠는가?

군자는 밥 먹는 동안에도 인仁을 떠나지 않으며, 아무리 급할 때에도 인
仁에서 떠나지 않으며, 자빠져서 곤란한 지경에 있더라도 인仁을 포기하
지 않는다."(「리인里仁」 4:5)

　　[子曰: "富與貴, 是人之所欲也, 不以其道得之, 不處也. 貧與賤, 是
　　人之所惡也, 不以其道得之, 不去也. 君子去仁, 惡乎成名? 君子無終
　　食之間違仁, 造次必於是, 顚沛必於是."]

　"군자이면서 인仁한 자는 있었으나, 아직 소인이면서 인仁한 자는
있지 않았다."(「헌문憲問」 14:6)

　　[子曰: "君子而不仁者有矣夫, 未有小人而仁者也."]

5. 교육에 대한 태도와 방법

　공자는 지식인들의 주례에 대한 보다 깊은 인식과 도덕적 계발과 관련
하여 가장 중요한 것은 교육이라고 생각하였다. 그러나 배우는 사람의
능동적 자발적 참여가 없다면 좋은 교육은 기대될 수 없다고 보았다.

5.1) 교육에 대한 공자의 태도와 내용

　공자가 말했다.
　"인간들의 타고난 본성은 서로 비슷하다. 다만 습관들이기에 따라
(후천적으로) 서로 다르게 된다."(「양화陽貨」 17:2)

　　[子曰: "性相近也, 習相遠也."]

공자가 말했다.

"나는 가르치는 데에 있어 [능력이나 신분 등의] 차별을 두지 않는다."(「위영공衛靈公」 15:39)

　　[子曰: "有教無類."]

공자가 말하였다.

"마른 고기묶음[束, 최저의 예물) 이상을 가지고 스스로 찾아온 사람에게 내가 가르침을 베풀지 않은 적이 없다."(「술이述而」 7:7)

　　[子曰: "自行束脩以上, 吾未嘗無誨焉."]

공자가 말하였다.

"제자들이여, 집에서는 효도하고, 밖에 나가서는 어른을 공경하며, (일을 함에) 삼가서 하고 미덥게 해야 하며, 널리 사람들을 사랑하되 어진 이를 가까이 해야 한다. 이러한 일들을 행하고도 남은 힘이 있으면 고전을 학습하라."(「학이學而」 1:6)

　　[子曰: "弟子, 入則孝, 出則悌, 謹而信, 汎愛衆, 而親仁. 行有餘力,
　　則以學文."]

공자는 네 가지를 가르치셨다: 고전문헌[文], 규범적 실천[行], 진실한 마음[忠]과 신의[信]. (「술이述而」 7:25)

　　[子以四教, 文, 行, 忠, 信.]

공자가 말하였다.

"나는 나면서부터 아는 사람이 아니요, 옛것을 좋아하고 민첩하게

그것을 구하는 사람이다."(「술이述而」7:20)

　　[子曰: "我非生而知之者, 好古敏以求之者也."]

　공자가 말하였다.

　"나면서 저절로 아는 사람이 으뜸이요, 배워서 아는 사람이 다음이고, 막혀도 애써 배우는 사람은 그 다음이다. (그러나) 막혔는데도 배우지 아니하는 민民은 이렇게 되어 하층이 되었다."(「계씨季氏」16:9)

　　[孔子曰: "生而知之者上也, 學而知之者次也, 困而學之, 又其次也,
　　困而不學, 民斯爲下矣."]

　공자가 말하였다.

　"중간 이상의 자질을 가지고 있는 사람에게는 높은 것[上]을 말해 줄 수 있으나, 그 이하의 사람에게는 높은 것을 말해줄 수 없다."(「옹야雍也」6:21)

　　[子曰: "中人以上, 可以語上也, 中人以下, 不可以語上也."]

　공자가 말하였다.

　"오직 최상의 지식인[上知]과 우둔한 하민[下民]만은 바뀔 수 없다."(「양화陽貨」17:3)

　　[子曰: "唯上知與下愚不移."]

5.2) 교육의 방법과 공자의 학습태도

　공자가 말하였다.

"유由(子路의 이름)야! 너에게 앎에 대해 가르쳐 주겠다. 아는 바를 안다고 하고 모르는 것을 모른다고 하는 그것이 앎이다."(「위정爲政」2:17)

　　[子曰: "由! 誨女知之乎! 知之爲知之, 不知爲不知, 是知也."]

　공자가 말하였다.

　"대개 이치도 모르면서 해보려는 사람이 있지만 나는 그런 사람이 아니다. 많이 들어서 (그 중에서) 좋은 것을 가려내어 좇으며, 많이 보아서 그것을 마음속에 기억해둔다. 그것이 ('나면서 저절로 아는', 즉 [生而知之] 하는 방법5)) 다음으로 지식을 얻는 방법이다."(「술이述而」7:28)

　　[子曰: "蓋有不知而作之者, 我無是也. 多聞, 擇其善者而從之, 多見而識之, 知之次也."]

　공자가 말하였다.

　"묵묵히 마음속으로 이해하며, 배움에 염증을 내지 않고, 남을 가르침에 피곤함을 모르는 일이라면, 나에게 그 무슨 어려움이 있겠는가?"(「술이述而」7:2)

　　[子曰: "黙而識之, 學而不厭, 誨人不倦, 何有於我哉?"]

　공자가 말하였다.

　"함께 나란히 길어가는 세 사람 중에는 나의 스승이 될 만한 사람이 있기 마련이다. 그들이 가진 우수한 점을 가려 배우고, 그들이 가진 열등한 점은 자기에게 살펴 그것을 고쳐나간다."(「술이述而」7:22)

---

5) 楊伯峻, 『論語譯註』, 79쪽 참조.

[子曰: "三人行, 必有我師焉, 擇其善者而從之, 其不善者而改之."]

공자가 말하였다.

"내가 아는 것이 있는가? 나는 아는 것이 없다. 만약 어떤 농사꾼이 나에게 물으면 내 마음은 텅 비어 아무 것도 모른다. 나는 다만 [묻는 핵심의] 양면[긍정과 부정, 역자]을 따져 물음으로써 알려줄 뿐인 것이다."(「자로子路」 9:8)

[子曰: "吾有知乎哉? 無知也. 有鄙夫問於我, 空空如也. 我叩其兩端而竭焉."]

공자가 말하였다.

"많이 듣고 의심나는 부분은 보류하고, (확신이 서는) 그 나머지를 삼가 말하면 허물이 적다. 많이 보되 위태로운 점은 유보하고, 그 나머지를 삼가 행하면 후회함이 적다. 말에 허물이 적고 행함에 후회함이 적으면 (자연히) 관록을 얻게 될 것이다."(「위정爲政」 2:18)

[子曰: "多聞闕疑, 愼言其餘, 則寡尤, 多見闕殆, 愼行其餘, 則寡悔. 言寡尤, 行寡悔, 祿在其中矣."]

공자가 말하였다.

"배우기만 하고 (반성적으로) 사고하지 않으면 얻는 바가 없고, 사고만 하고 배우지 않으면 의혹이 생길 것이다."(「위정爲政」 2:15)

[子曰: "學而不思則罔, 思而不學則殆."]

공자가 밀하였다:

"군자가 사고함에는 아홉 가지가 있다. 볼 때는 분명히 보았는지를 생각해야 하고, 들을 때는 똑똑히 들었는지를 생각해야 하고, 안색은 온화한지를 생각해야 하고, 용모는 공손한가를 생각해야 하고, 말은 진실해야 함을 생각하고, 일함에는 진지해야 함을 생각하고, 의문이 날 때는 어떻게 물어 볼가를 생각해야 하고, 분통이 날 때는 후환을 생각해야 하고, 이득을 볼 때는 의로운 것인가를 생각해야 한다."(「계씨季氏」16:10)

[孔子曰: "君子有九思, 視思明, 聽思聰, 色思溫, 貌思恭, 言思忠, 事思敬, 疑思問, 忿思難, 見得思義."]

공자가 말하였다.

"부정확한 이론들에 오로지 전념하면 해로울 뿐이다."(〈또는〉"부정확한 이론들을 비판하면 해로움은 없어질 수 있다.")(「위정爲政」2:16)

[子曰: "攻乎異端, 斯害也已."]

공자가 말하였다.

"옛날 지식을 충분히 익히고 새로운 것을 터득하게 되면 (남에게) 스승이 될 수 있다."(「위정爲政」2:11)

[子曰: "溫故而知新, 可以爲師矣."]

공자가 말하였다.

"터득하려고 애써도 모르는 경우가 아니면 가르쳐 이끌어 주지 않으며, 표현하려고 애써도 더듬거리는 경우가 아니면 그를 계발시켜 주지 않는다. 한쪽 귀퉁이를 들어 보이는 데도 세 귀퉁이를 알 만큼 반응하지 못하면 더 이상 가르치지 않는다.”(「술이述而」7:8)

　[子曰: “不憤不啓, 不悱不發. 擧一隅, 不以三隅反, 則不復也.”]

　공자는 네 가지를 하지 않았다: 근거 없이 억측하지 않았고, 제멋대로 결론짓지 않았으며, 구차하게 고집부리지 않았고, 스스로 옳다고 자부하지 않았다. (「자한子罕」9:4)

　[子絶四, 毋意, 毋必, 毋固, 毋我.]

6. 천명天命론의 수정과 인본주의 사상

　공자는 분명히 천명에 의한 사회 역사의 주재를 인정함으로써 인간의 자기 한계를 인식하고 있었지만, 결코 그것에 맹목적으로 순종하고 수동적으로 있기 보다는, 적극적으로 인간 각자에게 부여된 천명의 의미를 깨닫고 성실하게 그것을 수행하는 데 인간 삶의 의미가 있다는 인본주의 사상을 펼치고 있다.

　자공子貢이 말했다.
　“선생님께서 고전문헌에 관해 논하신 것은 우리들이 들을 수 있었다. (그러나) 선생님께서 인간의 천성과 하늘의 도리에 관해서 말씀하신 것은 우리들이 듣지 못했다.”(「공야장公冶長」5:13)

　[子貢曰: “夫子之文章, 可得而聞也, 夫子之言性與天道, 不可得而聞也.”]

공자는 기괴한 일, 억지 쓰는 일, (사회질서를) 어지럽히는 일과 귀신(섬기는 일)에 대해서는 말하지 않았다. (「술이述而」 7:21)

　　[子不語: 怪, 力, 亂, 神.]

공자가 말하였다.

"크도다 요堯의 임금됨이여! 위대하도다! 오직 〈하늘〉만이 큰 것이로되 오직 요堯임금만이 그것을 본받으셨다.……"(「태백泰伯」 8:19)

　　[子曰: "大哉堯之爲君也! 巍巍乎! 唯天爲大, 唯堯則之.……]

공자가 말하였다.

"군자君子는 세 가지를 두려워한다. 천명天命을 두려워하고, 위대한 이[大人]를 두려워하며, 성인聖人의 말을 두려워한다. (그러나) 소인小人은 천명을 알지 못하므로 그를 두려워하지 않고, 위대한 이를 가볍게 여기며, 성인의 말을 희롱한다."(「계씨季氏」 16:8)

　　[孔子曰: 君子有三畏, 畏天命, 畏大人, 畏聖人之言. 小人不知天命而
　　不畏也, 狎大人, 侮聖人之言."]

공자가 말하였다.

"나는 열다섯에 학문에 뜻을 두었으며, 서른에 학문에 어느 정도 성취가 있었고, 마흔에 이르러 스스로의 주장을 확실히 해서 미혹됨이 없었다. 쉰에는 천명天命을 알았으며, 예순에 남의 말을 한번 들으면 즉시 그 옳고 그름을 분별해 낼 수 있었고, 일흔에 이르러서는 마음이 하고자 하는 바 그대로를 따라 해도 법칙에서 벗어나지 않았다."(「위정爲政」 2:4)

[子曰: "吾十有五而志于學, 三十而立, 四十而不惑, 五十而知天命,
六十而耳順, 七十而從心所欲, 不踰矩."]

(공자가) 선조를 제사할 때 조상이 진짜로 거기에 와 있는 것처럼 정중
하였고, 신을 제사함에 신이 실제로 거기에 와 있는 것처럼 정중하였
다. 공자는 말하였다. "내가 실제로 제사에 참여하지 않으면 제사를 모
시지 않은 것과 같다."(「팔일八佾」 3:12)

[祭如在, 祭神如神在. 子曰: "吾不與祭, 如不祭."]

왕손가王孫賈가 물었다.
" '안방귀신에게 아첨하기보다는 차라리 부뚜막 귀신에게 예쁘게 보
여라' 라는 말은 무슨 뜻입니까?"
공자가 말하였다.
"모르는 소리다. 죄를 하늘에 범하면 다시 빌 곳이 없는 법이다."
(「팔일八佾」 3:13)

[王孫賈問曰: "與其媚於奧, 寧媚於竈, 何謂也?" 子曰: "不然, 獲罪
於天, 無所禱也."]

공자의 병이 심해지자, 자로子路가 귀신에게 기도할 것을 청하였다.
공자가 말했다: "그런 사례가 있는가?"
자로가 대답하여 말하였다.
"있습니다. 기도문에 이르기를 '당신을 위해 하늘과 땅의 신에게
비노니' 라고 했습니다."
공자가 말하였다.

"그런 기도라면 내가 이미 기도한 지가 오래되었구나." (「술이述而」
7:35)

　[子疾病, 子路請禱. 子曰: "有諸?" 子路對曰: "有之, 誄曰: '禱爾
于上下神祇.'" 子曰, "丘之禱久矣."]

공자가 말하였다.

"나는 말을 하고 싶지 않구나."

자공子貢이 말하였다.

"선생님께서 말씀하시지 않으신다면 저희들은 무엇을 적어 후세에
말할 것입니까?"

공자가 말하였다.

"하늘이 무슨 말을 하는가? 네 계절이 흘러가고 만물이 생장하는
데, 하늘이 무슨 말을 하는가?" (「양화陽貨」 17:19)

　[子曰: "予欲無言." 子貢曰: "子如不言, 則小子何述焉?" 子曰: "天
何言哉? 四時行焉, 百物生焉, 天何言哉?"]

공자가 말하였다.

"나를 이해하는 사람이 없구나!"

자공이 말하였다.

"어찌 선생님을 알아주는 이가 없다 하십니까?"

공자가 말하였다.

"나는 하늘을 원망하지 않으며, 사람을 원망하지도 않겠다. 밑으로
부터 배워서 위로 통달해 갔으니, 아마도 (그런) 나를 이해하는 자는 오
직 하늘일 뿐이로다!" (「헌문憲問」 14:35)

[子曰: "莫我知也夫!　子貢曰: "何爲其莫知子也?" 子曰: "不怨天,
不尤人, 下學而上達. 知我者其天乎!"]

계로季路(곧 자로)가 귀신을 섬기는 일에 대하여 물었다.

공지가 말하였다.

"사람 섬길 줄도 모르면서 어찌 귀신을 섬길 수 있겠는가."

(자로가) 말하였다.

"감히 죽음에 대해 묻습니다."

(공자가) 말했다.

"삶도 아직 알지 못하면서 어찌 죽음을 알겠는가." (「선진先進」
11:12)

[季路問事鬼神. 子曰: "未能事人, 焉能事鬼?" 曰: "敢問死." 曰: "未
知生, 焉知死?"]

공자가 말하였다.

"인간이 도道를 넓혀가는 것이지, 도가 인간을 넓혀가는 것이 아니
다." (「위영공衛靈公」 15:29)

[子曰: "人能弘道, 非道弘人."]

〈참고문헌〉

『論語』(『論語譯注』), 楊伯峻譯注, 北京: 中華書局, 1980;

『論語』(『論語新解』), 錢穆編註, 香港: 東大出版社, 1964;

『孟子』(『孟子讀本』), 蔣伯潛註釋, 香港: 啓明書局;

『中庸』(『四書讀本』), 蔣伯潛註釋, 香港: 啓明書局;

『大學』(『四書讀本』), 蔣伯潛註釋, 香港: 啓明書局;

『春秋左傳注』(上/下), 楊伯峻著, 臺北: 源流出版社, 1982;

『春秋左傳今註今譯』(全三冊), 李宗侗註譯, 臺北: 臺灣商務印書館,
        1974;

『莊子』(『校正莊子集釋』), 郭慶藩撰, 北京: 中華書局, 1961;

『荀子』(『荀子簡注』), 章詩同注, 上海: 人民出版社, 1974;

『國語』, 上海師範大學古代書籍研究所編, 上海古籍出版社, 1978;

『詩經』(『詩經今註今譯』), 馬持盈註譯, 臺北: 臺灣商務印書館,
        1974;

『尙書』(『尙書今註今譯』), 屈萬里著, 臺北: 臺灣商務印書館, 1973;

『史記』(全十冊), 司馬遷撰, 北京: 中華書局, 1972

『古史辨』, 顧頡剛主編, 全七冊, 臺灣影印本

趙紀彬, 『論語新探』, 北京: 人民出版社, 제2판, 1960; 제3판, 1976;

宋榮培, 『中國社會思想史』(증보판), 서울: 사회평론, 1988;

楊寬, 『戰國史』, 上海: 人民出版社, 1980;

熊十力, 『原儒』, 上海書店出版社, 2009;

錢穆, 『四書釋義』, 北京: 九州出版社, 2011;

錢穆, 『中國思想史』, 北京: 九州出版社, 2011;

錢穆, 『中國歷史精神』, 北京: 九州出版社, 2013;

馮友蘭, 『中國哲學史』(『三松堂全集』第二卷), 鄭州: 河南人民出版
        社, 1988;

馮友蘭, 『人生哲學』, 北京: 中國國際廣播出版社, 1927;

馮友蘭, 『新原道』, 北京: 三聯書店, 1944;

馮友蘭, 『論孔丘』, 北京: 人民出版社, 1975;

楊榮國, 『中國古代思想史』, 北京: 人民出版社, 1973;

楊寬, 『戰國史』, 上海: 人民出版社, 1980;

津田左右吉, 『王道政治思想』, 東京: 岩波書店, 1934.

Hsu, Cho-yun, Ancient China in Transition, Stanford: Stanford Univ.
　　Press, 1965.

제3장

묵가의 '만인 상호사랑' [兼相愛]과 사회 실천사상

우리가 공자(전551-전479)를 춘추시대 말기의 사상가라고 본다면, 묵자墨子(전 약480-전420)는 전국시대(전475-전221) 초기의 사상가이다. 이 춘추전국 시대는 기원전 11세기 이래 서주西周의 혈연중심의 귀족봉건제(또는 종법宗法사회)가 급격히 붕괴되고, 과거의 귀족 계층을 대신하여 새로운 평민 엘리트[士] 계층을 중심으로 하는 중앙집권적 관료제가 태동하는 시기이다.

특히 기원전 8세기 이래 중국 고대사회는 과학기술의 발달로 청동기에서 철제문명기로 접어들면서 사회 생산력이 급격히 상승하여 낙후된 자연 상태에서 고립되었던 봉건제후들 간에 서서히 경제적 교류와 정치적 통합이 진행되었다. 토지의 사유화와 더불어 지주계층이 성립되고, 또한 상인을 중심으로 하는 시장경제도 상대적인 발전을 하였다.

이와 같은 사회생산력의 본질적인 증가는 점차 증대하는 새로운 행정적, 경제적 및 군사적 목적의 수행 때문에 도시의 발달을 가져옴으로써 종래의 혈연적인 (즉, 종법宗法적인) 인간관계를 본질적으로 바꿔놓았을 뿐만 아니라, 자연적 경제적 조건의 차이에 따른 제후국가들 간에 상호 통합적인 경쟁 및 전쟁의 상태를 야기하게 되었다. 이러한 시대적 전환은 한편으로 강력한 중앙집권적 국가의 출현을 가능하게 하였으며, 다른 한편에서는 각자의 능력(즉 행정적, 군사적, 사법적 통치 능력이나 전문 지식 등)을 기반으로 하는 자율 지식인들을 능장시켰다. 전자는 개인들의 자유로운 활동을 제한하고자 하였으며, 후자는 또한 강력한 국가권력의 개인에 대한 간섭에 저항을 하면서 개인의 권리와 자율적 행동원리를 제시하였다.

이와 같은 춘추전국 시대의 근본적인 사회적 변화를 공자와 묵자는 다 같이 하나의 "사회적 위기"로 파악하였다. 공자가 그 당대의 사회적 변화를 바로 "천하무도天下無道"라고 보았고, 묵자 역시 "불인不仁"·"불의不義"의 이기적·파멸적 사회라고 보았다.

그러나 공자가 이 문제의 해결을 바로 주나라의 붕괴되는 문물제도 ― 즉 서주西周 이래의 예禮, 악樂 등에 나타난 귀족지배층[君子]의 통치질서를 이제 더 이상 귀족이 아닌 새로운 군자, [즉 지식인] 자신들의 도덕적 수양, 말하자면 덕치德治의 이념을 통하여 회복[維新]해 보려고 노력했다면, 묵자는 종래 귀족지배 계층의 행동규범인 예禮와 악樂을 철저히 부정하고, 유가儒家의 덕치德治의 이념 대신에, 생산에 참여하는 모든 만민들의 철저한 공동적 연대, 즉 "만민의 상호사랑"[兼相愛]과 그를 통한 "상호 (물질적) 이익의 증진"[交相利]을 통하여 당시 사회의 문제를 해결하고자 하였다.

그 당시 사유재산을 기초로 하는 새로운 시장경제의 발달과 그에 따른 부의 소유와 분배에 있어서 과도한 불평등 현상이 나타났었다. 그 결과, 개개인들의 물질적 이해관계에 따른 상호이해의 충돌, 대소 귀족들 간의 투쟁 및 제후국가들 간의 전쟁과 병합 등이 자행되는 속에서, 묵자가 바라본 가장 심각한 문제점은 바로 생산 활동에 직접적으로 종사하고 있는 일반 백성[즉 民]들의 기본생활의 파괴에 있었다. 백성들이 직접 생산 활동을 하면서도 "배고픈 자가 먹지를 못하고, 추운 자가 옷을 입지 못하고, 노역을 하고 난 자가 쉬지를 못 한다"[1]는 사회적인 근본 모순을 백성의 삼대 문제("民有三患")로 지적하였다. 이와 같이 생산에 종사하는 백성들의 「3환」을 해결하기 위해서 우선 만민들은 "모두 서로 사랑하고, 서로 이롭게 할 것!"[兼相愛, 交相利]을 묵자는 주장한 것이다. 이와 같은 민생문제의 해결에 본질적인 중요성을 부여하고 있는 묵자의 사상은 ─ 인간의 귀천을 인정하는 유가儒家의 예·악의 주장과는 달리 ─「비례非禮」, 「비락非樂」 및 「절용節用」, 「절장節葬」 등을 말하고 있다. "이렇기 때문에 묵자 선생님이 말하였다. '잠시 만민들에게 많은 세금을 긁어내어 큰 종을 만들고, 북을 치고, 피리를 분다면, 천하의 이利를 찾아 일으키고 천하의 해를 없애는 일을 다 할 수 없다.' 이렇기 때문에 묵자 선생님은 음악[樂]을 하는 것을 그르다[非] 라고 한다."[2]

묵자는 이와 같이 민생의 해결이라는 공리주의적인 입장에서 ─ 인간의 감정에 나타나는 한가한 예술적 정서의 추구보다는 ─ 오로지 실천이성에 따라서 만민은 모두 생산에 종사할 것을 역설한다.

그리고 묵자는 놀랍게도 인간의 본질을 노동에서 보고 있다. 진승들

---

1) 『墨子』, 「非樂」 上, "民有三患: 飢者不食, 寒者不衣, 勞者不息."(『墨子』의 인용은 이하에서 편명만 명기함.)
2) "是故子墨子曰: 姑嘗厚措斂乎萬民, 以爲大鍾鳴鼓琴瑟竽笙之聲, 以求興天下之利, 除天下之害, 而無補. 是故子墨子曰: 爲樂非也!"(「非樂」 上)

은 "자기들의 깃과 털로써 의복을 삼고 있으며, 그들의 발굽과 손톱으로 아랫바지와 신발을 삼고 있고, (들판의) 물이나 풀을 음식으로 하고 있다." 그러나 "사람들은 이들(짐승들)과는 다르다. 자기가 노동을 하면 살고 자기가 노동을 하지 않으면 살 수가 없다."(「비락非樂」上) 묵가사상은 결국 인간의 본질을 노동에서 찾고 있다는 점에서 그 당시의 다른 제자 철학사상과 구별되는 자기 독특성을 보이고 있다.

이와 같이 인간의 본질이 노동에 있다고 보기 때문에, 묵자가 보는 사회적 「의義」는 사람들이 모두 노동을 통하여 자기소유를 확보하고 또한 서로 물질적 이익을 도와주는 데 있다. 사회적 불의란, 남의 노동의 결과를 탈취하는 데 있다고 보았다.

더 나아가서, 묵자는 인간의 숙명론을 배격하고, 주체적 인간의 실천의지 — 즉, 노력[力] — 을 강조하고 있다. 묵자에겐 인간사회의 모든 문제는 숙명적인 〈운명〉[命]의 문제가 아니라, 인간의 노력 여하, 즉 「강强 / 불강不强」의 문제인 것이다. 따라서 그는 인간은 스스로 자기문제의 해결을 위하여 힘을 써야[强] 한다면서, 특히 인간의 "실천적 노력"[力]을 강조하고 있다.

그러나 묵자는 이와 같이 운명을 부정하고 인간의 실천의지를 강조하면서도, 또한 다른 한편 당시 인간들의 이기심을 극복하고 그가 주장하는 만민 모두의 연대적 사랑과 물질적 이익의 상호 증진, 즉 "겸상애兼相愛, 교상리交相利"론을 현실화하기 위하여 드디어 그 보증자로서 천상의 귀鬼와 신神의 존재를, 그리고 지상의 천자天子의 절대적 통치를 주장한다. 이들 천상과 지상의 지배자는 "겸상애, 교상리"의 원칙에 따라서 엄격한 상벌로써 인간사회의 통치를 주도해 가야만 한다는 절대통치

사상을 펼치고 있다.

요컨대 묵자, 또는 '묵자' 1인에 가탁된 묵가墨家 학파의 사상은 생산에 참여하는 백성(즉, 民)의 철저한 "상호 사랑"[즉, 兼愛]을 통한 민생과 공리의 진작에서 출발하면서도, 그 통치방식은 또한 높은 실천이성의 도덕률에 따르는 엄격한 독재론을 말하고 있다.

이런 묵가 사상의 주요 내용은 현재 51편만이 전해지고 있는 『묵자墨子』(원래는 71편, 『漢書』, 「藝文志」) 책 속에 개진되어 있다. 사실 거의 300여 년에 이르는 묵가학파의 사상적 발전 및 여러 분파적 흐름들이 그 학파의 창시자인 묵자墨子(그의 이름은 묵적墨翟, 기원전 약 480-420) 1인에 가탁하여 기술되고 있다.

제자백가들이 활동했던 춘추전국 시대는 급격한 사회변화에 의하여 사회구성에 항구적인 제도가 결여된 과도기적 상태였다. 바로 그런 상황에서 만민 연대의 공리주의와 현자賢者 독재론을 표방하는 묵가의 학설은 그 시대에서는 유가 사상과 대항하면서 상당한 영향력을 발휘하였다. 그러나 이러한 과도기가 끝나고 중국사회의 역사발전이 진한秦漢이래로 토지사유를 중심으로 하는 지주, 관료계층의 엄격한 가부장적 신분사회로 정착되면서 인간사회의 상하 계층적 차별을 무시하고 만민 공동의 공리를 주장하는 묵가학설은 결국 그 학설이 실현될 수 있는 사회경제적인 객관적 기반을 잃어버린 것이다. 또한 진한秦漢 시대 이래 지식인─관료를 중심으로 하는 중앙집권적 관료체제가 확립되면서, 지식인들에게 최대의 정치적 자율성을 요구하는 유가나 도가 사상은 살아남을 수가 있었다. 그러나 지식인들의 자율권을 극도로 제한하려는 법가 사상이나, 그와는 다르지만, 개별적 인간들의 자율적 선택보다는 〈겸상애, 교상리〉라는 이념적 원칙에 봉사하는 전제적인 공동체로서의 묵가의 집단은 침략 전쟁의 종식과 함께 그들이 수탁받을 수 있는 방어전쟁의 수요가 또한 사라짐에 따라서 그 학파가 생존할 수 있는 역사공간을 상실하였다. 그러나 아이러니컬하게도 19세기 말 이래로 유교적 사회의 결정적 붕괴와 더불어 거의 2천 년간 방치되었던 묵가의 학설이 새 시대에 재평가되고 있음은 재미있는 일이라고 하겠다.

1. 묵가의 노동하는 인간관과 의義[사회정의]에 대한 규정

공자는 일찍이 고전에 대한 배움[學]을 기준으로 인류를 구분하였다. "태어나면서 [고전 지식을] 아는 것이 최상이다. 배워서 그것을 아는 것이 그 다음이다. [생활에서] 곤경을 당해도 배우는 것이 또한 그 다음이다. 곤경을 당해도 배우지 않으니, 백성은 그렇게 하등이 된 것이다." (『論語』「季氏」 16:9) 그러나 묵자에게는 생산에 종사하는 백성들의 생산활동을 바로 인간의 본질적 특성으로 파악하였다. 그리고 사회적 정의 또한 묵자에 의하면 생산물을 자기 노동을 통하여 얻는 것이요, 자기는 노동을 하지 않고 남의 노동의 결과를 탈취하는 것이 사회적 불의라고 보았다.

1.1) 노동: 인간의 본질

이제 인간들은 진실로 금수, 고라니, 사슴, 나는 새나 파충류와는 다르다. 지금 이들 금수, 고라니, 사슴, 나는 새나 파충류는 자기들의 깃과 털로써 의복을 삼고 있으며, 그들의 발굽과 손톱으로 아랫바지와 신발을 삼고 있고, (들에 있는) 물이나 풀을 음식으로 하고 있다. 따라서 수놈도 곡식을 심고 가꾸지 않으며, 암놈이라 하여도 실을 잣고 옷감을 짜지 않는다. 입고 먹을 재화들이 진실로 다 갖추어져 있는 셈이다.

[今人固與禽獸麋鹿蜚鳥貞蟲, 異者也. 今之禽獸麋鹿蜚鳥貞蟲, 因其羽毛以爲衣裘, 因其蹄蚤以爲絝屨, 因其水草以爲飮食. 故唯使雄不耕稼樹藝, 雌亦不紡績織絍, 衣食之財固已具矣.]

지금 사람들은 이들(짐승들)과는 다르다. 자기가 노동을 하면 살고 자기가 노동을 하지 않으면 살 수가 없다. 군자들이 열심히 다스리지 않으면 정치는 어지럽게 되며, 아래 사람들이 열심히 일에 매달리지 않으면 재화는 쓰기에 부족할 것이다. … 제왕과 귀족[王公大人]들이 일찍 조회하고 밤늦게 퇴궐하며, 소송재판을 처리하고 정치를 하는 일들은 그들의 분업이다. 배운 사람[士君子]들이 온힘을 다 바치고 그들의 생각을 다하여 안으로 행정관서의 일을 맡아보고, 밖으로 관문, 시장, 산림, 호수, 교량 등의 세금을 걷어 들여 곡식과 재물의 창고를 채우는 일은 그들의 분업이다. 농부들이 일찍이 나가서는 저녁때에 돌아오며, 곡식 심고 가꾸어 콩과 곡식을 많이 수확하는 것은 그들의 분업이다. 부인들이 일찍 일어나서 밤늦게 자며, 실을 잣고 옷감을 짜며 삼, 생사, 칡을 다루어 모시와 비단을 많이 생산하는 일은 그들의 분업이다. (『非樂』上편)

[今人與此異者也. 賴其力者生, 不賴其力者不生. 君子不强聽治, 卽刑政亂. 賤人不强從事, 卽財用不足. (……) 王公大人蚤朝晏退, 聽獄治政, 此其分事也. 士君子竭股肱之力, 亶其思慮之知, 內治官府, 外

收斂關市·山林澤梁之利, 以實倉稟府庫, 此其分事也. 農夫蚤出暮入, 耕稼樹藝, 多聚叔粟, 此其分事也. 婦人夙興夜寐, 紡績織絍, 多治麻絲葛緖綑布縿, 此其分事也.]

1.2) 의[義, 사회정의]의 규정: 노동을 통한 생산물의 소유

지금 여기에 어떤 사람이 있다고 하자. 그가 남의 마당에 들어가 남의 복숭아, 자두, 오이나 생강을 취하면 윗사람은 그를 붙잡아 벌을 주고, 여러 사람들이 이 사실을 들으면 그를 그르다고 하는 이유는 무엇인가?

(묵자가) 말하였다: "자기가 노동은 하지 않고 그 결실만 취한 것이니, (이는) 자기의 소유가 아닌 것을 탈취했기 때문이다."

하물며 남의 담을 넘어가서 남의 자녀들을 붙잡아 오며, … 남의 외양간에 넘어 들어가서 남의 소와 말을 훔쳐오며, 죄 없는 사람을 살인하는 일들은 말해 무엇 하겠는가! (「天志」 下편)

[今有人于此, 入人之場園, 取人之桃李瓜薑者, 上得且罰之. 衆聞則非之, 是何也? 曰: 「不與其勞, 獲其實; 已[3)非其有, 所取之故. 而況有逾于人之牆垣, 抯格人之子女者乎!(……) 與逾人之欄牢, 竊人之牛馬者乎! 而況有殺一不辜人乎!]

1.3) 불의: 스스로 노동하지 않고 남을 해치고 그의 재화를 약탈함

---

3) "已"는 여기서 "以"의 뜻으로 통함.

지금 어떤 사람이 남의 과수원에 들어가 그곳의 복숭아와 자두를 훔쳤다고 하자. 여러 사람들이 그 사실을 듣게 되면 즉시 그를 비방할 것이며, 위에서 정치를 하는 자는 그를 체포하는 즉시 처벌하려 할 것이다. 이는 무엇 때문인가? 그가 남에게 손해를 끼치면서 자신의 이익을 취했기 때문이다. 남의 개와 돼지와 닭을 훔친 자에 이르러선 그 의롭지 않음[不義]이 또한 남의 과수원에 들어가 복숭아와 자두를 훔친 것보다 더욱 심하다. 이는 무엇 때문인가? 이는 그로써 남에게 손해를 끼침이 더욱 많아서, 그 어질지 못함이 더욱 심하여 죄가 더욱 무겁기 때문이다. 남의 울타리를 넘어 마구간에 들어가 남의 말, 소를 훔치는 자에 이르러선 그 어질고 의롭지 않음이 또한 남의 개, 돼지, 닭을 훔친 것보다 더욱 심하니, 이는 무엇 때문인가? 그로써 남에게 손해를 끼침이 더욱 많기 때문이다. 진실로 남에게 손해를 끼침이 더욱 많으면 그 어질지 않음 또한 더욱 커서, 죄가 더욱 무겁다. 죄 없는 이를 죽여 그의 의복을 빼앗고 창과 검을 취하기에 이르러선 그 의롭지 못함[不義]이 또한 남의 울[欄]을 넘어 마구간에 들어가 남의 소, 말을 훔치는 것보다 더욱 크니, 이는 무엇 때문인가? 그로써 남에게 손해를 끼치는 것이 더욱 많기 때문이다. 진실로 남에게 손해 끼치는 것이 더욱 많으면, 그 어질지 않음이 더욱 크고, 죄는 더욱 중해진다. 이와 같은 것들에 대해서는 천하의 군자들이 모두 알고서 비난하며 '의롭지 않다[不義]'고 일컫는다. (「非攻」上편)

[今有一人, 入人園圃, 竊其桃李. 衆聞則非之. 上爲政者, 得則罰之. 此何也? 以虧人自利也. 至攘人犬豕雞豚者, 其不義又甚入人園圃竊桃李. 是何故也? 以虧人愈多, 其不仁茲甚, 罪益厚. 至入人欄廄取人馬牛者, 其不仁義又甚攘人犬豕雞豚. 此何故也? 以其虧人愈多. 苟虧

人愈多, 其不仁茲甚, 罪益厚. 至殺不辜人也, 扡其衣裘, 取戈劍者, 其不義又甚入入欄廐取人牛馬. 此何故也? 以其虧人愈多. 苟虧人愈 多, 其不仁茲甚矣. 罪益厚. 當此, 天下之君子. 皆知而非之. 謂之不 義.]

1.4) 민생을 파괴하는 가장 큰 사회적 불의不義로서의 침략전쟁 비판

(그러나) 지금 남의 나라를 공격하는 것과 같은 크나큰 불의에 이르러 서는 그를 비난할 줄 모르며, 오히려 좇아서 그를 찬미하여 '의롭다' 일컬으니, 어찌 그들이 의와 불의를 분별할 줄 안다 하겠는가? 어떤 이 가 한 사람을 죽인다면 그를 일러 의롭지 못하다고 하고, 반드시 한 사 람을 죽인 죄가 그에게 있게 된다. 만일 이러한 논리로 말하자면, 열 사람을 죽이는 자는 열 배로 불의하니, 그에게는 반드시 열 사람을 죽 인 죄가 있는 것이다. 또 백 사람을 죽인 자는 백 배로 불의하니, 그에 게는 반드시 백 사람을 죽인 죄가 있다. 이와 같은 것들에 대해서는 천 하의 군자들이 모두 그것을 알아 비방하며 의롭지 않다고 일컫는다.

[今至大爲攻國, 則弗知非, 從而譽之謂之義. 此可謂知義與不義之別 乎? 殺一人謂之不義, 必有一死罪矣. 若以此說往. 殺十人, 十重不 義. 必有十死罪矣. 殺百人, 百重不義, 必有百死罪矣. 當此天下之君 子, 皆知而非之, 謂之不義.]

(그런데) 지금 다른 나라를 공격하는 것과 같은 크나큰 불의에 이르러 서는 오히려 그 그름을 알지 못하고, 좇아서 그를 칭찬하며 의롭다 일

컬으니, 진실로 그 불의함을 알지 못하는 것이다. 그래서 이런 (기막힌) 이야기를 써서 후세에 전하려는 것이다. 만일 그들이 그것(침략전쟁)의 의롭지 않음을 제대로 안다면, 무엇 때문에 그 불의함을 써서 후세에까지 남기겠는가? 지금 여기에 어떤 사람이 있는데, 그가 조그마한 검은 점을 보고서는 그것을 '검다'라고 말하지만, 커다란 검은 색 무늬를 보고서는 그를 '희다'라고 말한다면, 모두들 그가 희고 검은 것을 분별하지 못한다고 여길 것이다. 또 약간 쓴 것을 맛보고서는 '쓰다'고 말하고, 아주 쓴 것을 맛보고서는 '달다'고 말한다면, 모두들 그가 단맛과 쓴맛을 분별할 줄 모른다고 여길 것이다.

[今至大爲不義攻國, 則弗知非. 從而譽之謂之義. 情不知其不義也. 故書其言以遺后世. 若知其不義也, 夫奚說書其不義, 以遺后世哉? 今有人于此, 少見黑, 曰: "黑"; 多見黑, 曰: "白", 則以此人不知白黑之辯矣. 少嘗苦, 曰, '苦'. 多嘗苦, 曰, '甘'. 則必以此人爲, 不知甘苦之辯矣.]

지금 (어떤 사람이) 조금 나쁜 일을 했을 때에는 그를 즉시 비난할 줄 알면서도, 다른 나라를 공격하는 것과 같이 엄청나게 나쁜 일을 하는 것에 대해서는 오히려 그것을 비난할 줄 모르고 좇아서 찬미하여 의롭다고 일컫는다면, 그가 의와 불의를 잘 분별한다고 말할 수 있겠는가? 이로부터 (지금) 천하의 군자들이 의義와 불의不義 사이에 분별함이 어지러움을 알 수 있는 것이다. (「非攻」上편)

[今小爲非, 則知而非之; 大爲非, 攻國, 則不知非. 從而譽之, 謂之義. 此可謂: 知義與不義之辯乎? 是以, 知天下之君也辯義與不義之亂也.]

2. 처참한 전쟁 상황과 묵가의 침략전쟁 반대론

묵가 사상은 백성의 민생 기초를 철저하게 초토화시키는 전쟁의 참상을 실감나게 묘사하고 있다. 따라서 침략 전쟁은 바로 사회적 정의의 실현에 정면으로 위배된다고 말한다. 이런 관점에서 묵가 집단은 강대한 나라의 약소국에 대한 침략전쟁을 "사회적 불의"로 규정하고, 그것을 군사력을 동원하여 저지·무산시키려는 방어전투를 수행한다. 따라서 묵가 집단은, 특히 전국 말에 이르러서는, 침략전쟁을 저지하는 방어전쟁 집단으로 적극 활동하게 된다.

2.1) 처참한 전쟁 상황

지금 왕공대인王公大人들과 천하의 제후들은 이와 같지 않으니[즉 이기적이니]. 그들은 반드시 자기의 모신謀臣과 무장武將들을 시켜서 수레와 배의 군대를 진열시키고, 여기에 견고한 갑옷과 예리한 무기를 갖추고서 무죄한 나라를 가서 공벌攻伐하려고 한다. 그 나라의 변경을 침입해 들어가서는 그 나라의 곡식을 베어가고 수목들을 잘라버린다. 성곽을 부셔버리고, 하천을 메워버리고, 가축들을 빼앗고 죽이며, 조묘祖廟를 불 질러 버린다. 백성을 도살하고 노약자를 짓밟으며, 그 나라의 보물을 옮겨간다. (「非攻」下편)

[今王公大人天下之諸侯則不然. 將必皆差論其爪牙之士, 皆列其舟車之卒伍. 於此爲堅甲利兵, 以往攻伐無罪之國. 入其國家邊境, 芟刈其

禾稼, 斬其樹木, 墮其城郭, 以湮其溝池, 攘殺其牲牷, 燔潰其祖廟,
勁殺其萬民, 覆其老弱, 遷其重器.]

2.2) 전쟁으로 인한 엄청난 민생의 파괴와 전쟁반대론

만약 지금 군대를 출병시키려면, 겨울 행군은 추위가 문제이고 여름
행군은 더위가 문제이다. 이에 겨울과 여름에는 하지 않게 된다. 봄에
하면 백성의 곡식·채소 농사를 망치고, 가을에 하면 백성의 추수를 망
친다. 지금 만약 어느 한 계절의 (농사를) 망치게 되면, 백성은 배고프고
추워서 굶고 얼어 죽는 자가 헤아릴 수 없게 된다. 지금 잠깐 출병 때
(소요된) 죽전竹箭과 깃발, 장막과 갑옷, 대소의 방패와 무기를 헤아려보
면, 가서 쓰고 버려져서 회수 못한 것은 헤아릴 수 없고, 또 모矛, 극戟,
과戈, 검劍, 병거兵車가 (한번) 쓰고 망가져서 회수되지 못한 것은 헤아릴
수 없으며, 또한 우마牛馬가 살쪄서 나갔다가 비쩍 말라서 돌아왔거나,
나가서 죽고 돌아오지 못한 것은 다 헤아릴 수 없으며, 또한 출정의 원
로遠路에 양식보급이 단절되어 죽은 백성은 다 헤아릴 수 없으며, 또한
거처가 불안정하고 음식시간이 때에 맞지 않고, 포식과 굶주림에 절도
가 없어서 백성이 길에서 병들어 죽은 자들이 헤아릴 수 없으며, 군부
대가 패하여 망한 것은 다 헤아릴 수 없다. … 지금 3리里의 소도시[城]
와 그 외곽 7리里를 공격하자면, 정병精兵과 (사람들을) 죽이지 않고서 그
것을 얻겠는가? 죽은 사람이 많으면 수만이 되고, 적세도 반드시 수천
은 된다. 그런 다음에야 3리의 성과 7리의 외곽을 얻을 수 있다. 지금
만승萬乘의 대국에 황폐한 땅이 천千을 헤아린다. (다) 개간할 수 없다.

그런즉 토지는 남고, 왕의 백성은 부족하다. 지금 왕의 백성을 다 죽게 하여 상하의 문제점을 심각하게 하면서 (사람 없는) 빈도시를 쟁취한다는 것은, (나라의) 부족한 것을 더 없애버리고 남는 것을 더 보태는 것이 된다. 이와 같이 정치하는 것은 나라가 힘쓸 일이 아니다.(「非攻」中편)

[今師徒唯毋興起, 冬行恐寒, 夏行恐暑. 此, 不以冬夏爲者也. 春則廢 民耕稼樹藝, 秋則廢民穫斂. 今唯毋廢一時, 則百姓飢寒凍餒而死者, 不可勝數. 今嘗計軍上, 竹箭羽旄幄幕, 甲盾撥劫. 往而靡弊腑冷不反 者, 不可勝數. 又與予戟戈劍乘車, 其列住碎折靡弊而不反者, 不可勝 數. 與其牛馬肥而往, 瘠而反, 往死亡而不反者, 不可勝數. 與其塗道 之修遠, 糧食輟絶而不繼, 百姓死者, 不可勝數也. 與其居處之不安, 食飯之不時, 飢飽之不節, 百姓之道疾病而死者, 不可勝數. 喪師多, 不可勝數. (……) 今攻三里之城, 七里之郭, 攻此, 不用銳. 且無殺而 徒得此然也? 殺人多, 必數于萬; 寡, 必數于千. 然后三里之城, 七里 之郭, 且可得也. 今萬乘之國, 虛數于千, 不勝而入. 廣衍, 數于萬, 不 勝而闢. 然則土地者, 所有餘也. 王民者, 所不足也. 今盡王民之死, 嚴下上之患, 以爭虛城. 則是棄所不足, 而重所有餘也. 爲政若此, 非 國之務者也.]

3. 묵가 사상의 출발점: "만인의 상호사랑과 상호 물질적 이익의 증진[兼相愛 交相利]론"

묵가 사상은 백성의 민생문제를 해결하기 위해서는 민생의 기초를 초 토화시키는 침략전쟁을 하지 말고, 생산에 종사하는 만인들이 "모두 서로 사랑하고 서로 이익을 증진"시키는 "겸상애兼相愛, 교상리交相利"
의 실현에 매진할 것을 외치고 있다. 왜냐하면 그들은 그 길만이 사회
평화를 이룩할 수 있는 출발점으로 이해하고 있기 때문이다.

　… 세상의 이로움이란 무엇인가? 또 세상의 해로움이란 무엇인가?
　묵자 선생님이 말하였다.
　"지금 만일 나라와 나라가 서로 공격하며, 봉토를 가진 귀족의 가문
과 가문이 서로 찬탈하며, 사람과 사람이 서로 해치고, 임금이 신하에
게 은혜를 베풀지 않고, 또한 신하가 임금에게 충성하지 않으며, 아비
가 아들에게 인자하지 않고, 아들이 아비에게 효도하지 않으며, 형제
끼리 화목하지 않으면, 이는 세상의 해로움이다."
　이런 해로움은 또한 어떻게 해서 생겨나는 것일까를 자세히 살펴보
자! 서로 사랑하지 않기 때문에 생겨나는 것일까?
　묵자 선생님이 말하였다.
　"서로 사랑하지 않기 때문이다. 지금 제후들은 다만 자기 나라를 사
랑하는 것만 알고 남의 나라를 사랑할 줄은 몰라, 자기 나라를 들어 남
의 나라를 거리낌 없이 공격한다. 지금 경대부들은 다만 자기 봉토만 사
랑할 줄 알고 남의 봉토는 사랑할 줄 몰라, 자기의 봉토를 들어 남의 봉
토를 거리낌 없이 찬탈한다. 또한 지금 사람들은 다만 자기 몸만을 사랑
할 줄 알고 남을 사랑할 줄 몰라, 자기 몸을 들어 남을 거리낌 없이 해친
다. 이와 같이 제후가 서로 사랑하지 않으면 반드시 전쟁을 일으키고,
귀족[大夫]들이 서로 사랑하지 않으면 반드시 서로 찬탈하며, 사람과 사
람이 서로 사랑하지 않으면 반드시 서로 해치고, 임금과 신하가 서로 사

랑하지 않으면 베푸는 은혜도 없고 바치는 충성도 사라지며, 아비와 아들이 서로 사랑하지 않으면 자애롭지도 효성스럽지도 않게 되고, 형제가 서로 사랑하지 않으면 화목하지 않게 된다. 세상 사람들이 모두 서로 사랑하지 않는다면 강자는 반드시 약자를 핍박할 것이고, 부자는 가난한 자를 업신여기며, 신분이 높은 자는 반드시 비천한 자를 경시할 것이고, 약삭빠른 자는 반드시 어리석은 자를 기만할 것이다. 세상의 모든 전란과 찬탈과 원한이 일어나는 까닭은 서로 사랑하지 않기 때문이다.

[天下之利, 何也? 天下之害, 何也? 子墨子言曰: "今若國之與國之相攻, 家之與家之相簒, 人之與人之相賊, 君臣不惠忠, 父子不慈孝, 兄弟不和調. 此 則天下之害也. 然則崇:[4] 此害亦何用生哉?" 以不相愛生邪? 子墨子言: "以不相愛, 生." 今諸侯獨知愛其國, 不愛人之國. 是以, 不憚擧其國, 以攻人之國. 今家主獨知愛其家, 而不愛人之家, 是以, 不憚擧其家, 以簒人之家. 今人獨知愛其身, 不愛人之身, 是以, 不憚擧其身, 以賊人之身. 是故, 諸侯不相愛, 則必野戰. 家主不相愛, 則必相簒. 人與人不相愛, 則必相賊. 君臣不相愛, 則不惠忠. 父子不相愛, 則不慈孝. 兄弟不相愛, 則不和調. 天下之人, 皆不相愛. 强必執弱, 富必侮貧, 貴必敖賤, 詐必欺愚. 凡天下禍簒怨恨, 其所以起者, 以不相愛生也. 是以, 行者非之.]

일단 반대하면 무엇으로 그것을 바꾸겠는가?"

묵자 선생님이 말하였다.

"모두 서로 사랑하며[兼相愛], 서로 이롭게 하는[交相利] 원칙으로 그것을 바꾼다."

---

4) 여기서 "崇"은 "察"(살펴보다)자의 오기이다.

그렇다면 모두 서로 사랑하고 서로 이롭게 하는 원칙이란 (구체적으로) 어떻게 하자는 것인가?

묵자 선생님이 말하였다.

"다른 나라 보기를 자기 나라 보는 것과 같이 하고, 남의 봉토 보기를 자기 봉토 보는 것처럼 하며, 남의 몸 보기를 자신의 몸 보는 것같이 보아야 한다."

그렇게 해서 제후가 서로 사랑하게 되면 전쟁이 일어나지 않고, 임금과 신하가 서로 사랑하게 되면 베푸는 은혜와 바치는 충성이 있게 된다. 또 아비와 아들이 서로 사랑하면 인자하고 효성스럽게 되며, 형제가 서로 사랑하면 화목하게 된다. 세상 사람들이 모두 서로 사랑하면 강한 이가 약한 이를 핍박하지 않으며, 다수가 소수에 행패를 부리지 않고, 부자가 가난한 자를 업신여기지 않으며, 신분이 높은 이가 비천한 이를 경시하지 않으며, 약삭빠른 이가 어리석은 이를 속이지 않게 된다. 세상의 모든 전란과 찬탈과 원한은 서로 사랑한다면 일어나지 않게 되는 것이다. 그래서 어진 이는 이것[모두 서로 사랑하는 일. 兼相愛]을 찬미하는 것이다.

[既以非之, 何以易之? 子墨子言曰: "以兼相愛·交相利之法, 易之." 然則兼相愛·交相利之法, 將奈何哉? 子墨子言: "視人之國, 若視其國·視人之家, 若視其家·視人之身, 若視其身." 是故, 諸候相愛, 則不野戰. 家主相愛, 則不相簒. 人與人相愛, 則不相賊. 君臣相愛, 則惠忠. 父子相愛, 則慈孝. 兄弟相愛, 則和調. 天下之人, 皆相愛. 强不執弱, 衆不劫寡, 富不侮貧, 貴不敖賤, 詐不欺愚. 凡天下禍簒怨恨, 可使毋起者, 以相愛生也. 是以, 仁者譽之.]

그러나 지금 세상의 지식인[士君子]들은 모두 말한다.

"그렇다. 모두 서로 사랑한다는 것은 대단히 좋은 일이다. 그러나 그것은 세상의 어려운 일이기에 실행하기 어렵다."

묵자 선생님이 말하였다.

"이들 천하의 지식인들은 그것이 진정으로 이익이 된다는 것을 분명히 알지 못하고 있는 것이다. 지금 도시[城]를 공격하고 들판에서 전쟁을 하는데, 자기 몸을 (실제로) 희생하여 이름을 세상에 내는 일은 천하 백성들 모두에게 어려운 일일 것이다. 그러나 만약 진실로 임금이 그렇게 하는 것을 기뻐한다면, 모든 사람이 기꺼이 그렇게 할 것이다. 하물며 "모두 서로 사랑하고 서로 이롭게 하는 일"[兼相愛 交相利]이란 그것과 판이하게 (쉬운 일)이다. 만약 남을 사랑해 주면 남이 또한 반드시 좇아 그를 사랑할 것이요, 남을 이롭게 해주면 남이 반드시 좇아서 그를 이롭게 할 것이며, 남을 미워하는 자는 남이 반드시 좇아서 그를 미워할 것이요, 남을 해치는 자는 남이 반드시 좇아 그를 해칠 것이다. 이 일[兼相愛 交相利]에 무슨 어려움이 있겠는가? 다만 군주가 그것을 정치의 원리로 삼지 않고, 지식인[士]들이 그것을 행위의 원리로 삼지 않기 때문이다."(「兼愛」中편)

> [然而, 今天下之士君子, 曰: "然. 乃若兼, 則善矣. 雖然, 天下之難物于故也." 子墨子言, 曰: "天下之士君子, 特不: 識其利, 辯其故也. 今若夫攻城野戰, 殺身爲名. 此, 天下百姓之所皆難也. 若君說之, 則士衆能爲之. 況于兼相愛, 交相利, 則與此異! 夫愛人者, 人必從, 而愛之. 利人者, 人必從, 而利之. 惡人者, 人必從, 而惡之. 害人者, 人必從, 而害之. 此, 何難之有? 特上, 弗以爲政; 士不以爲行, 故也.]

만약 세상 사람들이 서로 사랑하여 남을 자기 몸처럼 아낀다면 어찌 불효자가 있을 수 있으며 (…) 어찌 자비롭지 못한 자가 있겠는가? 남을 내 몸처럼 본다면, 누가 (또한) 절도를 할 것인가? (…) 따라서 도적이 없을 것이요, 또한 귀족[大夫]이 남의 봉토를 침입하고, 제후가 남의 나라를 침입하는 일이 있겠는가? 남의 봉토를 내 봉토처럼 여기면 누가 침입할 것인가? 남의 나라를 내 나라로 보면 누가 공격을 하겠는가? (…) 만약 세상 사람들이 모두 서로 사랑하면 세상은 다스려질 것이다. (「兼愛」上편)

[若使天下兼相愛: 愛人, 若愛其身, 猶有不孝者乎? (……) 猶有不慈者乎? 視人身, 若其身, 誰賊? (……) 故盜賊亡有. 猶有大夫之相亂家, 諸侯之相攻國者乎? 視人家, 若其家, 誰亂? 視人國, 若其國, 誰攻? (……) 若使天下兼相愛, 國與國不相攻, 家與家不相亂. 盜賊無有. 君臣父子, 皆能孝慈. 若此, 則天下治.]

4. 공리주의적인 '겸이역별兼以易別'의 이상론

"서로 사랑하는 자"[兼者]와 "개인주의자"[別者]는 주장하는 내용도 논리도 다르다. 그러나 모든 사람은 — 비록 누가 〈개인주의〉의 입장을 취한다고 하여도 — 자기가 위급한 경우를 당하면, 〈개인주의자〉보다는 실제로 〈서로 사랑하는 자〉[兼者]에게 구원을 청할 것이다. 따라서 〈개인주의〉에 의하여 생긴 사회적 혼란을 막는 일은 결국 〈개인주의[別]〉를 〈박애博愛(連帶)[兼]〉로 바꾸는 일이기 때문에, 〈서로의 사랑[兼]〉은 그저 공허한 이상론이 아니라 현실적인 선택일 수밖에 없다.

4.1) 겸이역별兼以易別: 사회악의 제거와 평등박애의 실현

묵자 선생님이 말하였다.

"인인仁人이 하는 일은 반드시 천하(사회)의 이로움을 찾아 일으키고 천하의 해됨(사회악)을 없애는 일에 힘쓰는 것이다."

그러면 지금 현시점에서 가장 큰 사회악은 무엇인가?

(묵자 선생님이) 대답하였다.

"대국이 소국을 공격하고, 큰 귀족의 가문이 작은 귀족의 가문을 침입하고, 강자가 약자를 짓밟고, 큰 집단이 작은 집단을 누르며, 약은 자가 우직한 자를 속이고, 귀한 사람이 천한 사람을 무시하는 것, 그것이 바로 천하의 해됨('사회악')이다."

또한 군주가 너그럽지 못하고, 신하가 불충하며, 아버지가 인자하지 못하고, 자식이 불효한 것, 이것 또한 천하의 해됨이다. 칼과 병기, 독약 및 물불[水火]을 가지고 서로 해치고 상해하는 일, 그것이 또한 사회악이다.

우리 잠시 이러한 사회악들이 생겨나는 근원을 생각해보자! 이것들이 어디에서 생겨나는 것일까? 이것은 남을 사랑하고 남을 이롭게 해주는 데서 생겨나는가? 결코 그렇지는 않다. 반드시 남을 미워하고 남을 해치는 데서 생겨난다. 세상에서 남을 악하게 하고, 남을 해치는 자를 겸兼[만인의 연대]이라고 부를 것인가? 별別[이기적 차별]이라고 부를 것인가? 반드시 '별'이라고 말할 것이다. 그러므로 서로 차별적으로 대하는 사람[交別者]이 정말 천하의 대해大害를 일으키는 것이다. 그러므로 '별'은 옳지 않다.

묵자 선생님이 말하였다.

"우리가 남을 옳지 않다고 하면, 반드시 그를 바꿔 놓아야만 한다. 만약 남을 옳지 않다고 하면서 그를 바꿔놓지 못하면, 그것은 물에 물을 탄 것처럼 (아무 효과가 없는 것과) 비슷하다."

그런 (바꿔놓지 못하는) 얘기는 반드시 옳다고 할 수 없을 것이다. 그러므로 묵자 선생님이 말하였다. "겸[兼; 만인의 사랑]으로써 별[別; 이기적 차별]을 바꿔야만 한다."(「兼愛」下편)

[子墨子, 言曰: "仁人之事者, 必務求興天下之利, 除天下之害." 然, 當今之時, 天下之害, 孰爲大? 曰: "若大國之攻小國也. 大家之亂小家也. 强之劫弱, 衆之暴寡, 詐之謀愚, 貴之敖賤. 此, 天下之害也. 又與爲人君者之不惠也, 臣者之不忠也, 父者之不慈也, 子者之不孝也. 此, 又天下之害也." 又與今人之賤人, 執其兵刃·毒藥·水·火, 以交相虧賊. 此, 又天下之害也. 姑嘗本原, 若衆害之所自生! 此 胡自生? 此, 自愛人利人生與? 卽必曰: 非然也. 必曰: 從惡人·賊人生. 分名乎天下惡人而賊人者, 兼與? 別與? 卽必曰: 別也. 然卽之交別者, 果生天下之大害者與! 是故, 別非也. 子墨子曰: "非人者, 必有以易之. 若非人, 而無以易之; 譬之猶以水救火也." 其說, 將必無可焉. 是故子墨子曰: "兼以易別."]

4.2) '별別' [이기적 차별]의 비현실성과 '겸兼' [평등박애]의 현실성에 대한 주장

두 사람의 지식인이 있다고 하고, 그 하나는 '별' [이기적 차별]을 지지하고 다른 이는 '겸' [상호 사랑]을 지지한다고 하자! 별사別士는 이르

되, "내가 어찌 내 친구의 몸을 내 몸으로 여기겠으며, 내 친구의 부모
를 어찌 내 부모처럼 대하겠는가?"하며, (바로) 그렇기 때문에 그 친구
를 돌아볼 때, (그가) 배고파도 먹을 것을 주지 않고, 추워도 옷을 주지
않고, 몸이 아파도 보살피지 않으며, 죽어도 장사지내 주지 않는다. '별
사'의 말이 이와 같으니 행동도 또한 이와 같다.

겸사兼士의 말은 이와 같지 않으니, 행위 또한 그와 같지 않다. (그는)
말하되, "내가 듣건대, 세상에 높은 (덕을 쌓은) 이는 반드시 친구의 몸
을 자기 몸처럼 여기고, 그 친구의 부모를 자기의 부모로 여긴다. 그런
다음에야 비로소 천하에 높은 (덕을 쌓은) 이가 될 수 있다"고 하며, 바로
그렇기 때문에 뒤돌아 친구를 볼 때, (그가) 배고프면 밥을 주고, 추우면
옷을 주고, 아프면 보살펴 고쳐주고, 죽으면 장사지내 준다. '겸사'의
말이 이러하니 행동 또한 그러하다. 이와 같이 이 두 지식인의 주장이
서로 다르고 이에 행동이 서로 반대가 된다. (「兼愛」下편)

> [誰以爲二士: 使其一士者, 執別; 使其一士者, 執兼. 是故, 別士之
> 言, 曰: "吾豈能爲吾友之身, 若爲吾身? 爲吾友之親, 若爲吾親?"
> 是故, 退睹其友, 飢卽不食, 寒卽不衣, 疾病不侍養, 死喪不葬埋. 別
> 士之言若此, 行若此. 兼士之言不然, 行亦不然. 曰: "吾聞爲高士于
> 天下者, 必爲其友之身, 若爲其身; 爲其友之親, 若爲其親. 然后, 可
> 以爲高士于天下." 是故, 退睹其友; 飢, 則食之; 寒, 則衣之; 疾病,
> 侍養之; 死喪, 葬埋之. 兼士之言若此, 行若此. 若之二士者, 言相非,
> 而行相反與?]

만약 이들 두 지식인의 주장이 반드시 믿을 수 있고, 행동 또한 반드
시 행해져서, 언행의 일치가 신표의 마디처럼 서로 꼭 들어맞아서 말한

대로 실천되지 않는 일이 없다고 하자! 그러면 이제 "어느 것을 좇을
것인가?"를 물어 보겠다: 지금 여기에 평원과 광야에서 갑옷과 투구를
쓰고 전쟁에 나가는데 죽을지 살지를 아직 모른다고 하자. 또 어떤 귀
족이 멀리 파巴, 월越, 제齊, 초[荊]나라에 사신을 가서 되돌아 올 수 있
을지 모른다고 하자. 그러하면, 집안을 보호하고 부모를 봉양하려면,
처자를 이끌고 가서 그들을 의탁시켜야 한다면, 누구를 좇을 것인가를
묻지 않을 수 없다. '겸'을 좇을 것인가? '별'을 좇을 것인가? 나는
이런 경우에 이르러서는 아무리 천하의 우부우부愚夫愚婦라 할지라도,
(그리고) 비록 '겸'을 반대하는 사람이라도, 반드시 '겸'을 주장하는 그
사람에게 기탁할 것으로 본다. 말로는 '겸'을 반대하지만 택하라면
'겸'을 취했으니, 이는 언행이 어그러진 것이다. (따라서) 천하의 지식인
들이 모두 '겸'을 듣고는 그것을 반대하는 그 까닭을 모르겠다. 그러나
천하의 지식인들이 '겸'을 반대하는 주장은 아직도 그치지 않고 있다.

[當使若二士者. 言必信, 行必果; 使言行之合, 猶合符節也, 無言而不
行也. 然卽, 敢問: 今有平原廣野于此, 被甲嬰冑將往戰, 死生之權,
未可識也; 又有君大夫之遠使于巴·越·齊·荊, 往來及否, 未可識也. 然
卽, 敢問: 不識將惡[從]5)也? [將固庶]6)家室, 奉承親戚, 提挈妻子而
寄託之. 不識于兼之有是乎. 於別之有是乎. 我以爲當其于此也. 天下
無愚夫愚婦, 雖非兼之人. 必寄託之于兼之有是也. 此言而非兼, 擇卽
取兼. 卽此言行費也. 不識天下之士, 所以皆聞兼而非之者. 其故何
也. 然而天下之士, 非兼者之言, 猶未止也.]

---

5) "從"자가 생략됨.
6) "將固庶" 세 글자가 보충되어야 함.

(그들은) 말한다. "아마 ('겸' 의) 지식인은 택할 수 있겠으나, ('겸' 을 주장하는) 군주는 택할 수 없다."

[曰: "意, 可以擇士, 而不可以擇君乎!"]

잠정적으로 (군주)가 있다고 생각하고, 두 군주 중에 하나의 군주는 '겸' 을 주장하고, 다른 군주는 '별' 을 주장한다고 하자. (…) 그렇다면 이 두 군주는 서로 그르다고 말하며 행동은 서로 반대가 될 것이다. (…) 그런즉 삼가 묻겠다. 금년에 전염병이 돌고, 만민들이 대부분 열심히 일해도 고생을 하고 추위에 떨고 굶주리며, 고랑과 골짜기에 던져져 죽은 사람이 이처럼 많다고 한다면, 이들 두 군주 중에 누구를 좇을 것인지를 모르겠는가? 나는 이런 경우에 이르러서는, 아무리 천하의 우부우부라 할지라도, (그리고) 비록 '겸' 을 반대하는 사람이라도, 반드시 '겸군兼君' 을 좇을 것이다. 말로는 '겸' 을 반대하지만 택하라면 '겸' 을 취한다. (「兼愛」下편)

[姑嘗兩而進之, 誰以爲二君: 使其一君者, 執兼; 使其一君者, 執別! (……)然卽, 交若之二君者, 言相非, 而行相反與! (……) 然卽, 敢問: 今歲有癘疫, 萬民多有勤苦凍餒, 轉死溝壑中者, 旣已衆矣. 不識: 將擇之二君者, 將何從也? 我以爲: 當其於此也, 天下無愚夫愚婦, 雖非兼者, 必從兼君是也. 言而非兼, 擇卽取兼.]

4.3) 사회적 정의[義]와 적극적 실천에 대한 확신

묵가학파는 자기의 주장이 너무 이상적이라 현실성이 떨어진다는 다른 사람들의 부정적 비판에 대하여, 세상이 혼란스러우면 그만큼 묵가의 "만인 서로의 사랑과 상호 이익증진"의 노선은 그만큼 더 현실적인 의미를 갖는다고 강조한다.

묵자 선생님이 노魯나라로부터 제齊나라로 가는 길에 아는 사람 집에 들렀다. (그가) 묵자 선생님에게 말하였다.

"지금 천하가 의義를 행하지 않는데, 선생께서 혼자 스스로 의를 행하시니, 선생께서는 (이제) 그만두시는 것이 어떻겠습니까?"

묵자 선생님이 말하였다.

"지금 여기에 어떤 사람이 있는데, 자식이 열이다. 한 사람이 농사 짓고 아홉 사람은 쉬면, 농사짓는 이는 (사정이) 더욱 긴박하지 않을 수 없다. 왜냐하면 먹는 사람은 많고 농사일 하는 이는 적기 때문이다. 지금 천하가 의를 행하지 않으니 당신은 마땅히 나를 권면해야 할 것이다. (그런데) 어찌하여 나의 실천을 막으려 하는가?"(「貴義」편)

[子墨子自魯卽齊, 過故人. 謂子墨子曰: "今天下, 莫爲義. 子獨自若而爲義. 子不若已." 子墨子曰: "今有人于此. 有子十人. 一人耕, 而九人處, 則耕者不可以不益急矣. 何故? 則食者衆, 而耕者寡也. 今天下, 莫爲義, 則子如勸我者也. 何故止我?]

옛날에 진晉 문공文公은 신하들이 남루한 옷을 입고 있는 것을 좋아하였다. 때문에 문공의 신하들은 모두 암양 가죽옷에 검은 띠를 두르고, 표백한 비단 관을 쓰고서 궁에 들어가 임금을 뵙고 나와 조정에 나섰으니, 이는 무엇 때문인가? 임금이 그것을 기뻐했기 때문에 신하들이 그렇게 한 것이다. 옛날에 초楚 영왕靈王은 신하들의 가는 허리를 좋아하였다. 그래서 영왕의 신하들은 모두 한 끼 밥으로 절식하고 숨을 죽여 허리를 잔뜩 움츠린 후에야 띠를 둘렀으니, 담을 붙들고서야 겨우 일어설 수 있을 정도였다. 그 일 년 후 조정의 관리들은 굶주려 낯빛이 검게 되었으니, 이는 무엇 때문인가? 임금이 그것을 기뻐했기 때문에 신하들이 그렇게 한 것이다. 옛날 월왕越王 구천句踐은 선비의 용맹을 좋아하여 그로써 신하들을 교훈하였다. 한번은 몰래 사람을 시켜 배 한 척을 불태우게 하고 시험 삼아 신하들에게 이르기를, "월越나라의 보물이 모두 여기에 있다."고 하였다. (그리고) 월왕이 친히 북을 치며 신하들을 고무시켜 불을 끄도록 하였다. 모두들 북소리를 듣고서는 행렬을 깨뜨리고 달려드니 불 속에 뛰어들어 죽은 이가 백을 넘었다. 월나라 왕은 그때서야 징을 쳐 그들을 물러나게 하였다.

[昔者晉文公好士之惡衣. 故文公之臣, 皆牂羊之裘, 韋以帶劍, 練帛之冠, 入以見于君, 出以踐于朝. 是其故, 何也? 君說之, 故臣爲之也. 昔者, 楚靈王好士細要. 故靈王之臣, 皆以一飯爲節, 肋息然后帶, 扶牆然后起. 比期年, 朝有黧黑之色. 是其故, 何也? 君說之, 故臣能之也. 昔越王句踐好士之勇, 敎馴其臣, 和合之. 焚舟失火, 試其士, 曰: "越國之實, 盡在此." 越王, 親自鼓其士, 而進之. 士聞鼓音, 破碎亂行; 蹈火而死者, 左右百人有餘. 越王, 擊金而退之.]

그래서 묵자 선생님은 말하였다. "무릇 적게 먹고 나쁜 옷을 입으며 몸을 죽여 이름을 구하는 것과 같은 것은 천하 백성들이 모두 어려운 것으로 여기는 바이다. (그럼에도) 만일 진실로 임금이 그렇게 하는 것을 기뻐한다면 모두가 기꺼이 그것을 하는 것이다. 하물며 "모두 서로 사랑하고 서로 이익을 증진"[兼相愛 交相利]하는 일이란 그런 어려운 일과는 다르다. 만일 다른 이를 사랑한다면 다른 이가 또한 좋아서 그를 사

랑할 것이며, 남을 이롭게 하면 남이 또한 좇아서 그를 이롭게 할 것이
고, 남을 미워하면 남이 또한 좇아서 그를 미워할 것이며, 남을 해치면
남이 또한 좇아서 그를 해칠 것이니, 이런 일에 무슨 어려움이 있겠는
가? 다만 군주가 그것을 정치의 원칙으로 삼지 않고, 선비[士]들이 그것
을 행위의 원칙으로 삼지 않고 있기 때문(에 어렵다고 하는 것)이다. (「兼
愛」中편)

> [是故, 子墨子, 言曰: "乃若夫少食·惡衣·殺身, 而爲名. 此, 天下百姓
> 之所皆難也. 若苟君說之, 則衆能爲之. 況, 兼相愛, 交相利. 與此異
> 矣! 夫愛人者, 人亦從而愛之. 利人者, 人亦從而利之. 惡人者, 人亦
> 從而惡之. 害人者, 人亦從而害之. 此, 何難之有焉? 特士不以爲政,
> 而士不以爲行故也."]

5. 상현尙賢론과 현자 독재론

묵가에서는 유가의 친친親親사상, 말하자면, 혈연적으로 가까운 사람
에게 우선적으로 배려를 해야 한다는 주장에 반대한다. 그리고 인물의
출신에 관계없이 그가 가진 자질과 능력에 따라서 국가 관리로 임용되
어야만 한다고 말한다. 여기에 또한 묵가사상의 진보성이 보인다. 그리
고 최고의 통치자는 선출되어야 한다고 말한다. 그러나 일단 선출된 최
고 통치자의 결정에 모두 따라야 한다는 현자 독재론을 펼친 것이다.
지상에서 〈겸상애兼相愛·교상리交相利〉의 원칙을 실현해 내는 제도적
장치로서 현자 독재론을 강력하게 주장하고 있다.

5.1) 상현尙賢론

묵자 선생님이 말하였다:

"지금 제왕과 귀족[王公大人]들이 나라의 정치를 하면서 모두가 바라는 것은 나라가 부유해지고, 백성이 많아지고, 형刑[사법명령]과 정政[행정명령]이 질서 잡히는 일이다. 그러나 얻은 것은 부유함이 아니라 가난함이며, 백성이 많아지기는커녕 줄어들었고, 질서가 잡히는 것이 아니라 혼란만 가져왔다."

이것은 원래 바라던 것을 얻은 것이 아니라 꺼려하고 싫어하던 것을 얻은 셈이다.

이는 무엇 때문인가?

묵자 선생님이 말하였다.

"이는 제왕과 귀족들이 정치를 하면서 '현명한 이를 높이고 능력에 따라 임용한다.'라는 원칙을 지키지 못했기 때문이다. 나라에 현명한 사람[賢良之士]이 많으면 나라의 다스려짐이 두터워 안정되고, 나라에 현명한 사람이 적으면 나라의 다스려짐이 엷어 부서지기 쉽다. 따라서 제왕과 귀족들이 힘써야 할 바는 오직 현명한 사람들을 많게 하는 데 있을 뿐이다."

(어떤 이가) 물었다.

"그렇다면 어떻게 해야 현명한 사람을 많게 할 수 있습니까?"

묵자 선생님이 말하였다.

"비유하자면, 나라에 활쏘기와 말타기를 잘하는 사람을 많게 하려면 반드시 그런 일에 능한 사람들에게 봉록을 많이 주고, 그들의 신분

을 높여 주며, 그들을 공경하고 영예롭게 해주어야 하는 것과 같다. 그
렇게 한 후에야 나라에 활쏘기와 말타기에 능한 자가 많아진다. 하물며
현명한 인재로서 언변이 좋고 박학다식한 사람은 말할 것도 없다! 그는
참으로 나라의 보배이며 사직의 귀한 일꾼이다. 또한 반드시 봉록을 많
이 주고 신분을 높여주며 공경하고 영예롭게 해주어야 한다. 그런 후에
야 나라의 현명한 인재들이 또한 많아질 수 있을 것이다.”

[子墨子言曰: “今者, 王公大人爲政于國家者, 皆欲國家之富, 人民之
衆, 刑政之治. 然而, 不得富, 而得貧;, 不得衆, 而得寡; 不得治, 而
得亂. 則是, 本失其所欲, 得其所惡. 是其故, 何也?” 子墨子言曰:
“是在王公大人爲政于國家者, 不能以尙賢事能爲政也. 是故, 國有賢
良之士衆, 則國家之治厚. 賢良之士寡, 則國家之治薄. 故大人之務,
將在于衆賢而已.” 曰: “然則, 衆賢之術, 將奈何哉?” 子墨子言曰:
“譬若欲衆其國之善射御之士者, 必將富之, 貴之, 敬之, 譽之. 然后,
國之善射御之士, 將可得而衆也. 況又有賢良之士, 厚乎德行, 辯乎言
談, 博乎道術者乎! 此, 固國家之珍, 而社稷之佐也. 亦必且富之, 貴
之, 敬之, 譽之. 然后, 國之良士, 亦將可得而衆也.”]

따라서 옛날의 성왕聖王들이 정치하는 원칙을 (다음과 같이) 말하였다:
“의롭지 않은 사람이면 봉록을 많이 주지 않고, 신분을 높여주지 않
으며, 친하게 하지 않고 가까이하지 않는다.”

이 때문에 나라 안의 부유하고 신분이 높은 사람들은 모두 물러나 생
각하기를 ‘처음에 내가 믿는 바는 많은 재산과 높은 신분이었지만, 이
제는 임금이 의로운 사람을 들어 씀에 가난하고 천한 이를 가리지 아니
하니, 그렇다면 내가 ‘의義’를 행하지 않을 수 없다.’ 라고 한다. 또 임

금과 개인적 친분이 있는 사람들도 그 말을 듣고 물러나 생각하기를 '처음에 내가 믿는 바는 개인적 친분이었지만, 이제 임금이 의로운 이를 들어 씀에 소원한 이를 가리지 아니하니, 그렇다면 내가 '의'를 행하지 않을 수 없다.'라고 한다. 임금의 측근에 있는 자가 또한 그 말을 듣고 물러나 생각하기를 '처음에 내가 믿는 바는 가까움이었지만, 이제 임금이 의로운 이를 들어 씀에 멀리 있는 사람을 물리치지 않으니, 그렇다면 내가 '의'를 행하지 않을 수 없다.'라고 한다. 먼 데 있는 이가 그 말을 듣고 역시 물러나 생각하기를 '내가 처음에는 멀리 있어 믿을 바가 없더니 이제 임금이 의로운 이를 들어 씀에 먼 데 있는 이를 물리치지 않으니, 그런즉 내가 '의'를 행하지 않을 수 없다.'라고 한다.

[是故, 古者聖王之爲政也, 言曰: "不義不富, 不義不貴, 不義不親, 不義不近." 是以, 國之富貴人, 聞之; 皆退而謀曰: "始我所恃者, 富貴也. 今上擧義, 不闢貧賤. 然則, 我不可不爲義." 親者, 聞之; 亦退而謀曰: "始我所恃者, 親也. 今上擧義, 不闢疏. 然則, 我不可不爲義." 近者, 聞之; 亦退而謀曰: "始我所恃者, 近也. 今上擧義, 不避遠. 然則, 我不可不爲義." 遠者, 聞之; 亦退而謀曰: "我始以遠爲無恃. 今上擧義, 不避遠. 然則, 我不可不爲義."]

멀리 변두리와 변방의 신하들과 가문의 여러 자손들과 도시의 군중들과 사방 시골의 무지렁이에 이르기까지 그 말을 듣고, 모두 다투어 '의'를 행하니 이것은 무엇 때문인가?

(묵자선생님이) 말하였다.

"그것은 윗사람이 아랫사람을 임용함에 오직 한 가지 표준에 의거해서 하고, 아랫사람이 윗사람을 섬김에 오직 한 가지로써[一物] 하고;

아래 사람들이 윗사람을 섬기는 것도 같은 기술[一術]이다. 비유하면, 부자 집에서 담을 높이 쌓고 그 가옥을 깊숙한 데 짓고서, 또 담장세우기를 매우 견고하게 하고, 거기에 오직 하나의 문만을 만들어 놓은 것과 같다. 만일 도둑이 들어왔을 때는 다만 그 문을 굳게 닫고 찾아나간다면 도둑은 도망갈 곳을 찾지 못하게 될 것이다. 이는 무엇 때문인가? 윗사람이 (다스리는) 요점을 얻었기 때문이다. 따라서 옛날의 성왕은 정치를 함에, 능력 있는 자를 벼슬자리에 늘어놓으며 현명한 이를 숭상하였다.

> [逮至遠鄙郊外之臣, 門庭庶子, 國中之衆, 四鄙之萌人, 聞之; 皆競爲義. 是其故, 何也? 曰: 上之所以使下者, 一物也; 下之所以事上者, 一術也. 譬之富者, 有高牆深宮, 牆立旣謹, 上爲鑿一門. 有盜人入; 闔其自入, 而求之; 盜其無自出. 是其故, 何也? 則上得要也. 故古者, 聖王之爲政, 列德而尚賢.]

비록 농민이나 공인工人이라도 재능이 있으면 천거하여 높은 작위를 주고, 봉록을 두텁게 하며, 중요한 직무를 맡겨 (그 일에 관하여) 전권을 위임한다. 이는 작위가 높지 않으면 백성들이 공경하지 않으며, 봉록이 후하지 않으면 백성들이 믿지 않으며, 명령을 발함에 전권을 가지지 못하면 백성들이 두려워하지 않을 것이기 때문이다. 이 세 가지를 들어 현자에게 주는 것은 (그 개인을 위한) 상급으로 주려는 것이 아니요, 그의 직무를 이루게 하려 함이다. 그러므로 이제는 그 덕성과 능력에 따라 작위를 정하고, 그 관직에 따라 직무를 부여하며, 그 힘쓴 바에 따라 상을 주고, 그 공을 헤아려 봉록을 나누어 준다. 그러므로 관리로 임용된 자라 해서 항상 존귀 받으라는 법이 없고, 백성들 역시 영원히 비천하라는 법도 없다. 재능이 있으면 그를 높여 주고, 재능이 없으면 물러나게 한다. 공의公義를 받들고 사사로운 원한을 피한다. 이는 모두 위에서 말한 원칙에 따른 것이다.

> [雖在農與工肆之人, 有能則舉之. 高予之爵, 重予之祿. 任之以事, 斷予之令. 曰: 爵位不高, 則民弗敬; 蓄祿不厚, 則民不信; 政令不斷, 則民不畏. 舉三者, 授之賢者, 非爲賢賜也, 欲其事之成. 故當是時, 以德就列, 以官服事, 以勞殿賞, 量功而分祿. 故官無常貴. 而民無終賤. 有能則舉之, 無能則下之. 舉公義, 闢私怨. 此若言之謂也.]

그래서 옛날에 요堯임금은 복택服澤 못의 북쪽에서 순舜을 뽑아 정권을 물려줌으로써 천하가 태평하게 되었다. 우禹는 음방陰方 땅에서 익益을 뽑아 정권을 맡김으로써 구주九州를 정리하였다. 탕湯은 푸줏간에서 이윤伊尹을 뽑아 정권을 맡기고 그의 계책을 얻었다. 문文왕은 굉요閎夭와 태전泰顚을 사냥꾼 중에서 뽑아 정권을 주니, 서방의 나라들이 복종하였다. 그러므로 그때에는 봉록을 많이 받고 직위가 높은 신하라 할지라도 삼가고 두려워하여 조심하지 않음이 없었으며, 비록 농민과 공인이라 할지라도 자기의 덕성과 능력을 높이기에 힘쓰지 않음이 없었다. 선비[士]란 군주를 보좌하고 각급의 관리가 될 만한 사람이다. 그러므로 오직 선비를 얻는다면 계획을 세움에 수고함을 덜고, 육신을 피곤하게 하지 않고도 이름을 날리고 공을 세울 수 있으며, 아름다움은 드날리고 악惡이 생겨나지 않는 것은, 선비를 얻었기 때문이다.

> [故古者, 堯舉舜于服澤之陽, 授之政, 天下平. 禹舉益于陰方之中, 授之政, 九州成. 湯舉伊尹于庖廚之中, 授之政, 其謀得. 文王舉閎夭泰顚于置罔之中, 授之政, 西土服. 故當是時, 雖在于厚祿尊位之臣, 莫

不敬懼而施. 雖在農與工肆之人, 莫不競勸而尙意. 故士者, 所以爲輔
相承嗣也. 故得士則謀不困, 體不勞, 名立而功成, 美章而惡不生, 則
由得士也.]

그래서 묵자 선생님은 말하였다. "군주가 뜻을 얻으면 현명한 이[賢
士]를 등용하지 않을 수 없다. 혹 뜻을 못 얻는다 해도 현명한 이를 등용
하지 않을 수 없다."

만일 요堯, 순舜, 우禹, 탕湯임금이 걸어간 길을 따라가고자 한다면
'현명한 이를 높이는[尙賢]' 것으로 하지 않을 수 없으니 '현명한 이를
높이는 것'이 정치의 근본이다. (「尙賢」上편)

[是故, 子墨子言曰: "得意, 賢士不可不擧; 不得意, 賢士不可不擧.
尙欲祖述堯・舜・禹・湯之道, 將不可以不尙賢. 夫尙賢者. 政之本
也."]

5.2) 현자 독재론

세상 사람들이 서로 의義를 달리하니, 1인이면 1의義가 있고 10인이
면 10의가 있고, 100인이면 100의가 있으니, 사람의 수가 이렇게 많아
지면 그 사람들의 의義도 또한 그만큼 많아진다. 그리고 사람은 자기의
의義를 옳다고 하고 남의 의를 그르다고 하니, 서로가 서로를 그르다고
하게 된다. 안으로는 부모의 형제들과 원수가 되니, 모두 떠나갈 마음
을 갖게 되어 서로 화합할 수 없게 된다. 노동력이 (남아도) 버리게 되니
서로 도와줄 수 없고, 좋은 방도가 (있어도) 숨겨서 서로 가르쳐 줄 수가
없고, 재물이 남아서 썩게 되어도 서로 나누어 줄 수 없게끔 되기에 이

르니 세상이 혼란해졌다. (…) (그렇다고) 만민의 올바른 대표[長]가 없는
데도 천하의 의를 하나로 통일[同]하려고 한다면, 천하에 혼란이 일어날
것이 분명하다. 그렇기 때문에 현량賢良, 성지聖智, 변혜辯慧가 있는 사
람을 뽑아서 천자로 세워야 하고, 그로 하여금 천하의 의를 하나로 모
으게 해야 한다. (「尙同」中편)

> [天下之人, 異義. 是以, 一人一義, 十人十義, 百人百義. 其人數, 玆
> 衆; 其所謂義者, 亦玆衆. 是以, 人是其義, 而非人之義. 故相交非也.
> 內之, 父子兄弟作怨讎, 皆有離散之心, 不能相和合. 至乎舍餘力, 不
> 以相勞; 隱匿良道, 不以相敎; 腐朽餘財, 不以相分. 天下之亂也.
> (……) 明乎民之無正長, 以一同天下之義, 而天下亂也! 是故, 選擇天
> 下賢良聖知辯慧之人, 立以爲天子, 使從事乎一同天下之義.]

무릇 나라의 만민은 천자를 (표준으로, 그와) 같아져야[同] 하고, 그 아
래와 투합해서는 안 된다. 천자가 옳다[是]고 하면 반드시 그것을 옳게
여기고, 천자가 그르다[非]고 하면 또한 그것을 반드시 그른 것으로 보
아야 한다. (…) 천자는 진실로 천하의 어진 사람[仁人]이다. 천하의 만
민이 (그런) 천자를 모범[法]으로 삼는다면, 천하의 무슨 이론異論이라도
다스려지지 않겠는가! (…) 오직 그(天子)가 천하의 의義만을 실현함으로
써 천하는 다스려질 것이다. (「尙同」中편)

> [凡國之萬民, 上同乎天子, 而不敢下比. 子之所是, 必亦是之. 天子
> 之所非, 必亦非之. (……) 天子者, 固天下之仁人也. 擧天下之萬民,
> 以法天子. 夫天下, 何說而不治哉! (……) 唯以其能一同天下之義. 是
> 以, 天下治.]

6. 묵가의 주체적 실천[非命]론

묵가는 인간의 실천적 의지를 강조한다. 따라서 인간이 도전해도 소용이 없다는 운명론을 몹시 반대한다. 여기에 묵가사상의 강한 주체적 실천적 의지가 진보적인 요소로 돋보인다. 고대의 사상 중에서 묵가처럼 강한 주체적 실천의지를 표명한 사상은 보기 드물 것이다.

묵자 선생님이 말하였다:

"일찍이 제왕과 귀족[王公大人]들은 모두 국가가 부유하게 되고, 백성들이 많아지며, 사법과 행정이 잘 다스려지길 바랐다. 그러나 모두 부유해진 것이 아니라 오히려 가난해졌고, 백성이 많아진 것이 아니라 오히려 줄어들었고, 다스려진 것이 아니라 오히려 어지러워졌다."

이는 곧 그 바라는 바는 얻지 못하고 오히려 그 꺼려하는 바를 얻은 것이니, 그 까닭은 무엇인가?

묵자 선생님이 말하였다.

"운명이 있다고 주장하는 사람들이 백성들 사이에 많이 섞여 있기 때문이다."

운명이 있다고 주장하는 사람들은 말한다.

"부유해질 운명이래야 부유해지고, 가난하게 될 운명이면 가난해진다. 백성이 많아질 운명이래야 많아지고, 줄어들 운명이면 줄어든다. 다스려질 운명이래야만 다스려지고, 어지러워질 운명이면 어지러워진다. 장수할 운명이래야 장수하고, 일찍 죽을 운명이라면 일찍 죽는다.

운명이 (있기 때문에) 아무리 우리가 굳세게 노력한다 해도 무슨 도움이
되겠는가?"

(그들은) 이렇게 위로는 제왕과 귀족들을 설득하고, 아래로는 백성들
이 무엇을 해보려는 것을 가로막는 것이다. 그러므로 운명이 있다고 주
장하는 사람은 어진 이는 아니다[不仁]. 따라서 운명이 있다고 주장하는
사람의 말은 분명하게 분석해 보지 않을 수 없다. 그렇다면 그와 같은
말을 어떻게 분석할 수 있는가?

[子墨子言曰: "古者, 王公大人爲政國家者, 皆欲國家之富, 人民之
衆, 刑政之治. 然而, 不得富, 而得貧; 不得衆, 而得寡; 不得治, 而得
亂. 則是本失其所欲, 得其所惡. 是故, 何也?" 子墨子言曰: "執有命
者, 以襍于民間者衆." 執有命者之言, 曰: "命富, 則富; 命貧, 則貧;
命衆, 則衆; 命寡, 則寡; 命治, 則治; 命亂, 則亂; 命壽, 則壽; 命夭
則[夭].7) 命, 雖强勁, 何益哉!" 以上說王公大人, 下以駔百姓之從事.
故執有命者, 不仁. 故當執有命者之言, 不可不明辯! 然則, 明辯此之
說, 將奈何哉?]

묵자 선생님이 말하였다.

"반드시 (객관적으로 타당한) 표준을 세워야 한다[立儀]."

만약 표준이 없다는 것을 비유해서 말하자면, 빙빙 도는 원판 위에
해 막대기를 세우고서 아침, 저녁의 시간을 정해 보려는 것과 같아서,
옳고 그름과 이로움과 해로움을 분명하게 알 수 없다. 때문에 말을 분
별함에는 세 가지 표준[三表]이 있어야 한다. 무엇을 세 가지 표준이라
하는가?

---

7) 이곳에 마땅히 "夭"자가 있어야만 한다.

묵자 선생님이 말하였다.

"첫째 (일의) 근본을 더듬어 보는 것이며[本], 둘째 원인분석을 자세히 해보는 것이요[原], 셋째 실천하는 것이다[用]."

어디에서 그 근본을 더듬어 보는가? 위로 성왕聖王이 하신 일에서 그 근본을 더듬어 본다. 무엇에 근거하여 원인분석을 해야 하는가? 아래로 백성들이 눈으로 보고 귀로 들은 실제 내용에서 살펴야 한다. 어디에다 그것을 실천[실행]해야 하는가? 그것을 정치(즉 사법명령[刑]과 행정명령[政])를 실시하여 그것이 국가와 백성들의 이익에 부합하는가를 살펴야만 한다. 이것이 이른바 판단[言]의 세 가지 표준이다.

그런데 지금 천하의 지식인[士君子]들 중에 어떤 이들은 운명이 있다고 믿고 있다. 그러면 위로 성왕聖王들의 업적에서 그 근본을 한번 살펴보자! 옛날 하夏의 걸桀이 천하를 어지럽히자 은殷나라의 탕湯이 왕위를 이어받아 천하를 다스렸으며, 은나라의 주紂가 천하를 어지럽히자 주周나라의 무왕武王이 왕위를 이어받아 천하를 다스렸다. 세상도 그대로요 백성도 그대로인데도 불구하고 걸桀이나 주紂가 다스릴 때는 천하가 어지러워졌다가, 탕湯이나 무武가 다스리자 천하가 다스려졌으니, 어찌 운명이 있다고 할 수 있겠는가?

[子墨子言曰: "必立儀." 言而毋儀, 譬猶運鈞之上, 而立朝夕者也. 是非利害之辨, 不可得而明知也. 故言必有三表. 何謂三表? 子墨子言曰: "有本之者, 有原之者, 有用之者." 于何本之? 上本之于古者聖王之事. 于何原之? 下原察百姓耳目之實. 于何用之? 廢以爲刑政, 觀其中國家百姓人民之利. 此, 所謂: 言有三表也. 然而, 今天下之士君子, 或以命爲有. 蓋嘗尙觀于聖王之事! 古者, 桀之所亂. 湯受而治之. 紂之所亂, 武王受而治之. 此世未易, 民未渝. 在于桀紂, 則天下亂. 在于湯武, 則天下治. 豈

可謂有命哉?]

그런데도 지금 천하의 사군자[지식인]들 중 어떤 이가 운명이 있다고 믿는다면, 한번 위로 선왕先王들의 서책을 살펴보아야 할 것이다. 선왕이 남긴 서책은 나라를 다스리기 위하여 백성들에게 반포한 국가의 법제[憲]이다. 선왕의 법제 속 어디에 "(모두가 운명으로 정해진 것이니,) 복은 청할 수 없으며, 화 또한 피할 수 없다. 공경해도 무익하고, 포학해도 해될 것이 없다."라는 (숙명론적인 자포자기의) 주장이 들어 있는가? (또한) 재판을 열어 죄인을 제재하는 일이 국가의 사법명령[刑律]이다. 선왕의 형률 속 어디에 "복은 청할 수 없으며, 화는 피할 수 없다. 공경함도 무익하고, 포학하다 해서 해 될 것도 없다."라는 말이 있는가? (또한) 군대를 조직하고 운용하며 그 군대를 출정, 퇴각시키는 것이 군령[誓]이다. 선왕의 군령 속 어디에 "복은 청할 수 없으며, 화는 피할 수 없다. 공경함이 무익하며, 포학하다 해서 해될 것이 없다."라는 말이 있는가?

[然而, 今天下之士君子, 或以命爲有. 蓋嘗尙觀于先王之書! 先王之書, 所以出國家, 布施百姓者, 憲也. 先王之憲, 亦嘗有曰: "福不可請, 而禍不可諱, 敬無益, 暴無傷"者乎? 所以聽獄制罪者, 刑也. 先王之刑, 亦嘗有曰: "福不可請. 禍不可諱. 敬 · 無益. 暴無傷"者乎?]

그래서 묵자선생님은 이렇게 말씀하셨다:

"천하의 좋은 책들을 내가 아직 다 헤아리지 못했으며, 또한 다 헤아릴 수도 없다. 그러나 그 대략을 말하면, 위에서 든 세 종류가 될 것이다. 지금 이 책들 속에서 아무리 운명론을 고집하는 사람의 말을 찾으려 해도 끝내 찾을 수 없다. (그런 운명론은) 또한 버리는 것이 옳지 않은가?"

지금 운명이 있다고 주장하는 사람의 말을 듣는다면 이는 천하의 바른 도리를 어기는 것이다. 천하의 바른 도리를 어기는 사람은 곧 표준 없이 운명이 있다는 주장을 하는 것이다. 이는 백성들을 근심하게 하는 일이다. 백성들을 근심하게 하는 것은 결국 천하 사람을 해치는 것이다.

그러면 바른 도리를 준수하는 사람을 윗자리에 두려고 하는 것은 무엇 때문인가? 바른 도리를 준수하는 사람이 윗자리에 있으면 천하가 반드시 다스려지고, 하느님[上帝], 산천, 귀신이 반드시 올바른 제주祭主를 가지게 되어 만민이 그 큰 이익을 입기 때문이다.

[是故, 子墨子言曰: "吾當未鹽[盡]8)數天下之良書, 不可盡計數. 大方論數, 而五9)[三]者, 是也. 今雖毋求執有命者之言, 不必得. 不亦可錯10)乎?" 今用執有命者之言, 是覆天下之義. 覆天下之義者, 是立命者也. 百姓之誶也. 說百姓之誶者, 是滅天下之人也. 然則, 所爲欲義在上者何也? 曰: 義人在上, 天下必治. 上帝山川鬼神必有幹主, 萬民被其大利.]

무엇으로 그것을 알 수 있는가?

묵자 선생님은 말한다. "옛날 탕湯임금이 박亳땅에 봉해졌을 때, 그 영토의 긴 것을 잘라 짧은 것에 이어 정사각형으로 상정해서 계산하는 경우, 그 크기는 사방 백리를 넘지 않았다. 그러나 그는 백성과 더불어 치별 없이 서로 사랑하고 서로서로 유익을 끼쳐서 남은 것이 있으면 나

---

8) "鹽"는 마땅히 "盡"자로 보아야한다.
9) 五는 아마도 三의 잘못임. 즉 선왕의 憲, 刑, 誓(즉 軍律)을 말함.
10) 여기서 錯은 措와 통한다. 措置, 放棄의 뜻을 가진다.

누어 갖고, 그 백성을 이끌어 위로는 하늘을 공경하고 귀신을 섬기게 하였다. 이 때문에 하늘과 귀신이 그를 부유하게 하며, 제후들이 도와주며, 백성들이 그에 친화하며, 현명한 이[賢士]들이 그에 자기 몸을 의탁하여 그 세대를 마치기 전에 천하의 왕이 되어서 제후들의 수령이 되었다.

옛날 문왕文王이 기주岐周땅에 봉해졌을 때, 그 영토의 긴 것을 잘라 짧은 것에 이어 정사각형으로 상정해서 계산하는 경우, 그 크기는 사방 백리를 넘지 않았다. 그러나 그는 백성과 더불어 차별 없이 서로 사랑하며 서로서로 유익을 끼쳐서 남은 것이 있으면 나누어 가졌다. 이 때문에 가까이 있는 이들은 즐거이 그의 통치를 받았고, 멀리 있는 이들은 그의 덕스러움에 자기의 몸을 의탁하였다. 무릇 문왕의 이름을 듣는 이는 모두 일어나 그에게 나아왔다. 약하고 무력하여 팔다리가 건강하지 않은 이들은 어쩔 수 없이 자기의 주거지에 머물러 서로 돌아보며 말하기를 '어떻게 해야 문왕의 땅이 우리 지방에까지 미치게 될까? 그렇게만 되면 우리도 또한 문왕의 백성이 되는 것이 아니겠는가?' 라고 염려하였다 한다."

[何以知之? 子墨子曰: "古者, 湯封于毫. 絶長繼短. 方地百里. 與其百姓兼相愛, 交相利. 移則分. 率其百姓, 以上尊天事鬼. 是以, 天鬼富之, 諸侯與之, 百姓親之, 賢士歸之. 未殁其世, 而王天下, 政諸侯. 昔者, 文王封于岐周, 絶長繼短, 方地百里. 與其百姓兼相愛. 交相利 (則).[11] 是以, 近者, 安其政; 遠者, 歸其德. 聞文王者, 皆起而趨之. 罷・不肖・股肱不利者, 處而願之, 曰: '奈何乎使文王之地及我吾, 則吾利. 豈不亦猶文王之民也哉!']

---

11) 여기서 則자는 불필요함.

이 때문에 하늘과 귀신이 그를 부유하게 하고, 제후들이 도와주며, 백성들이 그에 친화하며, 현명한 이들이 그에게 자기 몸을 의탁하여 그 세대를 마치기 전에 천하의 왕이 되어 제후들의 수령이 되었다.

[是以, 天鬼富之, 諸候與之, 百姓親之, 賢士歸之. 未歿其世, 而王天下, 政諸候.]

나는 일찍이 다음과 같이 말한 적이 있다. "바른 도리를 지키는 인물이 윗자리에 있으면 천하가 반드시 다스려지고, 하느님[上帝], 산천, 귀신이 올바른 제주를 가지게 되어 만민이 그 큰 이익을 입는다." 이는 위에서 말한 것(즉 성왕들의 치적들)을 통하여 아는 것이다."

(그래서) 옛날의 성왕은 법제를 제정하고 정령政令을 반포함에 상賞과 벌罰을 두어 현명한 이는 권면하고 포학한 이는 징계하였다. 때문에 (사람들이) 들어가서는 부모에게 효성스럽고, 나와서는 마을 어른들에게 공손하며, 기거함에 일정한 법도가 있고, 출입함에 절도가 있으며, 남녀에 분별이 있게 되었다. 그래서 그들을 관리에 임용한즉 도적질하지 않으며, 도성[城]을 지키게 한즉 배반하지 않고, 임금에게 어려운 일이 있으면 기꺼이 목숨을 바치며, 임금이 근거지에서 망명하면 기꺼이 함께 달아났다. 이는 윗사람이 상을 주어 장려하는 바이요, 백성들이 명예로 여기는 바이다.

[鄉者言, 曰: 義人在上, 天下必治. 上帝山川鬼神, 必有干主. 萬民被其大利. 吾用此知之. 是故, 古之聖王, 發憲出令, 設以爲賞罰, 以勸賢. 是以, 入, 則孝慈于親戚; 出, 則弟長于鄉里; 坐處有度; 出入有節; 男女有辨. 是故, 使治官府, 則不盜竊; 守城, 則不崩叛; 君有難, 則死; 出亡, 則送. 此上之所賞, 而百姓之所譽也.]

그런데 운명이 있다고 주장하는 사람들은 말하기를 '상을 받는 것은 운명이 그러해서 상을 받는 것이지 현명하기 때문에 상을 받는 것은 아니며, 벌을 받는 것도 운명이 그러해서 벌을 받는 것이지 포학하기 때문에 벌을 받는 것은 아니다.'라고 말한다. 때문에 (사람들이) 집안에서 부모에게 효성스럽지 않고, 나와서는 마을 어른들에게 공손하지 않으며, 기거함에 일정한 법도가 없고, 출입함에 절도가 없으며, 남녀에 분별이 없게 된다. 그래서 그들을 관리로 임용하면 욕심이 많아 부패하고, 도성[城]을 지키게 하면 본국을 배반하고, 임금에게 어려움이 있어도 자기 목숨을 바치지 않고, 임금이 망명해도 함께 호송하지 않는다. 이는 윗사람이 벌로써 징계하는 바이요, 백성들이 비방하는 바이다.

그러나 운명이 있다고 주장하는 사람들은 (여전히) 말하기를 "벌 받는 것은 운명이 그래서 벌 받는 것이지 포학하기 때문에 벌 받는 것은 아니며, 상 받는 것도 운명이 그래서 상 받는 것이지 현명하기 때문에 상 받는 것은 아니다."라고 말한다. 이러한 (숙명론적) 사고를 가지고 임금이 된다면 의롭지 못하게 되고, 신하가 되어서는 불충하고, 아비가 되어선 자애롭지 못하며, 아들이 되어선 불효하고, 형이 되어선 불량하며, 동생이 되어선 공손하지 않게 된다. 그럼에도 그런 생각을 고집한다면 이는 바로 흉포한 말이 그로부터 생기는 바이요, 난폭한 사람이 되는 방도[길]일 뿐이다.

[執有命者之言, 曰: "上之所賞, 命固且賞, 非賢故賞也. 上之所罰, 命固且罰, 不暴故罰也." 是故, 入, 則不慈孝于親戚; 出, 則不弟長于鄕里. 坐處不度, 出入無節, 男女無辨. 是故, 治官府, 則盜竊; 守城, 則崩叛. 君有難, 則不死; 出亡, 則不送. 此上之所罰, 百姓之所非毁也. 執有命者, 言曰: "上之所罰, 命固且罰, 不暴故罰也. 上之所賞,

命固且賞. 非賢故賞也." 以此爲君, 則不義; 爲臣則不忠; 爲父則不
慈; 爲子則不孝; 爲兄則不良; 爲弟則不弟. 而强執此者, 此特凶言之
所自生. 而暴人之道也.]

무엇으로 운명이 있다고 주장하는 것이 난폭한 사람이 되는 길임을
아는가? 옛날 상고上世의 야만인들은 먹고 마시기는 탐하나 일을 하는
데는 게을렀다. 그 때문에 입고 먹을 것이 부족하여 굶주림과 추위를
면할 수 없었다. 그럼에도 그들은 "내가 게으르고 못나서 일을 제때에
끝내지 못했기 때문이다."라고 말할 줄은 모르고, 도리어 "내 운명이
본래부터 궁핍하게 되어 있었다."고 말할 뿐이다. 또 옛날 상고의 폭군
은 그 이목의 음욕과 마음의 사악함을 절제하지 못하여 가까운 친족과
불화하여 마침내는 나라를 잃고 사직을 무너뜨렸으면서도, "내가 게으
르고 못나서 정치를 잘하지 못했다."고 말할 줄은 모르고, 오히려 "내
운명이 진실로 그것들을 잃게 하였다."고만 말한다.

(그러나) 『상서尙書』의 「중훼지고仲虺之告」 편에서는 이렇게 말한다.

"하夏의 왕王들이 천명을 가탁하여 백성들에게 포학하였으니, 하느
님[上帝]이 그것을 미워하여 이에 그의 군대를 망하게 하였다."

이는 탕湯이 걸桀의 운명이 있다는 주장을 비난했다는 것을 말해 주
고 있다.

또한 「태서太誓」 편에서는 이렇게 말한다.

"은殷의 주紂왕이 평소에 즐겨 상제와 귀신을 섬기지 않고, 그 조상
과 신령을 버려 제사하지 않으며, 오히려 말하기를 '우리에게 천명天命
이 있으니 그 일에 진력할 필요가 없다.'라고 말했기에, 결국 하늘은
역시 그를 버려 돕지 않았다." 이는 무武왕이 주紂의 운명이 있다는 주

장을 비난했다는 것을 말해 주고 있다.

[然則, 何以知命之爲暴人之道? 昔, 上世之窮民, 貪于飮食, 惰于從
事. 是以, 衣食之財不足, 而飢寒凍餒之憂至. 不知曰: "我罷不肖, 衆
事不疾." 必曰: "我命固且貧." 昔上世暴王, 不忍其耳目之淫, 心塗
之闢, 不順其親戚, 遂以亡失國家, 傾覆社稷. 不知曰: "我罷不肖, 爲
政不善." 必曰: 吾命, 固失之. 於仲虺之告」曰: "我聞于夏, 人矯天
命, 布命于下. 帝伐之惡, 龔喪厥師." 此言湯之所以非桀之執有命也.
於「太誓」曰: "紂夷處不肯事上帝鬼神, 禍厥先神禔不祀. 乃曰: '吾
民有命.' 無廖排漏. 天亦縱棄之, 而弗葆." 此言武王所以非紂執有
命也.]

지금 운명이 있다고 주장하는 사람의 말을 믿는다면, 윗사람은 구태
여 정사를 주관할 필요가 없고, 아랫사람은 일을 할 필요가 없을 것이
다. 윗사람이 정사를 주관하지 않는다면 법률과 정치가 혼란에 빠질 것
이고, 아랫사람이 일하지 않으면 물자가 부족하게 된다. 위로는 상제와
귀신에게 제사할 술과 음식을 장만할 도리가 없게 되고, 아래로는 나라
안의 현명한 인물들을 기를 방법이 없게 된다. 밖으로는 제후의 빈객을
응대할 것이 없게 되고, 안으로는 굶주린 사람을 먹이고 추운 사람을
입혀주며 늙고 약한 사람을 봉양해 줄 도리가 없게 될 것이다. 때문에
운명이 있다는 주장은 위로는 하늘에 이롭지 않고, 가운데로는 귀신에
이롭지 않고, 아래로는 사람들에게도 이롭지 않다. 그럼에도 그런 주장
을 굳이 고집한다면 이는 바로 사악한 말이 그로부터 생겨나는 바요,
포학한 자가 되는 길일 뿐이다.

그래서 묵자 선생님은 말한다.

"지금 천하의 지식인[士君子]들이 만약 진심으로 천하의 부를 원하고 빈궁함을 미워하며, 천하의 태평을 원하고 그 혼란을 싫어한다면, 운명이 있다고 주장하는 사람의 말을 배척하지 않을 수 없다. 그것은 천하의 크나큰 재해이기 때문이다."(「非命」上편)

> [今用執有命者之言, 則上不聽治, 下不從事. 不聽治, 則刑政亂. 不從事, 則財用不足. 無以供粢盛酒醴祭祀上帝鬼神. 無以降綏天下賢可之士. 無以應待諸侯之賓客. 無以食飢衣寒將養老弱. 命, 上不利於天, 中不利於鬼, 下不利於人. 而强執此者, 此特凶言之所自生, 而暴人之道也. 是故, 子墨子言曰: "今天下之士君子, 忠實欲天下之富, 而惡其貧; 欲天下之治, 而惡其亂. 執有命者之言, 不可不非. 此, 天下之大害也."]

7. 공리주의적 천의天意론과 종교관

현실사회에서 모든 사람이 열심히 노력하여 사회생산을 최대로 확보하고 민생문제를 원만하게 해결하려는 묵가집단은, 그들이 현실에서 실현해 내려는 노동하는 만민의 〈상호 사랑〉과 〈상호이익〉[겸상애兼相愛, 교상리交相利]의 원칙을 관철시켜 나가기 위한 지상에서의 강력한 절대통치 체제를 조성하고 유지해 나갔을 뿐만 아니라, 또한 〈겸상애, 교상리〉를 실천하는 천상의 하느님을 원용하여 그들의 공리주의 사상을 또한 관철시키고자 하였다.

7.1) 공리주의적 천의론

묵자 선생님이 말하였다.

"지금 천하의 지식인[士君子]들은 작은 것은 알면서도 큰 것은 알지 못한다. 무엇으로 그런 사실을 아는가? 집안에서의 일을 생각해 보면 그것을 알 수 있다. 만약 집에 있으면서 그 집의 가장에게 잘못을 범한다면 그 징계를 피해 이웃집에 도피할 수는 있다. 그러나 또한 그의 부모나 형제와 친구들이 모두 서로 경계하여 말하기를 '경계하지 않을 수 없고 삼가지 않을 수 없다. 집안에 있으면서 어찌 그 집의 가장에게 잘못을 범할 수 있단 말인가?' 라고 할 것이다. 다만 집안에 있을 때만 그러한 것이 아니며 나라의 (관직)에 있을 때에도 역시 그러하다. 나라 안에 있으면서 그 군주에게 잘못을 범했다면 그 징계를 피해 이웃나라로 도망갈 수는 있다.

[子墨子言曰:"今天下之士君子知小而不知大." 何以知之? 以其處家者, 知之. 若處家, 得罪於家長; 猶有鄰家所避逃之. 然且, 親戚兄弟所知識, 共相儆戒, 皆曰:"不可不戒矣. 不可不愼矣!" 惡有處家, 而得罪於家長, 而可爲也? 非獨處家者爲然. 雖處國亦然. 處國得罪於國君, 猶有鄰國所避逃之.]

그러나 또한 그의 부모, 형제, 친구들이 함께 경계하여 말하기를 "경계하지 않을 수 없고 삼가지 않을 수 없다. 누가 또한 나라의 (관직)에 있으면서 그 군주에게 죄를 범할 수 있단 말인가?"할 것이다. 이와 같이 도피할 곳이 있는 경우에도 서로 경계함이 오히려 그처럼 엄중하거늘, 하물며 도피할 곳이 없는 경우에야 그 서로 경계함을 더욱 엄중하게 해야만 하지 않겠는가?

또한 이런 말씀도 있다. "이 맑은 하늘 아래 죄를 범한다면 어디로 가서 피할 것인가?" 피할 데가 없다. 저 하늘은 빽빽한 수풀, 깊은 골짜기, 인적이 끊긴 외딴 곳에서도 피할 수 없다. 밝은 빛은 무엇에나 비춰어 그 모두를 바라보는 것이다. 그런데도 천하의 지식인들은 하늘을 소홀히 여겨 서로 엄중히 경계할 줄 모르니, 이것이 바로 내가 천하의 지식인들이 작은 것은 아나 큰 것은 알지 못한다고 한 까닭이다.

[然且, 親戚兄弟所知識, 共相儆戒. 皆日:"不可不戒矣! 不可不愼矣! 誰亦有處國得罪於國君而可爲也?" 此有所避逃之者也, 相儆戒猶, 若此其厚. 況, 無所避逃之者, 相儆戒, 豈不愈厚然后可哉! 且語言, 有之日:"焉而晏日焉而得罪, 將惡避逃之?" 日:"無所避逃之. '夫天, 不可爲林谷幽門無人, 明必見之. 然而天下之士君子之於天也, 忽然不知以相儆戒. 此, 我所以知天下士君子知小, 而不知大也.]

그런데 하늘은 무엇을 좋아하고 무엇을 싫어하는가? 하늘은 의義를 좋아하고 불의不義를 싫어한다. 그래서 천하의 백성을 이끌어 의를 일삼게 한다면 내가 바로 하늘이 좋아하는 바를 하는 것이다. 내가 하늘이 좋아하는 바를 한다면 하늘 역시 내가 좋아하는 바를 해 줄 것이다. 그러면 나는 무엇을 좋아하며 무엇을 싫어하는가? 나는 복을 좋아하고 재앙을 싫어한다. 그런데 만일 내가 하늘이 좋아하는 바를 하지 않고 하늘이 싫어하는 바를 한다면, 이는 천하의 백성을 이끌어 재앙 가운데 빠뜨리게 하는 것이다."

[然則, 天, 亦何欲何惡? 天欲義, 而惡不義. 然則, 率天下之百姓, 以從事於義, 則我乃爲天之所欲也. 我爲天之所欲, 天亦爲我所欲. 然則, 我何欲何惡? 我欲福祿, 而惡禍祟. 若我不爲天之所欲, 而爲天之

所不欲. 然則, 我率天下之百姓, 以從事於禍祟中也.]

그런데 무엇으로 하늘이 의를 좋아하고 불의를 싫어한다는 것을 알 수 있는가? (나 묵자)는 말한다.

"이 세상[天下]은 의義가 있으면 살고 의가 없으면 죽으며, 의가 있으면 부해지고 의가 없으면 빈곤해지며, 의가 있으면 다스려지고 의가 없으면 어지러워진다. 하늘은 반드시 사람이 사는 것을 좋아하고 죽는 것은 싫어하며, 부유해지는 것을 좋아하고 빈곤해지는 것은 싫어하며, 다스려지는 것을 좋아하고 어지러워지는 것은 싫어한다. 이것이 내가 하늘이 의를 좋아하고 불의를 싫어한다는 것을 알게 된 까닭이다. 하늘은 의義를 좋아하고, 불의不義를 싫어한다."

(나 묵자는) 말한다.

"의義란 곧 바로잡는 것[政, 즉 正]이다. 아랫사람이 윗사람을 바로잡는 법은 없고 반드시 윗사람이 아랫사람을 바로잡는다. 때문에 서인庶人들이 힘을 다하여 자신의 일을 함에 오직 자신의 뜻에 따라서만 한다면 바르게 될 수 없고 (반드시) 선비[士]가 그를 바로잡아 주어야 한다. 선비는 힘을 다하여 자신의 일을 함에 오직 자신(개인)의 뜻에 따라서만 한다면 바르게 될 수 없고 (반드시) 장군대부將軍大夫들이 그를 바로잡아 주어야 한다. 장군대부 역시 힘을 다하여 자신의 일을 함에 오직 자신의 뜻에 따라서만 한다면 바르게 될 수 없고 (반드시) 삼공제후三公諸候들이 그를 바로잡아 주어야 한다. 삼공제후 또한 힘을 다하여 정치를 함에 오직 자신의 뜻에 따라서만 한다면 바르게 될 수 없고 천자天子가 그를 바로잡아 주어야 한다. 천자 역시 오직 자신의 뜻에만 의지한다면 바르게 될 수 없으니 하늘[天]이 그를 바로잡아 주어야 한다. 천자가 삼공제후, 선비, 일반 백성들을 바로잡아 주는 것은 천하의 지식인들이 밝히 알지만, 하늘이 천자를 바로잡아 준다는 것은 천하 백성들이 밝히 알지 못하는 바이다.

> [然則, 何以知天之欲義, 而惡不義? 曰: "天下有義, 則生; 無義, 則死. 有義, 則富; 無義則貧. 有義, 則治; 無義, 則亂. 然則, 天欲其生, 而惡其死; 欲其富, 而惡其貧; 欲其治, 而惡其亂. 此, 我所以知. 天欲義, 而惡不義也." 曰: "且夫義者, 政也. 無從下之政上, 必從上之政下. 是故, 庶人竭力從事, 未得次12)[恣]己而爲政, 有士政之. 士竭力從事, 未得次[恣]己而爲政, 有將軍大夫政之. 將軍大夫竭力從事, 未得次[恣]己而爲政, 有三公諸候政之. 三公諸候竭力聽治, 未得次[恣]己而爲政, 有天子政之. 天子未得次[恣]己而爲政, 有天政之. 天子爲政於三公·諸候·士·庶人, 天下之士君子, 固明知. 天之爲政於天子, 天下百姓, 未得之明知也.]

따라서 옛날 삼대三代시대의 성왕인 우禹, 탕湯, 문文, 무武왕은 하늘이 천자를 바로잡아 준다는 것을 천하의 백성들에게 명백하게 설명해 주고자 하였다. 그래서 소, 양을 기르고 개, 돼지를 기르며 곡식과 술을 정결히 하여 하느님[上帝]과 귀신에게 제사하여 하늘에 복을 기구하지 않은 이가 없었다. (그러나) 나[묵자]는 천하의 사람들이 천자天子에게 복을 빌었다는 소리는 아직 들은 적이 없다. 이것이 내가 하늘이 천자를 바로잡아 준다는 것을 알게 된 까닭이다. 천자는 세상에서 가장 신분이 높은 사람이며 세상에서 가장 부유한 사람이다. 따라서 부유하고 또 존

---

12) "次"는 여기서 "恣"(멋대로 하다)의 뜻임.

귀한 이는 천의天意를 좇지 않을 수 없다. 천의를 좇는 자는 겸상애兼相愛·교상리交相利하여 반드시 상을 받고, 천의를 어기는 자는 서로 악하게 하고 서로 해치니 반드시 벌을 받을 것이다.

[故昔三代聖王: 禹·湯·文·武, 欲以天之爲政於天子, 明說天下之百姓. 故莫不犓牛羊. 豢犬彘, 潔爲粢盛酒醴. 以祭祀上帝鬼神, 而求祈福於天. 我未嘗聞天下之所求祈福於天子者也, 我所以知 天之爲政於天子者也. 故天子者, 天下之窮貴也, 天下之窮富也. 故於富且貴者, 當天意, 而不可不順. 順天意者, 兼相愛, 交相利. 必得賞. 反天意者, 別相惡. 交相賊, 必得罰.]

그러면 누가 하늘의 뜻에 순종하여 상을 받았으며, 누가 하늘의 뜻을 어겨 벌을 받았는가?

묵자 선생님은 말하였다.

"옛날 삼대三代 시대의 성왕들인 우, 탕, 문, 무는 천의에 순종하여 상을 받았으며, 옛날 삼대의 폭군 걸桀, 주紂, 유幽, 여厲는 하늘의 뜻을 어겨 벌을 받았다."

그렇다면 우, 탕, 문, 무는 무엇을 했기에 상을 받았나? 묵자 선생님은 말하였다:

"그들은 위로는 하늘을 섬기며, 가운데로는 귀신을 섬기고, 아래로는 사람을 사랑하였다. 그래서 하늘의 뜻[天意]은 말하였다. '이들은 내가 사랑하는 사람들 모두를 다 함께 사랑해 주었고, 내가 이롭게 하려는 것 모두에게 다 함께 이익을 주었다. 남을 사랑하는 일이 이렇게 하여 넓게 퍼졌고, 남을 이롭게 하는 일이 이렇게 하여 두텁게 되었다.' 따라서 하늘은 그들을 존귀하기로는 천자가 되게 하였고, 부유하기로는 천하를 소유하게 하여 그것을 만세의 자손들에게 전하게 하였고, (세세로) 전해오며 그들의 선행이 칭송되고 천하 각처에 두루 전파되게 하였다. 오늘에까지 그 찬미가 그치지 않으니 그들을 일러 성왕聖王이라 한다.

[然則, 是誰順天意, 而得賞者? 誰反天意, 而得罰者? 子墨子言曰: "昔三代聖王: 禹 · 湯 · 文 · 武. 此, 順天意, 而得賞也. 昔三代之暴王: 桀·紂·幽·厲. 此, 反天意, 而得罰者也." 然則, 禹湯文武, 其得賞何以也? 子墨子言曰: "其事上尊天, 中事鬼神, 下愛人. 故天意曰. "此之我所愛兼而愛之, 我所利兼而利之. 愛人者, 此爲博焉; 利人者, 此爲厚焉.' 故使貴爲天子, 富有天子. 業萬世子孫, 傳稱其善. 方施天下, 至今稱之, 謂之聖王."]

그렇다면 걸, 주, 유, 여는 무엇을 했기에 벌을 받았나? 묵자 선생님은 말하였다.

"그들은 위로는 하늘을 저주하고, 가운데로는 귀신을 꾸짖으며, 아래로는 사람 해치기를 일삼았다. 그래서 하늘의 뜻은 말하였다. '이들은 내가 사랑하는 사람들이 이기적으로 서로 미워하게 하고, 내가 이롭게 하려는 것들을 서로 해치게 하였다. 사람을 미워하는 일이 이렇게 하여 확산되고, 사람을 해치는 일이 이렇게 하여 심화되었다.' 따라서 하늘은 그들을 제명대로 살지 못하게 하니 제대로 종신할 수 없었다. 지금까지 그 비방이 그치지 않으니, 그들을 일러 폭군[暴王]이라 한다.

[然則, 桀 · 紂 · 幽 · 厲, 得其罰, 何以也? 子墨子言曰: "其事上詬天, 中詬鬼, 下賊人. 故天意曰: '此之我所愛, 別而惡之; 我所利, 交而賊之. 惡人者, 此爲之博也. 賊人者, 此爲之厚也. 故使不得終其壽, 不殁其世. 至今毁之, 謂之暴王."]

그렇다면 무엇으로 하늘이 천하의 백성을 사랑한다는 것을 알 수 있는가? 하늘은 천하 백성에 대한 '모두 사랑[兼]'을 명백히 보여주기 때문이다. 무엇으로 하늘이 모두에게 〈모두 사랑〉을 명백히 보여주고 있음을 알 수 있는가? 하늘은 천하 만물 모두를 두루 다 소유하고 있기 때문이다. 무엇으로 하늘이 두루 소유함을 알 수 있는가? 하늘은 백성들이 바친 제물을 두루 다 받아먹기 때문이다. 무엇으로 하늘이 제물을 두루 받아먹는다는 것을 아는가? 하늘 아래 무릇 밥을 먹고 사는 사람들로서 소, 양을 먹이고 개, 돼지를 기르면서 좋은 곡식과 술을 정결하게 하여 상제와 귀신에게 제사 지내지 않는 사람이 없기 때문이다. 하늘이 이들 땅 위의 사람들을 소유하고 있으니 어찌 그들을 사랑하지 않을 수 있겠는가?

또한 나는 말한다.

"죄 없는 이 하나를 죽이면 하나의 재앙을 받는다. 죄 없는 이를 죽이는 이는 누구인가? 곧 사람이다. 재앙을 내리는 이는 누구인가? 곧 하늘이다. 만일 하늘이 천하의 백성을 사랑하지 않는다면 무엇 때문에 사람과 사람이 서로 죽였을 때 그에게 재앙을 내리겠는가? 이것이 내가 하늘이 천하의 백성을 사랑한다는 것을 알게 된 까닭이다." 〈하늘의 뜻〉[天意]을 좇는 자는 정치를 의義로써 하며, 천의를 어기는 자는 정치를 힘으로써 한다.

[然則, 何以知天之愛天下之百姓? 以其兼, 而明之. 何以知其兼而明之? 以其兼, 而有之. 何以知 其兼而有之? 以其兼, 而食焉. 何以知: 其兼而食焉? 四海之內. 粒食之民, 莫不犓牛羊, 豢犬彘. 潔爲粢盛酒醴, 以祭祀于上帝鬼神. 天有邑人, 何用弗愛也. 且吾言: 殺一不辜者, 必有一不祥. 殺不辜者, 誰也? 則人也. 予之不祥者, 誰也? 則天也. 若

以天爲不愛天下之百姓, 則何故以人與人相殺, 而天子之不祥! 此, 我所
以知天之愛天下之百姓也. 順天意者, 義政也. 反天意者, 力政也.]

의義로써 정치를 한다는 것은 어떻게 하는 것인가? 묵자 선생님은 말
하였다.

"대국이 소국을 공격하지 않으며, 큰 귀족의 봉토[大家]가 작은 귀족
의 봉토[小家]를 찬탈하지 않고, 강한 이가 약한 이를 핍박하지 않으며,
신분이 높은 이가 천한 이를 업신여기지 않고, 교활한 이가 어리석은
이를 기만하지 않는다. 이에 반드시 위로는 하늘에 이롭고 가운데로는
귀신에 이로우며 아래로는 사람에 이로우니, 이 셋이 이로우면 이롭지
않은 것이 없다. 때문에 천하의 모든 아름다운 이름을 들어 그에게 붙
이니 성왕聖王이라 부르는 것이다.

힘으로써 정치를 하는 이는 이와 다르다. 말이 그와 다르면 행동이
그와 상반되어 진리와 상반되는 것으로 달려간다. 대국이 소국을 공격
하며, 큰 귀족[大家]이 작은 귀족[小家]을 찬탈하고, 강한 이가 약한 이를
핍박하며, 신분이 높은 이는 천한 이를 업신여기고, 교활한 이가 어리
석은 이를 기만한다. 이에 위로는 하늘에 이롭지 않고, 가운데로는 귀
신에 이롭지 않으며, 아래로는 사람에게 이롭지 않으니, 이 셋이 이롭
지 않으면 이로운 것이 없다. 때문에 천하의 모든 악명을 들어 그에 붙
이니 폭왕暴王이라 부르는 것이다.

묵자 선생님은 말하였다.

"내가 〈하늘의 뜻〉[天志]이 있음을 말하는 것은, 비유하자면 수레바
퀴를 만드는 사람이 둥근 자를 가지고, 또 목공이 굽은 자를 가지고 있
는 것과 같다. 수레바퀴 만드는 사람과 목공은 그 둥근 자와 굽은 자를

가지고 천하의 네모난 것과 둥근 것을 헤아려 자에 맞는 것은 옳다고 하고 맞지 않는 것은 그르다고 한다. 지금 세상의 지식인들의 글은 이루 다 (마차에) 실을 수 없을 (정도로 무한히) 많으니, 그 말(이론, 주장)들을 다 헤아릴 수 없다. (이들 지식인들은) 위로는 제후에게 유세하며, 아래로는 높은 관리[列士]들에게 유세한다. 그러나 그들의 주장은, [묵가에서 말하는] 인의仁義의 이념과는 크게 서로 차이가 난다. 무엇으로 그것을 아는가? 나는 말한다. '내가 천하의 밝은 법[즉 묵가의 이념]을 가지고 모든 것[주의 · 주장]을 헤아리기 때문이다.'"(「天志」上편)

[然, 義政將奈何哉? 子墨子言曰: "處大國, 不攻小國; 處大家, 不簒小家. 强者, 不劫弱; 貴者, 不傲賤; 多詐者, 不欺愚. 此, 必上利於天, 中利於鬼, 下利於人. 三利, 無所不利. 故擧天下美名, 加之, 謂之聖王. 力政者, 則與此異. 言非此, 行反此, 猶倖馳也. 處大國, 攻小國; 處大家, 簒小家. 强者, 劫弱; 貴者, 傲賤; 多詐, 欺愚. 此, 上不利於天, 中不利於鬼, 下不利於人. 三不利, 無所利. 故擧天下惡名, 加之, 謂之暴王. 子墨子言曰: "我有天志, 譬若輪人之有規, 匠人之有矩. 輪匠執其規矩, 以度天下之方員. 曰: '中者是也, 不中者非也." 今天下之士君子之書, 不可勝載, 言語不可盡計. 上說諸侯, 下說列士. 其于仁義, 則大相遠也. 何以知之? 曰: "我得天下之明法, 以度之."]

7.2) 귀신 신앙과 공리주의적 종교관

묵자 선생님이 말하였다.

"고금의 귀신이란 다른 것이 아니다. 천귀天鬼가 있고 또한 산수山水

의 귀신이 있고, 또한 사람이 죽어서 귀신된 것이 있다. 지금 자식이
아비보다 먼저 죽는 일도 있고, 동생이 형보다 먼저 죽는 일도 있다.
비록 그렇다고는 하지만, 그러나 세상의 상리常理대로 말하자면, 먼저
태어난 자가 먼저 죽는다. 이와 같다면, 먼저 죽는 사람은 아버지가 아
니면 어머니요, 형이 아니면 형수이다. 지금 정결하게 술과 감주를 마
련하고 풍성한 곡식을 제기祭器에 담아서 삼가 공손히 제사를 올리는데,
만약 귀신이 진실로 있다고 한다면, 이것은 자기의 부모, 형과 형수를
(다시) 얻어 그들에게 음식 대접을 하는 것이니, 어찌 이利를 더하는 것
이 아니겠는가! 만약에 귀신이 정말 없다고 한다면, 이것은 바로 준비
한 술과 감주, 풍성한 곡식의 제물을 낭비한 셈이다. (그러나) 그것을 낭
비했다 해도 다만 그것을 웅덩이나 도랑에 부어버린 것이 아니요, 안으
로 집안 친척, 밖으로는 향리鄕里 사람 모두가 함께 얻어먹고 마신 것이
다. 비록 귀신이 정말 없다 한들 이것으로 오히려 사람들이 모여 함께
즐기고 향리 사람 (모두가) 화친和親할 수가 있다.”(「明鬼」下편)

[子墨子曰: “古之今之爲鬼, 非他也: 有天鬼, 亦有山水鬼神者, 亦有
人死而爲鬼者.” 今有子先其父死, 弟先其兄死者矣! 意, 雖使然, 然
而天下之陳物曰: 先生者先死. 若是. 則先死者, 非父則母, 非兄而姒
也. 今絜爲酒醴粢盛, 以敬愼祭祀. 若使鬼神請有, 是得其父母姒兄,
而飮食之也. 豈非厚利哉! 若使鬼神請亡, 是乃費其所爲酒醴粢盛之財
耳, 自夫費之. 非特注之汚壑, 而棄之也. 內者宗族, 外者鄕里, 皆得
如具飮食之. 雖使鬼神請亡, 此猶可以合驩聚衆, 取親於鄕里.]

이렇기 때문에 묵자 선생님은 천지天志가 있다고 하는 것을 윤인輪人
[수레바퀴 만드는 사람]의 규規[원을 재는 자]나 목수의 구矩[사각을 재는 자]와

같다고 비유한다. 지금 윤인은 규規로써 세상 물건이 둥근지 아닌지를
재어보고 (…), 목수 또한 구矩를 써서 세상 물건이 네모인지 아닌지를
재어본다.(…) 따라서 묵자 선생님이 천의가 있다고 하는 것은, 위로는
세상의 왕공대인王公大人의 정치를 헤아려 보려는 것이요, 아래로는 세
상 만인의 학문과 언론을 재어 보려는 것이다. 그들의 행위를 보고, 천
의에 좇았으면 선의善意를 했다고 보는 것이요, 천의에 반했으면 선의를
행하지 않았다는 뜻이다. 그들의 학문과 언론을 보고 천의에 좇았으면
좋은 학문과 언론이라고 하는 것이요, 천의에 어긋나면 좋지 않은 학문
과 언론이라고 하는 것이다. 그들의 정치함을 보고서, 천의에 좇았으면
좋은 정치라 하고, 천의에 어긋났으면 나쁜 정치라고 하는 것이다. 따
라서 이것[天意]을 원칙[法]으로 삼고, 그것을 표준[儀]으로 보아, 세상의
왕공대인이나 경대부卿大夫들이 인仁한지 불인不仁한지를 헤아려 보니,
이것은 흑백을 갈라보는 것과 같이 (명백)하다. (「天志」中편)

> [是故, 子墨子之有天之[志], 譬人無以異乎輪人之有規, 匠人之有矩
> 也. 今夫輪人操其規, 將以量度天下之圜與不圜也. (……) 匠人亦操
> 其矩, 將以量度天下之方與不方也. (……) 故子墨子之有天之意也.
> 上將以度天下之王公大人爲刑政也. 下將以量天下之萬民爲文學出言
> 談也. 觀其行. 順天之意, 謂之善意行. 反天之意, 謂之不善意行. 觀其
> 言談, 順天之意, 謂之善言談. 反天之意, 謂之不善言談. 觀其刑政.
> 順天之意, 謂之善刑政. 反天之意, 謂之不善刑政. 故置此以爲法, 立
> 此以爲儀. 將以量度天下之王公大人卿大夫之仁與不仁, 譬之猶分黑
> 白也.]

8. 묵가사상에 대한 비판적 평가

전국시대 당대의 제자백가의 흐름에 대한 최초의 철학적 조명과 비판적 평가는 『장자』「천하天下」편에서 보인다. 여기서는 묵가사상에 대한 서술과 평가를 소개한다.

사치하지 않음을 후대에 가르치니, 모든 재물을 크게 낭비하지 않음으로써, (옛날 선왕들의 예악禮樂)의 법도가 밝히 들어나지 못하게 되었다. (그러나) 엄격한 규율로써 스스로를 독려하면서 세상의 위급한 문제에 대처하고자 하였다. 옛날의 도술道術 중에 이러한 면에는 묵적墨翟, 금활리禽滑厘 등이 그 학풍을 듣고 기뻐하였다.

실천행위는 과도했고 절제는 아주 엄했다. 「비악非樂」(음악반대)론을 저술하고, 「절용節用」론을 말하였다. 사람이 태어나도 찬가를 부르지 않았으며, 죽어도 상복을 입지 않았다. 묵자는 만인의 사랑과 만인 서로의 이익을 말하고 서로의 투쟁을 반대하였다. 그는 서로 분노하지 않을 것을 설파하였다. 그는 또한 학문을 즐겨하여 박학했지만, 사람들 사이의 (개성적) 차이[다름, 異]를 주장한 것이 아니다. (따라서 그의 사상은) 선왕先王의 가르침과 같지 않고, 옛날의 예악禮樂을 비판하였다. (옛날) 황세黃帝가 「함지咸池」, 요堯임금이 「대장大章」, 순舜임금이 「대소大韶」, 우禹임금이 「대하大夏」, 탕湯왕이 「대호大濩」, 문文왕이 벽옹辟雍」의 악곡, 무왕과 주공이 「무武」라는 악곡을 지었다. 옛날의 장사예절[喪禮]에는 귀족과 천민의 법식이 있어서 상하의 차등이 있었다. 천자天子의 관

棺[내관]과 곽槨[외관]은 7겹, 귀족[大夫]은 3겹, 선비[士, 최하급귀족]는 2겹
이었다. 지금 묵자는 홀로 사람이 태어나도 노래를 부르지 않고 죽어도
상복을 입지 않으며, 오동나무관은 (두께가) 3치[寸]에 불과할 뿐 곽은 없
는 것을 법식으로 삼았다. 이것으로 남을 가르친다면 아마도 남을 충분
히 사랑하는 것이 못되는 것이요, 이런 방식을 스스로 실천한다면 진실
로 자기 자신도 사랑하는 것이 못되는 것이다. 이런 묵자의 원칙을 완
전히 패륜이라고까지는 볼 수 없으나, 사람들이 (진심에서) 노래하고 싶
을 때 노래하지 말고, 울고 싶을 때 울지 말고, 즐거울 때 즐거워하지
말아야 한다면, 이런 (묵가의 절제는) 과연 인간의 본성과 맞는 것인가?
그들이 살아서는 하는 일이 힘이 들고, 그들이 죽어서 또한 (장례의 대접
이) 소략하니, 이런 묵가의 원칙[道]은 너무나 각박하도다! 사람을 근심
스럽게 하고 사람의 마음을 슬프게 하니, 이를 [묵가의 철학을] 실천하기
는 참으로 어려운 것이다! 이것은 아마도 성인의 도리일 수는 없고, 세
상 사람들의 마음과 어그러져서 사람들이 모두 감내할 수 없다. 묵자는
홀로 이것을 감당하였으니, 우리 세상 사람들 모두가 어찌하랴! [극도의
자기희생을 강요하는 묵가의 구세 이상은] 세상의 실제 현실에서 떠나 있으니,
아아, 세상을 다스려줄 왕도王道와는 거리가 멀다고 하겠다!

[不侈於後世, 不靡於萬物, 不暉於數度. 以繩墨自矯, 而備世之急. 古
之道術, 有在於是者, 墨翟·禽滑釐, 聞其風而說之. 爲之大過, 已之
大循. 作爲非樂. 命之曰:「節用」. 生不歌, 死无服. 墨者氾愛兼利而
非鬪. 其道不怒. 又好學而博不異. 不與先王同, 毀古之禮樂. 黃帝有
〈咸池〉, 堯有〈大章〉, 舜有〈大韶〉, 禹有〈大夏〉, 湯有〈大濩〉, 文王有
〈辟雍〉之樂, 武王周公作〈武〉. 古之喪禮, 貴賤有儀, 上下有等. 天子
棺槨七重, 諸侯五重, 大夫三重, 士再重. 今墨子獨生不歌, 死不服.

桐棺三寸, 而无槨. 以爲法式. 以此敎人, 恐不愛人. 以此自行, 固不
愛己. 未敗墨子道. 雖然, 歌而非歌, 哭而非哭, 樂而非樂, 是果類乎?
其生也勤, 其死也薄. 其道大觳. 使人憂, 使人悲. 其行難爲也. 恐其
不可以爲聖人之道. 反天下之心, 天下不堪. 墨子雖獨能任, 奈天下
何? 離於天下, 其去王也遠矣!]

묵자는 그의 이상[道]을 설명하였다.

"옛날 우禹임금이 홍수를 막고자 양자강과 황하의 물줄기를 터놓아
서 사방의 야만족과 (중국의) 구주九州를 소통시켰다. (그 때) 큰 강이 300
이요, 지류는 3,000이나 되었고, 작은 물 흐름은 다 셀 수 없었다. 우
임금 스스로 삼태기와 보습을 가지고 천하의 물줄기를 서로 이어놓고
갈라놓았다. 장딴지는 마르고 정강이에는 터럭이 없었다. 폭우에 목욕
하고, 강풍에 머리 빗으며, 모든 거주 지역을 안치하였다. 우禹는 큰 성
인이면서도 천하를 위해 몸을 수고롭게 함을 이와 같이 하였도다!" 후
세의 묵가주의자들은 대부분 천한 짐승가죽과 베옷을 입고, 나막신이나
짚신을 신고서 밤낮으로 쉬지 않고, 스스로의 고생을 철칙으로 삼고서
말하였다. "이렇게 하지 않고서는 우임금의 실천 이상[道]을 실현할 수
없으며, 묵가주의자[墨者]라 할 수도 없다."

[墨子稱道, 曰: "昔者, 禹之湮洪水, 決江河. 而通四夷九州也. 名川
三百, 支川三千. 小者无數. 禹親自操橐耜. 而九雜天下之川. 腓无
胈, 脛无毛, 沐甚雨, 櫛疾風, 置萬國. 禹大聖也. 而形勞天下也如
此." 墨者, 多以裘褐爲衣, 以跂蹻爲服. 日夜不休, 以自苦爲極, 曰:
"不能如此, 非禹之道也, 不足謂墨."]

상리근相里勤의 제자들과 오후五侯의 무리, 그리고 남방의 묵가주의자인 약획若獲, 이치己齒, 등릉자鄧陵子의 속원들은 모두 『묵경墨經』[묵가 논리학]을 암송하였다. 그러나 (그들의 주장은) 서로 엇갈리고 같지 못하니, 상대방을 서로 「비정통묵자」[別墨]라고 불렀다. 견백堅白과 동이同異의 논변을 가지고 서로 비판하며, 홀수와 짝수처럼 정반대의 명제를 가지고 서로 응수하였지만, 거자巨子를 성인으로 하였다. 그들 모두가 거자를 종주로 삼고자 하였으며, 그의 계승자가 되기를 희망하였지만, 지금까지 (정통계승자는) 결정되지 않았다.

묵적과 금활리의 (구세의) 뜻은 좋았지만 실천 행위는 잘못된 것이다. 후세의 묵가주의자들로 하여금 반드시 스스로 고행을 하게 하여 장딴지에 살이 없고 정강이에 터럭이 없는 것으로 서로 경쟁을 벌이게 할 뿐이로다! 사회를 어지럽히기에 최상이요, 다스리기에는 최하급이다.

그러나 묵자는 정말로 천하에 아주 좋은 인물이다. 이런 인간을 얻으려 해도 얻을 수 없다. 자기 생활이 아무리 마른 나무처럼 (각박하게 되어도) 자기의 주장을 버리지 않으니, 이는 정말 (구세의) 재사才士라고 하겠다. (『莊子』「天下」편)

[使後世之 相里勤之弟子, 五侯之徒, 南方之墨者, 苦獲·己齒·鄧陵子之屬, 俱誦 『墨經』, 而倍譎不同, 相謂別墨. 堅白·同異之辯相訾, 以觭偶不仵之辭, 相應. 巨子爲聖人, 皆願爲之尸. 冀得爲其後世, 至今不決. 墨翟·禽滑釐之意, 則是; 其行, 則非也. 將使後世之墨者, 必自苦以腓无胈, 脛无毛, 相進而已矣. 亂之上也, 治之下也. 雖然, 墨子, 眞天下之好也. 將求之不得也. 雖枯槁, 不舍也, 才士也夫!]

〈참고문헌〉

『墨子』(『墨子校釋』), 王煥鑣著, 杭州: 浙江文藝出版社, 1987;

『莊子』(『校正莊子集釋』), 郭慶藩撰, 北京: 中華書局, 1961.

『孟子』(『孟子譯注』全二冊), 楊伯峻譯注, 北京: 中華書局, 1961;

『荀子』(『荀子簡注』), 章詩同注, 上海: 人民出版社, 1974;

『呂氏春秋』(『呂氏春秋新校釋』二冊), 陳奇猷校釋, 上海: 上海古籍出版社, 2002;

『戰國策』(『戰國策譯注』), 孟慶祥譯注, 哈爾濱: 黑龍江人民出版社, 1986;

『淮南子』(『淮南子集釋』(全三冊), 何寧撰, 北京: 中華書局, 1998;

『史記』(全十冊), 司馬遷撰, 北京: 中華書局, 1972

『古史辨』, 顧頡剛主編, 全七冊, 臺灣影印本

宋榮培, 「墨子」(서울:『新東亞』, 1984년1월 별책부록 『역사를 움직인 100권의 철학책』 수록)

宋榮培, 『中國社會思想史』(증보판), 서울: 사회평론, 1988;

渡邊 卓, 『古代中國思想の硏究』, 東京: 創文社, 1973;

任繼愈, 『中國哲學史論』, 上海: 上海人民出版社, 1981;

馮友蘭, 『中國哲學史』(『三松堂全集』第二卷), 鄭州: 河南人民出版社, 1988;

楊寬, 『戰國史』, 上海: 人民出版社, 1980.

Hsu, Cho-yun, Ancient China in Transition, Stanford: Stanford Univ. Press, 1965.

제4장

양주학파의 개인주의와 생명존중 사상

우리가 유가사상의 핵심을 우매한 일반 민중에 대한 소수 지식인 엘리트(즉 군자)들의 강력한 책임의식[仁義]과 동시에 그들에 의한 지배통치[德治]의 합리화라고 이해한다면, 묵가사상은 생산 활동을 하는 '만민의 연대적 사랑[兼愛]'과 '서로의 물질적 이해증진[交相利]' 속에서 사회의 안정을 실현하고자 했던 급진적 행동파들의 적극적이고 진취적인 사회이념이라고 볼 수 있다.

이와 같이 유가와 묵가사상은 이념적으로 상이하다. 그러나 인간을 사회적 존재로 보는 이 두 사상의 밑바탕에는 인간의 실천이성(또는 도덕적 의지)에 대한 본질적인 확신이 깔려 있다. 따라서 이 두 사상은 모두 문제 많은 현실사회의 인간관계를 각기 상이한 자기이념에 따라서 이상화하기 위한 적극적인 인간의 실천 의지와 이념적 교육 및 그 실천을 또한 강조하고 있다.

당시(즉 춘추전국시대) 사회생산력의 급격한 발전은 점차 물질적 욕구와 이해관계의 충돌을 빚어냄으로써, 개인과 개인 또는 집단과 집단 간의 치열한 생존투쟁을 일으켰다. 그뿐만 아니라 국가들 간의 크고 작은 전쟁은 계속 확대일로에 있었다. 이제 기존의 인간관계는 전면적으로 파괴되고 있었다. 그 결과 사회적인 위기의식이 급격히 고조됨에 따라서 일부 지식인들은 자연히 현실 도피적으로 되었다. 이들은 자연히 인간의 실천적 도덕의지를 회의하게 되었다. 이들 일부의 현실 도피적이거나 회의적인 지식인들은 점차 사회적인 문제에 대한 어떠한 이상적 해결이나 노력도 불신하게 되었다. 여기에 사회적 문제에 대한 이념적·인위적 해결을 원천적으로 부정하는 도가道家사상이 점차 유묵儒墨의 실천적 도덕의지와 이념을 비판하면서 새로운 철학사상으로 나타나게 된 것이다.

펑요우란馮友蘭(Feng Youlan, 1895-1990)은 ― 『논어論語』의 여러 편에 나타나 있는 ― 공자(전551-479) 당대에 그를 비판하였던 은둔적 지식인들 [즉, 일민逸民]에게서 도가 사상의 원류를 찾고 있다.1) 이들 일민들의 핵심적인 생활태도는 밖으로부터의 어떠한 권위의 침투나 위기적인 상황 속에서도 자신의 뜻과 자유를 지키려는 데 있다. 그러나 근본적인 사회적인 전환이 계속 확대·발전되어 갔기 때문에, 이들은 인간의 도덕적 의지나 실천이성에 의해 안정된 사회로 복귀하는 것은 현실적으로 불가능하다고 보았다. 공자는 "이런 천하의 도도한 변화와 개혁의 흐름은 그 누구도 바꿀 수 없다."2)라는 것을 알면서도, 자기 고집을 꺾지 않은 한낱 철없는 지식인으로 평가되고 있다. 이들의 공자에 대한 외침은 다음과 같다.

---

1) 馮友蘭, 『中國哲學史新編』, 第一册(1980년 수정본), 239-243頁 참조.
2) "曰: 滔滔者天下皆是也, 而誰以易之?", 『논어論語』, 「미자微子」편 참조.

"봉황이여, 봉황이여!3)
세태는 어찌하여 이렇게 쇠하였는가!
미래는 기대할 수 없고
과거 (또한) 만회할 수 없도다.
세상에 도道가 있으면
성인은 뜻을 이루고,
세상에 도가 없으면 그는
(자기) 삶만을 지킬 뿐이로다.
바야흐로 지금은 오직 화禍만 면하기를 바랄 뿐이다.
행운이 깃털보다 가볍기에 그것을 어디에다 나타내야
할지 모르겠고,
불행은 땅덩이보다도 무겁기에 그것을 어떻게 피해야
할지 모르겠다.
이제는 끝이다, 끝이다,
남을 후덕하게 대하는 일도!
험하고 험한 세상,
땅에 그어진 선線만 따라 살자꾸나!
가시 돋친 풀이여, 가시 돋친 풀이여,
나의 갈 길을 해치지 말아다오!
작은 가시여, 작은 가시여,
내 발을 찌르지 말아다오!"4) (『장자莊子』, 「人間世」)

["鳳兮鳳兮! 何如德之衰也! 來世不可待, 往世不可追也. 天下有道,

---

3) 높은 학덕을 가진 공자에 대한 비유이다.
4) 『논어』, 「미자」 편 참조.

聖人成焉, 天下無道, 聖人生焉. 方今之時, 僅免刑焉. 福輕乎羽, 莫
之知載; 禍重乎地, 莫之知避. 已乎已乎, 臨人以德! 殆乎殆乎, 畫地
而趨! 迷陽迷陽, 無傷吾行! 吾行郤曲, 無傷吾足!"]

양주楊朱(약 전395-전335)의 사상은 이러한 은둔적인 지식인들에게서 발
전되어 나온 최초의 영향력 있는 사상으로 이해된다. 그러나 그 자신의
저작은 전해오지 않는다. 다만 그의 사상은, 『맹자孟子』, 『장자莊子』, 『한
비자韓非子』, 『여씨춘추呂氏春秋』, 『회남자淮南子』 등에 의하면, 이미 독립
적인 학파를 이루고서 묵가와 대립하여 활발한 논쟁을 벌인 것으로 기
술되어 있다.5) 그러나 문제는 당대의 중요한 학술사상의 발전을 평가하
여 기술한 『장자』의 「천하天下」편과 『순자荀子』의 「비십이자非十二子」편
에는 양주사상에 대한 언급이 없다는 점이다. 이것은 맹자 당시에 쟁쟁
했던 양주사상이 시대적 발전을 따라서 점차 다른 철학사상으로 극복
또는 통합되면서 자체의 학술적 영향력이 크게 줄어들었음을 보여 주는
것이라고 하겠다. 양주사상의 핵심은 극심한 사회적 위기의식 속에서
상호간의 불간섭주의와 개개인의 생명의 존엄과 온전함[全生]을 추구한
그의 경물중생輕物重生론에 있다고 하겠다.

1. 양주의 개인주의 철학은 어떻게 평가되었나?

양주의 개인주의 사상과 관련하여, 『맹자』에서는 그것을 군주제도를

---

5) 송영배, 「양주학파의 개인주의와 생명존중론」, 『외국문학』 (1987, 겨울호), 228쪽.

부정하리만큼 '자아'를 극단적으로 존중하는 '이기주의'로 판정하고, 유가사상이 성립하기 위해서는 이러한 '이기적 개인주의'가 극복되어야 한다고 주장하고 있다. 그러나 『회남자淮南子』에서는 공자로부터 시작되는 중국고대 사상의 발전 순서를 순차적으로 소개하며, 묵가사상의 지나친 전체주의에 대한 반동으로 양자의 개인주의 사상이 나왔음을 설득력 있게 보여주고 있다.

(지금) 성왕聖王이 일어나지 않고, 제후들이 방자하며, 벼슬 없는 지식인들이 제멋대로 정사를 의론하고, 양주楊朱와 묵적墨翟의 주장이 천하에 가득 찼다. 천하의 언론이 양주에게로 쏠리지 않으면 묵적에게로 쏠려간다. 양씨는 개인주의[爲我]를 말하니, 이는 (섬길) 임금이 없는 것이요[無君], 묵씨는 모두를 차별 없이 사랑할 것을 주장했으니[兼愛] 이는 (특별히 효도할) 아비가 없는 것이다[無父]. (특별히 효도할) 아비도 없고 (달리 섬길) 임금도 없으니 이는 금수禽獸이다. … 양주와 묵적의 도가 식지 않으면 공자의 도는 나타나지 못한다. … 언론으로 양묵을 배격할 수 있는 사람이 성인의 무리이다. (『맹자』, 「등문공滕文公」 하)

> [聖王不作, 諸侯放恣, 處士橫議, 楊朱·墨翟之言盈天下. 天下之言不歸楊, 則歸墨. 楊氏爲我, 是無君也; 墨氏兼愛, 是無父也. 無父無君, 是禽獸也. … 楊墨之道不息, 孔子之道不著. … 能言距楊墨者, 聖人之徒也.]

무릇 현弦을 타고 노래하며 북을 치고 춤추는 것을 음악[樂]으로 여기고, 빙 돌아가며 인사하고 겸양하는 예절[禮]을 닦으며, 장례를 후하게 치르고 오랫동안 상喪을 지내며 죽은 사람을 보내는 것은 공자가 주장한 것이다. 그러나 묵자는 그것을 비판하였다. 서로 사랑하고[兼愛], 현명한 이를 높이며[尙賢], 귀신을 섬기고[右鬼], 숙명을 반대[非命]하는 것은 묵자가 주장한 것이다.

> [夫弦歌鼓舞, 以爲樂; 盤旋揖讓, 以修禮; 厚葬久喪, 以送死; 孔子之所立也. 而墨子非之. .兼愛上賢, 右鬼非命, 墨子之所立也.]

그러나 양주는 그것을 반대하였다. 생명을 온전히[全生] 하고 참된 것을 보존하고[保眞], (속인들이 평가하는 온갖) 외물外物들(즉 재화, 명예, 이념 등등) 때문에 (자기) 몸을 얽맬 수 없다는 것[不以物累形]은 양주가 주장한 것이다. 그러나 맹자가 그것을 비판하였다. (『淮南子』, 「범론훈汜論訓」)

> [而陽子非之. 全性保眞. 不以物累形, 楊子之所立也. 而孟子非之.]

2. 자기 자신을 위하라[爲我論]

양주의 개인주의에 대해 맹자는, 세상을 위해서는 자신의 터럭 하나도 해를 안 입히려고 하는 극단적인 이기주의로 몰아세웠다. 반면, 한비자에서는 위험한 도시에 머물려고 하지 않고, 인민을 살생하는 전쟁을 기피하며, 또한 자기 생명의 극히 작은 부분, 즉 터럭 하나라도, 외물外物(말하자면 자기 생명 밖의 여러 가지 사회적 산물, 예로 명예, 이념, 부유, 권력, 미색 등)보다 더 소중하게 보는, '외물을 가볍게 보아라! 생명을 존중하라[輕物重生]'라는 생명존중 사상으로 설명하고 있다.

"양주 선생은 '위아爲我' [개인주의]의 입장을 취한다. 자기 몸의 터럭 하나를 뽑아 천하를 이롭게 하는 일을 하지 않는다."(『맹자』, 「진심盡心」 상)

["楊朱取爲我. 拔一毛, 而利天下, 不爲."]

지금 여기 어떤 사람이 있다. 그의 원칙으로는, 위험한 도시에 들어가지 않으며, 군대 있는 곳에 머물지 않는다. (또한) 천하의 큰 이익 때문에 (그것과) 자기 정강이의 터럭 하나를 바꾸지 않는다. 세상의 군주가 반드시 그를 따르고 예우하며, 그의 지혜를 귀하게 여기고 그 행실을 높이 보는 것은, (그가) 외물外物을 가벼이 보고 생명을 귀히 여기는[輕物重生] 선비로 보이기 때문이다. (『한비자韓非子』, 「현학顯學」)

[今有人於此, 義: 不入危城; 不處軍旅; 不以天下大利易其脛一毛. 世主必從而禮之; 貴其智, 而高其行; 以爲: 輕物重生之士也.]

양주 선생은 자기를 귀히 여긴다. (『呂氏春秋』, 「불이不二」)

[陽子6)貴己.]

3. 서로 간섭 없이 자기 일을 해나가라

남과 사회를 위하여 기꺼이 자기 몸을 희생할 준비가 되어 있는 묵자의 제자 금활리禽滑里와 양주 사이에 진행된 대화 중에서, 양주의 제자

---

6) 陽과 楊은 고음古音에서는 서로 통하였다. 陽子는 곧 楊子이다.

맹손양孟孫陽이 양주를 대신하여 자기 몸의 미세한 일부(예를 들어 터럭 하
나)라도 외물보다 중요하다는 '생명존중'의 철학적 의미를 설명하고 있
다. 양주에 의하면, 각자가 서로 간섭 없이 제대로 자기 일을 해나갈
수 있을 때 세상은 오히려 잘 다스려진다는 것이다.

　금 선생이 양주에게 물었다.
　"당신 몸의 터럭 하나로써 한 세상을 구한다면, 당신은 그렇게 하겠
습니까?"
　양주 선생이 대답했다.
　"세상은 진실로 터럭 하나로 구제될 수 없습니다."
　금선생이 말했다.
　"만약 구제할 수 있다면, 그렇게 하겠습니까?"
　양주 선생은 대답하지 않았다.
　　[禽子問楊朱曰：“去子體之一毛，　　以濟一世，　　不汝爲之乎?”楊子
　　曰：“世固非一毛之所濟.”禽子曰：“假濟，爲之乎?”楊子弗應.]

　금 선생이 밖에 나가 맹손양孟孫陽에게 말했다.
　맹손양이 대답하였다.
　"당신은 (우리) 선생님의 마음을 이해하지 못했습니다. 제가 설명해
보겠습니다. 당신의 살과 피부를 해쳐서 큰 돈[萬金]을 얻게 된다면, 당
신은 그렇게 하겠습니까?"
　(금 선생이) 대답하였다.
　"그렇게 하지요."
　맹손양이 말했다.

"당신 (몸의) 한 동강을 잘라서 한 나라를 얻게 된다면, 당신은 그렇게 하겠습니까?"

금 선생이 한동안 말을 못하였다.

　[禽子出, 語孟孫陽. 孟孫陽曰: "子不達夫子之心. 吾請言之: 有侵苦肌膚, 獲萬金者, 若爲之夫?" 曰: "爲之." 孟孫陽曰: "有斷若一節, 得一國. 子爲之乎?" 禽子默然有閒.]

　맹손양이 말했다.

"터럭 하나는 살과 피부보다 미미하고, 살과 피부는 몸의 한 동강보다 미미하다는 것은 분명합니다. 그러나 터럭 하나하나가 쌓여서 살과 피부를 이루고, 살과 피부가 쌓여서 몸의 한 동강을 이룹니다. 터럭 하나는 진실로 한 몸의 만 분의 일이지만, 어찌 그것을 가벼이 볼 수 있습니까?"(『列子』, 「양주楊朱」)

　[孟孫陽曰: "一毛微於肌膚, 肌膚微於一節, 省矣. 然則, 積一毛, 以成肌膚; 積肌膚, 以成一節. 一毛, 固一體萬分中之一物. 奈何輕之乎?"]

　양주가 말하였다.

"백성자고伯成子高(백성伯成 땅의 영주 고高)는 한 터럭만큼의 이익도 취하지 않으려고 나라를 버리고 숨어서 농사를 지었다. 큰 임금인 우禹는 자기 한 몸의 이익을 취하지 않았기에 그의 몸은 바싹 말라버렸다.

　[楊朱曰: "伯成子高, 不以一毫利物, 舍國而隱耕. 大禹, 不以一身自利, 一體偏枯.]

옛날 사람들은 터럭 하나를 희생하여 천하를 이롭게 하는 일을 허용하지 않았고, (또한) 온 천하를 들어서 한 몸을 떠받들게 하는 일도 취하지 않았다. 사람은 각각 자기 몸의 한 터럭도 희생하지 말 것이며, 사람이 각자 천하를 이롭게 하지 말아야 천하는 다스려질 것이다."(『列子』, 「楊朱」)

[古之人, 損一毫, 利天下, 不與也; 悉天下, 奉一身, 不取也. 人人不損一毫, 人人不利天下, 天下治矣."]

4. 외물外物을 경시하고 생명을 중시하라

양주는 자기 생명 이외에 사회적인 인간관계에서 중요시되는 것들은 모두 수단적이며, 임시적인 것이요, 부차적인 것이라고 하였다. 또 오직 자기의 생명만이 본질적인 것이고, 생명을 해쳐 가면서도 추구해야 할 외물은 있을 수 없으며, 따라서 최상의 도는 자신의 생명을 기르는 것이라고 하였다.

당신은 유독 가假 땅 사람의 망명 이야기를 듣지 못했습니까? 임회林回는 천금의 벽璧 구슬을 버리고 갓난애를 업고 도망친 것입니다. 누가 물었습니다. "돈 때문이요? 갓난애는 돈으로 치면 적습니다. 짐이 되기 때문이요? 갓난애는 더 짐이 됩니다. (그러면) 천금짜리 구슬을 버리고 갓난애를 업고 도망친 이유는 무엇입니까?"

[子獨不聞: 假人之亡與? 林回棄千金之璧, 負赤子而趨. 或曰: "爲其布與? 赤子之布寡矣. 爲其累與? 赤子之累多矣. 棄千金之璧, 負赤子

而趨, 何也?"]

임회는 말했습니다.

"저것[璧]은 이익[利] 때문에 맺어진 것이요, 이것(갓난애)은 자연적으로 귀속된 것입니다." 무릇 이익 때문에 맺어진 사람들은 핍박, 곤궁, 불행, 병, 손해를 당할 때 서로를 버립니다. 자연적으로 귀속된 사람들은 핍박, 곤궁, 불행, 병, 손해를 당할 때 서로를 거두어줍니다. 서로 거두어주는 것과 서로 버리는 것은 큰 차이가 있는 것입니다. (『장자』, 「山木」)

[林回曰: "彼以利合, 此以天屬也." 夫以利合者, 迫窮禍患害, 相棄也. 以天屬者, 迫窮禍患害, 相收也. 夫相收之與相棄, 亦遠矣!]

지금 나의 생명은 나를 위해 있는 것이니, 그것이 나를 이롭게 하는 것 역시 크다고 하겠다. 귀하고 천한 것을 논한다면, 천자天子의 작위만 한 것이 없으나 그것도 나의 생명보다 귀하지는 않다. 무겁고 가벼운 것을 논한다면, 천하를 다 가진 것보다 부유한 것은 없으나 그것으로도 나의 생명과 바꿀 수는 없다.

[今吾生之爲我有, 而利我亦大矣. 論其貴賤, 爵爲天子, 不足以比焉. 論其輕重, 富有天下, 不可以易之.]

편안하고 위태로운 것을 논한다면, (나의 생명이란) 하루아침에 잃어버리면 평생토록 다시 얻을 수 없다. 이상의 세 가지는 진리를 깨달은 자들이 조심하는 바이다. 조심하면서도 혹 오히려 생명을 해친다면 이는 생명의 실정[性命之情]에 통달하지 못했기 때문이다. (『呂氏春秋』, 「중기

重己」)

　　[論其安危, 一曙失之, 終身不復得. 此三者, 有道者之所愼也. 有愼
　　之, 而反害之者, 不達乎性命之情也.]

　　세상의 군주들은 대부분 자신의 권세와 부유함을 가지고 진리를 깨달
은 자에 대해 교만하여 그 지혜를 알아보지 못하니, 어찌 슬프지 아니
한가? 그래서 말하기를 "도道의 진수를 가지고선 자신의 몸을 보존하
며, 그 남은 것으로 국가를 다스리며, 그 찌꺼기로 천하를 다스린다고
했다."

　　[世之人主, 多以富貴驕得道之人, 其不相知. 豈不悲哉? 故曰: "道之
　　眞, 以持身. 其緖餘, 以爲國家. 其土苴, 以治天下."]

　　이렇게 본다면, 제왕이 힘쓰는 일은 성인에게 있어서는 한가할 때나
하는 일이요, (그것은) 몸을 온전히 하고 생명을 기르는 도리[完身養生之
道]는 아닌 것이다. (『呂氏春秋』, 「貴生」)

　　[由此觀之, 帝王之功, 聖人之餘事也. 非所以完身養生之道也.]

5. 인간은 감성적 존재이므로 욕구를 조절해야 한다

　　양주의 생명존중 사상에 의하면, 인간은 결국 감성적 존재에 불과하
다. 이런 감성적 존재의 생명이 잘 유지되려면, 감성적 욕구가 조절되
고 절제되어야만 비로소 생명이 오래 지속될 수 있다. 따라서 욕구가
압박당하는 삶을 죽음보다 더 큰 고통으로 보고 있다. 그렇다면, 인간

의 감성적 욕구를 넘어서는 '정신적 유희[逍遙遊]'의 경지는 어디에서
가능할까? 인간의 본질을 물질적·감성적 차원 너머에서 찾는 일은 양
주철학의 몫이 아니다. 맹자나 장자에 이르러야 비로소 '마음(心)', 또
는 '정신(神)'이 보다 더 중요한 인간의 본질로 설명된다.

　귀가 좋은 소리를 즐기지 못하며, 눈이 아름다운 것을 즐기지 못하
며, 입이 단맛을 모른다면, 이것은 죽은 것과 다름이 없다. (『呂氏春秋』,
「정욕情欲」)
　　[耳, 不樂聲; 目, 不樂色; 口, 不甘味; 與死無擇.]

　자화자子華子가 말하였다.
　"온전한 삶이 첫째이고, 부족한 삶이 둘째이며, 죽음이 그 다음이
고, 압박받는 삶이 제일 못하다."
　　[子華子曰: "全生爲上, 虧生次之, 死次之, 迫生爲下."]

　따라서 생명을 존중함은 온전한 삶[全生]을 의미한다. 온전한 삶은 6
욕7)이 모두 적절함을 얻은 것이다. 부족한 삶은 그 적당함을 부분적으
로 얻은 것이다. 부족한 삶이면, 생명존중이 약해진다. 부족함이 심하
면 그만큼 더 존중함이 희박해진다. 죽음이란 지각능력을 잃고 삶의 이
전으로 되돌아간 것을 말한다. 압박받는 삶이란 6욕이 그 적절함을 얻
지 못하고, 최악의 불쾌 상태에 있음을 말한다. 이것은 굴종이고 (또한)
곤욕이다. [⋯]

---

7)　6욕은, 한漢나라 때 최초로 『呂氏春秋』를 주석한 고유高誘(3세기, 東漢)에 의하면,
　　生, 死, 耳, 目, 口, 鼻, 즉 耳目口鼻의 감관의 욕구와 生死의 욕망을 합친 것.

[故所謂尊生者, 全生之謂. 所謂全生者, 六欲皆得其宜也. 所謂虧生者, 六欲分得其宜也. 虧生, 則於其尊之者薄矣. 其虧, 彌甚者也, 其尊彌薄. 所謂死者, 無有所以知, 復其未生也. 所謂迫生者, 六欲莫得其宜也, 皆獲其所甚惡者. 服8)是也, 辱是也. …]

따라서 '압박받는 삶은 죽음만도 못하다'고 한다. 무엇으로 그렇다는 것을 알 수 있는가? 귀에 거슬리는 것을 듣는 것은 듣지 않는 것만 못하다. 보기 싫은 것을 눈으로 보는 일은 보지 않음만 못하다. 따라서 천둥 치면 귀를 막고, 번개 치면 눈을 가린다. 이런 것들이 비견되는 예들이다.

[故曰: 迫生不若死. 奚以知其然也? 耳聞所惡, 不若無聞. 目見所惡, 不若無見. 故雷, 則揜耳; 電, 則揜目. 此, 其比也.]

6욕이 모두 극히 싫어하는 것을 알면서도 그것을 면할 길이 없다면, 그것들을 '지각하지 못하는 것'만도 못하다. '지각하지 못한다'는 것은 죽음을 말한다. 따라서 '압박받는 삶'은 죽음만도 못하다. (『呂氏春秋』, 「貴生」)

[凡六欲者, 皆知其所甚惡, 而必不得免; 不若: 無有所以知. 無有所以知者, 死之謂也. 故迫生, 不若死.]

하늘이 인간을 만들어내니 탐욕이 있고 욕구가 있게 되었다. 욕구에는 진정[情]이 있다. 진정에는 절도가 있다. 성인은 질도를 낚이서 욕구를 제어한다. 따라서 진정만을 행할 뿐이다.

---

8) '服'은 남으로부터 당하는 '굴복, 굴종'을 뜻한다.

[天生人, 而使有貪有欲. 欲有情, 情有節. 聖人修節, 以止(制)欲. 故
不過行其情也.]

진실로 귀가 모든 아름다운 소리[五聲]를 욕구하고, 눈이 모든 아름다
움[五色]을 욕구하고, 입이 모든 좋은 맛[五味]을 욕구하는 것은 진정이
다. 이 세 가지는 귀인이나 천인, 우민이나 지식인, 현인이나 불초자를
막론하고 하나같이 욕구하는 것이다. 비록 신농神農, 황제黃帝(와 같은 성
왕)도 걸桀, 주紂(같은 폭군)와 똑같다.

[故耳之欲五聲, 目之欲五色, 口之欲五味, 情也. 此三者, 貴·賤·愚·
智·賢·不肖, 欲之若一. 雖神農·黃帝, 其與桀·紂同.]

성인이 (우리와) 다른 까닭은 그가 진정을 얻은 점에 있다. 생명을 귀
하게 보고서 행동하면(즉 절제하면) 진정을 얻게 되고, 생명을 귀하게 보
지 않고서 행동하면(즉 무절제하면) 진정을 잃게 된다. 이 두 사실이 '사
느냐 죽느냐, 있느냐 없어지느냐' 하는 근본이 된다. (『呂氏春秋』, 「정욕
情欲」)

[聖人之所以異者, 得其情也. 由貴生動, 則得其情矣. 不由貴生動, 則
失其情矣. 此二者, 死生·存亡之本也.]

따라서 성인은 반드시 먼저 욕구를 적절히 한다. (『呂氏春秋』, 「중기重
己」)

[故聖人, 必先適欲.]

지금 여기에 어떤 음악이 있는데 귀로 들으면 마음은 쾌적하다. 일단

그것을 들어서 귀가 먹게 된다면 반드시 듣지 않을 것이다. 여기에 어떤 색깔이 있는데 눈으로 그것을 보면 반드시 쾌적하다. 일단 그것을 보아서 장님이 된다고 하면 반드시 보지 않을 것이다. 여기에 어떤 맛이 있는데 그것을 입으로 맛보면 반드시 마음이 쾌적하다. 일단 맛보아서 벙어리가 된다면 반드시 먹지 않을 것이다.

> [今有聲於此, 耳聽之, 必慊. 已聽之, 則使人聾; 必弗聽. 有色於此, 目視之, 必慊. 已視之, 則使人盲; 必弗視. 有味於此, 口食之, 必慊. 已食之, 則使人瘖; 必弗食.]

이렇기 때문에 성인은 음악이나 색깔이나 맛이 생명에 이로우면 취하고 생명에 해로우면 버린다. 이것이 생명을 온전히 하는 원칙이다. (『呂氏春秋』, 「本生」)

> [是故, 聖人之於聲色滋味也, 利於性, 則取之; 害於性, 則舍之. 此, 全性之道也.]

부귀해도 (생명을 온전히 하는) 원칙[道]을 모르면 병통이 되기에 꼭 알맞으니, 빈천한 것만 못하다. 빈천하면 외물을 불러오기 힘들다. 비록 과욕을 부린다 해도, 어떻게 하겠는가?

> [貴富而不知道, 適足以爲患, 不如貧賤. 貧賤之致物, 也難. 雖欲過之, 奚由?]

(그러나 부귀하여) 외출할 때 마차를 타고, 들어올 때 가마를 타면서 자기 안일에 힘쓰면, 그것이 각기병을 불러오는 계기가 된다. 비계 살과 독한 술로 자기 체력의 과시에 힘쓰면, 그것은 곧 창자를 곯게 하는 음

식이 되는 것이다. 예쁘고 귀여운 여인들과 (음탕한) 정鄭과 위衛나라의
음악9)으로 자신을 즐기기에 힘쓰면, 그것이 곧 목숨을 자르는 도끼가
된다.

> [出則以車, 入則以輦, 務以自佚, 命之曰: 招蹷之機. 肥肉厚酒, 務以
> 自彊, 命之曰: 爛腸之食. 靡曼皓齒, 鄭衛之音, 務以自樂, 命之曰:
> 伐性之斧.]

이런 세 가지 병통은 높은 지위와 많은 재력이 불러온 것이다. 따라
서 옛날 사람이 부귀를 원하지 않은 것은 생명을 중시했기 때문이고,
이름[名, 형식]을 과시하지 않은 것은 실제[實, 내용] 때문인 것이다. (『呂
氏春秋』, 「本生」)

> [三患者, 貴富之所致也. 故古之人有不肯貴富者矣, 由重生故也. 非
> 夸以名也, 爲其實也.]

〈참고문헌〉

『論語』(『論語讀本』 二冊), 蔣伯潛註釋, 香港: 啓明書局, 1970;

『莊子』(『校正莊子集釋』), 郭慶藩撰, 北京: 中華書局, 1961;

『孟子』(『孟子譯注』 全二冊), 楊伯峻譯注, 北京: 中華書局, 1961;

『列子』(『列子集釋』), 楊伯峻撰, 北京: 中華書局, 1979;

---

9) 鄭과 衛는 지금의 洛陽 부근에 위치한 지역이다. 당시 이 지역은 교통로의 중심에 있었
기 때문에 상공업이 발달하였다. 자연히 사람들의 소비가 늘고 사치 풍조가 만연하였
다. 그 결과 정과 위나라의 음악은 세속의 방탕한 음악으로 간주되었다.

『韓非子』(『韓非子集釋』), 陳奇猷校注, 上海: 上海人民出版社, 1974;

『呂氏春秋』(『呂氏春秋新校釋』二冊), 陳奇猷校釋, 上海: 上海古籍
　　出版社, 2002;

『淮南子』(『淮南子集釋』(全三冊), 何寧撰, 北京: 中華書局, 1998;

『古史辨』, 顧頡剛主編, 第四冊, 臺灣影印本

馮友蘭, 『中國哲學史新編』, 第一冊, (1980年修訂本), 北京: 人民出
　　版社, 1982;

侯外廬主編, 『中國思想通史』, 第一卷, 北京: 人民出版社, 1957;

馮契, 『中國古代哲學的邏輯發展』, 上冊, 上海: 上海人民出版社,
　　1983;

楊寬, 『戰國史』, 上海: 人民出版社, 1980;

胡寄窗, 『中國經濟思想史』, 上海: 上海財政大學出版社, 1978;

武內義雄, 『老子と莊子』, 東京: 岩波書店, 1930

송영배, 「楊朱학파의 개인주의와 생명존중론」, 서울: 『외국문학』,
　　1987 겨울호

제5장

『손자』에 나타난 군사변증법 사상

사마천司馬遷(전145-?)의 기록[1])에 의하면, 선진시대에 두 명의 손자孫子가 있었다. 그 중 한 사람은 춘추春秋 말기의 제齊나라 사람인 손무孫武(전545-470)로서 나중에 오吳나라의 장군이 된 사람이다. 그는 당시 오吳왕 합려闔廬에게 그의 병법 13편을 헌정하였다고 한다. 또 다른 이는 전국戰國시대의 손빈孫臏(대략 전380-320)이다. 손무의 사후 약 백여 년이 지나서 등장한 손빈은 동학이었던 방연龐涓의 모략으로 일찍이 위魏나라에서 양 무릎의 뼈가 제거되는 형벌을 받았다. 그러나 뒤에 제齊나라 장군 전기田忌의 도움으로 제나라로 도망하여 그의 막료가 되어 수많은 승리를 거두었다. 이 둘은 모두 병서 『손자孫子』를 남기었다. 손무의 『손자』는 『손무병법』으로, 손빈의 그것은 『손빈병법』으로 불리고 있다.[2]) 그런데, 1972년 4월, 중국 산동山東성 임기臨沂의 은작산銀雀山 한묘漢墓에서 엄청난 양의 대나무 책, 즉 죽간竹簡이 출토되었다. 그

---

1) 『사기史記』, 「손자오기열전孫子吳起列傳」 참조.
2) 『한서 · 예문지漢書 · 藝文志』에는, 춘추시대의 손무는 병법 82편을 지었고, 전국시대의 손빈은 병법 89편을 지었다고 기록되어 있다.

가운데 지금까지 알려지지 않은 손무와 손빈에 관한 병서가 있었다. 현존하는 13편의 『손자병법』과 거의 같은 내용의 13편, 손빈과 직접 관련된 것이 분명한 5편, 손무의 것인지 손자의 것인지 알 수 없지만 손자 왈이라고 쓰여 있는 10편 등 수십 편의 책이 발견되었다. 한 마디로 『손자병법』과 『손빈병법』을 구분할 수 있게 되면서 중국에서 2,500년 동안 애독되던 『손자병법』이 손무의 저작으로 확인된 것이다.

『춘추좌전春秋左傳』에 나타난 춘추시기(기원전 722-468) 260여 년 간의 전쟁 상황에 관한 주빠오칭朱寶慶의 연구에 의하면, 이 시기에 일어난 크고 작은 전쟁의 총수는 무려 531회, 즉 연평균 2회 이상으로 기록되어 있다. "춘추시대에서 전쟁의 규모와 격렬한 정도, 작전방법 및 전쟁(철학)사상의 풍부성은 그 이전 역사에는 없었던 것이다. 이런 점들은 필연적으로 당시의 문화를 반영하는 책들에 나타나 있다. 『손자병법』은 당시의 이런 전쟁 경험에 대한 이론적 총결이며 철학적인 개괄"[3]이라 할 수 있다.

사실 춘추시대부터 본격적으로 시작된 겸병兼倂전쟁이 계속 확대일로로 치달으면서 각 제후국諸侯國들이 전쟁에 동원하는 병력의 수도 점차 증가하여, 수십만에 이를 정도로 전쟁의 규모가 커지게 되었다. 이와 같은 새로운 전쟁 상황이 전개됨에 따라 효율적인 전쟁수행을 위해 전략 전술의 필요성이 날로 높아지게 되었음은 말할 나위도 없다. 당시에 이미 대규모의 야전, 공격, 방어, 기습, 매복, 간첩, 심리전 등의 전술이 존재하였다. 『손무병법』에는 이런 모든 전술을 망라하는 군사사상이 반영되어 있다.

---

3) 朱寶慶, 『左氏兵法』, 西安: 陝西人民出版社, 1991, 5頁 참조.

뿐만 아니라 『손무병법』에는 특히 전쟁과 전쟁 상황을 이해하는 것과 관련해 여러 가지 철학적인 견해들이 나타나 있다. 특히 전쟁 상황에 대해서는 구체적인 두 적대세력, 즉 '적'과 '나' 쌍방의 전쟁 수행 조건을 여러 방면에서 분석함으로써 '승리의 가능성'을 진단하고 있다. 수시로 변화하는 상황 속에서 '적군' 역량과 '아군' 역량은 일정하게 주어진 불변 역량이 아니라, 주어진 상황 조건에서 서로의 주관적 · 객관적 조건과 상태를 변화 · 조절함으로써, 이 두 역량은 얼마든지 서로 변증법적으로 변조와 조작이 가능하다는 것이다. 따라서 각종 모순과 대립은 절대적 의미를 갖는 것이 아니며 상대적이라는 인식을 피력하고 있다.

'아군'에 대한 정보는 완전히 차단[無]시키고, '적군'에 대한 완전한 정보를 장악[有]했을 경우, 적군의 역량을 분산 또는 폐쇄를 유도해내고, 동시에 아군 역량을 집결시키거나 분할하여 군사 역량을 최대화하는 조작이 언제나 가능하다는 것이다. 즉, 상대방[有]과 자신[無]의 군사 역량에 대한 정확한 정보에 입각하여 상대 역량의 최소화와 자기 역량의 최대화를 조작해 내는, 말하자면 '무로써 유를 제압'[以無制有]하는 군사변증법 사상이 보인다.4)

『손자』에서는, 자기 역량이나 상대 역량에 대해 정확하고 객관적인 정보를 파악하지 못하면 전쟁에서 승리를 담보할 수 없다고 말한다. 이러한 맥락에서 승리를 100% 담보할 수 없는 무모한 전쟁의 도발을 억제하려는 전쟁 신중론을 또한 펼치고 있다. 따라서 우리는 『손자』에 나타나 있는 '주체'와 '객체'의 상대적 역량의 변조라는 군사변증법적

---

4) 물론 만물의 총체적인 원인자로서 道를 말하고, 그것을 다시 有, 無의 철학적 관념을 빌어서 설명하는 철학적 작업은 『老子』에서 본격화된다.

사상이 갖는 철학적 의의가 무엇인지를 중국 고대철학의 발전사 속에서
찾아보아야 할 것이다.

　우선 『손자』의 첫 권인 「계計」편에서는, 전쟁은 "국가의 대사大事,
(즉 백성들을) '죽이느냐 살리느냐' 하는 현장이며, (나라를) '존립하게 하
느냐 망하게 하느냐' 하는 도리"라고 정의하고 있다. 이런 엄청나게 중
요한 국가 대사인 전쟁을 승리로 이끌기 위해서 반드시 필요한 다섯 가
지 요소로 기후, 지형, 장군, 군율 등 여러 가지 예비적인 전투 요건들
과 정치적인 통합력[道]을 열거하고 있다. 여기에서 특히 사태의 상호
'전환의 가능성'과 이런 가능성을 창출하기 위한 '주체적 능동성'이
크게 강조되고 있다. 『손자』에서는, 객관적인 정세에 대한 정확한 정보
획득이 전쟁의 승리를 미리 판단할 수 있는, 따라서 전쟁 승리를 창출
하는 절대 조건으로 중시되고 있다.

　특히 「모공謀攻」편에서는 바로 이 점이 강조되어 설명되고 있다. 전
쟁의 승패라는 것은 어디까지나 객관적 조건에 의해 결정된다는 것을
충분히 인식하고 있었기 때문에, 『손자』에서는 주관주의적 도덕론자들
— 예를 들면, 전쟁에서 공리주의적인 군비의 확충, 훈련 등보다 도덕정신의
절대성을 강조하는 맹자孟子류 — 의 관념적인 전쟁방법론을 배격하고 있
다. 특히 상대방의 병력수와 전력의 강약 등을 일차적인 판단근거로 삼
아서 그것을 바탕으로 한 절대적인 힘의 우세를 확보해야 한다는 주장
은 인식의 합리성을 넘어서 병법운용의 과학적인 면모를 유감없이 보여
주고 있다. "상대방을 알고 자신을 알면 어떤 전쟁이라도 위태롭지 않
다(知彼知己, 百戰不殆)"라는 명구名句는 바로 이 편에서 나온 말이다. 요
컨대, 전쟁을 운용하는 뛰어난 장수의 지략보다는 객관적인 군사력의

우위를 창출해야 한다고 말한다.

그러나 『손자』에서는 모든 것을 무작정 실제의 전쟁수행을 통해서 해결하는 것을 최상의 전쟁전략으로 결코 보지 않는다. 최선의 방법은 실제로 전쟁을 하지 않고서 정치외교의 수단만으로 전쟁목적을 달성하는 것이며, 부득이한 경우에 한해서만 실제 군사력을 쓸 것을 말하고 있다. 그것도 가능하면 군사력을 손상시키지 않고 군사력 위세의 시위를 통해 실제의 전쟁 없이 전쟁의 실리를 온전히 얻을 수 있는 전략의 모색을 권하고 있다. 따라서 이런 전쟁 신중론에 따르면, 전쟁이란 어디까지나 정치적 · 경제적 이익을 얻는 수단일 뿐이지 실제의 전쟁 그 자체가 결코 목적이 될 수 없음을 강조하고 있다.

작전을 잘하는 사람은 먼저 자기의 약점을 완전히 차단하고, 아울러 적의 약점을 최대로 이용해야 하는 것이다. 「형形」편은 공격하거나 방어할 때 상호의 모순과 대립상황을 어떻게 활용할 것인가를 말해주고 있다.

자연현상의 운동과 변화는 끝이 없는 것이다. 병가兵家들은 전쟁 역시 그와 같이 무한한 변화와 전환의 가능성을 가진 것으로 보고 있다. 왜냐하면 똑같은 전세와 전투형태는 두 번 다시 있을 수 없기 때문이다. 따라서 매번 전쟁에서 이길 수 있는, 매번 새롭고 일회적인 고도의 능동적인 기민성이 작전을 잘하는 사람에게 요구된다. 전투의 흐름에는 중과衆寡, 강약强弱, 용겁勇怯, 진퇴進退, 허실虛實 등의 조건이 시시각각의 상황 변화에 따라 서로 역학적으로 무수한 다른 모습들을 지니며 전개되어 가기 때문에, 「세勢」편에서는 바로 이와 같은 인식을 바탕으로 작전의 운용 요령이 설명되고 있다.

『손자』에서는, 다른 사물과 마찬가지로 인간이 수행하는 전쟁도 언제 어느 상황에서든 유동적으로 변화한다고 보고 있다. 그렇기 때문에 정세의 변화에 근거해서 전세戰勢를 장악하여 승리를 쟁취할 것을 말한다. 그것을 적절하게 행할 때, 그런 작전운용을 '귀신같은 용병'이라 한다. 「허실虛實」편은 바로 전쟁의 주도권을 장악하는 데 있어서 중요한 민첩성의 문제를 다루고 있다. 특히 용병하는 방법으로, 상황에 따라 천변만화千變萬化하면서 항상 적군의 '실實'을 피하고 '허虛'를 재빠르게 치는[避實而擊虛] 각종 작전의 운용방식을 설명하고 있다.

「군쟁軍爭」편은 자기의 장점을 이용하여 적의 약점을 공격하는 기습적인 용병원칙을 상세하게 설명하고 있다.

「구변九變」, 「지형地形」과 「구지九地」 등의 각 편에서는 임기응변의 방법 및 부하들을 독려하고 극한상황에서 대처하는 방법 등을 다루고 있다. 마지막 「용간用間」편은 전쟁수행 기간의 길고 짧음은 전쟁수행국의 경제적 조건을 미리 잘 감안하여 산정할 것을 말하고 있다. 아울러 전쟁 승리의 열쇠는 적군과 아군의 정세에 대한 객관적이고도 정확한 정보 확보에 달려 있다는 판단에서, 가장 확실한 정보의 원천은 사람, 즉 간첩을 이용한 정보 획득임을 역설하고, 그런 간첩 운용에 관한 방법을 제시하고 있다.

전체적으로 볼 때, 『손자병법』이 제시하는 군사변증법은 다음의 3가지 특징을 지닌다.

1) 전·후, 좌·우, 원·근, 강·약, 우迂·직直, 이利·해害, 정합正合·기승奇勝, 허虛·실實, 피彼·아我, 승·패 등과 같은 대립은 상호

연관하여 항시 함께 변동 변화한다.

2) "전쟁은 속임수다."5)의 표현대로, 적에게 역정보를 주어 아군상황에 대한 잘못된 판단을 유도하고, 반대로 첩보원을 쓰더라도 적을 정확히 파악해야 한다. 아군은 무형無形 · 무성無聲하여 파악될 수 없고[無], 적의 실체는 드러나게 해야 한다[有].

3) 승리의 조건은, 매번 전쟁을 할 때마다 승리할 조건을 만들어내는 장수의 지적 능력의 탁월성[즉, 주관적 능동성]보다는, 언제나 적의 군사력을 압도할 수 있는 아군 군사력의 절대적 우위의 확보, 즉 힘의 객관적 우세[勢]의 창출이다.

이와 같이, 『손자병법』에는 철학적으로 『노자老子』에서 본격화된 이무제유以無制有의 원리나, 법가法家나 황노학黃老學에서 강조하는 ─ 유가儒家의 주관적 능동성의 발휘보다는 ─ 객관적 형세[勢]의 우위확보의 원칙이 강조되고 있다.

1. 전쟁 운용을 어떻게 할 것인가?

손무에 의하면, 전쟁이란 군주의 생사와 나라의 존망이 걸려 있는 중대한 사안이다. 따라서 이런 대모험은 매우 신중하게 하지 않을 수 없다고 본다. 우선 전쟁을 하기에 앞서 아군과 적군의 전쟁 역량에 대한 정확한 비교 · 분석을 해야만 한다고 말한다. 첫째 군주가 백성들에게

---

5) "兵者, 詭道也.", (『孫子』, 「계計」) 참조. (이하 『孫子』에서의 인용은 편명만 명기함.)

어떠한 (정치)도리[道]로 그들의 인심을 얼마만큼 얻고 있느냐, 둘째 전쟁을 수행할 때의 기후 조건[天]과 전쟁 지역의 지형과 지세[地]는 어떠한가, 끝으로 전쟁을 이끄는 장수의 판단 및 지도 능력[將]과 군졸의 편제나 전쟁물자 보급 등에 관한 군율이 얼마나 엄격하고 효율적[法]인가, 등에 대한 정확한 비교·분석이 있어야만 한다고 말한다. 이런 정보 분석을 통하여 전쟁 전에 미리 전쟁의 결과, 즉 승패를 분명히 알 수 있다고 말한다.

또 전쟁을 수행하는 작전이란 자신의 역량을 적에게 알리지 않는 속임수[詭道]라고 말한다. 상대로 하여금 언제나 자기 역량에 대하여 착각을 일으키게끔 속임수를 써서 적을 유도해야만 한다는 것이다. 한편 전쟁 승리의 비결은 실전에 앞서 미리 예견되는 전투상황에 대한 정확한 계책을 많이 생각하고 심혈을 기울여 세우는 데 있으며, 그렇지 않다면 패배한다고 강조한다.

1.1) 전쟁의 다섯 가지 승리 요건

손자가 말했다.

"전쟁[兵]은 나라의 큰일로서, (군주의) 생사와 (국가의) 존망이 그에 달려 있으니 밝히 살피지 않을 수 없다. 먼저 다섯 가지를 근본으로 삼아서 (적과 아군을) 비교하여 계책을 세우고 (전쟁의) 실정을 파악해야 한다. 첫째는 (정치) 도리(道), 둘째는 기후 조건[天], 셋째는 지형적 조건[地], 넷째는 장수[將]의 능력, 다섯째는 법제[法, 즉 군의 편제 및 군율]이다.

[孫子曰: 兵者, 國之大事, 死生之地, 存亡之道, 不可不察也. 故經之

以五, 校之以計, 而索其情. 一日, 道; 二日, 天; 三日, 地; 四日, 將;
五日, 法.]

도道는 백성들이 윗사람과 뜻을 함께 하도록 하는 것을 말한다. (윗사
람은) 그들을 죽게 할 수도 있고 살게 할 수 있어도, 그들이 (그 명령을)
어기고 저항하지 않음이다.

[道者, 令民與上同意者也. 可與之死, 可與之生, 民不詭6)也.]

천天은 흐리고 맑고, 춥고 더운 등의 날씨, 계절적 조건이다. 지地란
멀고 가깝고, 험난하고 평탄하고, 넓고 좁고, 살 만하고 죽을 만한 등의
지형조건이다.

[天者, 陰陽, 寒暑, 時制也. 地者, 高下, 遠近, 險易, 廣狹, 死生也.]

장將이란 장수의 지략, 신의, 인자함, 용기, 위엄 등을 말한다. 법法이
란 군대의 편성, 관리나 장교가 지켜야 할 군율, 군수물자의 관리 등의
제도 장치이다.

[將者, 智, 信, 仁, 勇, 嚴也. 法者, 曲制, 官道, 主用7)也.]

이 다섯 가지 점은 장수가 귀 기울이지 않을 수 없다. 이것을 아는
자는 승리할 것이요 모르는 자는 패배할 것이다. 따라서 (이 다섯 가지 점

---

6) 여기서 '궤詭' 자는 '違抗(어기고 저항하다)' 의 뜻이다. 『孫子譯注』, 郭化若 譯注,
   上海: 古籍出版社, 1984, 頁79 참조.
7) 曹操의 주석에 의하면, 曲制는 군부대, 깃발, 징과 북 등의 군대운용의 편제이고,
   官은 모든 관리들의 직분, 道는 양식을 나르는 길이고, 主는 主軍의 비용이다.
   『孫子譯注』, 上同 注6, 頁81 참조.

을) 비교하여 계책을 세우고 (전쟁의) 실정을 파악해야만 한다.

[凡此五者, 將莫不聞. 知之者, 勝; 不知之者, 不勝. 故校之以計, 而索其情.]

어느 편의 군주가 (정치)도리를 잘 관장하고 있는가? 어느 편의 장수가 더 뛰어난가? 어느 편이 천시天時와 지리地利를 잘 활용하는가? 어느 편이 법제를 잘 운용하는가? 어느 편의 군대가 강한가? 어느 편의 군사가 잘 훈련되었는가? 어느 편이 포상과 처벌을 분명하게 시행하는가? 나는 이런 것들을 통해 (전쟁의) 승패를 판단할 수 있다."(「계計」)

[日: 主孰有道? 將孰有能? 天地孰得? 法令孰行? 兵衆孰强? 士卒孰練? 賞罰孰明? 吾以此, 知勝負矣.]

1.2) 작전은 속임수[詭道]다

전쟁[兵]은 속임수[詭道]다. 공격할 수 있어도 못하는 것처럼 (가장해서) 보이고, 공격하려고 해도 공격하지 않을 것처럼 보이게 하며, 멀리 있을 때는 가까이 있는 것처럼, 가까이 있을 때에는 멀리 있는 것처럼 보이게 해야 한다.

[兵者, 詭道也. 故能, 而示之不能; 用, 而示之不用; 近, 而示之遠; 遠, 而示之近.]

이익을 미끼로 (적을) 꾀어내며, 혼란에 빠지게 한 연후에 공격하고, (적의 역량이) 충실하면 그것에 대비하고, (적의) 힘이 세면 잠시 피한다. (적의) 분노를 돋우어 꺾이게 하고, 자신을 낮추어 (적을) 교만에 빠지게 한다.

(적이) 편안하면 피로하게 만들고, (적이 서로) 친밀하면 이간을 시킨다.

[利, 而誘之; 亂, 而取之; 實, 而備之; 强, 而避之. 怒, 而撓之; 卑, 而驕之; 佚, 而勞之; 親, 而離之.]

(적이) 방비하지 않는 곳을 공격하며, 생각지 못한 곳으로 출격한다. 이것이 군사 전략가[兵家]가 승리를 얻는 비결이다. (실제상황 파악에) 앞서서 (전략이) 미리 정해질 수 없다. (「계計」)

[攻其不備, 出其不意. 兵家之勝. 不可先傳也.]

1.3) 실제상황에 부합하는 작전계획을 세워야 승리한다

전쟁을 치르기에 앞서 종묘사당에서 짠 군사계획이 승리하는 것은 계책을 (심혈을 기울여) 많이 세워본 것이다. 전쟁을 치르기 전에 군사계획상 이길 수 없는 것은 계책 세우기를 적게 한 것이다.

[夫未戰, 而廟算勝者, 得算多也. 未戰, 而廟算不勝者, 得算少也.]

계책을 많이 생각하면 이기는 법이요, 적게 하면 패배하는 것이다. 하물며, 군사계획이 없다면 더 말할 필요도 없다. 나는 이러한 원칙에 따라 판단하므로, (전쟁 전에) 그 승패를 미리 알 수 있다. (「계計」)

[多算勝, 少算不勝. 而況無算乎! 吾以此觀之, 勝負見矣.]

2. 실전 없이 지략智略으로 승리하라

손무는 실제 공격전쟁을 치르자면 많은 물자와 상당한 인명의 손실을 감수하지 않을 수 없고, 때로는 상당한 군사물자와 인명의 피해에도 불구하고 도성을 함락시키지 못할 때도 있다고 본다. 따라서 실전 없이 지략으로 이기는 전쟁이 최상의 전쟁이라고 말한다. 또 군사력이 절대 우세가 아니면 공격하지 말아야 한다고 말한다. 군사력의 절대적인 우세가 확보되지 못한 형편에서 전쟁을 하는 것은 승리를 기필코 이루어 낼 수 없기 때문이다.

2.1) 최상의 전쟁은 실전 없이 이기는 전쟁이다.

손자가 말했다.

"전쟁을 하는 원칙은 나라를 온전히 하는 것이 최고요, (공격하여) 나라를 격파하는 것은 그 다음이다. 군단을 온전히 하는 것이 최고요, 군단을 격파하는 것은 그 다음이다.

[孫子曰: 凡用兵之法, 全國爲上, 破國次之; 全軍爲上, 破軍次之.]

여단[旅]을 온전히 하는 것이 최고요, (공격하여) 여단을 격파하는 것은 그 다음이다. 소대[卒]를 온전히 하는 것이 최고요, 소대를 격파하는 것은 그 다음이다. 분대[伍]를 온전히 하는 것이 최고요, 분대를 격파하는 것은 그 다음이다.

[全旅爲上, 破旅次之; 全卒爲上, 破卒次之; 全伍爲上, 破伍次之.]

이렇기 때문에 (실제로) 백 번 싸워 백 번 모두 이기는 것이 최선이 아니요, 싸우지 않고 상대를 격파하는 것이 최선이다.

[是故, 百戰百勝, 非善之善也. 不戰而屈人之兵, 善之善者也.]

따라서 최상의 전쟁은 (실전 없이) 지모智謀로써 공략하는 것이다. 그 다음은 외교 노선으로 공략하는 것이고, 그 다음이 (적)군(의 예봉)을 공략하는 것이다. (적국의) 성城을 (직접) 공격하는 것은 하급이다."(「모공謀攻」)

[故上兵伐謀. 其次伐交. 其次伐兵. 其下攻城.]

2.2) 실전 없이 지략으로 승리해야 한다

(실제로 적국의) 성을 공격하는 것은 어쩔 수 없을 때에만 해야 한다.

[攻城之法, 爲不得已.]

큰 방패[櫓]나 (성벽 공략용의) 네 바퀴 수레[轒轀]를 정비하고 (공성攻城) 기계를 갖추는 데에는 3개월이 소요되며, (적의 성곽을 마주하고 공성용) 토산土山을 쌓는 데에도 또 3개월이 필요하다. (그런데) 장수가 (하루아침에) 자기 분노를 참지 못하고 개미 때처럼 공격하게 하여 군졸을 1/3이나 잃고도 성을 함락시키지 못했다면, 이것은 공격 전쟁의 재앙이다.

[修櫓轒轀, 具器械, 三月而 后成. 距闉, 又三月而后已. 將不勝其忿, 而蟻附之, 殺士三分之一, 而城不拔者, 此攻之災也.]

따라서 전쟁을 잘하는 사람은 적군을 굴복시켜도 실전은 없으며, 적의 성을 함락시켜도 공성전쟁을 하지는 않으며, 적국을 격파한다 해도 오래 끌지 않는다.

[故善用兵者, 屈人之兵, 而非戰也; 拔人之城, 而非攻也; 破人之國,

而非久也.]

반드시 온전한 상태 (즉, 전쟁으로 인한 사회적 기능마비가 없는) 그대로 천하를 얻기를 다툰다. 따라서 군대의 (예봉이) 꺾이지 않으면서 이점利點은 다 얻을 수 있다. 이것이 지략으로 공략하는 원칙이다. (「모공謀攻」)

[必以全, 爭于天下. 故兵不頓, 而利可全. 此, 謀攻之法也.]

2.3) 실전 원칙: 역량이 절대적으로 강하면 공격하고, 약하면 피하라

따라서 전쟁[實戰]을 하는 원칙이란, 아군의 병력이 적군의 열 배라면 적군을 포위하고, 다섯 배라면 공격하며, 두 배라면 (적군 역량을) 갈라놓아야 하고, 대등하면 맞서 싸울 수 있으나, 적으면 도망칠 수 있어야 한다.

[故用兵之法: 十則圍之, 五則攻之, 倍則分之, 敵則能戰之, 少則能逃之.]

열세라면 피해야 한다. 따라서 열세이면서도 고집스럽게 버틴다면 강한 적에게 사로잡힐 뿐이다. (「모공謀攻」)

[不若則能避之. 故小敵之堅, 大敵之擒也.]

2.4) 승리를 예견하는 다섯 가지 기준

승리를 예견할 수 있는 다섯 가지 기준이 있다. 전쟁을 해서 좋을 때와 전쟁을 해서는 안 될 때를 분별한다면 승리한다. 많은 군대를 써야 할 때와 적은 군대를 써야 할 때를 안다면 승리한다. 위아래가 한마음이라면 승리한다. 대비를 철저히 하고서 방심한 적을 공격하면 승리한다. 장수가 유능하고 군주가 그에 간섭하지 않는다면 승리한다. 이 다섯 가지가 승리를 예견할 수 있는 기준이다.

> [故知勝有五: 知可以戰與不可以戰者, 勝; 識衆寡之用者, 勝; 上下同欲者, 勝; 以虞待不虞者, 勝; 將能而君不御者, 勝. 此五者, 知勝之道也.]

따라서 (손무는) 말한다.

"자기를 알고 적을 안다면 백 번을 싸워도 위태롭지 않다. 적은 모르지만 자기를 안다면 이기기도 하고 지기도 할 것이다. 적도 모르고 자기도 모르면 매번 전쟁마다 반드시 위태롭다." (「모공謀攻」)

> [故曰: 知己知彼, 百戰不殆. 不知彼, 而知己, 一勝一負. 不知彼, 不知己, 每戰必殆.]

3. 상대를 이길 수 있는 전투상황[形]을 만들라

전쟁에 나가는 장수는 전투상황[形]을 언제나 조작해 내야 한다. '전투상황' 조작의 원칙은, 어느 상황이라도 적군이 아군을 공격할 수 없게 만들거나, 아니면, 아군이 언제라도 적군을 공격하여 필승할 수 있는 조건의 조작 가능성을 말한다. 이런 '전투상황'의 조삭을 위해서는 아군역량뿐만 아니라 적군역량에 대한 정확한 정보 파악이 급선무이다. 이에 근거하여 장수는, 첫째 아군과 적군이 처한 지형과 지물에 대한 정확한 척도[度]를 파악해야 한다. 둘째는 정확한 척도에 근거하여 소요되는 군비의 물량[量]을 확보해 내야 한다. 셋째는 파악된 물량에 의거하여 투입될 정확한 병력의 수[數]를 계산해 내어야 한다. 넷째, 이런 요소들을 비교 점검하여 정확한 아군과 적군의 역량 비교[稱]를 한다. 마지막(즉, 다섯 번째)으로, 언제나 손쉽게 적군을 격파할 절대적인 군사력의 우세, 말하자면, 승리상황[勝]을 만들 수 있어야 한다.

3.1) 공격과 수비의 원칙: 아군과 적군에 대한 정확한 정보에 기초해야 한다

손자가 말했다.

"옛날에 전쟁을 잘한 이들은 먼저 (어떤 적도) 이길 수 없도록 (아군을) 정비하고서, (적의 약점을 파악하여) 이길 만할 때까지 기다렸다. (어떤 적도 자기를) 이길 수 없도록 하는 것은 자기(의 역량)에 달려 있고, (적을) 이기게 되는 것은 적(의 역량)에 달려 있다.

[孫子曰: 昔之善戰者, 先爲不可勝, 以待敵之可勝. 不可勝, 在己; 可勝, 在敵.]

전쟁을 잘하는 사람이 (아군을 정비하여 어떤 적도 자기를) 이길 수 없도록 할 수는 있으나, 적으로 하여금 (스스로 약점을 드러내어 우리가) 이길 수 있게는 할 수 없다. 따라서 '승리는 예견할 수는 있으나, (반드시) 승리할 수는 없다.'고 하는 것이다.

　[故善戰者, 能爲不可勝, 不能使敵之必可勝. 故曰: 勝, 可知, 而不可爲.]

　누구도 (우리를) 이길 수 없도록 하는 것이 수비요, (적을) 이길 만하게 하는 것이 공격이다. 수비를 하는 것은 (아군의) 힘이 부족하기 때문이며, 공세를 취하는 것은 (아군의) 힘이 넉넉하기 때문이다.

　[不可勝者, 守也; 可勝者, 攻也. 守則不足, 攻則有餘.]

　수비를 잘하는 사람은 (자기의 역량을) 땅속 깊이 숨기고, 공격을 잘하는 사람은 (자기의 역량을 최고도로 발휘하여) 하늘 높이 날아다닌다. 그래서 스스로의 역량을 온전히 보존하면서 완전한 승리를 거둘 수 있다." (「형形」)

　[善守者, 藏於九地之下. 善攻者, 動於九天之上. 故能自保而全勝也.]

3.2) 전쟁은 명백히 이길 수 있는 상황에서만 허용된다

　승리를 예견하는 것이 보통 사람도 할 수 있는 것에 불과하면 가장 잘한 것이 아니다. 전쟁에서 승리하여 세상(사람들)이 잘 했다 하면 가장 잘한 것은 아니다. 가을에 터럭을 들어 올렸다고 힘이 세다고 보지 않고, 해와 달을 보았다고 뛰어난 시력이라 보지 않으며, 천둥과 우뢰를 들었다고 귀가 밝다고 보지 않는다.

　[見勝, 不過衆人之所知, 非善之善者也. 戰勝而天下曰: 善, 非善之善者也. 故擧秋毫, 不爲多力. 見日月, 不爲明目. 聞雷霆, 不爲聰耳.]

옛날에 전쟁을 잘하는 이들은 쉽게 이길 수 있는 (조건 때문에) 승리했다. 따라서 잘 싸우는 전쟁의 승리에는 (장수의 뛰어난) 지능의 명성도 없었고, (장수의) 용맹한 전공戰功도 없었다.

[古之所謂善戰者, 勝於易勝者也. 故善戰之勝也, 無智名, 無勇功.]

진실로 그들이 전쟁에서 승리하는 데는 어긋남이 없었다. 어긋남이 없으니 그들이 취한 조처는 기필코 승리하였다. 이미 패한 적에게 승리를 거둔 셈이다.

[故其戰勝不忒. 不忒者, 其所措, 必勝. 勝已敗者也.]

따라서 전쟁을 잘한다는 것은 도저히 패배할 수 없는 상황에 서서 적의 패배를 놓치지 않는 것이다. 이 때문에 승리하는 군대는 먼저 승리할 (조건을 만든) 뒤에 전쟁을 하며, 패배하는 군대는 먼저 전쟁을 하고 그 다음에 승리를 구한 것이다.

[故善戰者, 立于不敗之地, 而不失敵之敗也. 是故, 勝兵, 先勝而后求戰; 敗兵, 先戰而后求勝.]

전쟁을 잘하는 이는 (아래 위의 마음을 하나로 뭉칠 수 있는) '정치도리'를 잘 닦고, (군의 편제나 군율 등의) 법제를 잘 확보한다. 따라서 (그들은) 승패의 결정권을 조작할 수 있다. (「형形」)

[善用兵者, 修道, 而保法. 故能爲勝敗之政..]

3.3) 전쟁 수행을 판단하는 다섯 가지 요소

병법에는 첫째는 척도[度]요, 둘째는 물량[量]이요, 셋째는 병력 수[數]요, 넷째는 역량 비교[稱]요, 다섯째는 승리 상황[勝]을 말한다.

　[兵法: 一曰, 度; 二曰, 量; 三曰, 數; 四曰, 稱; 五曰, 勝.]

　(전쟁이 치러지는) 지역[地]에서 (그 크기와 거리를 파악해내는) '척도'의 문제가 나온다. '척도'에서 (그것에 소용되는) '물량'의 문제가 나온다. '물량'에서 (그것에 합당한) '병력 수'의 문제가 나온다. '병력 수'에서 (적군과 아군의) '역량비교'의 문제가 나온다. '역량비교'에서 '승리 상황'을 판단하는 문제가 나온다. (「군형軍形」)

　[地生度, 度生量, 量生數, 數生稱, 稱生勝.]

3.4) 전쟁승리 상황[形]의 창출: 막강한 역량으로 경미한 역량을 압도한다.

　진실로 승리하는 군대는 '일일鎰' [중량단위, 1일=24량兩]의 역량으로 (매우 경미한) '수銖' [중량단위, 1수=1/24량]의 역량을 겨루는 것같이 (절대우세에 자신을) 두며, 패배하는 군대는 (가벼운) '수銖'의 역량으로 (아주 무거운) '일鎰'의 역량을 겨루는 것같이 (절대 열세에 자신을) 둔다.

　[故勝兵, 若以鎰稱銖; 敗兵, 若以銖稱鎰.]

　승리하는 이에 의해 동원된 백성의 전쟁(역량)은, 막아 놓은 물을 천 길 (밑의) 냇물로 터놓는 것과 같은 (막강한) 형세[形]이다. (「형形」)

　[勝者之戰民也, 若決積水於千仞之溪者, 形也.]

4. 전투형세는 변증법적으로 변화한다

공격에는 정상공격과 기습공격의 두 가지 양태만 있다. 그러나 실전에서 두 가지 공격의 양상은 무궁무진하게 변화한다. 따라서 전투의 형세 또한 무궁하게 변화한다. 여기서 중요한 것은 공격의 기세를 최대화하도록 전투형세를 변화시키는 일이다. 그리고 전투력의 최대의 힘은 반드시 군대의 편제나 운용의 형세에서 필연적으로 도출되어야 한다.

4.1) 정상[正]공격과 기습[奇]공격의 변화 양상은 무한하다

손자가 말했다.

"많은 수(의 병력관리)를 적은 수(의 병력관리)처럼 하는 것은 분대分隊(의 조직 원리의 덕분)이다. 많은 수의 전투를 적은 수의 전투처럼 (손쉽게 지휘하는 것은) 깃발신호[形]와 소리신호[名](의 덕분)이다.

[孫子曰: 凡治衆如治寡, 分數是也. 鬪衆如鬪寡, 形名是也.8)]

삼군三軍의 많은 병사로 하여금 반드시 적을 맞아 결코 패배하지 않게 하는 것은 기습공격[奇]과 정상공격[正] 때문이다. 군대의 투입이 마치 돌로 계란을 치듯이 하는 것은 (적의) 실實(을 피하고) 허虛(를 치기 때문)이다."

[三軍之衆, 可使必受敵而無敗者, 奇正是也. 兵之所加, 如以破投卵者, 虛實是也.]

---

8) 曹操의 주석에 의하면, 군대를 지휘할 때 쓰이는 각종의 깃발[旌旗]이 形이며, 금속악기와 북[金鼓]이 名이다. 郭化若, 『孫子譯註』, 上海古籍出版社, 1984, 頁121 참조.

무릇 전쟁은 정상공격으로 (적과) 교전하고[正合], 기습공격으로 승리를 거두는 것이다[奇勝]. 그래서 기습공격에 능한 이는 (그 변화가) 하늘과 땅처럼 무궁하고, 양자강이나 황하처럼 다함이 없다. 끝났다가 다시 시작함이 해와 달과 같고, 흘러갔다가 다시 돌아옴이 사계절과 같다.

　　[凡戰者, 以正合, 以奇勝. 故善出奇者, 無窮如天地, 不竭如江河. 終
　　而復始, 日月是也. 死而復生, 四時是也.]

소리[音]는 다섯 개에 지나지 않지만, 그 다섯 음이 만들어내는 변화는 다 들을 수 없을 정도이다. 색깔[色]은 다섯 개에 지나지 않지만, 그 다섯 색이 만들어내는 변화는 다 볼 수 없을 정도이다. 맛은 다섯 가지에 지나지 않지만, 그 다섯 맛이 만들어내는 변화는 다 맛볼 수 없을 정도이다.

　　[聲不過五, 五聲之變, 不可勝聽也. 色不過五, 五色之變, 不可勝觀
　　也. 味不過五, 五味之變, 不可勝嘗也.]

전쟁의 형세는 정상공격과 기습공격의 두 가지에 지나지 않지만, 그 두 가지로 만들어내는 변화는 무궁무진하다. 기습공격과 정상공격은 서로 전환하는 양상이 마치 구르는 바퀴처럼 끝이 없다. 누가 그것을 다 헤아릴 수 있겠는가? (「세勢」)

　　[戰勢不過奇正; 奇正之變, 不可勝窮也. 奇正相生, 如循環之無端. 孰
　　能窮之哉!]

4.2) 공격의 핵심은 기세를 최대화하여 순간속도[節]를 높이는 데 있다.

급하게 흐르는 물의 속도가 돌을 굴리는 것은 그 기세 때문이다. 맹금猛禽이 급히 날아서 (먹이를) 낚아채는 것은 (순간) 속도[節] 때문이다.

[激水之疾, 至於漂石者, 勢也. 鷙鳥之疾, 至於毁折者, 節也.]

그래서 전쟁을 잘하는 이는 그 기세를 격하게 하고, 순간속도를 짧게 한다. 기세는 활시위를 최대로 늘리는 것처럼, 순간속도는 (잽싸게 방아쇠를) 당기는 것처럼 한다.

[是故善戰者, 其勢險, 其節短. 勢如彍弩, 節如發機.]

(깃발이) 뒤엉키고 (사람과 말이) 뒤섞여 전투는 혼란해도 (군제軍制가) 혼란해서는 안 된다. 어지럽게 (전차가) 구르고 (군사들이) 날뛰는 상황에서도 (군대가) 원만하게 지휘된다면 (적에게 결코) 패배할 수 없다. (「세勢」)

[紛紛紜紜, 鬪亂而不可亂也. 渾渾沌沌, 形圓而不可敗也.]

4.3) 사람의 수가 아니라 결정적으로 승리할 수 있는 형세[勢]의 창출이다

무질서[亂]는 안정적 질서[治]에서 생겨나고, 비겁은 용감함에서 생겨나며, 약함은 강함에서 생겨난다. '질서가 있느냐 없느냐'는 (군대) 조직 원리[數]에 (의존하고), '용감한가, 비겁한가?'는 형세에 (의존하며), '강한가, 약한가?'는 드러난 상황[形]에 (의존한다).

[亂生於治, 怯生於勇, 弱生於强. 治亂, 數也. 勇怯, 勢也. 强弱, 形也.]

따라서 적을 잘 유인하는 이는, (아군의) 상황[形]을 (조금) 드러내어 적이 반드시 그것을 좇아오게 한다. (적이 원하는 것을) 던져주어 적이 그것을 취하게끔 한다. 이득을 보여 적을 유인하고, 군대를 (매복)시켜 그들을 기다리게 한다.

[故善動敵者, 形之, 敵必從之. 予之, 敵必取之. 以利動之, 以卒待之.]

따라서 전쟁을 잘하는 이는 형세[勢](의 장악)에서 승리를 얻고자 하지 사람(의 숫자)는 따지지 않는다. 따라서 (필요한) 사람을 고르되, (결국 필승할) '형세'에 맡긴다.

[故善戰者, 求之於勢, 不責於人. 故能擇人而任勢.]

형세에 맡긴다는 것은, 마치 (묵중한) 나무나 바위를 굴리는 것처럼, 싸우는 병사들을 부리는 것이다. 나무와 바위의 성질은 안정된 곳에 있으면 정지하고, 위태로운 곳에 놓이면 움직인다. 네모졌으면 정지해 있으나, 둥글면 굴러갈 수밖에 없다. 그러므로 잘 싸우는 군대의 기세는, 마치 천 길이 되는 산에서 둥근 바위를 굴려 내리는 것과 같은 (도저히 막을 수 없는 엄청난) 기세이다. (「세勢」)

[任勢者, 其戰人也, 如轉木石. 木石之性: 安則靜, 危則動, 方則止, 圓則行. 故善戰人之勢, 如轉圓石於千仞之山者, 勢也.]

5. 적에게는 불리한, 아군에게는 유리한 형세를 만들라!

손자에 의하면, 전쟁은 상대를 속이는 속임수[詭道] 이상이 아니다. 가능한 한 적에게 거짓정보를 흘려서 적이 아군의 상황을 오판하도록 만들고, 자기는 적의 약점을 최대로 이용해야 한다. 손무孫武는 이와 관련하여 여러 방책을 제시하였으며, 또한 자신의 역량을 최대로 키우기 위한 다양한 방법들, 즉 적의 전투력을 약화시키는 심리전, 지형지물을 이용한 적의 공격차단과 자기의 견고한 방어술, 효과적인 공격술, 첩보원의 활용 등을 제시해 주고 있다.

5.1) 우회하는 길을 택하는 것처럼 보이나 실제는 직통 길로 만들어라!

손자가 말했다.

"전쟁을 하는 원칙에 있어서, 장군이 군주로부터 명령을 받아 군대를 통합하고 병사를 모으는 데서부터 시작하여 적과 마주설 때까지 기선을 잡는 것[軍爭]보다 어려운 것은 없다. 기선을 잡는 것이 어렵다고 하는 것은 우회迂廻하는 것처럼 보이는 길을 (실제로는) 직통 길로 만들며, 불리한 점을 유리하게 만들어야 하기 때문이다.

[孫子曰: 凡用兵之法, 將受命於君, 合軍聚衆, 交和而舍, 莫難於軍爭. 軍爭之難者, 以迂爲直, 以患爲利.]

그래서 우회하는 길을 택함으로 적을 유인하고, 적보다 늦게 출발하지만 적보다 일찍 도착한다. 이것이 우회하는 길을 직통 길로 만들 줄 아는 계책[迂直之計]이다. (「세勢」)

[故迂其途, 而誘之以利. 後人發, 先人至, 此知迂直之計者也.]

5.2) 군대의 사기와 심리를 이용하여 아군의 전투력을 높여야 한다

그러므로 (적의) 모든 군대에 대해서는 그들의 사기土氣를 꺾을 수 있고, 상군에 대해서는 (그의) 마음을 뺏을 수 있다.

　　[故三軍, 可奪氣; 將軍, 可奪心.]

사람은 아침에는 그 기력이 예리하지만 낮이 되면 점차 나태해지고, 저녁에는 현저하게 피곤하여 휴식을 원하게 된다. 그 때문에 전쟁을 잘하는 이는 적의 예리한 기운은 피하고 그 나태하고 피곤한 때를 틈타 공격한다. 이것이 (군대의) 사기를 다스리는 일이다.

　　[(是故)朝氣銳, 晝氣惰, 暮氣歸. 故善用兵者, 避其銳氣, 擊其惰歸. 此, 治氣者也.]

(아군이) 정비된 상태에서 혼란한 (적을) 상대하고, 안정된 상태에서 동요하는 (적을) 상대한다. 이것이 (군대의) 심리를 다스리는 것이다. (전지戰地를) 가까이 하고 먼데서 온 (적을) 상대하고, 휴식을 취한 병사들로 피곤한 (적), 배부른 상태에서 굶주린 (적을) 상대하게 한다. 이것이 전투력을 다스리는 일이다.

　　[以治待亂, 以靜待譁. 此, 治心者也. 以近待遠, 以佚待勞, 以飽待飢. 此, 治力者也.]

깃발을 곧게 하고 오는 (강성한) 적을 습격해서는 안 되며, 진용이 잘 정비된 당당한 적을 공격해서는 안 된다. 이것이 (상황) 변화를 다스리는 일이다. (「군쟁軍爭」)

　　[無要正正之旗, 無擊堂堂之陣. 此, 治變者也.]

5.3) 상황 변화에 따라 전투형태를 바꾸어야 한다

　그래서 전쟁을 하는 원칙은, 고지를 올려보며 공격하지 않으며, 구릉丘陵을 등진 (적은) 맞서 싸우지 않고, 거짓으로 도망하는 (적은) 좇지 않으며, (적의) 정예군은 공격하지 않는다.

　　[故用兵之法: 高陵勿向, 背丘勿逆, 佯北勿從, 銳卒勿攻.]

　(적의) 미끼는 공격하지 않고, 퇴각하는 (적은) 막지 않으며, 포위해도 도망갈 데를 만들어주고, 궁지에 몰린 적을 핍박하지 않는다. 이것이 전쟁을 하는 원칙이다. (「군쟁軍爭」)

　　[餌兵勿食, 歸師勿遏, 圍師必闕, 窮寇勿迫. 此, 用兵之法也.]

5.4) 전쟁수행 여부는 지형적 조건에 따라서 결정된다

　손자가 말했다.

　"[…] 장애물이 많은 땅에는 진을 치지 말아야 하며, 사방으로 국경이 접해 있어서 교통의 중심지가 되는 땅에서는 이웃 제후들과 외교관계를 맺어야 한다. (여물이나 땔감이) 부족한 땅에는 머무르지 말아야 한다. 좁고 꾸불꾸불하여 협공당하기 쉬운 땅에서는 빨리 빠져나올 궁리를 해야 한다. (목숨을 걸지 않으면) 살아남기 힘든 땅에서는 용감히 싸워야 한다."(「구변九變」)

> [孫子曰: … 圮地, 無舍; 衢地, 交和. 絕地, 勿留; 圍地, 則謀; 死地, 則戰.]

5.5) 전쟁수행 양상은 상이한 전투상황에 따라서 상이할 수밖에 없다

길에 따라서는 통과하지 말아야 할 길도 있다. 군대에 따라서는 공격하지 말아야 할 군대도 있다. 성곽[城]에 따라서는 공략하지 말아야 할 성도 있다. 땅에 따라서는 빼앗지 말아야 할 땅도 있다. 군주의 명령이라 해도 받지 말아야 하는 것도 있다.

> [途, 有所不由. 軍, 有所不擊. 城, 有所不攻. 地, 有所不爭. 君命, 有所不受.]

그러므로 장수가 갖가지 변화에 적절히 대응한다면 전쟁을 할 줄 아는 것이고, 장수가 갖가지 변화에 적절히 대응하지 못한다면 비록 지형을 잘 알아도 그 지형의 이점을 살려낼 수 없는 것이다. (「구변九變」)

> [故將通於九變之利者, 知用兵矣. 將不通於九變之利, 雖知地形, 不能得地之利矣.]

5.6) 자기 역량의 이점과 단점을 함께 고려해야 한다

이렇기 때문에 총명한 이의 지략에는 반드시 유리한 점과 해로운 점이 함께 고려된다. 이로운 점을 고려함으로써 힘써 해야 할 일을 추진할 수 있고, 해로운 점을 고려함으로써 문젯거리를 해결할 수 있다. (「구변九變」)

> [是故, 智者之慮, 必雜於利害. 雜於利, 而務可信也. 雜於害, 而患可解也.]

5.7) 전쟁원리에 맞으면 임금의 명령도 거부할 수 있다

손자가 말했다.

"진실로 전쟁원리[戰道]에 비추어 반드시 승리할 수 있으면, 임금이 전쟁하지 말라고 하여도 반드시 전쟁해야 한다. 전쟁원리에 비추어 이길 수 없으면, 임금이 반드시 전쟁을 하라고 해도 전쟁하지 말아야 한다.

> [孫子曰: … 故戰道必勝, 主曰, "無戰", 必戰可也. 戰道不勝, 主曰, "必戰", 無戰可也.]

그래서 진군해야 할 때 명성을 염두에 두지 말고, 퇴각해야 할 때도 (혹시 나중에 받을) 죄를 두려워하지 말아야 한다. 오로지 백성들을 보호하여 그 이로움을 군주에게 되돌리는 (장수는) 나라의 보배이다. (「지형地形」)

> [故進不求名, 退不避罪. 惟人是保, 而利合於主, 國之寶也.]

5.8) 부하를 사랑하되 엄격한 군율로 다스려야

(진정한 장군은) 병졸 보기를 어린아이 돌보듯 하므로, (위험한) 깊은 계

곡까지 이들과 함께 들어갈 수 있다. 병졸 보기를 자식 사랑하듯 하므로, 이들과 함께 죽을 수도 있는 것이다.

[視卒如嬰兒, 故可以與之赴深溪. 視卒如愛子, 故可與之俱死.]

(그러나 이들을) 후하게 대하고도 부리지 못하고, 사랑을 했어도 명령을 내리지 못하며, 질서가 문란해도 바로잡지 못하게 된다면, (이런 군졸들은) 건방진 자식들과 같다. (그들은) 쓸모가 없다. (「지형地形」)

[厚而不能使, 愛而不能令, 亂而不能治, 譬若驕子. 不可用也.]

5.9) 병졸은 긴장되고 위험한 지경에 투입해야 용감해진다

손자가 말했다.

"무릇 적국에 진격하는 원칙은 이러하다. 적국 깊숙이 들어가면 (긴장한 아군은 전투에) 전념하게 되니 적군은 저항할 수 없게 된다. (적국의) 풍요한 들에서 물자를 약탈한다면, 전군[三軍]의 식량이 풍족하게 된다. (병사들의) 보양에 힘쓰고, 과로를 시키지 않으며, 예기銳氣를 모으고 역량을 축적하며, 병력을 정비하고 작전 계획을 교묘하게 짜서, (공격방향을) 짐작할 수 없게 한다.

[孫子曰: […] 凡爲客之道: 深入則專, 主人不克. 掠於饒野, 三軍足食. 謹養而勿勞, 并氣積力, 運兵計謀, 爲不可測.]

(군대를) 도망갈 곳이 없는 곳으로 투입하면 죽더라도 패배하지 않을 것이다. 죽음을 각오하면 무엇을 못하겠는가? 무사들은 힘을 다해 싸울 것이다.

[投之無所往, 死且不北. 死焉不得? 士人盡力.]

병사들은 위험에 깊숙이 빠져들면 두려움이 없어지게 된다. 도망할 곳이 없으면 굳세어지며, (적지에) 깊숙이 들어가면 서로 단속하게 되고, 어쩔 수 없으면 싸우게 된다.

[兵士甚陷, 則不懼. 無所往則固, 深入則拘, 不得已則鬪.]

이렇기 때문에 군대를 정비하지 않아도 (적을) 경계하고, 독촉하지 않아도 힘써 싸운다. 단속시키지 않아도 서로 친하여 단결하며, 명령하지 않아도 규율을 준수한다. 요상한 짓을 엄금하고 의혹스런 말을 없이 하면 죽을 곳에 이르러도 도망치지 않는다.

[是故其兵不修而戒, 不求而得. 不約而親, 不令而行. 禁祥, 去疑; 至死, 無所之.]

우리 병사들이 여분의 재물을 모으지 않는 것은 재물을 싫어해서가 아니다. 생명을 아낌없이 바치는 것은 오래살기를 싫어해서가 아니다.

[吾士無餘財, 非惡貨也. 無餘命, 非惡壽也.]

(전투)명령이 떨어진 날, 앉아서는 눈물로 옷깃을 적시고, 누워서는 눈물로 얼굴을 적시는 그런 병사라 할지라도, 도망칠 곳이 없는 곳으로 투입된나넌 선서專諸와 소귀曹劌9)처럼 용감하게 된다. (「구지九地」)

---

9) 전저專諸는 춘추시대 오吳나라의 공자公子인 광光(즉 합려闔廬)을 위해 오나라 왕인 요僚를 시해한 자객이다. 『좌전左傳』, 「소공昭公 27년 참조. 그리고 조귀曹劌(즉 조말曹沫)는 노魯나라 장공莊公 때에 제齊와 노魯가 가柯 땅에서 회맹을 할 때, 비수로 제나라 환공桓公을 겁탈하여 제나라가 침탈한 노나라의 영지를 돌려받아낸 용

[令發之日士卒, 坐者涕沾襟, 偃臥者淚交頤, 投之無所往者, 則諸·劌之勇也.]

5.10) 병사는 협동할 수밖에 없는 극한 상황에서 서로 단결하여 싸운다

그래서 전쟁을 잘하는 사람은 마치 솔연率然과 같다. 솔연은 상산常山[10)의 뱀이다. 그 뱀은 머리를 치면 꼬리가 구하러 달려들고, 꼬리를 치면 머리가 구하러 온다. 가운데를 치면 머리와 꼬리가 동시에 달려든다.

[故善用兵者, 譬如率然. 率然者, 常山之蛇也. 擊其首, 則尾至; 擊其尾, 則首至. 擊其中, 則首尾俱至.]

(왕이) 물었다.

"병사들을 솔연과 같이 되게 할 수 있겠는가?"

(손자는) 대답한다.

"그렇게 할 수 있습니다."

[敢問: "兵, 可使如率然乎?" 曰: "可."]

오나라 사람과 월나라 사람은 서로 미워하는 사이이지만, 함께 배를 타고 강을 건널 때 도중에 큰 풍랑을 만나면 마치 오른손과 왼손 같이 서로 긴밀히 협조하게 된다.

[夫吳人與越人相惡也, 當其同舟而濟; 遇風, 其相救也, 如左右手.]

간한 인물이다. 『좌전』, 「장공莊公」 10년 참조.

10) 常山은 지금의 하북성河北省 곡양현曲陽縣 서북西北에 있는 산이다.

[…] (군대가) 강하든 약하든, (그 역량을 충분히 발휘할 수 있게 하는 것은) 지형지세를 (적절히 이용하는) 이치에 있다. 그래서 전쟁을 잘하는 사람은 (전군을) 마치 손을 잡고 있는 한 사람처럼 부리는 것은, 어쩔 수 없이 (함께) 싸워야 할 (상황을) 만든 것이다. (「구지九地」)

　　[…剛柔皆得, 地之理也. 故善用兵者, 攜手若使一人, 不得已也.]

5.11) 정확한 정보의 파악이 막강한 패왕覇王의 군대를 만든다

그러므로 제후들의 책략을 모르고 외교대책을 세울 수 없고, 산림과 험악한 지형, 늪의 지형을 모르면 군대를 진군시킬 수 없으며, 향도를 쓸 수 없다면 지세의 이점을 얻을 수 없다. 이 세 가지11) 중 하나라도 알지 못하면 패왕覇王의 군대가 될 수 없다.

　　[是故, 不知諸侯之謀者, 不能預交; 不知山林, 險阻, 沮澤之形者, 不能
　　行軍; 不用鄕導, 不能得地利. (四五)[此三]者, 不知一, 非覇王之兵也.]

패왕의 군대가 대국大國을 치면 그 나라의 민중은 결집하지 못하며, 위세를 적국에 가하면 (다른 제후국들은 감히) 그 나라와 연합을 못하게 된다.

　　[夫覇王之兵, 伐大國, 則其衆不得聚; 威加於敵, 則其交不得合.]

이렇기 때문에 천하의 어느 나라와 다투어도 동맹하지 않으며, 또 천하의 어느 나라의 세력도 받들지 아니한다. 자기의 사적 의도[私]를 펼

---

11) 이곳의 '四五者'는 『무비지武備志』에는 '此三者'로 되어 있다. 이 세 가지는 '책략을 간파하여 외교관계를 맺는 일', '지형을 파악하여 군대를 출동시키는 일', '향도를 통해서 지리적 이점을 얻어내는 일'을 말한다.

치며, 적에게 위세를 부림으로써 그 나라를 멸망시키고 성곽[城]들을 무너뜨릴 수 있다.

[是故不爭天下之交, 不養天下之權, 信己之私, 威加於敵, 則(其城)
[其國]可拔, (其國)[其城]可隳.]

법에 없는 (큰) 상을 내리고, 상례常例에 없는 명령을 내림으로써, 전군대를 마치 한 사람 부리듯이 하고, 일을 시키되 그 이유를 말해서는 안 되며, 이利를 탈취하도록 하고 (그에 따르는) 위해危害는 말하지 않는다. (「구지九地」)

[施無法之賞, 懸無政之令, 犯[12]三軍之衆, 若使一人; 犯之以事, 勿告
以言; 犯之以利, 勿告以害.]

5.12) 엄청난 비용이 드는 전쟁에서 승리의 비결은 첩보전이다

손자가 말했다.

"십만의 군대를 일으켜 천리 밖으로 출정한다면 백성들이 (부담하는) 군비와 국고비용도 매일 천금千金에 이를 것이다. 국내외가 모두 크게 소란스러워짐에 따라 길에서 왔다갔다 소요하느라 농사지을 수 없게 되는 가구가 70만 호에 이른다. (전쟁은) 몇 년간이고 자리를 지키며 (적과) 대치 상태에 있다가 마침내 하루의 결전으로 승부를 결정한다.

[孫子曰: 凡興師十萬, 出征千里, 百姓之費, 公家之奉, 日費千金. 內
外騷動, 怠於道路, 不得操事者七十萬家. 相守數年, 以爭一日之勝.]

---

12) 여기서 '犯' 자는 '驅使(부린다)' 의 뜻이다.

그러나 작위와 봉록과 백금百金을 아깝게 여겨 (첩보원을 쓰지 못해) 적의 상황을 알아내지 못한다는 것은 불인不仁의 극치이니, 백성의 장수가 아니며, 군주의 보좌도 아니고, 승리의 주인일 수 없다.

　　[而愛爵祿百金, 不知敵之情者, 不仁之至也, 非人之將也, 非主之佐也, 非勝之主也.]

따라서 영명한 군주, 현명한 장수가 한번 출동하여 적을 이기어 성공이 여러 사람보다 출중한 것은 정보를 먼저 알아냈기 때문이다. 먼저 정보를 아는 것은 귀신에게서 얻은 것이 아니며, 다른 것과 유비하여 유추한 것도 아니고, (별자리의 움직여 간) 도수를 재어 (즉, 점을 쳐서) 알아낼 수 있는 것도 아니다. 반드시 적의 상황을 알고 있는 사람을 통하여 알아낼 수 있다. (『용간用間』)

　　[故明君賢將, 所以動而勝人, 成功出於衆者, 先知也. 先知者, 不可取於鬼神, 不可象於事, 不可驗於度. 必取於人知敵之情者也.]

6. 적의 실實을 피하고 허虛를 치는 전쟁의 주도권을 잡아라!
― 이무제유以無制有의 전법에 대하여 ―

적과의 전쟁은 적과의 정보 전쟁이다. 아군이 필승할 수 있는 형세[形]를 창출하려면 아군에 대한 정보는 제로[零], 즉 완전 차단[無]을 하거나 거짓 정보를 흘림으로써 적이 아군에 대한 부정확한 정보를 갖게 하여야 한다. 반대로, 아군은 어떠한 상황에서도 적에 대한 정확한 정보[有]를 확보함으로써 적의 실實과 허虛를 정확히 파악해야 한다. 다시 말해, 적으로 하여금 아군의 실과 허에 대하여는 부정확한 판단을 갖게끔 유도하고, 아군은 적군의 허와 실에 대하여 항상 정확한 정보를 파악해야만 한다. 나의 대한 정보를 완전 차단[無]하고 동시에 적에 대한 정보를 완전 파악[有]한 위에서, 적의 실을 피하고 나의 실로써 적의 허를 치는, 요컨대, '무無로써 유有를 제압'[以無制有]하는 전쟁의 주도권의 장악을 역설한다.

6.1) 전쟁 상황의 정보를 정확히 파악치 못하면 전쟁의 승리는 불확실하다

(장수가) 적(의 허점)을 공격할 만하다는 것만 알고 우리의 군졸(의 능력)이 (적을) 격파할 수 없다는 것은 모른다면, 승리(의 확률)은 반에 불과하다.
    [知敵之可擊, 而不知吾卒之不可以擊, 勝之半也.]

적이 격파될 수 있다는 것을 알고 (또한) 자기 군졸의 공격력을 파악하고 있지만, 지형이 전쟁을 할 수 없다는 것을 모르면, 승리(의 확률)은 반에 불과하다. (「지형地形」)
    [知敵之可擊, 知吾卒之可以擊, 而不知地形之不可以戰. 勝之半也.]

6.2) 정확하고 종합적으로 정보를 파악해야 승리를 담보할 수 있다

그래서 전쟁에 통달한 사람은 (정확한 상황 파악을 하고 있기 때문에) 군대를 출동시키면 방향을 잃지 않으며, 작전을 해도 곤궁을 당하지 않는다.

[故知兵者, 動而不迷, 擧而不窮.]

따라서 (손자孫子는) 말한다.

"적을 알고 나를 알면 (언제나) 승리해도 위태롭지 않으며, 날씨도 알고 지형도 잘 알면 승리는 완벽할 수 있다."(「지형地形」)

[故曰: 知己知彼, 勝乃不殆. 知天知地, 勝乃可全.]

6.3) 승리의 확실한 담보는 적을 유인하여 약화시키는 일이다

손자가 말했다.

"적보다 먼저 전투지역에 도착하여 적이 오기를 기다린다면 (편안한) 여력을 가질 수 있다. 늦게 전투지역에 도착하여 급하게 전투를 좋아하게 되면 피로하게 된다. 그래서 전쟁을 잘하는 이는 적을 오게 (유도)하지 적에게 끌려 다니지는 않는다.

[孫子曰: 凡先處戰地, 而待敵者佚. 後處戰地, 而趨戰者勞. 故善戰者, 致人而不致於人.]

적으로 하여금 스스로 오게 할 수 있는 것은 그들을 이득(으로 유인한) 때문이요, 적으로 하여금 못 오게 할 수 있는 것은 (그렇게 하는 것이) 해를 입을 것처럼 했기 때문이다.

[能使敵人自至者, 利之也. 能使敵人不得至者, 害之也.]

그러므로 (장수는) 적이 편안하면 피곤하도록 만들 수 있고, (적이) 배부르면 굶주리게 할 수 있으며, (적이) 안정되어 있으면 동요시킬 수 있어야 한다.

[故敵佚, 能勞之; 飽, 能饑之; 安, 能動之.]

적이 반드시 급히 구조하지 않을 곳으로 출병하고, 적이 예상하지 못하는 곳으로 급히 출격한다.

[出其所必不趨13), 趨其所不意.]

천리를 행군하여도 피로하지 않는 것은 적이 없는 지역으로 행군하기 때문이다. 공격하면 반드시 빼앗는다는 것은 적이 수비하지 않는 곳을 공격하기 때문이다. 수비함에 반드시 지켜내는 것은 적이 공격 못할 곳을 수비하기 때문이다.

[行千里, 而不勞者, 行於無人之地也. 攻而必取者, 攻其所不守也. 守而必固者, 守其所不攻也.]

그래서 공격을 잘하는 자는 적이 자기가 어디를 수비해야 할지를 모르게 하고, 수비를 잘하는 자는 적이 자기가 어디를 공격해야 할지를 모르게 한다. 극미하고 극미하여, (아군은) 무형無形에 이른다! 신묘하고 신묘하여 무성無聲에 이른다! 그래서 적의 목숨을 주재한다."(「허실虛實」)

[故善攻者, 敵不知其所守. 善守者, 敵不知其所攻. 微乎微乎, 至於無形! 神乎神乎, 至於無聲! 故能爲敵之司命."]

---

13) 여기서 趨는 '급히 구조하다'[急救]로 보아야 한다. 郭化若譯注, 上同, 注①, 頁 132 참조.

6.4) 아군의 형체가 없는데[無形] 이르면 적은 아군을 도모할 수 없다

(아군이) 진격해도 방어할 수 없는 것은 적의 허虛를 친 것이고, 퇴각해도 (적이) 추격할 수 없는 것은 신속하여 (무형한 아군을) 따라올 수 없기 때문이다.

> [進而不可御者, 沖其虛也; 退而不可追者, 速而不可及也.]

따라서 우리가 전쟁하려고 하면 적이 비록 높은 보루와 깊은 해자 속에 안주할지라도 (그곳에서 나와서) 우리와 전쟁을 하지 않을 수 없는 것은 적이 반드시 구제할 곳을 치기 때문이다. 우리가 전쟁을 바라지 않아 지상에 방어선을 긋고 수비하면 적이 우리와 전쟁을 할 수 없는 것은 적이 진격하는 방향을 (다른 곳으로) 돌려놓기 때문이다.

> [故我欲戰, 敵雖高壘深溝, 不得不與我戰者, 攻其所必救也. 我不欲戰, 雖畫地而守之, 敵不得不與我戰者, 乖其所之也.]

따라서 남의 형체는 들어내고 우리는 형체가 없으면[無形] 우리(의 전력)은 오로지 하고 적(의 전력)은 나뉜다. 우리는 오로지하여 하나가 되고 적은 열로 나뉘게 된다. 이렇게 열 곱(의 힘)으로 그 하나를 공격하니 우리는 (전력이) 많고, 적은 적다.

> [故形人而我無形, 則我專而敵分. 我專爲一, 敵分爲十, 是以十攻其一也, 則我衆而敵寡.]

많은 수로 적은 수를 친다면 우리가 싸워야 할 적은 적을 것이다. 우리와 싸워야 할 지역을 알 수 없게 한다면, (적은) 알지 못하기 때문에 적이 방비할 (지역이) 많게 된다. 적이 방비할 곳이 많으면 우리와 싸울 (적의 수는) 적을 것이다.

[能以衆擊寡者, 則吾之所與戰者, 約矣. 我所與戰之地不可知, [敵]不可知, 則敵所備者多. 敵所備者多, 則吾所與戰者, 寡矣.]

그러므로 앞을 방비하면 뒤는 적고, 뒤를 방비하면 앞이 적을 것이다. 왼쪽을 방비하면 오른쪽은 적고, 오른쪽을 방비하면 왼쪽이 적을 것이다. 방비하지 않는 곳이 없으면 (적이) 적지 않은 곳이 없을 것이다. (군대가) 적은 것은 적을 대비하기 때문이고, 많은 것은 적으로 하여금 자기를 대비하게 하기 때문이다.

[故備前則後寡, 備後則前寡, 備左則右寡, 備右則左寡, 無所不備, 則無所不寡. 寡者備人者也, 衆者使人備己者也.]

그러므로 전쟁할 지점을 알고 전쟁할 날짜를 안다면 천리千里를 가서 전쟁을 할 수 있다. 전쟁할 지점도 모르고 전쟁할 일시도 모른다면 왼쪽은 오른쪽을 구제할 수 없고, 오른쪽도 왼쪽을 구제할 수 없고, 앞은 뒤를 구제할 수 없고, 뒤는 앞을 구제할 수 없다. 하물며 (전쟁터가) 먼 경우 수 십리이고, 가까우면 수리數里이라면(구제할 길이 없다)!

[故知戰之地, 知戰之日, 則可千里而會戰. 不知戰地, 不知戰日, 則左不能救右, 右不能救左, 前不能救後, 後不能救前, 而況遠者數十里, 近者數里乎!]

　오吳나라(의 입장)에서 따져보면 월越나라 병사가 비록 많다 해도 또한
승패에 무슨 보탬이 되겠는가? 그러므로 (손자孫子는) '승리는 만들 수
있다. 적이 비록 많더라도 싸우지 못하게 할 수 있다.'고 말한다.

　　[以(吾)[吳]度之, 越人之兵雖多, 亦奚益於勝敗哉! 故曰: 勝可爲也.
　　敵雖衆, 可使無鬥.]

　따라서 (전략을) 따져보면 (누가) 이기고 질 수 있는 계책인지를 알 수
있고, (적을) 격동시켜 보면 (적이) 움직이고 정지하는 이치를 알 수 있고,
(적군의 소재지를) 살펴보면 죽을 지형인지 살 지형인지를 알 수 있고, (약
간 겨루어보면 적과 아군의) 남고 모자라는 부분을 알 수 있다. (「허실虛實」)

　　[故策之, 而知得失之計; 作之, 而知動靜之理; 形14)之, 而知死生之
　　地; 角之, 而知有餘不足之處.]

6.5) 언제나 적의 실實을 피하고 허虛를 치는 것이
　　　 승리의 비결이다

　그래서 (아군의) 전투력을 (호도糊塗하는 것이) 극치에 달하면 형체가 없는
것[無形]처럼 보이는 데까지 이른다. 그렇게 되면 깊이 들어온 간첩도
(아군의 전투 능력을) 훔쳐볼 수 없고, 지략가라도 대응할 계책을 세울 수
없다. (적의) 상황변화에 따라, 민중(의 눈앞)에서 승리를 거두어도 그들
은 (어떻게 이겼는지를) 알지 못한다.

　　[故形兵之極, 至於無形. 無形, 則深間不能窺, 智者不能謀. 因形而錯

---

14) 形은 '분명히 살필 수 있다'[察明]의 뜻이다. 郭化若譯注, 上同, 注①, 頁140 참조.

勝於衆, 衆不能知.]

사람들은 모두 우리가 승리한 상황은 알지만, '승리를 가능케 한 형
편' [所以制勝之形]은 알지 못한다. 진실로 전쟁에서 승리(하는 방법)은 반
복되지 않으므로 (그때그때의) 상황[形]에의 대응책은 무궁하다.

　　[人皆知我所以勝之形, 而莫知吾所以制勝之形. 故其戰勝不復, 而應
　　形無窮.]

전쟁 상황은 마치 물(흐름)과 같다. 물의 형세는 높은 곳을 피하여 낮
은 곳으로 흐르고, 전쟁 상황은 (적의) 견고한 곳[實]을 피하고 허술한 곳
[虛]을 치는 것이다. 물은 땅의 생김새에 따라 흐름의 방향을 정하고,
전쟁은 적(의 형편)에 따라 승리(의 방식)이 결정된다. 그래서 전쟁에는 고
정된 방식이 없고, 물(의 흐름)에는 고정된 형태가 없다. 적의 사정에 따
라 승리하는 것이 신묘[神]하다고 한다.

　　[夫兵形象水. 水之形, 避高而趨下; 兵之形, 避實而擊虛. 水因地而制
　　流, 兵因敵而制勝. 故兵無常勢, 水無常形. 能因敵變化而取勝者, 謂
　　之神.]

진실로 오행五行[金, 木, 水, 火, 土]은 서로 물고 물려서 항상 승리하는
것이 없으며, 사계절은 돌고 돌아 항상 자리를 잡고 있는 것이 없다.
해에도 길 때와 짧을 때가 있으며, 달도 찰 때와 이지러질 때가 있다.
(「허실虛實」)

　　[故五行無常勝. 四時無常位. 日有短長. 月有死生.]

〈참고문헌〉

『孫子』(『孫子譯注』), 郭化若譯注, 上海: 上海古籍出版社, 1984;

『孫子譯注』, 蔣玉斌譯注, 哈爾濱: 黑龍江人民出版社, 2002;

『史記』(全十冊), 司馬遷撰, 北京: 中華書局, 1972;

朱寶慶, 『左氏兵法』, 西安: 陝西人民出版社, 1991;

楊善群, 『孫子評傳』, 南京: 南京大學出版社, 2011

제6장
상앙학파의 법치주의의 진보성과 반동성

법가는 전국시대 제자백가 중 유일하게 당대의 사회경제적인 근본적인 변환을 정당한 역사발전의 필연적 과정으로 파악하였다. 이런 사회변화의 근원적 와중에서 진秦나라의 법가는 한편 농업생산의 증대와 다른 한편 전통적인 세습귀족제의 폐지를 통한 효율적인 관료제의 확립을 노리는 강력한 농전農戰 정책을 제창하였다. 그리고 보편적 공평무사한 법法의 통치에 의한 귀족의 특권을 제한함으로써 군주의 통치권을 강화시키려는, 군주의 절대주의의 실현을 주된 내용으로 하고 있다. 이와 같은 생각들은 당시 새로이 대두하는 관료제적 절대주의 국가의 정치적 이해를 대변하는 것이었다. 이회李悝(전455–395), 오기吳起(전440–381), 상앙商鞅(전390–338), 신도愼到(전395–315), 신불해申不害(전385–337) 등이 모두 전기前期 법가法家학파의 대표적 사상가들이다. 고대 중국에서 군주권력의 강화를 목적으로 한 이론적 및 실천적인 작업에 적극적으로 참여한 현실주의적 사상가들을 주로 진나라의 법가法家라고 부른다면, 이들 중 특히 상앙은 진秦 법가이론의 실질적인 창시자라고

할 수 있다.[1]

전기 법가의 대표적인 인물로 불리는 상앙은 본래 성이 공손公孫이고 이름이 앙鞅으로서 일찍이 진秦나라에서 그의 유명한 변법을 관철하여 그 공적으로 상商지방에 봉읍을 얻게 되어 상앙商鞅으로 불리게 되었다. 『사기』, 「상군열전商君列傳」에는 상앙의 인물됨과 그가 진나라에서 실시한 사회개혁("變法", 1차 기원전 365, 2차 기원전 350)의 개괄적인 내용 및 그것에 대한 비판적인 평가가 간결하게 실려 있다.

"상군商君은 타고난 자질이 각박한 사람이다. 그가 효공孝公에게 벼슬자리를 얻으려고 제왕帝王의 치술로써 허튼 얘기를 한 것을 보면 (그것이) 그의 본바탕이 아님을 알 수 있다. 그는 총신을 통해 등용되었고, (귀족인) 공자건公子虔에게 형벌을 주었고, 위魏의 장군 공손앙公孫卬을 (옛 우정을) 미끼로 사로잡았고, 조량趙良의 말을 따르지 않았다. 이것은 또한 상군의 인정머리 없음을 충분히 나타내준다. 나는 일찍이 상군의 「개색開塞」, 「경전耕戰」편을 읽어 본 일이 있다. (그 내용은) 그의 행적과 서로 같은 것이었다. (그가) 마침내 진에서 악명을 얻게 된 것은 아마도 까닭이 있을진저!"(『사기史記』, 「상군열전商君列傳」[2])

상앙은 자신의 사회개혁을 통하여 봉건적 구제도를 철저하게 파괴하고 군주의 절대권력 확립에 필요한 혁신적인 조치를 강구하였다. 그는

---

1) 상앙학파의 법치주의에 대해서는, 송영배, 「고대 중국 상앙학파의 법치주의」, 『철학과 현실』, 1988, 2호, 125-155쪽 참조.
2) "太史公曰: 商君, 其天資刻薄人也. 跡其欲干孝公以帝王術, 挾持浮說, 非其質矣. 且所因由嬖臣, 及得用, 刑公子虔, 欺魏將卬, 不師趙良之言, 亦足發明商君之少恩矣. 余嘗讀商君開塞耕戰書, 與其人行事相類, 卒受惡名於秦, 有以也夫!"

특히 귀족들의 세습적 특권을 박탈하고자 했을 뿐만 아니라, 또한 절대 군주의 존재를 위험시하는 지식인들의 자율적이고 비판적인 사상논의를 엄금할 것을 요청하였다. 이러한 일련의 강압적인 전제주의의 조치로서 상앙은 당시 낙후된 진나라를 정치·경제·사회적으로 부강하게 만들었으며, 이것을 토대로 진秦은 후일 천하를 통일할 수 있는 역량을 갖추게 되었다.

그러나 법가사상 자체가 지식인을 탄압하는 전제주의적인 성격 때문에 상앙의 사상은 '지식인·관료'를 중심으로 하는 전통적인 유교적 사회에서는 거의 부정적인 평가만을 받아왔다. 그러나 이런 유교적 사회가 붕괴되어 가는 최근 100여 년간에 유가儒家사상을 비판했던 법가사상이 다시 주목을 받게 된 것은 단순히 역사적인 우연만은 아니다.

상앙의 저술인 『상군서(商君書)』(29편, 현존 24편)에 대한 문헌학적 연구는 청 말의 학자 손성연孫星衍(1753-1818), 엄가균嚴可均(1762-1843), 손이양孫詒讓(1848-1908) 등에서 비롯되었다.[3] 1930년대 나근택羅根澤을 비롯한 고사변古史辨 학파의 실증적인 연구의 결과는 까오형高亨의 『상군서주역商君書注譯』(北京: 中華書局, 1974)에서 집대성되어 나타났다. 쩡량쑤鄭良樹에 의하면, 『상군서』에는 상앙이 직접 서술한 부분(예, 「更法」, 「墾令」, 「境內」, 「戰法」, 「立本」 편 등)이 있고, 또한 그 나머지 부분들에는 상앙의 처형(기원전 339)으로부터 진의 천하통일(기원전 221)에 이르기까지 100여 년간에 걸친 진나라 사회 발전과 관련하여 상이한 시기나 입장에 따라서 서로 내용이 다른 사상들이 모두 상앙 한 사람에 가탁되어 있기 때문에, 『상군서』는 상앙학파 전체의 사상총집이라는 것이다.[4]

---

3) 鄭良樹, 『商鞅及其學派』, 附錄二 「商君書知見目錄」, 371頁, 臺北, 1987 참조.
4) 鄭良樹, 前篇 『商君書』 作成時代的硏究, 上同, 227, 228頁.

이런 문헌학적 연구정리를 통한 상앙 사상 연구 외에 이제까지의 상앙 연구는 대부분 그의 「변법」(사회개혁)과 관련된 역사학적 연구가 대표적인 것이었다.5) 법가사상, 특히 상앙 사상의 사상사적 의미가 새롭게 부각되기에 이른 것은 중국에서 70년대 초 양롱꿰楊榮國 등을 중심으로 일어났던 '공자비판'(批孔)운동에서 비롯되었다고 볼 수 있다. 양롱꿰는춘추전국시기 사상 영역 내 두 개 노선의 투쟁(春秋戰國時期思想領域內兩條路線鬪爭)」, 『홍기紅旗』(1972年 第12期)에서 유가 사상의 복고적인 역사관을 비판하는 혁신적 사상으로 상앙과 한비자韓非子(전280-232)로 대표되는 법가 사상의 사상적 진보성을 강조하고 있다.6) 여기에 이른바 70년대 중국의 새로운 역사해석인 '유법투쟁사관儒法鬪爭史觀'이 성립된 것이다. 꿔모뤄郭沫若(1892-1978), 양롱꿰楊榮國(1907-1978) 등에 의해 제창된 유가의 보수성 비판과 그에 대립되는 법가의 혁신적 사상을 강조하는 기본입장은 또한 펑요우란馮友蘭(1895-1990)의 「중국철학사신편」에도 여실히 반영되어 있다.7)

이런 진보적 역사관을 가진 상앙 사상에 대한 긍정적 평가와는 반대로, 영어권에서 출판된 듀벤다크(J. J. L. Duyvendak)의 『상군서』영역본의 긴 해설문8)과 소련의 중국학자 루빈(Vitaly A. Rubin)의 「전제주의 국가의 이론과 실제」9)에서는 상앙과 법가사상의 비인도주의적이고 전체주의

---

5) 齊思和, 「商鞅變法考」, 『燕京學報』, no. 33, 北京, 1947; 楊寬, 『商鞅變法』, 上海, 1973; 송영배, 「중국사회사상사」, 162-166 쪽.
6) 『共匪「批孔」資料選輯』, 中共硏究雜誌社編印, 臺北, 1974, pp. 423-437 참조.
7) 馮友蘭, 『中國哲學史新編』, 第2冊 (1983修訂本), 第10章: 商鞅變法, pp. 4-23.
8) J. J. L. Duyvendak, *The Lord of Shang*, Introduction, pp. 1-163, London, 1928.
9) Vitaly A. Rubin, *Individual and State in Ancient China*, Chap. III, New York: 1976; 임철규 역, 『중국에서의 개인과 국가』, 서울: 현실과 인식사, 1988 참조.

적인 성격이 크게 부각되어 나타나 있다.

상앙 사상에 대한 이와 같은 긍정과 부정의 상반되는 평가를 극복하기 위해서는 상앙 또는 법가 사상을 전국시대의 사상사적 흐름과 연관시켜 이해하고 평가하는 일이 무엇보다도 먼저 요청된다고 필자는 생각한다. 춘추·전국 시대의 사회적 변화의 의미는 귀족 중심의 주周나라의 봉건제의 근본적인 지양에 있다고 필자는 생각한다. 이런 사회적 변화의 의의는 동시에 지주를 중심으로 하는 새로운 '비非' 귀족적 엘리트(君子, 즉 지식인·관료) 계층의 사회적 지위 향상, 말하자면 '비' 귀족적 지식인 계층의 신분적 상승에 있다고 본다.10) 이들은 새롭게 형성되어 가는 중앙집권적 국가의 핵심적인 관료 계층으로 성장하였다. 그들(특히 맹자, 순자 등의 유가학파)은 지식인·엘리트들의 주체적인 입장에 서서 인본주의적인 세계관을 제시하였으며, 군주의 독단적 전제정치를 비판하였다. 그들은 자신의 도덕적·정치적 자율성을 강조하는 덕치德治의 이념을 발전시켰던 것이다.11)

이런 역사적 맥락에서 볼 때 상앙과 한비자의 법가 이론이 구 봉건체제의 혁신적 파괴에서 역사적 진보성을 발휘했다는 평가를 받을 수 있는 반면, 동시에 상승하는 당대 사회의 지식인·관료층의 자율적 활동과 요구를 완전 봉쇄하려는 전제주의 체제의 구축이라는 점에서는 또한 법가 이론의 결정적인 역사적 반동성이 드러나지 않을 수 없다고 필자는 생각한다.

---

10) 이런 관점에 관해서는 徐復觀, 『兩漢思想史』 卷一, 臺北: 學生書局, 1978, 103-116 頁 참조.
11) 유가 德治이념의 정치철학적 의미에 관해서는 송영배, 『중국사회사상사』, 제1부: 유교의 본질, 특히 pp. 59-74를 참조.

이 장에서 특히 상앙학파가 안고 있는 이와 같은 역사적 진보성과 동시에 그 전제주의적 반동성을 역동적으로 파악하기 위하여, 필자는 다음 몇 가지 문제를 논의해 보고자 한다. 첫째로, '멸망이냐 병합이냐'라는 "양자택일을 해야만"[12] 했던 당시 초긴장된 전쟁 상황 속에서 도덕철학자들의 복고적인 명분론을 거부하고, 오직 강력한 국가권력의 창출만을 가장 현실적인 정치과제로 생각하였던 상앙학파의 국가 실리론적 입장을 우선 부각시켜 보고자 한다. 둘째로, 그들에 의하면 강력한 국가권력의 창출은 봉건적 구체제를 혁파하고 국가체제를 절대군주 중심으로 일원화시키는 강압적인 통제에 의해서만 가능한 것이었다. 이와 같은 근본적인 사회개혁을 사회 발전적 필연성으로 설명하는 그들의 진보적 역사관을 또한 논의해 보고자 한다. 셋째로, 그들이 시대적 필연성으로 강조하는 절대군주국가의 창출이란 전제주의의 현실화를 의미한다. 그것이 곧 그들이 말하는 "법치"주의의 실현이다.

사실 그들의 법치法治의 이론, 즉 절대적인 국가의 '공권력'이 가져야 하는 객관적인 합법칙성의 논의는 본질상 대단한 진보성을 가지고 있다. 그러나 그것은 처음부터 자기 한계를 안고 있다고 필자는 생각한다. 왜냐하면 전제주의적 국가 의지는 필연적으로 그것이 비판적인 모든 개인의 자율적 의지와 행위를 허용할 수 없기 때문이다. 이런 점에서 필자는 법가사상의 진보성만을 강조하는 중국의 유법투쟁 사관과 입장을 달리한다. 필자는 상앙학파의 법치이론이 안고 있는 혁신적 진보성과 전제주의적 보수성이라는 양면성을 극명하게 부각시켜 보려 했다. 상앙학파에 의하면, 인간이란 결국 생산적 또는 전투적 도구 이상의 가

---

12) 임철규 역, 『중국에서의 개인과 국가』, 上同, p.100.

치가 없다. 그들은 인간의 자율적 의지를 계몽시키려는 인간의 모든 자율적 비판정신을 전제주의적 폭력으로 압살하고자 한다. 여기에 상앙학파의 반문화적인 역사적 반동성이 확연하게 드러난다.

상앙의 변법을 강력하게 추진했던 진효공秦孝公이 죽자 상앙은 수구적인 관료세력들의 반격을 받아 비참한 종말을 맞이하게 되었다. 상앙 변법의 조처와 시행과정에 대해서는 『사기』, 「상군열전」에 비교적 상세하게 소개되어 있다.

상앙의 사상을 연구하는데 있어 중요한 자료가 『상군서商君書』이다. 현재 전해지고 있는 이 책은 본래 상앙이 지은 것은 아니고 그의 후학들이 기록한 것으로서, 그 중 일부분만이 상앙의 변법주장에 관한 기록이고 나머지는 상앙 제자들의 상앙 학설에 대한 견해로 이루어져 있다. 『한서漢書·예문지藝文志』에는 『상군서』가 29편이라고 기록되어 있으나 현재 전해져 오는 것은 24편이다. 그 중 「갱법更法」, 「농전農戰」, 「개색開塞」 등의 편은 상앙의 사상을 대표하는 것이다.

「경법」편은 상앙이 당시 진나라에서 변법에 관하여 귀족들과 논쟁한 담론을 기록한 것이다. 상앙은 사회적 제도(즉 法度나 禮制)는 마땅히 시대적 변화에 따라 바뀌어야 한다는 생각에서, 부국강병을 달성하려면 기존 (구)체제의 변혁이 필연적으로 요청된다는 논리로써, 당시 수구적인 입장을 취하는 귀족층의 사회개혁 반대를 결연히 공박하고 있다.

「개색」편은 그의 역사관과 사회·정치관을 표현한 것이다. 그는 법률의 효용이란 인간들의 상호 투쟁과 변란을 방지하고, 동시에 인간들의 토지재산과 등급을 규정하기 위한 것에 있다는 생각을 피력하고 있다. 따라서 군주와 관리의 사명은 인간들의 분쟁과 갈등을 법적으로 해소시킬 수 있는 강력한 법의 제정과 그 시행을 통한 사회적 안정의 확보와 유지에 있다고 설파하고 있다. 이와 같은 신념 하에서 그는 전통적인 관습[禮敎]을 개혁 없이 그대로 답습하는 것에 반대하였다. 그리고 더 나아가서, 인간의 본성이란 근본적으로 실리타산적인 존재라는 현실적인 감성적 인간관에서 출발하여, — 유가儒家들의 주장처럼, 인간의 실천적 도덕의지에 호소하는 — 도덕정치를 반대하였다. 단순한 도덕교화는 상대방에 대한 나의 호의는 베풀 수 있을지언정, 상대방으로부터 나에 대한 동일한 호의를 필연적으로 보장받을 수 없는 것이기 때문에, 강력한 국가 창출을 위한 효율적인 수단이 될 수 없다는 것이다. 따라서 그는 유가의 도덕정치를 반대하고, 국가의 법, 즉 공권력의 강제력을 통한 '필연적' 결과의 창출이라는 관점에서 강력한 법치를 주장하였다. 이렇듯 상앙의 법치이론은 선진先秦시기, — 지식인의 자율성의 보장에서 사회의 안정적 질서를 도모하려 했던 유가儒家의 이론과 정면으로 격돌하면서 — 절대 군주제의 실현을 도모하려는 강력한 현실성을 대변하는 대표적 이론으로 부상하게 되었다.

1. 절대 국가권력의 창출

1.1) 파멸과 정복전쟁에서 국가가 살아남는 길

전차戰車 천대를 소유한 소국은 방위할 수 있어야 자립을 할 수 있고, 만대를 보유한 대국은 침략전쟁을 할 수 있어야 완전해진다. 비록 걸桀

[폭군]이 군주여서 반 토막 겸사의 말을 못한다 해도, 적을 굴복시킬 수 있음이 (중요하다.) 밖으로 공격할 수 없고 안으로 수비할 수 없는 (나라에서) 비록 순舜[성군]이 군주라 해도 이른바 나쁜 나라에 굴복하고 타협하지 않을 수 없다. 이렇게 본다면, 국가가 중요시 되고 군주가 존중받는 바탕은 (군주의 도덕정치가 아니고) 오직 힘[力] 뿐이다. (…) 국내에서 식량이 부족하고, 출정하여 밖에 나가 군대가 약하면, 비록 영토가 만 리가 되고 군대가 백만이 되어도, (그 군주는) 평원에 홀로 서있는 것과 마찬가지이다. (『상군서商君書』, 「신법愼法」)[13]

> [千乘能以守者, 自存也. 萬乘能以戰者, 自完也. 雖桀爲主, 不肯詘半辭以下其敵. 外不能戰, 內不能守, 雖堯爲主, 不能以不臣諧所謂不若之國. 自此觀之, 國之所以重, 主之所以尊者, 力也. (…) 入而食屈於內, 出而兵弱於外, 雖有地萬里・帶甲百萬, 與獨立平原一貫也.]

지금 세상은 강대국들이 겸병을 일삼고 약소국들은 자체 방위에 전력을 다한다. 위로는 (아득한) 우虞, 하夏의 (신화적) 시대에 못 미치고, 아래로는 (근래의) 탕湯 무武왕의 왕업도 본받을 수 없다. (지난 세기를 지배해온) 탕・무의 왕도가 통용되지 못하기 때문에, 만승萬乘의 대국은 침략전쟁을 하지 않을 수 없고, 천승千乘의 소국은 수비(방어)하지 않을 수 없다. (「개색開塞」)

> [今世强國事兼并, 弱國務力守, 上不及虞・夏之時, 而下不脩湯・武塞, 故萬乘莫不戰, 千乘莫不守.]

1.2) 인의仁義는 현실적 힘이 아니다.

---

13) 이하 『商君書』의 인용은 편재만 명기함.

힘은 강함을 낳고, 강함은 위세를 낳으며, 위세에서 덕德이 생긴다.
덕은 힘에서 생겨나는 것이다. 성군聖君은 홀로 이 힘을 가졌기 때문에
마침내 인의仁義를 온 세상에 실현할 수 있는 것이다. (「근령靳令」)

> [力生强, 强生滅, 滅生德, 德生於力. 聖君獨有之, 故能述(逐)仁義於
> 天下.]

영명한 군주[名君]의 정치는 백성의 힘[力]을 이용하는 것이요, 그들의
도덕[德]을 쓰고자 함이 아니다. 이렇게 함으로써 (군주는) 걱정하지 않고
애쓰지 않아도 왕업을 세울 수 있다. 척도와 수량을 일단 정해 놓고 법
을 분명하게 해두어야 할 것이다. (「조법錯法」)

> [故凡明君之治也, 任其力不任其德, 是以不憂不勞, 而功可立也. 度
> 數已立, 而法可修.]

2. 진보적 역사관과 개혁의 논리

2.1) 사회가 변하면 원칙도 달라져야

하늘과 땅이 형성되면서 민중이 생겨났다. 그때에는 사람들이 자기
어머니만 알고 아버지는 몰랐다. 그때의 생활원칙은 (혈연으로) 가까운
사람만 가까이 하고 개인의 이익[私]만을 아꼈다(즉, 공적인 국가개념이 없었
다.) 가까운 사람만 가까이 하므로 (멀고 가까운) 차별이 생겨나고, 개인의
이익만 추구하게 되니 (자연히) 나쁜 마음을 먹게 되었다. 사람들이 많아

지고, (서로) 차별과 나쁜 마음에 힘을 쓰게 되니 사람들 사이에 어지러움이 일어나게 되었다. 이때에 사람들이 힘으로 이기고 뺏앗는 데 주력하게 되었다. 이기고자 힘쓰니 싸움이 생겨나고, 힘으로 뺏고자 하니 분쟁이 일어났다. 분쟁을 (해결할) 정도正道가 없으니 (사람들은) 자기생명을 온전히 할 수 없었다. 따라서 현인이 정도正道를 세우고 공공의 이익을 정하니 사람들이 공공의 도덕[仁]을 기뻐하게 되었다. 이때에 (이기적인) 친친親親 개념이 깨지고 현인을 높이게 되었다. 무릇 공공의 도덕[仁]은 있어도 (사람들이) 물질적 이익[利]을 추구하는 것에 힘쓰게 되니, 현인들은 서로 보다 나은 (도덕이념의) 제시를 원칙으로 삼게 되었다. 인구는 늘고 제약은 없고, 오랫동안 서로 보다 나은 (이념) 제시를 원칙으로 삼게 되니 (사회적) 혼란이 (또한) 생겨났다. 따라서 성인聖人은 이 문제를 이어받아서 토지와 재물과 남녀의 몫[分, 소유권]을 정하게 되었다. 소유권을 정해 놓고 그 규제가 없으면 안 되기 때문에 법금法禁을 세웠다. 법금을 세우고 그것을 다스리지 않을 수 없기 때문에 관리를 두게 되었다. 관아가 성립되니 그것을 하나로 통괄하지 않을 수 없기 때문에 군주를 세우게 되었다. 일단 군주제가 성립하니 현인 제도는 깨어지고 군주가 존귀하게 되었다. 따라서 (미개했던) 상세上世에는 친친하는 사적 이익의 추구만 있었고, 중세中世에는 현인을 받들고 공공도덕[仁]을 좋아하였다. (그러나 지금) 하세下世에서는 군주가 존귀하고 관리가 존중을 받고 있는 것이다. 현인 제도에서는 서로 출중한 (도덕이념) 제시를 원칙으로 삼지만, 군주제에서는 이런 현인은 무용하다. (미개한) 친친제도에서는 사적 이익의 추구는 통용될 수 없었다. 이 세 가지 (정치제도)는 서로 내용상 모순되는 것이 아니다. 백성의 생활원칙이 더 이상 통용될 수

없을 때, 원칙의 중점이 바뀐 것뿐이다. 사회가 변하면 원칙도 달라져
야한다. (「개색開塞」)

> [天地設而民生之. 當此之時也, 民知其母而不知其父, 其道親親而愛
> 私. 親親則別, 愛私則險. 民衆, 而以別 · 險爲務, 則民亂. 當此時也,
> 民務勝而力征. 務勝則爭, 力征則訟, 訟而無正, 則莫得其性也. 故賢
> 者立中正, 設無私, 而民說仁. 當此時也, 親親廢, 上賢立矣. 凡仁者
> 以愛爲務, 而賢者以相出爲道. 民衆而無制, 久而相出爲道, 則有亂.
> 故聖人承之, 作爲土地 · 貨財 · 男女之分. 分定而無制, 不可, 故立
> 禁. 禁立而莫之司, 不可, 故立官. 官設而莫之一, 不可, 故立君. 旣立
> 君, 則上賢廢而貴貴立矣. 然則上世親親而愛私, 中世上賢而說仁, 下
> 世貴貴而尊官. 上賢者以道相出也, 而立君者使賢無用也. 親親者以私
> 爲道也, 而中正者使私無行也. 此三者非事相反也, 民道弊而所重易
> 也, 世事變而行道異也.]

2.2) 초역사적으로 타당한 통치제도는 없다

고대의 도그마(敎條)[지난 시대의 가르침]가 하나가 아닌데 우리는 어떤
것을 본받아야 하는가? (지난) 제왕帝王들이 그저 서로 이어져온 것이 아
닐진대, 우리는 누구의 제도[禮]를 좇아야 하는가? 복희伏羲와 신농神農
의 가르침에는 사형이 없었다. 황제黃帝, 요堯, 순舜은 죄인을 처형했지
만 연좌제는 없었다. 문왕文王, 무왕武王 때에 이르러, 각기 시대에 맞세
끔 법도를 세우고 사례에 따라 예제禮制를 정했다. 예禮와 법法은 시대
에 따라서 정해지는 것이다. 법령의 제정은 실제의 적합성에 따른 것이
다. 군비와 용구는 각기 편리하게 쓰기 위함이다. 따라서 나는 말한다.

'정치원칙은 하나일 수 없고, 국가이익을 따지자면 반드시 옛것을 본받을 필요는 없다.' 탕湯왕과 무武왕의 왕업은 옛것을 본받아서 일어난 것이 아니고 (혁명에 의한 것이었다), 은殷과 하夏나라는 예제를 개혁하지 않았어도 멸망한 것이다. 따라서 옛것을 반대하는 것이 반드시 틀렸다고 할 수 없고, (과거의) 예제를 좇는 것이 반드시 옳은 것도 아니다. (『갱법更法』)

> [公孫鞅曰: 前世不同敎, 何古之法? 帝王不相復, 何禮之循? 伏羲 · 神農, 敎而不誅. 黃帝 · 堯 · 舜, 誅而不怒(弩). 及至文 · 武, 各當時而立法, 因事而制禮. 禮 · 法以時而定. 制 · 令各順其宜. 兵甲器備, 各便其用. 臣故曰:「治世不一道, 便國不必法古.」湯 · 武之王也, 不脩古而興. 殷 · 夏之滅也, 不易禮而亡. 然則反古者未必可非, 循禮者未足多是也.]

2.3) 보편성 강제성을 지닌 법치주의

인仁[도덕심]은 (내가) 남에 대하여 베풀 수 있는 것이지 남으로 하여금 반드시 (나에게) 베풀게 할 수는 없다. 의리[義]란 (나로 하여금) 남에게 애정을 갖게 하지만, 남으로 하여금 나를 (꼭) 사랑하게 할 수는 없다. 성인은 (물론) 반드시 스스로 성실한 품성을 가져야 하지만, 또한 온 천하 사람들로 하여금 성실하지 않을 수 없게끔 하는 (구속력 있는) 법을 가지고 있어야만 한다. 도의로 따르자면 신하는 충성을 하고 자식은 효도하고, 젊은 사람은 어른에게 예의가 있어야 하고, 남녀는 분별이 있어야 한다. 도의가 아니면 배고파도 구차스레 먹기를 바라서는 안 되고, 죽음 앞에서 구차스레 살기를 바라서도 안 된다. 이런 것은 법령으로 집행하면 반드시 (필연적으로) 지켜진다. (따라서) 성왕聖王은 도의를 귀히 여기지 않고 법을 귀히 여긴다. 법이 반드시 명백하면 명령은 반드시 수행될 뿐이다. (「화책畵策」)

> [仁者能仁於人, 而不能使人仁. 義者能愛於人, 而不能使人愛. 是以知仁義之不足以治天下也. 聖人有必信之性, 又有使天下不得不信之法. 所謂義者, 爲人臣忠, 爲人子孝, 少長有禮, 男女有別. 非其義也, 餓不苟食, 死不苟生. 此乃有法之常也. 聖王者不貴義而貴法, 法必明, 令必行, 則已矣.]

3. 법치이론의 진보성과 반동성

3.1) 정분定分론

토끼 한 마리가 뛰면 백 사람이 그것을 좇는 것은 토끼가 백 사람의 소유가 될 수 있기 때문이 아니고, 소유가 아직 정해져 있지 않기 때문이다. 파는 토끼가 시장에 가득해도 도둑이 감히 가질 생각을 못하는 것은, 법적 소유가 이미 확정되었기 때문이다. 따라서 법적 소유가 아직 확정되지 않았다면 요, 순, 우禹, 탕湯 같은 성왕도 모두 힘껏 달려가 그것을 잡으려 할 것이나, 법적 소유가 이미 확정되었으면 가난한 도둑도 감히 그것을 취하려 하지 않는다. … 무릇 법적 소유가 확정되지 않으면 요·순 같은 성인도 또한 뜻을 꺾고 죄를 지을 수 있거늘, 하물며 보통사람들을 말해 무엇 하겠는가! 이것(소유권의 불확정)이 바로 사회적

범죄를 크게 일으키고, 군주의 실권을 떨어뜨리며, 나라와 사직을 망하
게 하는 길이다. … 따라서 법적 소유를 확정하는 일이 (사회의) 형세를
안정시키는 길이요, 법적 소유의 불확정은 그 형세를 혼란시키는 길이
다. (「정분定分」)

> [一兔走, 百人逐之, 非以兔也. 夫賣者滿市, 而盜不敢取, 由名分已定
> 也. 故名分未定, 堯·舜·湯且皆如鶩焉而逐之. 名分已定, 貧盜不
> 取. …… 夫名分不定, 堯·舜猶將皆折而姦之, 而況衆人乎! 此令姦
> 惡大起·人主奪威勢, 亡國滅社稷之道也. …… 故夫名分定, 勢治之
> 道也 ; 名分不定, 勢亂之道也.]

3.2) 공권[公]의 우위와 개별적 특권[私]의 부정

[국가 통치에서] 공사의 구별이 분명해지면 소인이 현자를 미워할 수 없
으며, 못난 자가 공로자를 질투할 수 없게 된다. 따라서 요순이 천하를
다스림에 천하의 이득을 개인적으로 독점하지 않았고, 천하 만민을 위
하여 천하를 다스렸던 것이다. …… 옛날의 삼왕三王[夏禹, 商湯, 및 周武
王]은 도의로써 만인을 가까이 했고, 오패五覇는 법도로써 제후들을 바
로 잡았다. 모두 천하의 이득을 개인적으로 독점한 것이 아니고 천하
만민을 위하여 천하를 다스렸다. … 지금 난세의 군주와 신하들이 모두
구구하게 한 나라의 이득을 독점하고 한 관직의 직권을 농단하여 그들
의 사익을 도모하니, 이것이 국가를 위태롭게 하는 원인이다. 따라서
공사의 관계가 (국가) 존망의 근본이 된다. (「수권修權」)

> [公私之分明, 則小人不疾賢, 而不肖者不妒功. 故堯·舜之位天下也.
> 非私天下之利也, 爲天下位天下也. 論賢擧能而傳焉, 非疏父子親越人

也, 明於治亂之道也.⋯⋯故三王以義親, 王霸以法正諸侯, 皆非私天
下之利也, 爲天下治天下. 是故擅其名而有其功, 天下樂其政, 而莫之
能傷也.⋯⋯今亂世之君·臣, 區區然皆擅一國之利而管一官之重, 以
便其私, 此國之所以危也. 故公私之交, 存亡之本也.]

3.3) 인치人治의 배제와 법치의 우월성

세상에서 현인이라 하면 선량하고 정직한 사람을 말한다. (그가) 선량
하고 정직하다는 평판은 그의 당파 덕분에 생겨난 것이다. 군주가 그의
말을 듣고 능력 있다고 생각되어 그 당파에게 물으면 (모두) 그렇다고
대답하는 것이다. 따라서 군주는 그의 공적을 기다리지 않고 그를 존귀
하게 할 수도 있고, 그가 죄를 짓지 않아도 처형할 수가 있다. 이런 때
에 바로 탐관오리들이 기회를 타고 음모를 꾸미게 되고, 소인이 또한
틈을 타고 사기술을 펴게 된다. 관리와 백성이 일단 거짓을 꾸밀 바탕
을 얻게 되면 … 우임금도 열 사람을 부릴 수 없거늘 보통 군주가 한
나라의 국민을 통제할 수 있겠는가? … 당파의 간교를 타파하고 그들의
언론을 물리치고 오직 법에 따라 통치해야 할 것이다. 관리로 하여금
법이 아니면 그 직분을 지킬 수 없게 하면, 교활해도 나쁜 짓을 할 수
없다. 백성이 전투 외에 달리 능력을 발휘할 수 없게 되면, 비록 음험해
도 남을 속이지는 못하게 된다. 무릇 법으로 다스리고, 규정대로 천거
하면, 칭찬해도 더 이롭게 하지 못하고, 비판해도 손해를 끼칠 수 없게
된다. … 따라서 나는 말한다. '법치해야 나라는 제대로 다스려진
다.'(「신법愼法」)

[世之所謂賢者, 善正也. 所以爲善正也, 黨也. 聽其言也, 則以爲能.

問其黨, 以爲然. 故貴之不待其功. 誅之不待其有罪也. 此其勢正使汚
吏有資而成其姦險, 小人有資而施有巧詐. 初假吏民姦詐之本, ……
禹不能以使十人之衆, 庸主安能以御一國之民? …… 破勝貫任, 節去
言談, 任法而治矣. 使吏非法無以守, 則雖巧不得爲姦; 使民非戰無以
効其能, 則雖險不得爲詐. 夫以法相治, 以數相擧者, 不能相益; 訾言
者, 不能相損. …… 臣故曰: 法任而國治矣.]

3.4) 법: 일체의 개별적 특권[私]을 배제하는 보편타당한 법칙

현세의 통치자들이 대부분 법도를 버리고 사적인 의론[私議]을 좇으니
이것이 국가를 혼란시키는 원인이다. 저울을 버리고 무게의 경중을 판
단하고, 자를 버리고 길이의 장단을 셈한다면, 비록 그가 정확하다 해
도 상인들은 그것을 믿지 않을 것이다. 그것이 반드시 정확할 수 없기
때문이다. 진실로 법이란 나라를 다스리는 저울이다. … 만약 군주가
법도를 버리고 (대신들의) 사사로운 논의를 좋아한다면, 간신은 군주의
대권을 미끼로 자기의 사익을 추구할 것이며, 관리들은 아래[民]의 사정
을 감추고 백성을 착취할 것이다. '좀이 많으면 나무가 부러지고, 틈이
크면 담이 무너진다.'는 속담이 있다. 따라서 대신들이 서로의 사익을
다투고 백성들을 돌보지 않으면 아래의 민심은 위의 군주에서 떠날 것
이다. 백성[下]의 마음이 군주[上]에서 떠나는 것이 나라의 틈이다. 관리
들이 백성의 사정을 숨기면서 그들의 고혈을 짜면 이들이 백성의 좀 벌
레인 것이다. 따라서 틈이 있고 좀 벌레가 있는데 망하지 않는 일은 세
상에 드문 일이다. 영명한 제왕은 법에 의거하여 사적인 것[私]을 멀리
하니, 나라에 틈도 좀 벌레도 없는 것이다. (『수권修權』)

[世之爲治者, 多釋法而任私議, 此國之所以亂也. 夫釋權衡而斷輕重, 廢尺寸而意長短, 雖察, 商賈不用, 爲其不必也. 故法者國之權衡也. … 夫廢法度而好私議, 則姦臣鬻權以約祿, 秩官之吏, 隱下而漁民. 諺曰: '蠹衆而木折, 隙大而牆壞.' 故大臣爭於私而不顧其民, 則下離上. 下離上者, 國之隙也. 秩官之吏隱下以漁百姓, 此民之蠹也. 故有隙蠹而不亡者, 天下鮮矣. 是故明王任法去私, 而國無隙蠹矣.]

3.5) 형무등급刑無等級의 법 평등론

이른바 '일형壹刑'이라 함은 형벌에 등급이 없다는 뜻이다. 경卿, 재상, 장군으로부터 일반귀족[大夫] 및 평민에 이르기까지 왕의 명을 좇지 않고, 국가 금지사항을 어기고, 국가제도를 파괴하는 자는 사형 죄를 받고 용서받지 못한다. 전에는 공이 있었으나 뒤에 실패했으면 그것으로 감형되지 않는다. 앞에서는 선행을 했어도 후에 과실이 있으면 그것으로 법의 판결이 달라질 수 없다. 충신효자가 죄를 지으면 반드시 그 죄량대로 판결을 받아야 한다. 법을 관장하고 직분을 지키는 관리들이 왕법王法을 이행하지 않을 때는 사형 죄이며, 사면을 받을 수 없고, 형벌은 삼족三族[부모, 형제, 처자]에까지 미쳐야 한다."(「상형賞刑」)

[所謂壹刑者, 刑無等級, 自卿相 · 將軍以至大夫 · 庶人, 有不從王令 · 犯國禁 · 亂上制者, 罪死不赦. 有功於前, 有敗於後, 不爲損刑. 有善於前, 有過於後, 不爲虧法. 忠臣孝子有過, 必以其數斷. 守法守職之吏有不行王法者, 罪死不赦, 刑及三族.]

3.6) '법'의 반동성: 민중 적대적인 전제주의, 국가의지

옛날에 천하를 제압할 수 있었던 (제왕)들은 반드시 먼저 그 백성들을 제압하였다. 강적을 이기려면 반드시 먼저 그 백성을 이겨야 한다. 따라서 백성을 이기는 기본은 — 마치 야금장이가 쇳물을, 그리고 도공陶工이 점토를 다루듯이 — 백성을 제압하는 데 있다. 기본이 튼튼치 못하면, 백성은 나는 새나 뛰는 짐승 같으니 어떻게 그들을 제압할 수 있겠는가? 백성을 (제압)하는 기본이 법이다. 따라서 통치를 잘하는 사람은 법으로써 백성의 (자율적 행위자)를 금지하니, 명성도 토지도 생겨나게 된다. (「화책畫策」)

[昔之能制天下者, 必先制其民者也. 能勝强敵者, 必先勝其民者也. 故勝民之本在制民, 若冶於金·陶於土也. 本不堅, 則民如飛鳥禽獸, 其孰能制之? 民本, 法也. 故善治者塞民以法, 而名地作矣.]

민중의 주체의식이 약화되면 국가는 강해지고, 민중의식이 강화되면 국가는 약해진다. 따라서 원칙 있는 나라는 민중의 (개인적 의식을) 약화시키기에 힘쓴다. (「약민弱民」)

[民弱國彊, 國彊民弱. 故有道之國, 務在弱民.]

4. 중형경상重刑輕傷론과 반反문화적 군국주의

4.1) 백성들의 노동력을 농업생산[農]과 전투력[戰]에 집중시킴

국가는 농업생산과 전투력에 의하여 안정되고, 군주는 농업생산과 전투력에 의하여 존귀해지는 것이다. … 이 '하나'[즉 農戰]에 힘쓰면 국가는 부유해진다. 국가가 부유해지고 정치가 안정되는 것이 왕업王業[천하통일]의 길이다. (「농전農戰」)

[國待農戰而安, 主待農戰而尊. … 壹務則國富. 國富而治, 王之道也.]

4.2) 상벌賞罰의 효과적 운용

사람은 태어나면서 좋아하는 것과 싫어하는 것이 있기 때문에 (군주는) 백성을 다스릴 수 있다. 군주는 (백성)의 좋아함[好]과 싫어함[惡]을 잘 알지 않으면 안 된다. 좋아함과 싫어함이 상벌의 바탕이다. 사람의 마음은 작위와 봉록을 좋아하고 형벌을 싫어한다. 군주는 이 둘(상賞과 벌罰)을 세움으로써 백성의 의지를 제압하고, 또한 그들이 바라는 것[爵祿]을 보증해야 한다. 백성이 힘을 다했을 때 작위가 따라야 하고, 공을 세웠을 때 상을 내려야 한다. 군주는 백성들로 하여금 이 점을 마치 광명한 해와 달처럼 믿게 한다면, 그의 군대는 천하에 무적일 것이다.(「조법錯法」)

[人生而有好惡, 故民可治也. 人君不可以不審好惡. 好惡者, 賞罰之本也. 夫人情好爵祿而惡刑罰, 人君設二者以御民之志, 而立所欲焉. 夫民力盡而爵隨之, 功立而賞隨之, 人君能使其民信於此如明日月, 則兵無敵矣.]

백성에게 일을 시킬 때 고생스러운 것이 농사요, 위험스러운 것이 전투이다. 이 둘은 효자라도 부모를 위해서 다하기 곤란하고, 충신이라도 임금을 위하여 다하기 곤란하다. 지금 (군주가) 백성들로 하여금 효자충

신도 해내기 어려운 일들[농업과 전투]을 하게 하려면 형벌로써 겁을 주고 상으로써 독려하지 않으면 안 된다고 나는 생각한다. 지금 통치자들이나 … 옛날의 군주[先王]들은 자기 백성들로 하여금 칼날을 밟게 하고 화살과 투석 앞에 서게 하였다. 그 백성들이 그렇게 해내기를 원했던 것은, (백성들이) 그것을 연습하기 좋아해서가 아니라, 형벌을 피하려고 했기 때문이다. 따라서 나는 '실리[利]를 얻고자 하는 사람은 농사를 짓지 않으면 얻을 수 없고, 형벌을 피하고자 하는 사람은 전투를 하지 않으면 안 된다.'는 명령을 내린다. 이에 국내의 백성들은 먼저 농사와 전투에 힘쓰지 않고서는 나중에 그들이 즐겨 갖고자 하는 소득을 가질 수 없다. 따라서 토지는 적어도 양식은 많으며, 백성은 적어도 군대는 강하다. 국내에서 이 두 가지를 관철할 수 있으면 패왕[覇王]의 길은 다 완수된 셈이다. (『신법愼法』)

> [使民之所苦者無耕, 危者無戰. 二者, 孝子難以爲其親, 忠臣難以爲其君. 今欲毆其衆民, 與之孝子忠臣之所難, 臣以爲非劫以刑而毆以賞莫可. 而今夫世俗治者, 莫不釋法度而任辯慧, 後功力而進仁義, 民故不務耕戰. … 且先王能令其民蹈白刃, 被矢石. 其民之欲爲之? 非. 如學之, 所以避害. 故吾敎令: 民之欲利者, 非耕不得. 避害者, 非戰不免. 境內之民莫不先務耕戰, 而後得其所樂. 故地少粟多, 民少兵彊. 能行二者於境內, 則霸王之道畢矣.]

4.3) 범죄를 근원적으로 예방하는 중형경상重刑輕賞

나라의 질서를 잡자면 형벌이 많고 상이 적어야 한다. 따라서 천하의 임금[王]은 형벌은 아홉 번 주지만 상은 한 번 내린다. 망해 가는 나라는 상을 아홉 번 내리고 형벌을 한 번 내린다. (「개색開塞」)

[治國刑多而賞少, 故王者刑九而賞一, 削國賞九刑一.]

  가벼운 죄에 중형을 주면 경미한 범죄는 생기지 않으니 중한 범죄는
생겨날 수 없을 것이다. 이것이 통치 질서를 안정 국면에서 다스린다는
것이다. 형벌을 줄 때 중죄를 중하게, 경죄를 경하게 다스리면 경죄가
그치지 않으니, 중죄를 그치게 할 수 없다. 이것은 통치 질서를 혼란국
면에서 다스리는 것이다. 따라서 경죄에 중죄를 주면 형벌이 없어지니
국력이 강해진다. 중죄에 중벌, 경죄에 경벌을 주면 형벌을 주어야 하
고 사건이 터지니 국력은 약화된다. (「설민說民」)

[故行刑, 重其輕者, 輕者不生, 則重者無從至矣, 此謂治之於其治也.
行刑, 重其重者, 輕其輕者, 輕者不止, 則重者無從止矣, 此謂治之於
其亂也. 故重輕, 則刑去事成, 國彊. 重重而輕輕, 則刑至而事生, 國
削.]

  통치 잘하는 사람은 악인을 벌주지만 선인은 상주지 않는다. 그 결과
형벌을 주지 않아도 백성이 착해진다. 형벌을 주지 않아도 백성이 착해
지는 것은 형벌이 무겁기 때문이다. 형벌이 무거우면 백성은 감히 범법
하지 못한다. 따라서 형벌을 내리지 않아도 사람들은 감히 나쁜 짓을
하지 못한다. 이로써 온 백성이 다 착해지는 것이다. … 마치 도둑이
이니라고 싱글 ㅜ 없듯이, (국가는) 신인을 상뤌 수는 없다. 따라서 통치
잘하는 사람은 도척盜跖같은 대 악당까지도 진실하게 만드는 것이니,
하물며 백이伯夷와 같은 착한 백성들이야 말해 무엇 하겠는가! 통치를
못하는 사람은 백이 같은 선인도 확신을 못 갖게 하니, 도척 같은 악당

은 말해 무엇 하겠는가! 객관적 형세가 범죄를 저지를 수 없게 되면 비록 도척이라도 진실해지고, 객관적 형세가 범죄를 일으키게 할 형편이면 비록 백이라도 마음이 흔들릴 수 있는 것이다."(「화책畵策」)

[故善治者, 刑不善而不賞善, 故不刑而民善. 不刑而民善, 刑重也. 刑重者, 民不敢犯, 故無刑也. 而民莫敢爲非, 是一國皆善也. … 賞善之不可也, 猶賞不盜. 故善治者, 使跖可信, 而況伯夷乎? 不能治者, 使伯夷可疑, 而況跖乎. 勢不能爲姦, 雖跖可信也. 勢得爲姦, 雖伯夷可疑也.]

4.4) 국가의 모든 폭력적 행위(형벌, 전쟁 등)의 정당화

범죄행위가 끝난 뒤에 형벌을 준다면 악행은 없어지지 않고, 백성들이 옳다는 것[義]에 상을 주면 범죄는 그치지 않는다. 형벌이 악행을 없앨 수 없고 상으로 범죄가 그치지 않는다면, 사회는 반드시 혼란해진다. 따라서 왕업[천하통일]을 이루는 군주는 장차 있을 범죄에 형벌을 내림으로써 큰 범죄가 생겨나지 못하게 한다. 범죄를 고발하는 자에게 상을 준다면 작은 범죄도 놓치지 않을 것이다. 백성을 통치함에 큰 범죄는 생겨나지 않게 되고, 간혹 작은 범죄도 놓치지 않는다면, 국가 질서는 안정된다. 국가는 질서가 안정되면 반드시 강해진다. … 이렇게 함으로써 혹형으로써 (백성들을) 덕德에 귀일시키고, 정의를 폭력과 합일시키고자 한다. (「개색開塞」)

[刑加於罪所終, 則姦不去. 賞施於民所義, 則過不止. 刑不能去姦而賞不能止過者, 必亂. 故王者刑用於將過, 則大邪不生. 賞施於告姦, 則細過不失. 治民能使人邪不生·細過不失, 則國治. 國治必彊. …

此吾以殺刑之反於德, 而義合於暴也.]

전쟁으로써 전쟁을 없앨 수 있으면 전쟁을 해도 되는 것이며, 사형으로써 사형을 없앨 수 있으면 사형을 내려도 되는 것이며, 형벌로써 형벌을 없앨 수 있으면 중형도 옳은 것이다. (「화책畵策」)

[故以戰去戰, 雖戰可也. 以殺去殺, 雖殺可也. 以刑去刑, 雖重刑可也.]

4.5) 반문화적 군국주의

나라의 대신과 대부(귀족)들이 지식을 넓히고 지혜를 논하며 자유롭게 노니는 것 모두를 못하게 되고, 더욱이 여러 지방으로 유세할 수 없으면, 농민들은 다른 곳의 변화된 생각들을 들을 수 없게 된다. 농민들이 다른 생각들을 들을 수 없게 되면, (이미) 지식 있는 농민이라도 그의 예전 일(농사)로부터 떠날 수 없고, 어리석은 농민은 무식하여 학문을 좋아하지 않게 된다. … 그러면 농사에만 힘쓸 것이다." (「간령墾令」)

[國之大臣諸大夫, 博聞·辨慧·游居之事, 皆無得爲, 無得居游於百縣, 則農民無所聞變見方. 農民無所聞變見方, 則知農無從離其故事, 而愚農不知, 不好學問. … 則務疾農.]

4.5.1) 교육·학문 활동은 나라를 망하게 하는 것이다.

지금 군주들은 모두 자기 나라의 위험과 군대의 약함을 염려하면서 유세객의 말을 열심히 듣고 있다. 이에 유세객들이 무리를 이루고 언론들이 무성하지만 (모두) 실용성이 없는 것이다. 군주가 (공허한) 이론을 좋아하고 실리를 찾지 않으면 오직 유세객들만이 득의하여 길거리에서 왜곡된 의론만 일삼고 큰 무리를 이루게 될 것이다. 백성들은 이런 변설들이 왕공대인王公大人들의 마음을 끄는 것을 보고는 모두 그것을 배우고자 할 것이다. … 그러면 농사짓는 백성은 적어지고 놀고먹는 사람은 많아질 것이다. … 교육이 성행하면 백성들이 농사를 버리고 이론에만 열중하니 … 이것이 바로 나라를 가난하게 하고 군대를 약하게 하는 가르침인 것이다. (「농전農戰」)

[今世主皆憂其國之危而兵之弱也, 而彊聽說者. 說者成伍. 煩言飾辭, 而無實用. 主好其辯, 不求其實. 說者得意, 道路曲辯, 輩輩成群. 民見其可以取王公大人也, 而皆學之. … 故其民農者寡而游食者衆. … 學者成俗, 則民舍農從事於談說, … 此貧國弱兵之敎也.]

5. 유가적 지식인들의 '주체적 자율' 의식의 성장과 법가의 전제주의에 대한 비판
─법가法家의 반동성에 대한 유가儒家의 비판─

5.1) 맹자의 '민본民本' 주의와 주체의식

걸桀과 주紂가 천하를 잃은 것은 그들이 백성을 잃은 것이다. 천하를 얻는 데는 원칙이 있다. 백성을 얻으면 이미 천하를 얻은 셈이다. 그 마음을 얻는 데는 원칙이 있다. 그들을 위하여 원하는 바를 쌓아주고 싫어하는 바를 그들에게 행하지 않는 것이다. (『맹자孟子』 「이루離婁」 상

(7:9))

　　[桀紂之失天下也, 失其民也, 失其民者, 失其心也. 得天下有道, 得其
　　民, 斯得天下矣, 得其民有道, 得其心, 斯得民矣, 得其心有道, 所欲
　　與之聚之, 所惡勿施爾也.]

　민民이 제일 중요하고, 다음이 사직社稷이고, 군주의 문제가 제일 가
볍다. 그러므로 민으로부터 신의를 얻는 자는 천자가 된다. … 군주[諸
侯]가 나라를 위태롭게 하면 (군주를) 다시 세워야 한다. (『맹자』, 「진심盡
心」하(14:14))

　　[孟子曰: 民爲貴, 社稷次之, 君爲輕. 是故得乎丘民而爲天子, … 諸
　　侯危社稷, 則變置.]

5.2) 안촉顏斶이 말하는 지식인의 주체의식

　제 선왕이 안촉을 만났다. 왕이 말했다. "안촉은 앞으로 나오시오!"
안촉 또한 말했다. "왕이 앞으로 나오시오!" 선왕은 불쾌하였다. 좌우
대신이 말했다. "왕은 군주이고, 안촉은 신하입니다. 왕께서 안촉을 앞
으로 나오라고 하셨다고, 안촉 또한 왕을 앞으로 나오라고 하시면, 되
겠습니까?" 안촉이 대답하였다. "안촉이 전에 권세를 사모했고, 왕은
전에 지식인의 취향을 보였다. 안촉으로 하여금 권세를 사모하게 하기
보다는 왕이 지식인에게 취향을 보이는 것이 낫지 않겠습니까?" 왕이
화난 표정을 지으며 말했다. "왕이 고귀한가? 지식인이 고귀한가?" 안
촉이 대답했다. "지식인이 고귀합니다. 왕은 고귀하지 않습니다." 왕
이 말했다. "근거 있는 말인가?" 안촉이 말했다. "근거 있습니다. 전

에 진秦이 제齊나라를 칠 때 유하계柳下季[노魯의 현인]의 묘로부터 50보 거리에서 감히 나무를 하거나 채집하는 자는 사형 죄를 받고 사면되지 못한다는 명령을 내렸고, 또한 제齊나라 왕의 목을 얻은 자는 일만 호戶의 봉토와 황금 천일[1鎰=24兩]의 상금을 내린다는 명이 내렸습니다. 이것으로 보면 살아있는 왕의 머리는 일찍이 죽은 지식인의 묘보다 못한 것입니다."(『전국책戰國策』 「제선왕齊宣王」)

[齊宣王見顏斶, 曰: "斶前!" 斶亦曰: "王前!" 宣王不悅. 左右曰: "王, 人君也, 斶, 人臣也. 王曰 '斶前', 亦曰 '王前', 可乎?" 斶對曰: "夫斶前爲慕勢, 王前爲趨士; 與使斶爲趨勢, 不如使王爲趨士." 王忿然作色曰: "王者貴乎, 士貴乎?" 對曰: "士貴耳, 王者不貴." 王曰: "有說乎?" 斶曰: "有. 昔者秦攻齊, 令曰: '有敢去柳下季壟五十步而樵采者, 死不赦.' 令曰: '有能得齊王頭者, 封萬戶侯, 賜金千鎰.' 由是觀之, 生王之頭曾不若死士之壟也."]

6. 한漢대 유가적 지식인의 상앙 비판

이제 보면 상앙은 정도[道]를 버리고 편법[權]을 쓴 것이다. 도덕을 무시하고 힘(권력)만을 믿었다. 엄한 법과 혹독한 형벌로써 잔악한 행위가 습성화되었다. 옛 친구를 속여서 공을 세웠고, 귀족을 벌줌으로써 권위를 잡았다. 백성들에게 베푼 은덕이 없고 제후들에게 신의가 없었기에, 백성들은 그에게 원한을 갖게 되고 귀족들에게는 원수가 되었다. … 지금 보면 진秦나라 사람들이 상앙의 법령을 원망하고 미워하는 것이 개인의 원수보다 더 심하였다. 따라서 효공孝公이 죽은 날로 전국이 그를 공격했으니, 동서남북 도망갈 곳이 없었다. 이에 그는 하늘을 우러러보며 탄식했다고 한다. '아아! 정치의 폐해가 이 지경에까지 이르렀구나!' 마침내 그는 마차 바퀴에 찢어 죽임을 당하고, 그의 일족은 멸했으니, 온 세상에 웃음거리가 되었도다. 이 사람은 자살한 것이지, 남이 그를 죽인 것이 아니다! (『염철론鹽鐵論』 「비앙非鞅」)

[今商鞅棄道而用權, 廢德而任力, 峭法盛刑, 以虐戾爲俗, 欺舊交以爲功, 刑公族以立威, 無恩于百姓, 無信于諸侯, 人與之爲怨, 家與之爲仇. … 今秦怨毒商鞅之法, 甚于私仇, 故孝公卒之日, 擧國而攻之, 東西南北莫可奔走, 仰天而嘆曰:「嗟夫, 爲政之弊, 至于斯極也!」 卒車裂族夷, 爲天下笑. 斯人自殺, 非人殺之也.]

〈참고문헌〉

『商君書』(『商君書注譯』), 高亨注譯, 北京: 中華書局, 1974;

『商君書』(『商君書全譯』), 商鞅原著, 張覺譯注, 貴陽:貴州人民出版社, 1993;

『墨子』(『墨子校釋』), 王煥鑣著, 杭州: 浙江文藝出版社, 1987;

『論語』(『論語譯注』), 楊伯峻譯注, 北京: 中華書局, 1980;

『孟子』(『孟子譯注』 全二冊), 楊伯峻譯注, 北京: 中華書局, 1961;

『荀子』(『荀子簡注』), 章詩同注, 上海: 人民出版社, 1974;

『禮記』(『禮記今註今譯』 二冊), 王夢鷗註譯, 臺北: 臺灣商務印書館, 1974;

『鹽鐵論』(『鹽鐵論校注』全二冊), 王利器校注, 北京: 中華書局, 1992;

『鹽鐵論』(『鹽鐵論譯注』), 王貞珉注譯, 長春: 吉林文史出版社, 1995;

『戰國策』(『戰國策譯注』), 孟慶祥譯注, 哈爾濱: 黑龍江人民出版社, 1986;

『戰國策』(『戰國策正解』), 漢文大系(영인본)十九卷, 서울, 1982;

『史記』(全十冊), 司馬遷撰, 北京: 中華書局, 1972;

張國華主編, 『中國法律思想史』, 北京: 神華書店, 1982;

鄭良樹, 『商鞅及其學派』, 臺北: 學生書局, 1987;

齊思和, 「商鞅變法考」, 『燕京學報』第33號, 北京: 北京大學出版社, 1947;

楊寬, 『商鞅變法』, 上海: 上海人民出版社, 1973;

『共匪「批孔」資料選集』, 臺北: 中共研究雜誌社編印, 1974;

馮友蘭, 『中國哲學史』(『三松堂全集』第二卷), 鄭州: 河南人民出版社, 1988;

徐復觀, 『兩漢思想史』卷一, 臺北: 學生書局, 1978;

楊寬, 『戰國史』, 上海: 人民出版社, 1980;

剪伯贊主編, 『中國史綱要』, 北京: 北京大學出版社, 2026;

임철규 역, 『중국에서의 개인과 국가』, 서울: 현실과 인식사, 1988;

宋榮培, 『中國社會思想史』(증보판), 서울: 사회평론, 1988;

宋榮培, 「墨家의 평등박애와 주체적 실천론」, 『오늘의 책』, 1985년 봄호, 서울: 한길사, 1985.

楊榮國, 「春秋戰國時期思想領域內兩條路線鬪爭」, 北京: 『紅旗』, 1972年 第12期.

J. J. L. Duyvendak, The Book of Lord Shang, Introduction, London: Arthur Probsthain, 1928

Vitaly A. Rubin, Individual and State in Ancient China, New York: 1976.

제 7 장

『노자』의 철학사상:
'도', 즉 '무'의 형이상학 태동과 다의적 철학사유

머리말

노자老子는 선진先秦시대 도가道家사상의 창시자로 알려져 있다. 그러나 '노자'라는 인물의 생존연대와 현존하는 『노자』 텍스트의 편집 시기에 관해서는 최근까지도 정론이 없었다. 왜냐하면 그 책의 서술체제가 너무나 독특하고1) 그 내용이 극히 추상적이며 때로는 신비하기 때문이다. 노자라는 인물에 대하여는, 그가 공자보다 조금 앞선 시대의 '노담老聃', 또는 공자와 동시대의 '노래자老萊子', 또는 전국戰國시대의 태사太史인 '담儋'(기원전 4세기)이라는 설이 있다.2) 현재 학계에서는 일

---

1) 선진시대의 대표적인 사상가의 저술, 예를 들어 『논어』, 『묵자』, 『맹자』, 『장자』, 『순자』 등은 모두 선생과 제자 간의 문답식이 위주로 된 산문체의 문장이라면, 『노자』는 주로 운문체로 된 '철학시哲學詩'로 구성되었으며, 일반적으로 역사적 사건이나 인물에 대한 언급이 거의 없다.
2) "노자老子는 초楚나라 고현苦縣 여향厲鄕 곡인리曲仁里 사람이다. 성姓은 이李씨, 명

반적으로 공자보다 앞선 노담을 '노자'로 보고 있다. 그러나 그를 바로 현존하는 『노자』의 완성자로 보는 데에는 상당한 논란의 여지가 있다. 왜냐하면, 자기보다 앞선 시대의 인물들을 곧잘 언급하고 있는 공자(전 551-전479)가 『논어論語』에서, 그리고 공자를 비판하고 나온 묵자墨子(약 전480-전420)가 한 번도 '노담'을 언급하지 않았고, 또 그 뒤에 나온 『맹자』에서도 '노담'이 전혀 언급되고 있지 않기 때문이다.

따라서 중국철학 연구자 내부에서는 현존하는 『노자』텍스트의 작성연대에 관해서 여러 가지 이견들의 대립이 상당히 오랫동안 지속되어 왔다. 춘추春秋시대 노담이 작성했다는 전통적 주장(특히 詹劍峯 Zhan Jianfeng, 1902-?)3)이 있는가 하면, 이와는 달리 전국시대의 작품으로 보는 주장(梁啓超 Liang Qichao, 1873-1929; 馮友蘭 Feng Youlan, 1895-1990 등)이 있다.4) 특히 양눙궈楊榮國(Yang Rongguo: 1907-1978)는 춘추시대의 '노

名은 이耳, 자字는 담聃이다. 주周나라 문서보관실의 사관이었다. 공자가 주周나라에 가서 노자에게 예禮를 묻고자 하였다. (…) 어떤 이는 노래자老萊子 또한 초나라 사람이요, 15권의 책을 지어 도가道家의 효용을 말했으며, 공자와는 같은 시대였다고 한다. 대개 노자는 160여 세, 혹은 200여 세를 살았다고 한다. (…) 공자의 사후로부터 129년 뒤에 주나라 태사太史인 담儋이 진秦나라 헌공獻公을 만나 뵈었다고 역사책에 적혀 있다. (…) 어떤 이는 담儋이 곧 노자라 하고, 어떤 이는 아니라고 한다. 세상 사람들은 그런지 아닌지를 알지 못한다. 노자는 은둔한 군자이다." (老子者, 楚, 苦縣, 厲鄕, 曲仁里人也. 姓李氏, 名耳, 字聃. 周, 守藏室之史也. 孔子適周, 將問禮於老子. … 或曰: 老萊子, 亦楚人也, 著書十五篇, 言道家之用, 與孔子同時云. 蓋老子百有六十餘歲, 或言二百餘歲. 自孔子死之後百二十九年, 而史記周太史儋見秦獻公, …或曰: 卽老子, 或曰: 非也. 世莫知其然否. 老子 隱君子也.) 《史記》卷63, '老子別傳', 第三 참조.

3) 이 설은 마쉬룬馬敍倫, 탕란唐蘭, 뤼전위呂振羽 등이 주장해 왔다. 그러나 최근 잔젠펑詹劍峯이 다시 강력하게 주장하고 나섰다. 詹劍峯, 『老子其人其書及其道論』(湖北人民出版社, 1982) 참조.

4) 이 설은 청淸대의 왕중汪中에 의해 제기된 이래 양계초에 의해 크게 선양되었고, 그 뒤 펑요우란, 뤼껀저羅根澤, 허우와이루侯外廬 등이 이 설을 받아들이고 있다.

자' 라는 사람의 역사적 존재를 당대 적대적인 학파들 간의 경쟁 속에서
— 아마도 장자莊子(약 전 369-286)의 후학들에 의해 — 날조된 인물이라고 보
고, 『노자』 또한 이들 장자 후학들의 저작으로까지 보고 있다.5)

그러나 전국시대 때 통행되었던 『노자』 죽간의 고본이 최근에 출토
됨(1993)에 따라서, 『노자』의 출판연대에 관련된 종래의 소모적인 논쟁
은 거의 종말을 볼 수 있게 되었다. 최근에 공표된 『곽점초간노자郭店楚
簡老子』(1998) 삼종三種(갑본 1,072자; 을본 380자; 병본 259자, 총 1,711자)본에
쓰인 문자체는 삼종 모두가 전혀 다르기 때문에, 전국시대 당시에 고본
『노자』에 삼종의 다른 판본들이 동시에 통용되었음을 알 수 있다. 또한
동일한 판본 내에서도 같은 뜻의 다른 표기 문자(즉, 동의어同義語의 이자체
異字體, 예를 들어 '亡' 자가 먼저 나오고, 후에 '無' 자가 '亡'을 대신한다. 그러나
갑본의 한 문장에서는 두 글자가 동시에 보임; 또는 길[道]을 의미하는 '术' 자가 먼저
보이고, 그 글자[术]가 나중에 〈도道〉자로 표기되는 등)가 다수 출현하고 있는
사실 등은, 『곽점초간노자郭店楚簡老子』본들이 통용되던 당시에는 (즉,
기원전 4세기 전국시대 중엽에는 현존 『노자』 텍스트와 똑같은) 하나의 완성된
『노자』는 결코 존재하지 않았음을 말해준다. 오히려 서술 내용이나 분
량이 서로 다른 (마치 곽점郭店 초간楚簡의 『노자老子』 갑, 을, 병 본처럼) 여러
책자들이 (말하자면 아마도 기원전 5세기 춘추시대 말엽부터) 상당히 오랜 시기

---

5) 楊榮國, 『中國古代思想史』(北京: 人民, 1954), 231-241頁 참조. 이 밖에도 『노
자』가 진한秦漢시대에 작성되었다는 설도 있었다. 이 설은 일찍이 꾸지에깡顧頡剛
(『從呂氏春秋推測老子之成書年代』, 『古史辨』)에 의해 제기된 이래 상당한 영향력을 미
치면서 리우지에劉節, 木村 英一(기무라 에이이찌)(『老子の新研究』) 등에 의해 천착되
었다. 그러나 1974년 마왕퇴馬王堆 한간漢簡에서 백서帛書 『노자』[甲본(漢高祖 이전
본)과 乙본(漢高祖 당대본)]이 출토됨으로써 『노자』가 백서본帛書本으로 漢대 이전에
통용되었음이 입증되었기 때문에, 『노자』 텍스트의 한대漢代 성립 주장의 설득력은
결정적 타격을 받았다.

에 걸쳐서 점차 성립·병존하였음을 의미한다. 여하간, 글자체가 서로
다른 삼종의 『곽점노자』 죽간본이 모두 적어도 기원전 300년 이전 시
기에 작성되었을 것으로 지금 중국의 고고학자들은 추단하고 있다. 그
렇다면 이들 3종의 『노자』 최고본은 또한 기원전 2세기의 것으로 판명
된 백서帛書 『노자』(갑/을본, 1973년 장사長沙 마왕퇴한묘馬王堆漢墓 출토) 본보
다 무려 100년 또는 그 이상 앞서서 작성되었으며, 서로 다른 형태로
통용된 고본인 셈이다. 이런 삼종의 초나라 죽간 『노자』 고본에 비하
여, 전체 5,000여 자로 구성되었으며, 편집상 「덕德」과 「도道」편으로
구분되어 있는 『백서노자』 본은 현존 『노자』 본과 비교해 보면, (다만
상하편의 순서가 바뀌었을 뿐) 내용상 거의 동일하다. 그러나 최근 출토된
『곽점초간노자』 고본은 3책을 모두 합쳐도 분량이 겨우 2,000자 미만
이기 때문에, 『백서노자』나 현존 『노자』에 보이는 장절의 구분도 형성
되지 못했을 뿐만 아니라, 「덕·도」 편제의 구분도 당연히 보이지 않
는다. 그렇다면 우리들은 기원전 4세기의 『곽점죽간노자』 본들로부터
기원전 2세기에 『백서노자』 본(즉 현존 『노자』 본과 거의 같은 『노자』 본)이
출현하기까지 여러 가지 (때로는 서로 꼭 부합하지 않는) 내용들이 — 시대를
달리하는 몇몇 편집자들에 의하여 — 삽입되어 병존해 오다가, 기원전 2세
기 이전에 『노자』 백서본(갑/을 본)으로 종합된 것으로 보지 않을 수 없
다.6)

위밍꽝余明光(Yu Mingguang)에 의하면, "『노자』 책은 결코 (…) 한 시

6) 이 2개 판본의 사이에 통용되었을 중간 판본을 우리는 또한 기원전 3세기 말의 한비韓
非(?-233)의 최초의 『노자주석본』인 「해노解老」와 「유노喩老」편에서 보게 된다. 한
비자의 「해노」편의 주석이 『백서노자』의 「덕」편의 첫 장에서 시작하고, 「덕」편의 내
용이 「도」편보다는 더 많이 주석되어 있으며, 「도」편 1장(현존 『노자』 1장)의 완정
한 텍스트가 「해노」편이나 「유노」편 어디에도 보이지 않는다.

기에 나온 것도 아니고 더욱이 한 사람에 의해서 완성된 것도 아니다. 그것은 노자의 후학들이 노자 사상과 도가의 학설을 근거로 하여 부단히 (여러 내용들이) 보태져서 편찬되어 완성된 것이다. 그렇지 않다면, 백서帛書(『노자』)에 앞뒤가 중복되거나 모순되는 현상이 나타날 수가 없다."7) 그는 다음과 같이 자기의 주장에 대한 몇 가지 증거를 제시하고 있다.

첫째, 비슷한 철학적 내용이 조금씩 수정·보완되어 여러 곳에서 반복되고 있다.8)

둘째, 현행 『노자』에서9) 일관된 철학적 주장이 중간에 삽입된 — 다른 철학적 함의를 가진 — 문장에 의하여 일관성이 차단되고 있음을 지적하고 있다.10) 따라서 『노자』가 한 사람에 의해서 한 번에 편집되고 완성되었음을 반박하고 있다.

---

7) 余明光, 『黃帝四經與黃老思想』, 哈爾濱: 黑龍江人民出版社, 1989, 80頁.
8) 余明光은 그 증거로써 다음의 세 구문을 인용하고 있다. "塞其兌, 閉其門, 終身不勤."(52장); "塞其兌, 閉其門, 挫其銳, 解其紛, 和其光, 同其塵, 是謂玄同."(56장); "挫其銳, 解其紛, 和其光, 同其塵."(4장)
9) "人之生也柔弱, 其死也堅强. 草木之生也柔弱, 其死也枯槁. 故堅强者死之徒, 柔弱者生之徒."(76장); "天之道, 其有張弓與? 高者抑之, 下者擧之; 有餘者損之, 不足者補之. 天之道, 損有餘而補不足; 人之道, 則不然, 損不足而奉有餘."(77장); "天下莫柔弱於水, 而攻堅强者莫之能勝, 以其無以易之. 弱之勝强, 柔之勝剛, 天下莫不知之, 莫能行."(78장)
10) 『노자』 현행본의 76장과 78장의 내용이 〈부드러운 것은 생명의 부류이고 굳고 딱딱한 것은 죽음의 부류이다.(76장) (예를 들면) 세상에 물보다 부드럽고 약한 것이 없지만 굳고 딱딱한 것을 이기는 데 물만한 것이 없다(78장)〉에서 동일한 철학적 주제가 일관되게 주장되고 있는데, 그 사이에 "유족한 것을 덜어서 모자라는 것을 보태주는 것"이 '자연의 도리'(天之道)라면 '부족한 자를 수탈하여 유족한 자를 받드는 것'이 '사회운영의 도'(人之道)라는 당대 사회통치에 대한 통렬한 비판이 중간에 끼어 있다. 요컨대, 76장과 78장에서 일관되게 개진되는 철학적 주장이 엉뚱하게 끼어는 전혀 다른 주장에 의하여 분산되고 있다.

셋째, 『노자』에는 인용문의 출처를 분명히 밝힌 것도 있고 그러하지 않은 것도 있어서, 편집 원칙이 통일되지 않고 있다. 이런 점은, "『노자』 책은 한 때에 이루어진 것도, 또한 한 사람에 의해 저술된 것도 아니며, 도가道家의 후학들에 의해 부단하게 편찬되어 이루어진 것임을 증명한다. 이 중에는 당연히 노자 본인의 사상도 포함되었다."11)

위밍꽝余明光은 그 밖에 20세기에 여러 차례에 걸친 고고학의 발굴 자료를 근거로 하여, 마차의 "30개 바퀴살이 하나의 바퀴구멍을 공유하니, 그것의 '없는 공간' [無]이 수레에 소용된다."("三十輻共一轂, 當其 '無' 有車之用也." 『노자』 11장)의 성립 년대를 전국시대 말기, 즉 기원전 3세기 진秦의 시왕始皇(전 259-210) 시대로 본다. 왜냐하면 30개 바퀴살로 된 마차는 전국시대 중기에 나타나지만 표준형으로 된 것은 진시황 시대이기 때문이다.12)

---

11) 余明光, 위와 같음. 81쪽. 예를 들면, 현행본 41장(〈是以 『建言』 有之日:…〉), 42장(强梁者不得其死), 동일한 문장이 『說苑』, 「愼」편에도 보이는데, 高亨에 의하면, 이것은 예전부터 통용된 말이다. 또한 22장(古之所謂曲則全者, 豈虛言哉?)의 내용들은 모두 옛날부터 전해진 고언들이다. 그 밖에 『노자』에는 많은 내용이 〈聖人云〉으로 되어 있다. 이것은 "모두 古言이거나 노자 본인의 언설이다. 이러한 인용문들은 어떤 것은 시대가 빠르고 어떤 것은 시대가 늦다. 따라서 〈노자〉책은 일시에, 한 사람에 의해서 완성된 것이 아님을 증명할 수 있다."(余明光, 위와 같음, 82쪽)

12) 1923-1933년 河南省濬景新村에서 서주시대 귀족무덤에서 출토된 마차바퀴에는 19개 바퀴살의 구멍이 발견되었으며, 1950-51년에 河南省輝縣의 古圍村에서 발견된, 전국시대 중기의 魏나라 왕족의 무덤에서 발견된 마차의 바퀴살은 중소형 마차바퀴살은 26개이고 대형은 30개이고, 또는 1727호 거마갱車馬坑에서는 바퀴살 25, 28, 26, 34개의 마차가, 그리고 1051호 거마갱에서는 바퀴살 25, 25, 25, 25, 25, 30개의 마차가, 1811호 거마갱에서는 바퀴살 26, 44, 27, 27개의 마차가 출토 되었다. 30개 바퀴살의 마차가 아직 표준형이 아니다. 그리고 1980년 11월에 陝西省의 秦始皇兵馬俑博物館에서는 실물 크기의 靑銅 병마용이 마침내 발견되었다. 30개의 바퀴살 마차는 진시황 때에 비로소 표준형 마차로 정착된 것이다. 余明光, 같은 책, 84-88쪽 참조.

이와 같이 『노자』 백서본을 토대로 하여 정리된 현존 『노자』 텍스트 속에는 처음부터 완정完定된 체계를 갖춘 하나의 통일된 철학사상이 표현되었다기보다는, 전국시대 중기 『곽점초간노자』(갑, 을, 병본)처럼 노자 사상이 후학들에 의해 서로 다르게 편집되어서 — 물론 일정한 사상이나 개념들의 공유가 존재하면서도, 또한 — 서로 다른 철학적 사유가 복잡하게 뒤얽혀 표현되어 오다가 전국말기에 비로소 (백서帛書 『노자』 처럼) 온전한 형태를 갖춘 것으로 사료된다.13)

이런 관점에서 현존하는 『노자』를 분석해보면, '개인주의적 사유' 경향의 옹호가 그 중심 주제가 아님을 알 수 있다. 요컨대, 양주楊朱학파에 의해, 그리고 『장자』에서 개진되고 있는 도가학파의 중요한 사상 특징으로서의 '개인주의적인 사상' 경향, 말하자면, 공자 시대의 은둔적 개인주의자들인 '일민逸民'이나 양주학파나 장자에서 볼 수 있는 '경물중생輕物重生'14)의 논의보다는, 군주의 '무위無爲'(즉 신하와 백성들에 대한 군주의 개인적, 자의적인 간섭의 배제)에 기초하는 통치술, 즉 한대漢代 전반기(즉 한무제漢武帝 출현 이전의 시기)를 풍미한 황노학黃老學15)의 논점들

---

13) 余明光의 고증 외에도, 『곽점초간노자』 본에 대한 자세한 고증은 聶中慶, 『郭店楚簡 '老子' 研究』(北京: 中華書局, 2004) 참조.

14) '경물중생', 즉 사회적 관계에 의해 의미가 드러나는 외물外物(예: 명예, 이념, 권세, 재력, 미인, 장수 등)의 추구보다 자연적으로 주어진 개체 생명의 보존이 보다 더 본질적으로 중요하다는 사상에 대하여는, 이 책의 제4장 '양주학파의 개인주의와 경물중생론' 참조.

15) '황노黃老'는 儒家에서 주장하는 성인(즉 요堯와 순舜)보다 앞서서 존재했다고 하는 "황제黃帝", 그리고 공자보다 앞서 그의 스승이었다고 주장되는 "노자老子"의 첫 머리 글자를 따와서 조합된 단어이다. 일반적으로 중국 고대사회에서 시대적으로 후대의 문헌에 등장하는 인물들이 그보다 앞선 시기의 기록들에 나타난 인물들보다 연원에 있어서 더 고대적이며, 그 인물의 내용 또한 더 탁월하게 기술되고 있다. 먼저 나온 유가의 이상정치의 실현자인 요순의 이상적 통치보다 더 탁월한 '황노학', 즉 〈黃帝와 老子의 통치학〉의 요점은 이와 같이 유가 정치의 대안으로

이 두드러지게 부각되어 있다. 그리고 이런 '무위의 통치술'과 관련하여 『한비자韓非子』의 「해노解老」와 「유로喩老」 2편이 『노자』 원문에 대한 최초의 주석서임을 간과할 수 없다. 이런 점에서 장순휘張舜徽는 『노자』를 전국시대 제齊의 직하稷下 학파의 영향 아래서 생겨난 황노학의 결정적 작품으로 보고 있다.16)

제시된 것이다. 말하자면, 유가의 정치이상에 의하면 출중한 인물이 군주가 되어서 무지한 백성을 이끌어 가야하는 '君本'(군주 본위) 또는 '君의 有爲'(군주의 모범적 통치행위)를 통하여 어리석은 신하와 백성들을 계도하고 이끌어 가야만 한다. 황노학에 의하면, 이런 유가식의 정치원리대로 통치를 한다면, 언제나 가장 수고로운 자가 군주요, 그를 따라가기만 하는 백성들은 오히려 편하다는 것이다. 사실 중국 고대사회의 발전이 기원전 4세기를 전후하는 전국시대 중엽에 이르러서는 한편으로 실제로 통치하는 제국과 백성의 규모가 점점 더 확대되어 갔고, 또 다른 한편으로 현실적 군주의 지능 또한 언제나 최고 수준에 달하는 인물일 수 없는 것이 당대의 정치현실이었다. 이런 새로운 사회적 국면을 맞이하면서, 전통적인 유가의 통치방식을 대체하려는 일부의 신진 지식인들은 당대의 효과적인 정치는 — 지식·능력 면에서 주로 군주의 개인적 능력의 탁월성과 그의 모범적 영도력에만 의지하는 전통적인 통치방식보다는 — 합리적인 통치제도(또는 체제)의 확립에서 더 좋은 국가통치가 실현될 수 있다고 보는 체제중심 정치론을 또한 제기하였다. 이런 정치이상을 표명하는 대표적 사상이 '황노학'이다. 따라서 황노학에서는 보통의 군주가 자기의 주관적 의지나 욕망에 따라서 '유위有爲'의 정치를 하는 것이 부정된다. 법제의 규정을 통하여 신하와 백성들 모두에게 그들의 능력에 맞는 소임을 각각에게 맡기고 그들로 하여금 각각 서로 다른 능력을 발휘하게 할 뿐이며, 군주는 다만 개개인 각각의 행위결과(즉 功)가 국가이익에 맞으면 賞을, 그 반대로 해를 주면 그에게 형벌을 주는 것 이외에, 군주의 자기 본위의 사적, 자의적 통치행위(또는 군주의 개인적인 간섭)를 철저히 차단하려는 〈군주의 불간섭〉주의, 또는 '君의 無爲'(즉 군주의 자의적인 간섭의 배제)를 통하여 정치적 효과를 최대로 높이려는 것이 '황노학'의 핵심사상이다. 이런 황노학(또는 '新道家' 사상)은 戰國시대 齊의 稷下學宮에서 다수의 학파와 그에 속한 학자들에 의하여 편찬된 『管子』, 그리고 齊의 衰亡과 함께 이들을 흡수한 呂不韋(기원전 ?-235)에 의해 편찬된 『呂氏春秋』에도 잘 나타나 있다. 또한 '황노학'의 요지는 사마천司馬遷의 부친 사마담司馬談의 「논육가요지論六家要旨」에 잘 보인다. 『史記』「太史公自序」참조.

16) 張舜徽, 『周秦道論發微』, 93-95쪽 참조. 장순휘는 '道'의 개념을 '人君南面之術'로 보고 한대漢代와 선진시대의 문헌들을 고증하여 새로운 해석을 해보이고 있다. 張舜徽, 上同 참조.

또한 철학사적인 관점에서 보자면, 『노자』는 주로 유가, 묵가 그리고 다른 제자백가들의 사상을 비판하는 데서 출발하고 있다. 또한 놀랍게도 고도의 추상적이고 철학적인 개념, 말하자면, 현상계에 드러난 모든 사물들을 총체적으로 포괄하는 최고 개념으로서의 '유有'(Sein)개념보다 앞선 것, 즉 〈'만유'의 존재론적 근거〉로서의 '무無'(Nichtsein)의 형이상학의 틀을 제시하고 있다. '유'가 어떤 방식으로든 자기의 드러난 자기 - 특정의 크기, 모습 등등 자기 내용을 자체 안에 가지고 있기 때문에, 자기 내용과 다른 것들까지를 자체 안에 보편적으로 수용할 수 없다면, 모든 '유' (또는 만유萬有)의 궁극적 포용자는 전혀 〈자기 내용이 없는 '무無'〉(Nichtsein)일 수밖에 없다는 철학적 논의가 일찍이 『곽점죽간노자』 갑본에서도 보인다.17) 이렇게 본다면, 『노자』 내용의 상당 부분의 연원은 춘추시대 말기나 전국시대 초기까지 소급한다고 말할 수 있다.18)

그렇지만, 미완의 『노자』 단편들이 (앞서 지적했듯이) 노자의 여러 파의 후학들에 의해 오랫동안 공존하는 과정에서 (물론 공유하는 기본사상 외에) 동시에 상호 상충하는 내용19)이 또한 전국시대의 『노자』에 (백서 『노

---

17) "返[反]也者, 道僮[動]也 ; 溺[弱]也者, 道之甬[用]. 天下之勿[物]生於又[有], 生於亡[無]. (『郭店楚簡老子校釋』 甲本 제18장, 廖明春著, 北京: 淸華大學出版社, 2003, 354-355頁; 현행 王弼본 『노자』 40장) 참조.

18) 孫武의 『손자병법』에서 敵의 정보는 분명하게 파악하면서 자신은 적에게 드러내지 않는 전술이 강조되고 있지만, 『노자』에서처럼 〈無〉, 〈有〉의 개념은 아직 철학적으로 세련되게 나타나지 않고 있다. 이로 보면, 『노자』 철학의 상한선은 孫武(대략 孔子와 생존연대가 비슷함) 이후인 기원전 5세기가 될 것이다.

19) 예를 들어, 현행 『노자』 1장: "道可道非常道, 名可名非常名. 無名天地之始, 有名萬物之母. 故常無欲以觀其妙, 常有欲以觀其徼. 此兩者同出而異名, 同謂之玄."에서 '有'와 '無' (혹은 '有名' / '無名' 또는 '常有' / '常無')가 '同出而異名'으로 道와 같은 근원에서 나온 것이 설명된다. 그러나 『노자』 40장에서는 "萬物生於有, 有生

자』에서처럼) 나타난다.

요컨대, 실질적으로 전국시대의 사회적 문제가 철학적으로 반영되기 때문에, 현존 『노자』 텍스트에는 아무래도 전국시대에 학문 활동이 왕성했던 유가, 묵가, (주로 진秦)법가 등 제자백가들에 대한 비판적 견해가 뚜렷하게 반영되어 있다. 그 철학적 내용은 『한비자』가 출현하기 이전, 즉 『순자』가 성립될 시기까지, 여러 상이한 제자백가들의 서로 대립적인 이념들에 대하여 총괄적인 해체를 선언하고 나온 일종의 '안티-테제'의 철학이라고 말할 수 있다. 『노자』는 이런 부정의 관점에서, 즉 제자백가들의 독단적 인식을 상대화하고 해체하는 과정에서 점차 독특하게 형성된 것이다.

이 책 앞의 장20)에서 우리가 이미 보았듯이, 제자백가들 중에 뚜렷한 초기의 두 학파, 즉 유가와 묵가라는 양대 현학顯學파들은 각각 자파의 절대적 인식의 보증자로 '천天'의 권위를 끌어들여서, 유가의 '인仁'이나 묵가의 '겸애兼愛' 모두를 '천의天意' 또는 '천지天志'라는 이름으로 합법화·정당화하는 사상논쟁을 벌여왔다. 말하자면 이들 유가나 묵가의 사상가들은 비록 대립적인 사상(이념)을 폈다 할지라도, 이들 사상의 각각의 절대적 권위는 다 같이 인격적인 하느님, 즉 '상제上帝'의 권위를 빌려서 정당화하고 있다는 점은 동일하다. 그러나 노자는 하느님[上帝]에 의한 자연[天地]의 주재를 부정하고 있다. 노자는 '상제' 또

於無."의 명제가 보인다. '萬物'은, '有'에 통섭되고, 또 '有'는 '無'에 통섭된다. 『곽점초간노자』 갑본에 보이는 이 철학적 명제에서는 '만물', '유' 그리고 '무'의 존재론적 층위가 각기 다르다. 요컨대, 1장에서 〈유/무〉가 '同出' 而 '異名'이라면, 이때의 '유/무'는 존재론적으로 같은 층위이다. 따라서 40장의 오래된 주장(『곽점초간노자』)과 1장의 주장은 철학적 함의를 달리한다.
20) '제2장 공자의 철학'과 '제3장 묵가학파의 철학'을 말한다.

한 최고의 주재자가 될 수 없으며, '도道'가 상제에 비하여 더욱 더 근원적이라고 주장하면서, 만물의 존재원리로서의 '도'론을 제창하기에 이른다.[21] 『노자』에서 말하는 '도'는 만물을 낳는 모태로서 자연과 사회에 통하는 객관적이고 근본적인 법칙이다. 따라서 인간과 사회생활의 모든 불행은, 사람들이 '도'의 원칙이 사라진 뒤에 '인의仁義', '겸애兼愛' 등과 같은 인위적 규범 틀을 만들어 내어서 자기 자신과 남을 구속하는 데서 기인된다고 보았다. 그렇기 때문에 인간, 특히 군주(즉 최고 통치자)는 그 '인위人爲'를 버리고 '자기의 자의적 통치의 포기' 즉 '무위無爲'로 돌아가야 한다는 것이다. 요컨대, 유가나 묵가에서 말하는 '인위'론에 대한 '부정'으로서 군주의 '무위'를 말하는 '황노학'의 요지를 또한 제시하고 있다. 따라서 『노자』에서는 다른 제자백가의 주장들에서 볼 수 없는 사회문제 풀이, 즉 신하와 백성들의 '유위有爲'에 대한 군주의 자의적인 규제를 차단하는 군주 '무위無爲'의 통치철학, 즉 '황노학'의 정치원리가 선명하게 태동하고 있다.

그러나 군주의 자의적인 간섭을 차단하고 만백성들의 자율 활동을 보장하려는 『노자』의 메시지는, 단지 군주의 통치술의 차원이 아니라, 또한 어떠한 인위적 지배 체제나 통치구조 틀보다 앞서는 인간 개개인의 생명적 자율원리, 즉 모든 지배통치로부터 해방되는 인간 본연의 생명원리, 다시 말해, 인위적 문명제도의 지배에 앞서는 개인의 생명존중과 자유의 추구로 통할 수 있다. 여기에 '황노학'의 철학적 메시지와 전혀 다른 인간의 '자연권', 다시 말해, 인간의 생명 존중과 그에 바탕 하는 "소국과민小國寡民"(나라는 될수록 작게, 그리고 될수록 작은 규모의 소공체)의

---

21) "道: 沖而用之, 或不盈. 淵兮, 似萬物之宗. […] 湛兮, 似或存. 吾不知誰之子, 象帝之先." 『노자』 4장 참조.

이상, 즉 통치(지배) 없는 유토피아의 사회가 그려지고 있다.

이런 『노자』 속의 상호 모순되는 두 개의 배타적인 철학원리, 즉 ①
인간의 생명존중과 자율원리와, ② 군주의 자의적 간섭을 배제하려는
'황노학'의 통치술"[즉 군주의 無爲而無不爲], 이 둘이 동시에 바로 사회적
범주를 넘어서는 총체적인 '도'에서 궁극적 근거를 찾고 있다.

또한 『노자』에 의하면, 세상의 모든 것은 서로 관련되어 변화해 가
는 분열과 통일 대립의 무한한 전개일 뿐이다. 『노자』 사상의 밑바탕
에 흐르는 이런 '무한한 변화'라는 형이상학적 기본 사고에 의하면,[22]
인간을 포함하여 자연과 사회현상들 속에서 항상적恒常的이고 불변하는
것은 하나도 없다. 만물은 끊임없이 운동하고 변화·발전해 가는 과정
속에 있는 것이다. 이런 무한한 변화의 관점에서 '사회적·범주적 규
제'라는 좁은 지평의 너머에 있는 '자연' 범주가 보다 더 근원적인 것
으로 제시되고 있다. 따라서 제자백가들의 다양한 개별적인 처방전들,
말하자면, 각각의 '유위有爲'의 처방전의 한계를 넘어서려는 『노자』의
'무위無爲'의 정치적·사회적 비판론은 많은 문제점을 안고 있으면서도
동시에 무한한 매력을 가지고 우리에게 다가선다.

이밖에도 『노자』에서는 '유有' '무無' 외에 '허虛' '음양陰陽' '충기沖
氣'[23] 등이 '도'와 관련되어 지칭되고 있으나, 아직 '도'와 '기'[또는
정기精氣, 心 또는 心氣]와의 본격적인 결합은 보이지 않는다. 하지만, '유

---

22) '吉'과 '凶', '高'와 '下', '貴'와 '賤' 등 상호 대립되는 두 쌍의 상호 의존과
    상호 전환에 대한 체계적인 철학적 사유의 본원은 일찍이 『주역周易』 속에서 개진
    되었다. 이와 같이, 대립된 개념 쌍의 '상관적 의존성'을 변화의 관점에서 파악하
    는 『주역』의 사유체계와 연관되어서 일찍이 『노자』의 철학적 사유화가 진행되었을
    것으로 보인다.
23) "道生一, 一生二, 三生萬物. 萬物負陰而抱陽, 沖氣以爲和." 『노자』 42장 참조.

약柔弱'을 생명의 원리로, '강강剛强'을 죽음의 원리로 보는『노자』의 생명사상은 후대 '양생술養生術'의 발전에 심대한 영향을 주었다. '기'를 모아서 어린애와 같은 '부드러움'을 가져오는 양생술24)은『노자』에서 기원하고 있다. 그러나 '도'를 보이지 않는 '기'로 파악하는 철학적 사유는 기원전 4세기의 작품으로 볼 수밖에 없는『관자管子』의 도가道家사상에서 비롯되어, 중국고대철학사의 발전에서 핵심적 역할을 하게 된다. 비록『관자』에서 제기된 '정기精氣'설이 제자백가들에 심대한 영향을 미치고 있지만, 오히려 그것은『노자』에서 발원하는 항상 변하는 (우주)만물의 생명사상을 더욱 확실하게 보완해 줄 뿐이다.

현존하는『노자』본은『하상공주河上公注』본(기원후 2세기)과『왕필주王弼注』본(기원후 3세기)이 주류를 이루고 있다. 우리가 실명實名을 알 수 없는 하상공(즉 황하黃河 강가의 어떤 선생) 본『노자』는 매장마다 각각의 명칭을 부여하고, 주로 양생의 관점에서『노자』를 주석하고 있다면, 소년으로 요절한 천재철학자인 왕필王弼(226-249)은 누구나 다 인식하고 규정할 수 있는 경험세계를 '유有'로 보고, 그 경험세계의 한정을 넘어서는 무-규정성이나 무-제한성을 바로 '무無'로 파악하여, '무본유말無本有末'의 철학적 관점에서『노자』를 해석하고 있다. 이 책에서는 예외적인 몇 부분을 제외하고는 주로 왕필본에 의거하여 노자의 철학사상을 정리하였다.

2. 유가, 묵가, 법가 등을 비판하다

---

24) "治人·事天, 莫若嗇. [⋯] 是謂: 深根、固柢、長生、久視之道." 『노자』59장 참조.

『노자』 사상은 원래 『주역』에 나온 대립되는 개념 쌍들 사이의 상관적 사유와 그 변화에서 연원하기 때문에 그 연원은 오래되었다. 그러나 『노자』는 실제로 전국시대(기원전 4-3세기)의 제자백가들에 대한 비판적 태도를 통하여 자기의 철학적 사유를 심화시키고 있다. 이런 『노자』 사상의 면모를 『노자』에 보이는 제자백가에 대한 비판에서부터 살펴보고자 한다.

2.1) 인의仁義, 효자孝慈, 충신忠臣을 비판하다

크나 큰 '도道'의 원칙이 무너지자
　인의仁義[25]의 도덕규범이 생겨난 것이다.
총명한 지혜가 각광을 받게 되자
　크나 큰 거짓들이 생겨난 것이다.
부자父子, 형제兄弟, 부부夫婦가 화목하지 않자
　(자식의) 효도와 (서로 간의) 사랑이 있게 된 것이다.
나라가 혼란해지자
　충신이 있게 된 것이다.
　[大道廢, 有仁義. 慧智出, 有大僞. 六親不和, 有孝慈. 國家昏亂, 有忠臣. 18장]

2.2) 인仁, 의義, 예禮를 비판하다

---

25) '인의'라는 복합개념은 『논어』에서는 아직 보이지 않는다. 『맹자』(기원전 4세기)에서 처음으로 쓰이고 있다.

(군주가 가져야 할)

최상의 덕德은26) (사람들에게) 덕이 아닌 것으로 보이기에

  그러므로 (속으로) 덕이 있다.

최상의 덕은 (사적인 이유에서) 해주는 바가 없으니

  하는 바의 이유가 없다.

최상의 어진 사랑[上仁]은 하였어도

  (사랑해준) 이유가 없다.27)

최상의 의義를 (사회적 규정이기에) 하였으면

  (반드시 해준) 이유가 있다.

최상의 예禮를 해주었는데

  (상대방으로부터) 반응이 없으면

몸소 팔뚝을 걷어 부치고 (억지로 상대방을) 끌어 잡아들인다.

따라서 도道가 사라지고 난 뒤에

  덕을 잃어버리게 된다.

덕이 사라지고 난 뒤에

---

26) "(군주의) 덕德은 안[內, 마음속]에 있는 것이요, 득得은 (그것이) 밖으로 드러남[外]
이다. '최상의 덕[上德]은 덕으로 드러나지 않는다' [上德不德]는 것은 그(군주)의 정
신이 밖의 것에 의해 잘못되지 않음이다. 정신이 밖의 것에 의해 잘못되지 않으
면, (군주) 자신이 온전해진다. 자신이 온전해지는 것이 덕이다. 덕이란 자신을 얻
음이다."(德者, 內也. 得者, 外也. 上德不德, 言: 其神不淫於外也. 神不淫於
外, 則身全. 身全之謂德. 德者, 得身也.) 『韓非子』, 「解老」편 참조.

27) " '어진 사랑'(仁)이란 마음속에서 기뻐하며 남을 사랑하는 일이다. 남이 복 받는
것을 기뻐하고 남이 불행을 당하는 것을 싫어하는 것은 살아 있는 사람의 마음으
로서는 막을 수 없는 것이다. 그 보답을 얻고자 하는 것이 아니다. 그렇기 때문에
(『노자』에서는) '지극히 어진 사랑은 그것을 했어도 그 이유는 없다' 고 말한
다."("仁者, 其中心欣然愛人也. 其喜人之有福, 而惡人之有禍, 生心之所能已也.
故曰: 上仁, 爲之而無以爲也.")『韓非子』, 「解老」편 참조.

'어진 사랑' [仁]을 잃어버린다.

'어진 사랑'이 사라지고 난 뒤에

'사회 규범' [義]을 잃어버린다.

'사회규범'이 사라지고 난 뒤에는

예(의 참 의미)를 잃어버린다.28)

무릇 예29)란 '진실함'과 '믿음'이 옅기 때문에

난동의 으뜸이 된다.

(『한비자』「해노解老」편의 『노자』 텍스트.)

[上德不德, 是以有德. 上德無爲, 而無以爲. 上仁, 爲之而無以爲. 上
義, 爲之而有以爲. 上禮, 爲之而莫之應, 則攘臂而扔之. 故, 失道而
後失德. 失德而後失. 失仁而後失義, 失義而後失禮. 夫禮者, 忠信之
薄, 而亂之首.]

2.3) 도덕규범, 기술문명, 상업주의를 부정하다

(군주가)

성인의 법도[聖]와 지식[智]30)을 잘라버리면

---

28) 여기에는 『帛書老子』 본이나 현존 『노자』 38장의 텍스트와 차이가 있는 『한비
자』, 「해노」편의 텍스트에 의거하여 번역을 하였다. 물론 독자들은 또한 이와 차
이가 나는 왕필王弼본 38장 텍스트도 함께 참고할 것.

29) "하상공河上公이 말했다. 「예는 비탕(質)을 천시하고 꾸밈(文)을 높이 본다. 따라서
바르고(正) 곧음(直)이 날로 적어지고, 삐뚤고(邪) 어지러움(亂)이 날로 자라난다.」"
(河上公: 禮者, 賤質而貴文. 故正直日以少, 邪亂日以生.) 여기서는 張舜徽,
上同, 105쪽에서 재인용.

30) 제자백가들이 각각 상이한 입장과 이해관계에서 제시하고 있는 각종의 '이념적
(聖)이고 문화적(智)인 규제들', 예를 들면, 유가의 '인의'나 묵가의 '겸애' 등을 말
한다.

백성들의 이로움은 백 배나 늘어난다.

인의의 (외재적) 도덕규범을 표방하지 않으면

　　백성들은 다시 효도하고 서로 사랑하게 된다.

생산기술[巧]과 (상업적) 이득을 잘라버리면

　　도둑들이 사라지게 된다.

　　[絶聖棄智, 民利百倍. 絶仁棄義, 民復孝慈. 絶巧棄利, 盜賊無有. 19
　　장]

2.4) 묵가의 '명귀明鬼' 31)론을 비판하다

(군주가)

도道로써 세상을 다스리면

　　세상의 귀신들은 귀신짓거리를 못한다.

이 귀신들이 귀신짓거리를 못하는 것이 아니라

　　이들의 귀신짓거리가 (도를 따르는) 사람을 해칠 수 없는 것이다.

귀신짓거리가 사람을 해칠 수 없는 것이 아니라

　　성인(조차도) 또한 (도를 따르는) 사람을 해칠 수 없는 것이다.

무릇 이 둘[귀신과 성인]이 사람을 해칠 수 없는 것은

　　(사람의) 공능[德]의 교감이 (도에) 귀결되기 때문이다.

　　[以道莅天下, 其鬼不神. 非其鬼不神, 其神不傷人. 非其神不傷人, 聖
　　人亦不傷人. 夫兩不相傷, 故德交歸焉. 60장]

---

31) '명귀'는 귀신의 존재를 분명히 밝히는 묵가철학이 중요한 철학적 테제의 하나이
　　다.

2.5) 법가의 중형重刑주의를 비판하다

백성들이 죽임[死刑]을 두려워하지 않는데
　　어떻게 '죽임'으로 그들을 겁줄 수 있겠는가?
만일 백성들이 늘 죽음을 두려워한다면
　　이상한 짓을 한 자를
내가 잡아서 죽인다고 하면
　　누가 감히 그런 짓을 하겠는가?
항상 죽이는 일을 담당하는 관리[天道]를 두어
　　죽이게 하는 것이다.
그를 대신해서 사람을 죽인다면
　　이는 큰 목수[天道]를 대신해서
나무를 대패질하는 것이다.
　　큰 목수를 대신해서 대패질하면
(군주가 자기) 손을 다치지 않는 일이
　　드물 것이다.

　　[民不畏死, 奈何以死懼之? 若使民常畏死, 而爲奇者, 吾得執而殺之,
孰敢? 常有司殺者, 殺. 夫代司殺者殺, 是謂: 代大匠斲. 夫代大匠斲
者, 希有不傷其手矣! 74장]

3. 폭력과 전쟁 반대론

『노자』에서는 투쟁을 통하여 남을 이기고 압박하는 폭력행위가 부정되고 있다. 자연세계에는 이기적 목적에서 다른 존재를 폭력으로 압박하는 투쟁도 전쟁도 없다. 따라서 민생을 파탄시키는 모든 전쟁 행위가 '사람 죽이는 일'[殺人]로 평가 절하되고 있다. 따라서 전쟁의 승리는 기뻐해야 할 일이 아니라 서글픈 장례의 의식으로 치러져야 한다고 말한다.

3.1) 자연의 법칙[天道]은 투쟁하지 않으면서 잘 이기는 것이다

(남보다 앞서)
나서는 데 용감하면 죽게 되고
　　나서지 않는 데 용감하면 살게 된다.
이 둘은 혹 이롭기도 하고 혹 해롭기도 하다.
[…]
자연계의 원리[天道]는
　　투쟁하지 않으면서도 잘 이기고
말이 없으면서도 잘 응대하고
　　불러오지 않아도 스스로 오며
원만하게 잘 되어 나간다.
　　자연의 조리는 넓고도 넓어서
엉성하긴 해도 놓치는 일은 없다.

　　[勇於敢, 則殺; 勇於不敢, 則活. 此兩者, 或利或害. … 天之道: 不
　　爭而善勝, 不言而善應, 不召而自來, 繟然而善謀. 天網恢恢, 疏而不
　　失. 73장]

3.2) '도'를 지키는 3대 원칙: '유연한 사랑' [慈], '검약' [儉], '앞에 나서지 않는 일' [不敢爲天下先] 이다

(도를 터득한)

나에게는 세 가지 보물이 있는데

　　그것을 잘 지켜서 보유하고 있다.

첫째는　자상한 사랑' [慈]32)이고

둘째는 '검약' [儉]이고

셋째는 '세상(의 다른) 사람보다 먼저 나서지 않는 것' 이다.

자상한 사랑이 있기에

　　용감해질 수 있으며,

검약하기에

---

32) '자상한 사랑' [慈]에 대하여 한비韓非는 「해로解老」편에서 다음과 같이 주석하고 있다. "자식을 사랑하면 자식에게 자상하고, (자기) 생명을 중시하면 (자기) 몸에 대하여 자상하며, 공적을 높이 보는 사람은 하는 일에 자상하다. 미약한 아들에게 자상한 어머니가 그에게 복을 오게 하고자 힘쓴다면, 그에게 불행이 닥치는 일을 없애는 일에 종사할 것이다. 불행을 없애려는 일을 하려면 사려가 성숙되어야 한다. 사려가 성숙하면 일의 이치를 얻게 될 것이다. 일의 이치를 얻게 되면 반드시 성공할 것이다. 반드시 성공할 수 있다면 하는 일에 의심이 없다. 의심이 없으니 용감할 것이다. 만사에 대하여 성인은 마치 자애로운 어머니가 미약한 아들을 위하여 깊이 생각하는 것처럼 진심을 다한다. 따라서 반드시 실현되는 도리를 보게 된다. 반드시 실현될 수 있는 도리를 보게 되면 그가 하는 일에 또한 의심이 없을 것이다. 의심하지 않으니 용감한 것이다. 의심하지 않는 것은 '자상한 사랑'에서 생긴 것이다. 따라서 (『노자』에서는) '자상한 사랑 때문에 용감할 수 있다'라고 말했다."(愛子者, 慈於子; 重生者, 慈於身; 貴功者, 慈於事. 慈母之於弱子, 也務致其福. 務致其福, 則事除其禍. 事除其禍, 則思慮熟. 思慮熟, 則得事理. 得事理, 則必成功. 必成功, 則其行之也不疑. 不疑之謂勇. 聖人之於萬事, 也盡如慈母之爲弱子慮也. 故見必行之道. 見必行之道, 則其從事, 亦不疑. 不疑之謂勇. 不疑生於慈. 故曰: "慈, 故能勇.")

넉넉할 수 있으며,

세상(의 다른) 사람보다 먼저 나서지 않기에

　　　일을 이루는 우두머리가 될 수 있다.[33)

지금 자기의 '자상한 사랑'을 버리고

　　　용감하고자 하고,

자기의 검약함을 버리고

　　　펑펑 쓰고자 하며,

뒤에 서는 것을 버리고

　　　(남보다) 앞서고자 하면

반드시 죽게 된다.

(장수의) '자상한 사랑'이 있기에

　　　(군졸들이) 전쟁을 하면 이기고

방어를 하면 공고하게 된다.

하늘[자연]이 (무엇을) 구제하고자 한다면

　　　'자상한 사랑'으로 그것을 보위하는 것이다.

　[我有三寶: 持而保之. 一日: 慈, 二日: 儉, 三日: 不敢爲天下先. 慈,
　故能勇. 儉, 故能廣. 不敢爲天下先, 故能成器長. 今舍慈, 且勇; 舍
　儉, 且廣; 舍後, 且先; 死矣. 夫慈, 以戰則勝, 以守則固. 天將救之,
　以慈衛之. 67장]

---

33) 왕필 본에는 '不敢爲天下先, 故能成器長'으로 되어 있으나, 『한비자韓非子』「해
　로解老」편에는 '故能成事長'으로 되었기에 한비자 본을 따랐다. 그리고 "고연제
　高延第가 말하였다. '지극히 부드러운 것이 지극히 강한 것을 파고들 수 있기에 용
　감할 수 있으며, 족함을 알면 늘 충족하기에 넉넉할 수 있으며, 잘 겸하하기에 다
　툼이 없으니 우두머리[君長]가 될 수 있다.'"(高延第曰: 至柔馳騁至剛, 故能勇. 知
　足, 常足, 故能廣. 善下而不爭, 故能爲君長.), 張舜徽, 上同, 150쪽에서 인용.

3.3) 도로써 군주를 보좌하는 이는 전쟁으로 힘자랑하지 않는다.

도를 가지고 군주를 보좌하는 이는
　　전쟁으로 힘자랑 하지 않는다.
그 일[전쟁]은 (사태의) 뒤바뀜을 좋아한다.[34]
군대가 머무는 곳엔
　　가시덤불이 생겨나며
큰 전쟁이 있고 나면
　　반드시 큰 흉년이 들게 된다.
좋은 결과를 얻으면 될 뿐이지
　　강함을 취하려는 것이 아니다.
성과를 내는 것이지
　　자긍해서는 안 되고,
성과를 내는 것이지
　　뽐내서는 안 되고,
성과를 내는 것이지
　　교만해서는 안 되고,
성과를 내되
　　어찌할 수 없어서 하는 것이고,

---

34) '其事好還'을 고연제高延第와 같이 풀이하였다. "'其事好還'이란 곧 헤엄 잘 치
는 사람이 물에 빠지고, 말 잘 타는 사람이 떨어지는, 역설적 이치를 말한다. 각
각 자기가 잘하는 것이 도리어 자기에게 해가 됨이다. 옛날에 농사철에 출병하여
정벌에 힘쓰면 농사일은 황폐해지고, 농사일이 황폐해지면 기근이 오니, 서로 (나
쁜) 원인이 되는 이치인 것이다." 張舜徽, 上同, 190쪽에서 인용.

성과를 내되

　　힘자랑해서는 안 된다.

　　[以道佐人主者, 不以兵强天下. 其事好還. 師之所處, 荊棘生焉. 大軍

　　之後, 必有凶年. 善有果而已, 不敢以取强. 果而勿矜. 果而勿伐. 果

　　而勿驕. 果而不得已. 果而勿强. 30장]

3.4) 무기란 상서롭지 못한 기물이다

무기란 상서롭지 못한 기물이라

　　누구라도 그것을 싫어한다.

따라서 도가 있는 사람은

　　그 같은 일에 관여하지 않는다.

군자는 평시에 왼쪽을 귀하게 여기나

　　싸울 때는 오른쪽을 귀하게 여긴다.[35]

따라서 무기는 군자의 기물이 아니라

　　상서롭지 못한 기물이다.

부득이해서 쓸 뿐이니,

　　담담한 마음이 최상이요

이기고도 좋게 여기지 않아야 한다.

만약 좋게 여긴다면

---

35) "고연제는 이렇게 말했다. 「무기는 살인하는 도구이니, 사람들이 두려워하고 싫
　　어한다. '도'가 있는 사람은 무기를 잘 쓰는 것으로 자처하지 않는다. 왼쪽이 양
　　陽이어서 '삶'을 주관하고, 오른쪽은 음陰이어서 '죽임'을 주관한다.」"(高延第曰:
　　兵者殺人之器, 人所畏惡, 有道之人, 不以善用兵自處. 左陽主生, 右陰主殺.")、
　　張舜徽, 上同, 192쪽 참조.

이는 사람 죽이기를 즐거워하는 것이다.

무릇 사람 죽이기를 좋아하면

　　천하에 뜻을 펼 수 없는 것이다.

이 때문에 길사吉事에는 왼쪽을 높이고

　　흉사에는 오른쪽을 높인다.

(…)

(전쟁으로)

죽은 사람이 많으면

　　비감한 애통으로 조문하고

전쟁에 이겨도

　　상례喪禮로 처리한다.

　[夫兵者, 不祥之器. 物或惡之. 故有道者不處. 君子居, 則貴左, 用兵,
　則貴右. 兵者: 不祥之器, 非君子之器. 不得已而用之. 恬淡爲上, 勝
　而不美. 而美之者, 是樂殺人. 夫樂殺人者, 則不可得志於天下矣. …
　殺人衆, 以悲哀莅之. 戰勝, 以喪禮處之. 31장]

3.5) 세상에 도가 있으면 말은 밭에
　　　거름 주는 데 쓰인다

세상에 도가 있으면

　　말은 (농토에) 거름 주는 데 쓰이고

세상에 도가 없으면

　　야전장野戰場에서 망아지가 태어난다.

화禍는 만족을 모르는 것보다 더 큰 것이 없고

허물은 탐욕보다 더 큰 것이 없다.
따라서 만족할 줄 아는 만족이
　영원한 만족이다!
　[天下有道, 却走馬以糞. 天下無道, 戎馬生於郊. 禍, 莫大於不知足.
　咎, 莫大於欲得. 故知足之足, 常足矣! 46장]

3.6) 남과 싸우지 않는 능력[德]

멋진 무사武士는 무인 같지 않으며
　멋진 싸움꾼은 분노를 드러내지 않는다.
적을 잘 이기는 것은
　(적과) 교전함이 없이 하는 것이고
남을 잘 쓰는 것은
　그에게 겸허하게 대하는 일이다.
이것이 (남과) 다투지 않는 능력[德]이요
　이것이 남을 쓰는 역량이다.
이것이 자연의 이치[天道]와 짝하는 것이니
　옛날부터 내려온 원칙이다.
　[善爲士者不武. 善戰者不怒. 善勝敵者, 不與; 善用人者, 爲之下. 是
　謂: 不爭之德. 是謂: 用人之力. 是謂: 配天, 古之極. 68장]

3.7) 행군해도 보이는 행렬이 없고, 공격해도
　대응할 적이 없다

전쟁은 이렇게 하는 것이다.

"나는 공격을 해서는 안 되고

　수비를 해야 하고

나는 한 치[寸]를 나아가서는 안 되고

　한 자[尺]36)를 물러서야 한다.

이것이 바로

행군해도 보이는 행렬이 없고

　격투해도 잡힐 어깨가 없으며

잡으려 해도 잡을 무기가 없고

　공격해도 대응하는 적이 없다는 것이다.

화禍는 적을 경시하는 것보다 더 큰 것이 없고

　적을 경시하면 우리의 법보法寶를 거의 다 잃게 된다.

따라서 대항 병력이 비슷하다면

　(전투병을) 아끼는 쪽이 이긴다.

　[用兵有言: 吾不敢爲主, 而爲客; 不敢進寸, 而退尺. 是謂: 行無行,
攘無臂, 執無兵, 扔無敵. 禍, 莫大於輕敵. 輕敵, 幾喪吾寶. 故抗兵
相加, 哀者37)勝矣. 69장]

4. '유기체적 정체整體론'과 군주의 '유위有爲' 통치 비판

『노자』에 의하면, 천지자연 속의 만물 하나하나를 존재하게 해주는

---

36) 1자[尺]는 10치[寸]이고, 1치[寸]는 2.25cm. 따라서 1자[尺]는 22.5cm에 해당한다.
37) 여기서 哀(애석히 여기다)는 愛(아끼다; 사랑하다)의 뜻으로 보아야 한다.

총체적인 합리적 보편원칙, 즉 '도道'가 바로 만물 하나하나, 즉 개체
들의 존재론적 근거로 작동하기 때문에, 도와 만물 하나하나가 존재론
적 차원에서 서로 구분되듯이, 사회조직의 운용차원에서도 이런 '도'를
체현하고 백성 하나하나를 두루 다스리는 성인聖人 군주 역시 백성들과
존재론적으로 구분되어야 한다고 본다. 수많은 부분과 조직들로 구성된
'유기적 구성체'(또는 '생명체')가 살아서 움직이자면, 한편으로 각각 서
로 다른 구성체 조직(또는 부품)들 하나하나의 존재에게 각각 서로 다른
기능과 활동이 보장되는 동시에, 또 다른 한편으로 (이들 개체나 사물들처
럼 자기-특정적 기능은 없지만) 이런 개별적인 다양한 부분(사물)들의 개체적
활동을 근원적으로 가능하게 해주는 '총체적 기능'(the holistic function)이
요청된다. 말하자면, 눈에 보이지 않는, 그러나 분명히 언제나 작동하
고 있는 '총체적 생명력'(the invisible, holistic Power of Life), 즉 '도'가 전
제되지 않을 수 없다는 것이다. 따라서 『노자』에서는, 성인 군주에게
어떤 특정한 행위 너머에서 개별적인 모든 구성조직(부분, parts)들, 즉 백
성들 하나하나의 '유위有爲' 행위를 총체적으로 작동시키는 원동력으로
서 '특정한 행위활동이 없는'(즉, 유위有爲함이 없는) '무위無爲'의 총체적
인 통치행위를 요청하면서, 동시에 신하와 백성들에게는 이와 구별되는
개별적 부분의 특정 행위, 즉 각기 다른 '유위' 행위의 수행을 강조하고
있다. 그리고 수많은 신하와 백성들이 수행하는 이런 개별적인 '유
위' 행위들은 서로 다르면서 평등한 것이기 때문에, 각각의 '유위' 활
동마다 어느 다른 '유위' 활동에 의해 억압받지 않고 제대로 자연스럽
게 작동할 수 있는 최대의 자율성과 능동성이 보장되어야만 한다고 보
았다. 그런데 만약 생명적 유기체 중에서 어느 특정한 한 부분(예, 심장이

나 뇌 등등)이 다른 부분들의 행위를 폭력적、 강제적으로 구속하고 압박하는 일이 발생한다면, 이는 이 생명적 유기체에게는 치명적 질병(예 죽음)의 발생을 의미한다고 보았다.

이처럼 사회운영 차원에서도, 어떤 특정 개체, 특히 "군주의 자의적인 유위有爲"의 통치, 말하자면, 군주의 자기 욕심을 앞세운 폭력적 통치행위가 『노자』에서는 혹독하게 비판받고 있다. 따라서 『노자』에서는 법가[예 商鞅 등의 秦법가]에서 주장하는 '전체주의적인 폭력적 억압'을 비판하고, 오히려 군주의 무간섭과 '무위'를 말하고 있으며, 개인들의 억압받지 않는 자율성을 요청하고 있다. 이것이 군주에게 요구되는 무위無爲의 통치행위이며, 동시에 개체들 하나하나에게 자발성의 발휘를 허용하는, 다시 말해, 〈스스로 그러함〉(自然)을 보장하는 『노자』의 통치철학이다.

4.1) 민생을 돌보지 않는 집정자들은 '도둑 우두머리' [盜竽]이다

조정은 매우 청결하나
　　들판은 매우 황폐하고
(식량) 창고는 아주 바닥나 있다.
(높은 이들은)
화려한 무늬 옷을 입고
　　날카로운 칼을 차고 다니며
실컷 먹고 마시는데

재물이 남아돈다면

이들은 도둑의 우두머리다.

'도둑 우두머리' 짓은

'도道'에 어그러지는 것이 아니겠는가!

["朝甚除, 田甚蕪, 倉甚虛. 服文綵, 帶利劍; 厭飮食, 財貨有餘. 是謂
盜竽. 盜竽, 非道也哉!", 53장]

4.2) 군주의 착취가 백성들을 굶주리게 만든다

백성들이 굶주리는 것은

그들의 윗사람[君主]이 세금을 많이 거두었기에

그래서 굶주리는 것이다.

백성들을 다스리기 어려운 것은

그들의 윗사람이 일을 벌이려[有爲] 하기에

그래서 다스리기 어려운 것이다.

백성들이 죽음을 가벼이 여기는 것은

그들의 윗사람이 자기의 삶만을 너무 중시하기 때문이다.

그래서 (백성들이) 죽음을 가볍게 여기는 것이다.

(군주가)

오직 (자기)만 살려고 하지 않는 것이

(자기) 삶만을 중시하는 것보다는 나은 것이다.

["民之饑, 以其上食稅之多. 是以饑. 民之難治, 以其上之有爲. 是以
難治. 民之輕死, 以其上求生之厚. 是以輕死. 夫唯無以生爲者, 是賢
於貴生.", 75장]

4.3) 민생을 핍박하지 말아야 한다

백성들이 (군주의) 위력을 겁내지 않으면
　　정말 큰 위협(즉 민중폭동)이 곧 닥칠 것이다.
그들이 사는 방식을 핍박하지 말고
　　그들이 사는 방도를 압박하지 말아야 한다.
오직 (그들을) 압박하지 않아야
　　그래야 (그들에게) 압박받지 않게 된다.
　["民不畏威, 則大威至. 無押其所居, 無厭其所生. 夫唯不厭, 是以不
厭.", 72장]

4.4) 자연의 원칙[天道]은 평등하고, 사회의 원칙[人道]은
　　　불평등하다

자연의 원칙[天道]은
　　아마도 활의 시위를 매는 것과 같다고나 할까!
높으면 누르고,
　　낮으면 들어올린다.
남으면 덜어내고
　　모자라면 보태준다.
자연의 원칙은
　　남는 것은 덜어내고 모자라는 것은 보태준다.
사회의 원칙[人道]은 그렇지 않다.

부족한 사람에게서 **빼앗아** 남는 사람에게 바친다.

[天之道, 其猶張弓與! 高者抑之, 下者擧之. 有餘者損之, 不足者補之.
天之道: 損有餘, 而補不足. 人之道, 則不然: 損不足, 以奉有餘. 77장]

5. 『노자』의 형이상학(1): 무궁한 자연변화와
     우주생명의 철학

『노자』에서는 만물은 모두 '존재'[有]에서 나오지만, 이 근원적인
'존재'[有]는 결국 자기 내용이 없는, 다만 총체적 근원자로서 기능하기
때문에 '존재 아님', 즉 '무無'에서 파생될 수밖에 없다고 보았다. 따
라서 만물의 형이상학적 존재원인으로서의 '도'는 동시에 우선 '무
無'로써 표시될 수밖에 없다. 자기내용이 없는 '무'이기에, '도'는 결
국 "모양 없는 모양"[無狀之狀]이요 "무존재의 꼴"[無物之象](『노자』14장)
일 수밖에 없다. 이런 무형無形의 '도'는 단지 관념일 수 없고 눈에 보이
지 않는 무형한 '충기沖氣'일 뿐이다. 천지에는 속이 텅 빈 풀무[탁橐]나
피리[약籥]처럼 풀무질을 하면 할수록 그만큼 많은 바람이 나오고, 불어
대면 댈수록 노래 소리가 울려나오는 무궁한 '충기'로 충만하다고 이해
했다. 여기에 모든 만물을 수용할 수 있는 무한한 심연深淵과도 같은 "곡
신谷神", 또는 "아리송한 암컷"[현빈玄牝](『노자』6장)으로 비유되는, 우주
의 무한 공간은 또한 실재하며 무한히 변동 변화하는 '충기'의 무한 공
간으로 이해할 수 있는 『노자』의 자연철학을 만날 수 있는 것이다.

보이지 않는 '기'로 충만한 우주 공간에서 살아 움직이는 생명력이

란 언제나 새롭게 변화하는 '충기'의 변화와 활동이다. 따라서 자기 변화를 하지 못하는 모든 존재는 죽은 것이다. 정원 앞의 소나무는 어느 순간도 똑같은 모습이 아니다. 그러나 죽으면 더 이상 변화하지 못한다. 따라서 『노자』에서는 자기 변화와 발전을 이끌어낼 수 있는 '부드럽고 약한 것'(柔弱)은 '생명의 부류'(生之徒)에 속한다고 말한다. 반대로 '뻣뻣하고 강한 것'[强]은 오히려 자기 변화를 이끌어내지 못하기 때문에 '죽음의 부류'[死之徒]에 속한다고 말한다. 여기에 물[水]의 '유약함'이 최고의 선이라는 '상선약수上善若水'의 철학적 메시지가 등장한다.

5.1) 천지는 속이 텅 빈 '풀무'나 '피리'와 같다

하늘과 땅 사이는
    아마도 (속이 텅 빈) 풀무나 피리 같지 않은가?
(속이) 비었어도 고갈됨이 없이
    움직이면 그럴수록 그만큼 많이 나온다.
  [天地之間, 其猶橐籥乎? 虛而不屈, 動而愈出. 5장]

5.2) '골짜기 신'[谷神]은 죽지 않는다

(모든 만물을 포용하는) '골짜기 신'(즉, 도의 은유)은 죽지 않으니,
    이것이 '아리송한 암컷'[현빈玄牝]이다.
'아리송한 암컷'의 문門,
    이것이 '하늘과 땅의 뿌리'[天地根]이다.

보일 듯 말 듯 존재하지만

　　쓰고 (또) 써도 바닥나지 않는다.

　　[谷神不死, 是謂玄牝. 玄牝之門, 是謂天地根. 綿綿若存, 用之不勤.38) 6장]

5.3) '도'는 '하나'를 낳는다

　'도'는 '하나' (의 텅 빈 충기沖氣)를 낳고

　　　'하나'는 '둘' [陰陽]을 낳고

　　　　'둘'은 '셋' [沖氣、陰、陽]을 낳는다.

　　'셋'은 모든 만물을 낳는다.

　만물은 '음'을 지고 '양'을 포용하고

　　　(속이) '텅 빈 기' [충기沖氣]로써 조화를 이룬다.

　　[道生一, 一生二, 三生萬物. 萬物負陰而抱陽, 沖氣以爲和. 42장]

5.4) 만물은 '유有'에서 생기고, '유'는 '무無'에서 생긴다

　천하의 만물은 '유有'에서 생겨나고

　　　'유'는 '무無'에서 생긴다.

　　[天下萬物生於有, 有生於物. 40장]

---

38) 면면綿綿은 곧 승승繩繩이니, 어둑어둑[冥冥]의 뜻이니 무형無形한 모습이다. 그리고 근勤은 근覲과 통한다. 不覲은 '(그 끝이) 보이지 않음'의 뜻이다. 『老子新證』. 任繼愈, 頁73, 注1, 2 참조.

5.5) 만물은 각기 '하나'를 얻어 제 기능을 한다

옛날에 '하나'를 얻은 것들:
　　하늘은 '하나'를 얻어 맑고,
땅은 '하나'를 얻어 편안하며,
　　신神들은 '하나'를 얻어 영험하며,
골짜기는 '하나'를 얻어 채워진다.
　　만물은 '하나'를 얻어 생장하고,
제후諸侯나 왕은 '하나'를 얻어 천하를 바르게 한다.
　　[昔之得一者: 天得一以淸, 地得一以寧, 神得一以靈; 谷得一以盈. 萬
　　物得一以生, 侯王得一以爲天下正.39) 39장]

5.6) (삿된) 마음이 기氣를 부리는 것은 폭력[强]이다

덕德을 많이 머금으면 (유연함이) 어린아이에 비견된다.
　　벌, 전갈, 살모사, 뱀이 해치지 않는다.
사나운 새나 맹수가 낚아채지 않는다.
　　뼈는 약하고 근육은 유연하여 잡아 쥐는 것이 확고하다. [⋯]
종일 울어대도 (목젖이) 쉬지 않는 것은 지극히 조화롭기 때문이다.
　　[⋯]
생을 탐욕하면 재앙이 온다.

---

39) 『노자』 王弼本에는 天下貞으로 되어 있지만, 帛書本에는 〈天下正〉으로 되어 있기
　　에, 번역은 백서본에 의거했다.

(삿된) 마음이 (마구) 기氣를 부리는 것이 폭력[强]이다.

[含德之厚, 比於赤子. 蜂蠆虺蛇不螫, 攫鳥猛獸不搏, 骨弱筋柔而握固. … 益生日祥, 心使氣日强. 55장]

5.7) 기를 모아서 어린아이처럼 될 수 있는가?

혼魂과 백魄은 합일合─하여 (서로) 떨어지지 않을 수 있는가?

기氣를 모아 유연柔然하게 함이 어린아이처럼 될 수 있는가?

[載營魄包一, 能無離乎? 專氣致柔, 能如嬰兒乎? 10장]

5.8) 유약한 것[柔]이 강한 것[强]을 이긴다

유약한 것이

군세고 강한 것(剛强)한 것을 이긴다.

[柔弱勝剛强. 36장]

세상에 가장 유약한 것이

가장 굳은 것을 이리저리 파고든다.

[天下之至柔, 馳騁天下之至堅. 43장]

5.9) 살아 있는 것은 유약하나 죽은 것은 뻣뻣하다

사람이 태어날 때는 유약하나

죽어지면 **뻣뻣**하게 굳어진다.

초목이 생겨날 때는 부드럽고 약하나

　　죽어지면 말라서 **뻣뻣**해진다.

그래서 굳고 강한 것은 죽은 것의 부류이며

　　부드럽고 약한 것은 삶의 부류인 것이다.

이렇기 때문에 군대가 강해지면 파멸이 오고40)

　　나무가 강해지면 부러진다.

굳고 강한 것이 하급이고

　　부드럽고 약한 것이 상급이다.

　[人之生也柔弱, 其死也堅强. 草木之生, 也柔脆; 其死也, 枯槁. 故堅
　强者, 死之徒; 柔弱者, 生之徒. 是以, 兵强, 則滅. 木强, 則折. 41)
　强大處下. 柔弱處上. 76장]

5.10) 세상에서 가장 약한 것은 물이지만,
　　　가장 강한 것 또한 물이다

세상에 물보다 더 약한 것은 없으나

　　굳고 강한 것을 공격하는 데 이보다 앞서는 것이 없음은

---

40) 시동奚侗(1878-1939)은 이 구절을, "군대가 강하면 죽이고 정벌하는 일을 하기
　　때문에 마침내는 멸망하게 된다."(兵强, 則以殺伐爲事, 終致滅亡.)는 뜻으로 풀이
　　하였다. 張舜徽, 上同, 158쪽 참조.

41) 이 구절은 왕필본王弼本에 '兵强則不勝, 木强則兵.'으로 되어 있으나, 『열자列
　　子』「황제黃帝」편, 『문자文子』「도원道原」편, 『회남자淮南子』「원도原道」편에 모
　　두 '兵强則滅, 木强則折.'로 인용되었기에 원문을 이것으로 고쳤다. 張舜徽, 같은
　　책, 158쪽 참조.

　(물을) 대신할 것이 없기 때문이다.

부드러운 것이 딱딱한 것을 이기고

　　약한 것이 강한 것을 이긴다는 것은

세상에 모르는 사람이 없으나

　　그것을 실천하는 사람은 없다.

따라서 성인은 말하였다.

"나라의 모욕을 감수해야

　　국가[社稷]의 군주가 되고,

나라의 재앙을 감수해야

　　천하의 왕王이 된다."

올바로 해준 말이

　　마치 그 반대(즉 거짓)처럼 보일 수 있다.

　[天下, 莫柔弱於水. 而功堅强者, 莫之能先, 以其無以易之. 弱之勝

　强, 柔之勝剛, 天下莫不知, 莫能行. 是以, 聖人云: "受國之垢, 是

　謂社稷主. 受國不祥, 是謂天下王." 正言若反. 78장]

5.11) 강과 바닷물이 모든 물의 왕이 된 것은
　　　아래로 잘 흘러갔기 때문이다

강과 바닷물이 모든 골짜기 물의 왕이 되는 이치는

　　그것이 아래로 잘 흘러가기에

그 때문에 모든 골짜기 물의 왕이 될 수 있는 것이다.

이렇기 때문에 성인이 백성을 다스림에는

반드시 그들에게 겸하하게 말한다.
백성들을 선도하려면
반드시 자신을 그들 뒤에 둔다.
따라서 성인이 위에 있어도
백성들은 무겁게 느끼지 않으며
앞에서 (선도하고) 있어도
장애로 느끼지 않는다.
이렇기 때문에 온 세상 사람들이 즐겁게 추대하며
싫증을 내지 않는다.
그는 (누구와도) 다투지 않기에
그래서 세상에는 겨루고자 하는 사람이 없는 것이다.

[江海, 所以能爲百谷王者, 以其善下之. 故能爲百谷王. 是以欲上民, 必以言下之; 欲先民, 必以身後之. 是以聖人處上, 而民不重; 處前而民不害. 是以天下樂推, 而不厭. 以其不爭, 故天下莫能與之爭. 66장]

5.12) 가장 좋은 것은 물과 같다

가장 좋은 것은 (유약한) 물과 같다.
물은 만물을 잘 이롭게 하지만 싸우지 않고
뭇사람들이 싫어하는 곳에 처하기 때문에
도道와 거의 같다.

[上善若水. 水善利萬物而不爭, 處衆人之所惡, 故幾於道. 8장]

6. 『노자』의 형이상학(2): '유有'와 '무無'의 상생相生과 상관적 사유

『노자』에서는 드러난 모든 존재물은 다 '유有'로 불린다. 드러난 것은 상대방에게 그 실체가 드러나기 때문에 상대방의 쉬운 분석 대상이 된다. 따라서 중요한 것은 '유' (즉 규정됨, 드러남) 너머에 있는, 보이지 않는 '무無'이다. 따라서 상대방에게 드러나지 않는 '무'가 본원이 되고, 드러나는 '유'는 부차적인 것이 된다. 그러나 '무'가 '유'를 통하여 드러나듯이, 본원적인 '무'가 없다면 '유'는 존재할 근거가 없다. 따라서 존재론적으로 '유'는 '무'에 말미암고, 그 반대도 마찬가지이다. 이것이 바로 『노자』에서 말하는 '유무상생有無相生'의 철학 원리이다. 대립적 개념의 짝은 서로 상호 모순 · 배타적인 관계에 있는 것이 아니라, 오히려 상호 의존적 · 상관적 관계에 있다고 보는 상관적 사유가 돋보인다.

6.1) 존재[有]의 유용함[用]은 '무無'에 있다

30개의 바퀴살이 모여
　　바퀴통을 이루나
그 (바퀴통의) 구멍[無]이
　　수레에 소용이 된다.
찰흙을 이겨

　　그릇을 만드나

(그릇 가운데) 빈 곳[無]에

　　그릇의 유용함이 있다.

문과 창을 내어

　　방을 만드나

그 빈 허공[無]에

　　방의 쓸모가 있다.

때문에 존재(有, Sein)가 (사람들에게) 이로운 것은

　　무(無, Nichtsein)의 쓰임 때문이다.

　　[三十輻, 共一轂. 當其無, 有車之用. 埏埴以爲器. 當其無, 有器之

　　用. 鑿戶牖, 以爲室. 當其無, 有室之用. 故 '有'之以爲利, '無'之

　　以爲用. 11장]

6.2) '유' 와 '무' 의 상생과

　　　　　'쉬움' 과 '어려움' 의 상관적 관계

온 세상 모두 (자기들이) '아름답다'고 보는 것만 미美로 알기에

　　(그렇지 않은 것은) 그래서 밉게 되는 것이다.

모두 (자기들이) '좋다'고 보는 것만 선善하다고 알기에

　　(그렇지 않은 것은) 그래서 좋지 않게 되는 것이다.

그러므로 유有와 무無도

　　서로 존재 원인이 되는 것이요,

쉽고 어려움도

　　　상대적으로 생성되는 것이요,
길고 짧음도
　　　상대적으로 나타나는 것이요,
높고 낮음도
　　　상대적으로 정해지는 것이요,
소리[音]와 노래[聲]는
　　　서로가 화합하는 것이요,
앞과 뒤도
　　　서로가 서로를 좇아가는 것이다.
그러므로 (자기의 특정한 일, 즉 유위有爲함이 없기에)
성인은 (모든 '유위'를 다 수용할 수 있는)
　　　무위無爲의 일을 하고,
　　　말[言]에 매이지 않는 가르침을 한다.
　　[天下皆知: 美之爲美; 斯惡已. 皆知: 善之爲善, 斯不善已. 故有·無相
　　生, 難·易相成, 長·短相較, 高·下相傾, 音·聲相和, 前·後相隨. 是以, 聖
　　人: 處無爲之事, 行不言之敎. 2장]

6.3) '되돌아감'[反]이 '도'의 움직임이요,
'유'는 '무'에서 생겨났다

(반대로) '되돌아가는 것'이
　　　도의 움직임이요,
유약한 것[弱]이
　　　도의 운용[用]이다.

세상의 만물은 '유有'에서 생겨났고

　　'유'는 '무無'에서 생겨났다.

　　[反者, 道之動. 弱者, 道之用. 天下萬物, 生於有; 有生於無. 40장]

6.4) 억지로 도모하면 실패하고, 잡으려면 놓친다

천하를 차지하려고 (억지로) 도모하면

　　일을 이룰 수 없다고 나는 본다.

　'천하'라는 신비로운 물건은

　　(누구나 알 만큼 드러내놓고) 도모할 수 있는 것이 아니다.

(드러내놓고) 도모하면 실패하고

　　(드러내놓고) 잡으려면 놓치고 만다.

따라서 사물(경우)에 따라서 어느 것은 앞서 가고

　　어느 것은 좇아가며,

어느 것은 가볍게 숨을 내쉬고

　　어느 것은 세차게 내쉰다.

어느 것은 강하고

　　어느 것은 약하며,

어느 것은 조금 꺾이고

　　어느 것은 왕창 부서진다.

따라서 성인은 (남이 보기에)

　　지나친 것을 버리고

　　사치한 것을 버리고

교만을 버린다.

[將欲取天下而爲之, 吾見: 其不得已. 天下神器, 不可爲也. 爲者敗
之, 執者失之. 故物: 或行或隨, 或歔或吹. 或强或羸, 或挫或隳. 是
以, 聖人: 去甚, 去奢, 去泰. 29장]

6.5) 귀함[貴]의 바탕은 천함[賤]이요, 높음[高]의 토대는 낮음[下]이다

귀함은 비천한 것을 바탕으로 삼고
   높음은 낮음을 토대로 삼는다.
그래서 (높고 귀한) 임금은
   자신을 고孤[고독한 이],
과寡[덕이 적은 이],
   불곡不穀[못난이]으로 부른다.
이것은 (귀함이) 비천함을
   바탕으로 삼은 것이 아닌가?
그렇지 않은가?
따라서 많은 명성을 추구하려 하면
   명성은 없어지게 된다.
영롱한 옥돌이 되고자 하지 말고
   데굴데굴한 돌멩이가 되어라!

[貴, 以賤爲本. 高, 以下爲基. 是以後王, 自謂: 孤、寡、不穀. 此, 非
以賤爲本邪? 非乎? 故致數輿, 無輿.42) 不欲: 琭琭如玉. 珞珞如石.
39장]

6.6) 이득과 손해는 서로 이어져 있다

사람들이 싫어하는 것이

　　바로 고孤[고독한 이]요,

과寡[덕이 적은 이]요,

　　불곡不穀[못난이]이지만

제왕들은 (이런 말로써) 자신들을 부른다.

따라서 세상일은

어느 때는 손해 보는 것이

　　득이 되고

어느 때는 득 되는 일이

　　손해가 되기도 한다.

남들이 (나에게) 가르쳐준 대로

　　나 또한 가르친다.

　　"힘깨나 쓰는 이는 제명에 못 죽는다."

나는 이것을

　　가르침의 으뜸으로 삼고자 한다.

　　[人之所惡, 唯孤, 寡, 不穀. 而王公以爲稱. 故物, 或損之而益; 或益之而損. 人之所敎, 我亦敎之:「强梁者, 不得其死.」吾, 將以爲敎父. 42장]

6.7) 화[禍]와 복[福], 바름[正]과 기형[奇], 좋음[善]과
　　　나쁨[妖]의 상관관계

___

42) '여輿'는 '예譽'와 뜻이 통한다.

재앙은 복이 의지하는 곳이며

  복은 재앙이 엎드려 있는 곳이다.43)

그 끝이 어찌 될지를 누가 알리오?

아마 (세상에 언제나) '바름[正]'이란

  없지 않을까?

바름이 다시 기형이 되고

  좋은 것이 다시 나쁜 것으로 된다.

  (이런 진리에 무지한) 사람들의 착각은

    아마도 그 세월이 진실로 오래된 것이로다!

  [禍兮, 福之所倚! 福兮, 禍之所伏! 孰知其極? 其無正邪? 正復爲奇.
  善復爲妖.44) 人之迷, 其日固久!, 58장]

6.8) 쉽고 어려움, 크고 작음의 상관성

---

43) 이에 대하여 『한비자』, 「해노」편에 다음과 같은 주석이 있다. "사람은 화禍를 당
   하면 마음이 두렵고 떨린다. 마음이 두렵고 떨리면 행동이 단정해진다. 행동이 단
   정해지면 생각이 깊어진다. 생각이 깊어지면 사태의 이치를 터득하게 된다. 행동이
   단정하고 곧바르면 (몸의 안이나 밖으로부터 당할) 불행과 손해가 없다. (당할) 불행과
   해가 없게 되면 천수를 다 누릴 것이다. 사물의 이치를 터득하면 반드시 그 일을
   성공시킬 것이다. 천수를 다 누린다는 것은 (몸이) 온전하여 수를 다하는 일이다. 성
   공하면 반드시 재산이 늘고[富] 사회적 지위가 높아진다[貴]. 몸이 온전하여 천수를
   누리고 부귀해지는 것이 복이다. 그래서 복福은 본래 화禍에서 생겨난다. 그래서
   『노자』에서 「禍兮福之所倚.」라고 말하고 있다. 사람이 복福이 있으면 부귀가 따라
   온다. 부귀하면 입는 옷과 먹는 음식이 좋아진다. 옷과 음식이 좋아지면 교만한 마
   음이 생긴다. 교만한 마음이 생기면 행동이 비뚤어지고 괴팍해져서 행동이 도리를
   저버리게 된다. 행동이 비뚤고 괴팍해지면 몸은 (병을 얻어서) 죽거나 요절하게 된
   다. 행동이 도리를 저버리면 (하는 일을) 성공시킬 수 없다. 안으로 죽거나 요절하는
   난리를 당하고 밖으로 성공하는 이름이 없는 것이 큰 불행이다. 화는 본래 복에서
   생겨나는 것이다. 그래서 (『노자』에서) 「福兮禍之所伏.」이라고 말하고 있다."
44) '善復爲妖'에서 '妖'는 '不善', '惡'으로 통한다.

어려운 일은

　(어려워지기 전) 쉬운 데서부터 도모해야 하고,

큰일은

　(일이 커지기 전) 작은 데서부터 해야 한다.

천하의 어려운 일은

　반드시 쉬운 데서부터 일어났고,

천하의 큰일은

　반드시 작은 일에서부터 일어났다.[45]

그러므로 성인들은 끝내 큰일을 하지 않았기에

　그래서 큰일을 이룰 수 있었다.

쉽게 한 응낙에는

　반드시 믿음성이 적은 것이요,

---

45) 이와 관련하여 『한비자』, 「유노喩老」편에 다음과 같은 이야기를 소개하고 있다. "(중국 고대의 명의) 편작扁鵲이 채蔡나라 환공桓公을 뵈었다. 잠시 서 있던 편작이 말했다: 「임금의 병이 지금 살결에 있습니다. (지금) 다스리지 않으면 더욱 깊어질 것입니다.」 환공은 (이 말에) 대꾸를 하지 않았다. 편작이 나가자 환공은 말했다: 「의사란 병도 아닌 것을 고치고 (그것을) 공으로 삼기를 좋아한다.」 열흘 뒤에 편작이 다시 뵙고 말했다: 「임금의 병은 피부 속에 있으니, 다스리지 않으면 더욱 심해질 것입니다.」 환공은 또 대꾸하지 않았다. 편작이 나가니 그 또한 마음이 기쁘지 않았다. 열흘이 지나 편작이 다시 찾아뵙고 말했다. 「임금님의 병은 장과 위에 있습니다. 다스리지 않으면 더욱 심해질 것입니다.」 환공은 대꾸하지 않았다. 편작이 나가니 그 또한 마음이 기쁘지 않았다. 열흘이 지나자 편작이 환공을 멀리서 바라보고는 (그냥) 되돌아갔다. (이에) 환공이 사람을 시켜서 그에게 물어 보았다. 편작이 말하였다: 「병이 살갗에 있으면 탕으로 디키힐 수 있고, 피부 속에 있으면 침으로 다스릴 수 있고, 장과 위에 있으면 뜸으로 손쓸 수 있습니다. 뼈 속(骨髓)은 생사가 달린 곳이니, 어찌해 볼 수가 없습니다. (임금의 병이) 지금 뼈 속에 있으니 제가 그 때문에 (더) 말씀드리지 못한 것입니다.」 닷새가 지나자 환공의 몸은 아프기 시작했다. 사람을 시켜서 편작을 찾았으나 (그는) 이미 진秦나라로 도망하였다. 환공은 마침내 죽었다. 때문에 좋은 의사가 병을 고치는 것은 살결부터 치료하는 것이다. 이는 모두 작은 때 그것을 이겨내는 것이다. … 때문에 (『노자』에서는) 「성인은 일찌감치 손을 쓴다(聖人蚤從事矣).」라고 말하고 있다."

너무 안이하게 처리하면

　　반드시 어려움이 많이 따르게 된다.

따라서 성인은 일들을 오히려 어렵게 보기에

　　그래서 끝내 어려움이 없도다!

[圖難於其易. 爲大於其細. 天下難事, 必作於易. 天下大事, 必作於
細. 是以, 聖人終不爲大, 故能成其大. 夫輕諾, 必寡信. 多易, 必多
難. 是以, 聖人猶難之, 故終無難矣! 63장]

6.9) 남성다움[雄]과 여성다움[雌], 흑黑과 백白, 영榮과 욕辱의 상관성46)

(군주는)

남성다움[雄]을 알면서

　　여성다움[雌]을 지켜나가

천하에서 (가장 낮은) 골짜기 물로 자처한다.

　　천하에서 (가장 낮은) 골짜기 물로 자처하면

　　한결같은 덕[恒德]이 떠나지 않아

다시 갓난아기와 같은 상태가 된다.

(군주는)

분명[白]하게 알면서도

　　어둑어둑[黑]하게 지켜나감을

---

46) 이 28장을 특히 '무위無爲'하는 군주의 전형적인 통치원리로 이해하는 해석은 우
선 『하상공주河上公注』에서 그 기원을 확인할 수 있다. 이에 대한 자세한 해석은
張舜徽, 上同, 188-189쪽 참조.

천하(를 대하는) 법식으로 삼는다.

　　이런 천하의 법식대로 하면

　　한결같은 덕[常德]에 어긋나지 않아

다시 제한된 틀에 매이지 아니[無極]하게 된다.

(군주는)

영화榮華를 알면서도

　　인욕忍辱을 지켜나가

천하(에서 가장 낮은) 골짜기가 된다.

　　천하의 골짜기가 되면

　　한결같은 덕이 가득 차게 되어

다시 (원초의) 소박함으로 돌아가게 된다.

　　[知其雄, 守其雌, 爲天下谿. 爲天下谿, 常德不離, 復歸於嬰兒. 知其
　　白, 守其黑, 爲天下式. 爲天下式, 常德不忒, 復歸於無極. 知其榮,
　　守其辱, 爲天下谷. 爲天下谷, 常德乃足, 復歸於樸. 28장]

6.10) 낡아지면 새 것이 되고, 적으면 얻게 된다

(세상일이란)

굽어졌으면 온존하게 되고

　　비뚤어졌으면 바르게 되고

　　움푹 파였으면 (물이 흘러 들어와) 차게 되고

낡아지면 새 것이 되고

　　적으면 얻게 되고

　　많게 되면 착각하게 된다.

그래서 성인은 '하나' [一]를 간직하여

　　천하의 모범이 된다.

자신을 드러내 놓지 않기에

　　(사태를) 밝게 볼 수 있고,

스스로 옳다고 여기지 않으므로

　　(명성이) 드러나게 되며

스스로 자랑하지 않으므로

　　공이 있게 되고

스스로 뽐내지 않으므로

　　존경을 받게 된다.

오직 (남과) 다투지 않으므로

　　그래서 세상에 누구도 그와 다툴 수 없다.

　　'굽히는 쪽이 온전해진다' 는 옛 말이

　　어찌 헛소리겠는가?

진실로 온전하게 하여

　　('도' 의 흐름에) 귀의하는 것이다.

[曲則全. 枉則直. 窪則盈. 幣則新. 少則得. 多則惑. 是以, 聖人抱一, 爲天下式. 不自見, 故明. 不自是, 故彰. 不自伐, 故有功. 不自矜, 故長. 夫唯不爭, 故天下莫能與之爭. 古之所謂:「曲則全」者, 豈虛言哉? 誠全而歸之. 22장]

6.11) 사람은 서로 다른 자기 눈높이에 따라
　　　도를 달리 이해한다

진짜가 도를 들으면
　　부지런히 실천한다.
보통 사람이 도를 들으면
　　믿기도 하고 의심도 한다.
엉터리가 도를 들으면
　　크게 (비웃으며) 낄낄거린다.
낄낄거리지 않으면
　　'도'라 할 수 없겠다!
그래서 이런 말이 있다.
"자명한 '도'는
　　마치 몽매한 것 같고
나아가는 '도'는
　　마치 밀려나는 것 같고
평평한 길은
　　마치 울퉁불퉁한 것 같다.
높은 덕은
　　마치 (가장 낮은) 골짜기 같고
폭넓은 덕은
　　마치 모자라는 것 같고
부지런한 덕47)은
　　마치 게으른 것 같고
질박한 것은

---

47) 여기서 '건덕建德'의 '建'은 '健'(부지런함)의 뜻으로 통한다.

마치 탁한 것 같고

아주 네모진 것은

　마치 모가 없는 것 같다.

아주 큰 그릇은

　맨 뒤에 만들어지고

아주 큰 소리는

　거의 들리지 않으며

아주 큰 모양은

　형체가 보이지 않는다."

'도'는 드러나지 않아

　(붙일) 이름이 없으나(無名),

오직 도만이

　잘 시작하여 잘 이룰 뿐이다.

　[上士聞道, 勤而行之. 中士聞道, 若存若亡. 下士聞道, 大笑之. 不笑, 不足以爲道. 故建言[48]有之: 明道若昧, 進道若退, 夷道若纇. 上德若谷. 大白若辱. 廣德若不足. 建德若偸. 質眞若渝. 大方無隅. 大器晩成. 大音希聲. 大象無形. 道隱無名. 夫唯道, 善始且善成. 41장]

6.12) 자신을 남보다 뒤에 세움으로 남보다 앞선다

하늘과 땅은 유구히다.

　하늘과 땅이 유구한 것은

---

48) '건언建言'은 '입인立言'의 의미이다.

자기 스스로를 위해 살지 않기에

　　그래서 오래 생존할 수 있는 것이다.

그러므로 성인은 자신을 (남보다) 뒤에 세워서

　　(그들보다) 앞에 서고

자신을 배제하여

　　오히려 자신을 보존한다.

이는 자신이

　　사욕에 매이지 않았기[無私] 때문이 아닐까?

그래서 자기 욕구를

　　이룰 수 있는 것이다.

　　[天長地久. 天地, 所以能長且久者, 以其不自生. 故能長生. 是
　　以, 聖人: 後其身, 而身先; 外其身, 而身存. 非以其無私邪? 故
　　能成其私. 7장]

6.13) 자연의 도는 해치지 않고, 성인의 도는 다투지 않는다

진실한 말은 아름답지 않으며

　　아름다운 말은 진실하지 않다.

착한 사람은 말을 잘 못하고

　　말을 잘하는 사람은 착하지 않다.

아는 사람은 많이 안다고

　　뽐내지 않고[博]49)

---

49) 여기서 '博'은 '아는 것이 많음을 뽐낸다'라는 뜻으로 통한다. 任繼愈, 上同.

안다고 뽐내는 사람은
　　알지 못한다.
성인은 (자신을 위해)
　　쌓아 두지 않는다.
남을 위해 다하기에
　　자기는 그만큼 충족하고
남에게 모두 다 주기에
　　자기는 그만큼 많은 것이다.
자연의 도는
　　이롭게 하되 해치지 않고
성인의 도는
　　일은 하되 다투지 않는다.

[信言不美, 美言不信. 善者不辯, 辯者不善. 知者不博, 博者不知. 聖人不積. 旣以爲人, 己愈有. 旣以與人, 己愈多. 天之道, 利而不害. 聖人之道, 爲而不爭. 81장]

6.14) 낮은 곳으로 흘러가는 물은 도와 가깝다

가장 좋은 것은 물과 같다.
물은 만물을 이롭게 하면서도
　　(위로 가려고) 다투지 않고
사람들이 싫어하는 (낮은) 곳으로 흐르니

235쪽 참조.

　　진실로 (물은) 도와 가깝다.
　(물처럼) 살되 아주 겸하해야 하고50)
　　마음 씀이 아주 깊어야 하고
　(남과) 어울림에 아주 인애하고
　　말함에 아주 진실해야 하고
　정치함에 잘 다스리고
　　일을 함에 아주 능해야 하고
　　움직임은 시기에 잘 맞아야 한다.
　오직 (물은 올라가려고) 다투지 않기 때문에
　　허물이 없다.

　　[上善若水. 水善利萬物, 而不爭; 處衆人之所惡, 故幾於道. 居, 善地.
　　心, 善淵. 與, 善仁. 言, 善信. 正,51) 善治. 事, 善能. 動, 善時. 夫唯
　　不爭, 故無尤. 8장]

7. 『노자』의 형이상학(3): '독단적 사유' 지평을
　　넘어서는 '도' 이야기

　　『노자』에서는 인간에게 친숙한 관념을 동원하여 자연세계를 설명하
는 '의인적 사유'(Anthropomorphismus)의 지평이 부정되고 있다. 따라서
자연현상 자체의 변화를 인륜세계를 유지시키는 도덕관념을 기준으로

---

50) 여기서 '居, 善地'의 '地'는 '底'(낮춤, 아래)의 뜻이다. 任繼愈, 『老子新譯』(修
　　訂本), 上海古籍出版社, 1985), 76쪽 참조.
51) 여기서 正(바르게 함)은 보통 政(정치행위)로 풀이된다.

평가할 수 없다고 말한다. 인간을 포함하는 천지 만물의 생성, 변화, 발전의 형이상학적 원인자로서 『노자』에서는 '도'를 제시하고 있다. 이런 '도'는 경험세계 너머에 있는 '초감각적 · 형이상학적 존재'일 뿐이다. 따라서 감각적으로 보고, 듣고, 만져볼 수 있는 경험세계의 만물을 우리가 '유有'라고 묶어서 말한다면, '도'는 결코 존재론적 차원에서 그런 '유'의 범주에 속할 수 없다. 그렇기 때문에, '도'는 그저 '무無'라고 말할 수밖에 없다는 것이다. 하지만, 이런 '도' 역시 경험세계를 떠나서 다른 어떤 공간에 별도로 존재하는 특정한 대상물이 아니기 때문에, '도'의 모습은 '현묘玄妙하고' '황홀恍惚하며', 있는 것 같기도 하고 없는 것 같기도 하다고 말한다. 이런 '도'는 존재론적으로 천지자연의 모든 만물들보다, 심지어 하느님[帝]보다도 먼저 존재하는 그 무엇이다. 요컨대, 도는 하느님보다도 앞서는 만물생성의 근원적 원인자이다. 따라서 우리가 자연세계의 만물 전체를 잠시 '유有'라는 총체적 개념을 빌려서 파악한다면, 이것과 존재론적으로 구별되는 '도'는 모든 '유'의 형이상학적 존재근거로만 이해될 수 있기 때문에, '유'의 내용규정이 있을 수 없다. 따라서 모든 '유'의 내용 배후에 그것들의 존재 원인자로 설정된 『노자』의 '도'는 그저 '무無' 존재로 말할 수밖에 없다. 말하자면 '무'인 '도'는 바로 자기-한정적 의미내용을 갖는 '이름'[有名]이나 '행위'[有爲], 즉 '유'의 지평 너머에 있기 때문에, 그저 '무명無名'하며 '무위無爲'할 뿐이다.

7.1) 의인적 사유의 부정: 천지자연의 운행은 인의仁義의 도덕관념과 관계없다

천지자연(의 운행)은

　　인仁(의 도덕관념)에 따르지 않는다.

만물을 '풀 강아지' [추구芻狗]52)로 볼 뿐이다.

성인聖人(의 행위)는

　　인仁(의 도덕관념)에 따르지 않는다.

백성들을

　　'풀 강아지' [芻狗]로 볼 뿐이다.

하늘과 땅 사이는

　　풀무상자나 피리와 비슷하지 않을까?

텅 비었으나

　　다함이 없고

움직여주면 그럴수록

　　그만큼 흘러나온다.

(그러나 반대로 자기 마음을)

주어들은 지식으로 채우면

　　채울수록 자주 막히니

---

52) '풀 강아지' [芻狗]는, 풀로 엮어 만든 개모양의 물건으로 옛날에 제사지낼 때 제
물 대용으로 쓰던 것이다. 제사에 쓰이기 전에는 화려한 제기에 담아서 비단으로
잘 감싸 주지만, 제사를 지내고 나면 길거리에 버려져 사람들이 밟고 다니며, 그
것을 주어다 불태워 버린다. 용도에 따라 때로는 소중히 여겨지다가 무용해지면
무참하게 버려지는 것이 사물의 변화, 즉 '신진대사'의 진정한 모습이다. 이런 '신
진대사'라는 자연변화는 인의도덕과 같은 인간의 도덕 감정과 무관한 것이다. 여
기에서 '의인적 사유형태'(Anthropomorphismus)를 거부하는 도가사상의 자연주의적
사유가 돋보인다. '芻狗'의 의미에 대하여는 『장자』, 「천운天運」 편에 잘 설명되
고 있다. "夫芻狗之未陳也, 盛以篋衍, 巾以文繡, 尸祝, 齊戒以將之, 及其已陳也, 行者, 踐其
首脊, 蘇者, 取而爨之而已. 將復取而盛以篋衍, 巾以文繡, 遊居寢臥其下, 彼不得夢, 必且數眯
焉. 今而夫子, 亦取先王已陳芻狗, 聚弟子, 遊居寢臥其下." 郭慶藩, 「天運」, 『校正莊子集
釋』(中華書局), 511~512쪽 참조.

(마음) 속을 텅 비게 지킴만 못하다.

[天地不仁, 以萬物爲芻狗. 聖人不仁, 以百姓爲芻狗. 天地之間, 其猶
橐籥乎? 虛而不屈, 動而愈出. 聞言[53]數窮, 不如守中. 5장]

7.2) '무'는 천지자연의 시작을, '유'는 만물의 어머니를 이른 것이다

말로써 표현될 수 있는 도道는

(언제나) 실재하는 도[常道]는 아니다.

이름 붙일 수 있는 이름은

(언제나) 실재하는 이름[常名]은 아니다.

'무'는

천지자연의 시작[始]을

'유'는

만물의 어미[母]를 이른 것이다.

그러므로 항상 '무'[Nichtsein]의 상태에서

오묘하고 심원한 실상을 보고,

항상 '유'[Sein]의 상태에서

현상세계를 본다.

이 둘은 모두 도에서 나와

---

53) 이 구절은 『하상공河上公』본, 『왕필王弼』본, 그리고 『경룡비景龍碑』에 '多言數
窮'으로 되어 있으나, 『노자백서老子帛書』갑甲과 을乙본, 그리고 『수주비遂州碑』에
는 '多聞數窮'으로 되어 있어서, 여기서는 후자를 따라 번역하였다. 張舜徽, 上同,
167쪽 참조.

　　이름만 다를 뿐이니,

　이를 함께 불러서

　　'아리송하다' (玄)54)고 한다.

　이렇게 아리송하고 아리송한 것이

　　삼라만상이 생성되어 나오는 문이다.

> [道可道, 非常道. 名可名, 非常名. 無, 名天地之始. 有, 名萬物之母.
> 故常無, 欲以觀其妙. 常有, 欲以觀其徼. 此兩者, 同出而異名. 同謂
> 之玄. 玄之又玄, 衆妙之門. 1장]

7.3) 도는 '아리송한 암컷'[玄牝]이다

('도'는 텅 빈) 골짜기처럼 신묘하여

　　(만물의 생성 · 변화에) 쉼이 없으니,55)

이것을 '아리송한 암컷'이라 한다.

　'아리송한 암컷'의 문,

　　이것이 천지를 (생성한) 뿌리이다.

어스름이 있는 듯 마는 듯

　　작용을 해도 보이지 않는다.56)

---

54) '玄'은 원래 대상이 눈에서 멀리 떨어져 있어서 시력으로 그것이 흰색인지 검은
색인지를 분명히 변별할 수 없는 아리송한 사태를 말한다. 이것에서 '인간의 지식
이나 언어로 표현될 수 없는 심오함'의 뜻으로 확장되었다.

55) 고연제高延第(1823-1886)에 의하면, 여기서 '不死'는 「진실이 지극하여 쉼이 없
음」[至誠不息] 또는 「한결 같은 덕은 떠난 적이 없음」[常德不離]을 뜻한다. 張舜
徽, 같은 책, 168쪽 참조.

56) 여기 '用之不勤'에서 '勤'은 '觀', 즉 '見'의 뜻으로 통할 수 있다. 任繼愈, 上
同, 73쪽 참조.

[谷神不死, 是謂玄牝. 玄牝之門, 是謂天地根. 綿綿若存, 用之不勤.
6장]

7.4) 도는 이름에 매어 있지 않으니[無名] 소박하다

도는 언제나 이름에 매어 있지 않으니[無名]
　　소박하다.
비록 작아 보이지만
　　세상의 누구도 복종하지 않을 수 없다.
임금들이 그것[道]을 지킬 줄 알면
　　모든 것이 스스로 순조로울 것이다.
하늘과 땅이 서로 화합하여
　　감로수가 내리고
백성들은 명령을 내리지 않아도
　　자연히 고르게 될 것이다.
(사회가) 처음으로 구성되니
　　이름[名, 명분]이 생겨났다.
'이름'이 일단 생겨났으니
　　또한 한계를 알아야 한다.
한계를 안다면
　　위태롭지 않을 것이다.
말하자면 '도'란
　　세상에서 마치 (모든) 냇물과 계곡물이

강과 바다로

흘러가게 하는 것과 같다.

[道, 常無名, 樸. 雖小, 天下莫能臣也. 侯王若能守之, 萬物將自賓.
天地相合, 以降甘露. 民, 莫之令而自均. 始制有名. 名亦旣有, 夫亦
將知止. 知止, 可以不殆. 譬道之在天下, 猶川谷之於江海. 32장]

7.5) 도는 천지자연보다 먼저 생겨났다

혼돈混沌한 어떤 것이

하늘과 땅보다 먼저 생겨났다.

소리도 없고 형체도 없으며

홀로 서서 (그 다른 무엇에도) 고쳐지지 않으며

(천지 사방) 두루 돌아다녀도

위태롭지 않으니,

하늘과 땅[天地]의 어미라 할 수 있겠다.

나는 그 이름을 알 수 없으니

'도道'라고 하겠다.

억지로 말하자면

'크다'[大]라고 하겠다.

크기에 흘러가고[逝]

흘러가니 멀리 가고[遠]

멀리 가니

(처음으로) 되돌아온다[反].

따라서 도가 크고

　　하늘이 크고

땅이 크고

　　왕 또한 크다.

우주 안에 네 가지 큰 것이 있으니

　　왕은 그 중에 하나이다.

사람은 땅을 본받고

땅은 하늘을 본받고

하늘은 도를 본받고

도는 '스스로 그렇게 됨'[自然]57)을 본받는다.

> [有物混成, 先天地生. 寂兮寥兮. 獨立不改. 周行而不殆, 可以爲天地
> 母. 吾不知其名, 字之曰道. 强爲之名, 曰大. 大曰逝. 逝曰遠. 遠曰
> 反. 故道大, 天大, 地大, 王亦大. 域中有四大, 而王居其一焉. 人法
> 地. 地法天. 天法道. 道法自然. 25장]

7.6) 도는 초감각적인 '만물만상의 아비'이다

(만상만물들을 주재해 가는)

큰 덕58)의 모습은

---

57) 이 구절 '道法自然'에서 '自然'은 현대어의 '자연'(Natur, nature)의 뜻이 아니
라, '스스로 그렇게 됨' 또는 '자발성'(spontaneity)의 뜻이다. '도'는 자기 안에
'운동인'이 있기에 자기 운동을 자발적으로 전개해 가는 자율적 존재라는 뜻이다.
『노자』나 『장자』에서는 물리적 의미의 '天' 또는 '天地'가 현대의 '자연' 개념에
보다 가깝다고 하겠다.

58) 여기서 '孔德'의 '孔'은 '大'의 뜻으로 통한다. 따라서 '孔德之容'의 의미는
'만상만물들을 주재해 나가는 도의 큰 모습'이라는 뜻이다.

　　오직 도만을 따를 뿐이다.

'도'란 어릿어릿하여

　　분간하기 어렵고

분간할 수 없는 그 속에

　　무슨 꼴이 있으며

어릿어릿한 그 속에

　　무엇인가 실재하고 있다.

심오하고 그윽하니

　　그 속에 '알맹이[精]'가 있고

'알맹이[精]'는 다시 없이 참되니

　　그 속에 무엇인가 징표59)가 있다.

옛날부터 지금에 이르기까지 그 이름[名, 직분]은

　　(만상만물에서) 떠나 있지 않으니

만물만상의 아비[衆父, 즉 도]를

　　알아보게 된다.60)

내가 어찌

　　'만물만상의 아비'의 모습을 알 수 있을까?

바로 이런

　　(아리송한 성질) 때문이다.

　　[孔德之容, 惟道是從. 道之爲物, 惟恍惟惚. 惚兮恍兮, 其中有象. 恍
　　兮惚兮, 其中有物. 窈兮冥兮, 其中有精. 其精甚眞, 其中有信. 自古

---

59) 여기서 '信'을 '만물만상을 주재해 나가는 道'의 징표徵表로 이해하였다.
60) 이 구절 '以閱衆父'에서, '閱'은 '인식한다. 알아낸다.'의 뜻이고, '衆父'[만물
　　만상의 아비]는 도에 대한 비유이다. 任繼愈, 上同, 105쪽 참조.

及今, 其名不去, 以閱衆父. 吾何以知衆父之狀哉? 以此. 21장]

7.7) 도는 감각을 넘어선 존재이다

(도란) 보려 해도 보이지 않으니
　　'이夷'[희미하다]라 하고
들으려 해도 들리지 않으므로
　　'희希'[소리가 없다]라 하고
잡으려 해도 잡히지 않으므로
　　'미微'[형체가 없음]라고 한다.
이 셋은 (감각으로는) 파악해낼 수 없기에,
　　그래서 혼융되어 하나인 것이다.
그 위라 해서 분명치 않고
그 아래라 해서 어둡지 않다.
(감각적으로는) 있는 듯 마는 듯
　　무어라 이름붙일 수 없으니
다시 '무존재'[無物]인 셈이다.
이것이 모양 없는 모양인 것이요
　　'무존재'의 꼴이니
　　이것은 어릿어릿[恍惚]할 뿐이다.
맞아 보아도 그 앞이 안 보이고
　　좇아가도 그 뒤가 보이지 않는다.
(성인은) 옛날부터 있어온 도를 가지고

지금 존재하는 것[有]들을 다스린다.
원초의 본원을 알 수 있으면
    그것이 도의 법칙[道紀]인 것이다.

[視之不見, 名曰夷. 聽之不聞, 名曰希. 搏之不得, 名曰微. 此三者,
不可致詰, 故混而爲一. 其上不皦, 其下不昧. 繩繩不可名, 復歸於無
物, 是謂無狀之狀. 無物之狀, 是謂恍惚. 迎之不見其首, 隨之不見其
後. 執古之道, 以御今之有. 能知古始, 是謂道紀. 14장]

7.8) 도는 하느님보다 앞서 존재하였다

도는 텅 비어 있는 듯하지만
    그 작용함은 아무리해도 끝이 없다.
    깊고 그윽하여 만물의 근원과도 같다.
사물들의 날카로움은 무디게 꺾어주고
    그들의 어지러움을 풀어주며
    그들의 빛과 조화하고
    그들의 티끌과 동화한다.
깊고 고요하여 혹 있는 듯도 없는 듯도 하다.
    나는 그것이 (누구에게서 태어난) 자식인지 모르나
    아마 '하느님' 보다도 앞서 생긴 듯하다.

[道沖, 而用之, 或不盈. 淵兮似萬物之宗. 挫其銳, 解其紛, 和其光,
同其塵. 湛兮似或存. 吾不知誰之子, 象帝之先. 4장]

7.9) 도道는 만물을 생성하고, 덕德은 만물을 키운다

도는 (만물을) 생성하며

　　덕은 그(들의 기운)을 쌓아준다.

(그래서) 개개의 존재[物]에게

　　모양[形]이 생겨나고

개개의 기물[器]이 완성된다.

그러므로 만물은 도를 존중하고

　　덕을 높이 여긴다.

도가 존중받고

　　덕이 높임을 받는 것은

누가 명령을 내려서 그런 것이 아니라

　　늘 저절로 그러한 것이다.

그러므로 도는 만물을 생성하고

　　덕은 만물(의 기운)을 쌓아준다.

자라나게 하고 키워서

　　열매를 맺고 성숙하게 하며61)

　　길러주고 돌보아준다.

(만물을) 생성시키면서도

　　자기의 소유로 하지 않고

(모든 일을) 다 하고 있으면서도

　　자랑하지 않으며

주도하면서도 지배하려 하지 않으니

　　이를 심오한 덕[玄德]이라 한다.

---

61) 이 구절 '亭之毒之'에서 '亭'은 '열매를 맺게 하다', 그리고 '毒'은 '성숙하게
　　하다'의 뜻으로 풀이된다. 任繼愈, 上同, 171쪽 참조.

[道生之, 德畜之. 物形之, 器成之. 是以, 萬物存道而貴德. 道之尊, 德之貴, 夫莫之命而常自然. 故道生之, 德畜之, 長之育之, 亭之毒之, 養之覆之. 生而不有, 爲而不恃, 長而不宰. 是謂玄德. 51장]

8. 군주의 불간섭과 만물[만인] 스스로의 자발성:
─ 문명 비판과 소국과민小國寡民의 이상 ─

『노자』에서는 이른바 '성인聖人'들이 만들어 낸 문명의 이기나 사회 제도, 이념 등등이 개개인들의 자율적인 본성을 간섭하고, 심지어는 압박한다고 보고 있다. 사실 인간의 자연스런 생명의 보호와 안전을 위하여 인간의 문화와 문명이 생겨났다면, 이런 문화나 문명의 이기利器들이란 인간 본연의 자연생명을 진작시켜 주는 보조적인 수단에 불과할 것이다. 그러나 사회(공동체)의 효율적 유지와 지속적인 발전의 추구에서 비롯되는 다양한 사회적 산물들(예를 들면 재산, 권력, 명예, 이념, 관습, 미모 등)과 같은 인간생명 밖의 외물外物의 획득에 사람들이 과도하게 몰두한 결과, 아이러니컬하게도 인간의 소중한 생명이 외물에 의하여 압박당하는 인간소외가 일상적 사회현상으로 나타난다는 것이다. 이와 같이, 문명제도에 의하여 인간 본연의 존엄성과 자유가 압박과 박탈을 당하고 있다면, 이런 도치된 인간의 사회적 비극의 책임은 바로 문명창조를 주도한 성인의 죄일 수밖에 없다는 역설적인 문명비판의 목소리가 또한 『노자』의 텍스트 속에서 보이고 있다. 따라서 이런 도치된 인간소외로부터의 해방의 길은 위로부터 백성에 대한 아무런 간섭(지배)이 없고, 백

성들에게 그들의 타고난 본성대로 살게끔 자유방임하는 그런 삶의 방식
에서 찾아야 한다고 말한다. (물론 이 점은 나중에 『장자』에서 더욱 더 명확하
게 부각될 것이다.) 이런 맥락에서 『노자』에서는 인간의 존엄성이 보장되
고, 소외받지 않는 개인들의 자유로운 삶이 보장되려면, 사회조직 단위
가 ― 최소화 되어서 사회구성원 모두가 서로 인격적으로 교제하고 소통할 수
있는 그런 ― 소규모 자급자족적 공동체의 범위 이상으로 발전해서는 안
된다고 말한다. 여기에 "최소 영토에, 최소의 백성들[小國寡民]"의 자급
자족적인 공동체가 이상적 사회의 대안으로 제시되고 있다. 사회적 관
계와 연관된 과도한 욕망의 추구보다는 문명 초기 단계에서나 가능한
― 백성들이 그들이 속한 작은 공동체 안에서 ― 별 큰 욕심 없이 단순하고
소박하며 무탈하게 즐기는 자족적인 삶을 오히려 긍정적으로 묘사하고
있다.

8.1) 문명은 인간의 자연성을 파괴한다

오색五色의 빛깔은
　　사람의 눈을 멀게 하고
오음五音의 소리는
　　사람의 귀를 멀게 하고
오미五味의 음식은
　　사람의 입맛을 해친다.
(왕공귀족들의)
말 타고 달리는 사냥놀음은

사람의 마음을 (욕구로) 미치게 하며

진귀한 재물은

　사람의 행동을 들뜨게 한다.

그러므로 성인은

　배[복腹]를 채워주지 눈을 위하지 않는다.

그래서 저것(허식, 즉 외물)을 버리고

　이것[腹]을 채워준다.

　[五色, 令人目盲. 五音, 令人耳聾. 五味, 令人口爽. 馳騁畋獵, 令人
　心發狂. 難得之貨, 令人行妨. 是以, 聖人爲腹, 不爲目. 故去彼取此.
　12장]

8.2) 영원한 생명(자연)의 순환 운동을 고요하게 관조하다

(마음을) 극진하게 비우고

　고요함을 돈독하게 지켜나간다.

만물들이 함께 생장하고 있으나

　나[吾]는 그것이 순환하는 면을 보는 것이다.

만물이 모두 움직이고 있으나

　각기 자기 뿌리로 되돌아가는 것이다.

이 뿌리로 돌아가는 것이 고요함[靜]이요

　이것이 자기의 생명[命]으로 돌아가는 것이다.

생명으로 돌아감을

　불변한 것[常]이라 하고

이런 (생명의) 불변을 아는 것을
　지혜[明]라 한다.
이런 (생명의) 불변을 알지 못하고
　망령된 짓을 하면 재앙이 생겨난다.
이런 (생명의) 불변성을 알면
　포용하게 되고
포용하면 공정하게 된다.
공정하면 왕의
　덕을 갖추게 되고
왕의 덕은
　자연[天]과 같아진다.
이런 자연이
　'도道'이다.
도에 따르면 오래 살고
　종신토록 위태롭지 않을 것이다!

　[致虛極, 守靜篤. 萬物竝作, 吾以觀復. 夫物芸芸, 各復歸其根. 歸根
　曰靜. 是謂復命. 復命曰常. 知常曰明. 不知常, 妄作凶. 知常, 容. 容
　乃公. 公乃王. 王乃天. 天乃道. 道乃久, 沒身不殆! 16장]

8.3) 문명적 향락보다는 우둔한 자연인의 생활을 택하다

뭇사람들은 희희낙락
　큰 잔치를 즐기는 듯하고,

봄에 정자에 올라 노는 듯해도
　　나는 홀로 담담하니
무표정하게 미소 못 짓는 아기 같고
　　돌아갈 집조차 없는 듯 나른하기만 하다네.
뭇사람들은 모두 여유 있는 듯해도
　　나만은 (모든 것을) 잃은 것 같다네.
나는 바보의 마음인 듯
　　멍청하다네!
뭇사람들은 (매사에) 밝고 밝아도
　　나만은 어릿어릿
뭇사람들은 (매사에) 또렷또렷해도
　　나만은 흐리멍덩하여
흐릿흐릿 하기가 바다 같고
　　흐물흐물 하기가 끝이 없다네!
뭇사람들은
　　모두 (또렷한) 이유가 있는 듯하나
나만은
　　미련하고 천한 것 같다네.
나는 남과 다르고자 하여
　　(만물을) 먹여주는 어미[도道]만을 높이 본다네.

　[衆人熙熙, 如享太牢, 如春登臺. 我獨泊兮其未兆, 如嬰兒之未孩, 儽
　儽兮若無所歸. 衆人皆有餘, 而我獨若遺. 我愚人之心也哉, 沌沌兮!
　俗人昭昭, 我獨昏昏. 俗人察察, 我獨悶悶. 忽兮其若海, 漂兮若無止!
　衆人皆有以, 而我獨頑似鄙. 我獨異於人, 而貴食母. 20장]

8.4) 인위적 욕구를 부정하고, 소박한 자연적 삶을 중시하다

겉은 단순하고
  마음은 소박하라.
사심私心을 줄이고
  욕심을 적게 가져라.
문명공부[학문]를
  끊어버리면
(세상의) 근심은 없어진다.
  [見素抱樸, 少私寡欲. 19장]
  [絶學無憂. 20장]

8.5) 이상 사회에는 폭력과 간섭이 없다

(이상 사회는 명령하고 간섭하는)
말소리[言語]는 거의 없이
  자연스럽게 되어간다.
그러므로
회오리바람(같은 폭력적 자연현상도)
  한 아침을 지속하지 못하고
소나기라해도
  하루 종일 오지는 못한다.
(이런 폭력을) 누가 만든 것일까?

바로 천지자연이다.

천지자연도 오래 끌지 못하는데

　　하물며 인간(의 폭력적 간섭)이

어떻게 오래 지탱될 수 있겠는가?

　　[希言, 自然. 故飄風不終朝, 驟雨不終日. 孰爲此者? 天地. 天地尚不
　　能久, 而況於人乎? 23장]

8.6) '도'는 '스스로 그러함'[自然]을 본받는다.

사람은 땅을 본받고

　　땅은 하늘을 본받는다.

하늘은 '도'를 본받고

　　'도'는 '스스로 그러함'[自然]을 본받는다.

　　[人法地, 地法天. 天法道, 道法自然. 25장]

8.7) '도'는 개개 사물에 명령을 내리지 않고
##　　　언제나 스스로 그렇게 한다

(개개 사물들이란)

　　'도'가 그들을 낳아주고

　　　　'덕德'이 그들(의 기운)을 쌓아순다네.

(그래서) 개개 사물들이 형성되고

　　　　형세가 이루어진다네.

이렇기 때문에 모든 존재[萬物]는

　　'도'를 존숭하고 '덕'을 높이지 않는 일이 없다네.

(아무리) '도'가 높고 '덕'이 귀해도

　　만물들에게 명령을 내리지 않으니

　　언제나 그들 '스스로 그렇게' 된다네.

따라서 '도'가 그들을 낳아주고

　　'덕'이 그들(의 기운)을 쌓아주고

그들을 자라나게 하고

　　그들을 길러주고

그들의 열매를 맺게 하고

　　그들을 성숙시키며

그들을 길러주고

　　그들을 보호한다네.

(그러나 '도'가 그것들을)

낳아주었다고 해도

　　그들을 소유하지 않는다네.

(그들을) 활동하게 해주었어도

　　(공치사를) 하지 않는다네.

(그들의) 우두머리지만

　　(그들을) 주재主宰하지 않는다네.

　　이것이 ('도'의) 현묘한 '덕'이라네.

[道生之, 德畜之. 物形之, 勢成之. 是以, 萬物莫不尊道而貴德. 道之
尊, 德之貴, 夫莫之命而常自然. 故道生之, 德畜之, 長之, 育之, 亭之,
毒之, 養之, 覆之. 生而不有, 爲而不恃, 長而不宰. 是謂玄德. 51장]

8.8) 이상 사회는 임금이 누구인지 모르고
백성 스스로 통치하는 세상이다

가장 좋기로는

(임금이) 있는 줄도 모른다네.

그 다음은

그를 가까이하고 예찬한다네.

그 다음은

그를 두려워한다네.

그 다음은

그에게 모욕을 준다네.

(임금과 백성들이 서로)

충분히 신임할 수 없으면,

못 믿는 일(쿠데타)이 터지게 마련이라네.

(임금과 백성 사이에 믿음이 있기에)

아~아 한가롭구나!

하실 말씀이 (너무나) 없구나!

(백성들이 한) 일의 결과가 나오고

(나라의) 일이 진척되어 나가면

백성들은 모두 말한다네.

"내 스스로 그렇게 했노라!"

[太上, 不[下]知有之.⁶²⁾ 其次, 親譽之. 其次, 畏之. 其下, 侮之. 信

---

62) 청대의 기윤紀昀, 오징吳澄, 그리고 朱謙之, 嚴靈峯 등은 '下知有之'의 下를 不로, 즉 '不知有之'로 읽었다.

不足, 安有不信. 猶呵, 其貴言也. 成功遂事, 而百姓謂我自然. 17장]

8.9) 인위적 제제는 없어지고 군주는 자기주장이 없어야[無爲] 한다

세상에 금지사항이 많으면
　　백성은 더욱더 가난해진다.
백성에게 문명의 이기利器가 많으면
　　나라는 그만큼 쉽게 혼란에 빠진다.
백성들에게 교묘한 기술이 많아지면
　　기괴한 물건들이 그만큼 많이 생겨난다.
법령이 그만큼 많아지면
　　도둑들이 그만큼 많게 된다.
그래서 성인은 말한다.
　"나는 함이 없어도[無爲]
　　백성들은 스스로 교화되고,
내가 고요함을 좋아하니
　　백성들은 스스로 바르게 되고,
내가 아무 일도 벌리지 않아도
　　백성들은 스스로 풍족해지고,
내가 욕심을 내지 않으니
　　백성들은 스스로 순박해진다."
　　[天下多忌諱, 而民彌貧. 民多利器, 國家滋昏. 人多伎巧, 奇物滋起.

法令滋彰, 盜賊多有. 故聖人云: "我無爲, 而民自化. 我好靜, 而民
自正. 我無事, 而民自富. 我無欲, 而民自樸." 57장]

8.10) 나라는 될수록 작고, 백성은 될수록 적어야 한다

나라는 될수록 작고
    백성은 될수록 적어야 한다네.
열 사람 백 사람 몫을 하는 (문명의) 이기는
    있어도 사용하지 않아야 한다네.
사람들이 죽음을 귀중히 보아
    멀리 이사 가지 못하게 해야 한다네.
(먼 지역으로 이동할 수 있는)
배나 수레가 있어도
    타고 나갈 일이 없고
군사 무기가 있어도
    쓸 일이 없고
사람들에게
    다시 결승문자63)를 쓰게 한다네.
(자기 고을의) 음식을 맛있게 알고
(자기 고을의) 옷을 아름답게 여기며
(자기 고을의) 집에 편안해 하며
(자기 고을의) 풍속을 즐긴다네.

---

63) 결승結繩문자는 인류의 초기문명 단계에서 새끼줄에 매듭을 묶어서 간단한 숫자나
    의사를 전달했던 원시적 암호체계를 말한다.

이웃 나라[마을]들이

　　서로 보이고

닭과 개 짖는 소리가

　　서로 들린다 해도

사람들은 죽을 때까지

　　서로 왕래하지 않는다네.

　[小國寡民. 使有什佰之器, 而不用. 使民重死, 而不遠徙. 雖有舟輿, 無
　所乘之. 雖有甲兵, 無所陳之. 使人復結繩而用之. 甘其食, 美其服, 安
　其居, 樂其俗. 隣國相望, 鷄犬之聲相聞. 民至老死, 不相往來. 80장]

9. 황노학黃老學 '무위'정치의 이상과 우민정치의 비극

『노자』에서는 앞의 장:「7. 군주의 불간섭과 만물(만인) 스스로의 자
발성」에서처럼, 신하와 백성들에 대한 군주의 모든 간섭을 배제하고,
개개 만물(만인)들의 자율성을 최대로 허용하려는 개인 중심의 면모로써
이해될 수 있는 군주의 '무위無爲' 설이 중요하게 논의되고 있다. 그러
나 이런 군주의 '무위' 설은 또 다른 맥락에 따라서는 — 앞의 이해풀이
와 상반되는 — 전혀 다른 의미로 풀이될 수 있다. 말하자면, 『노자』의
'무위' 설의 철학적 함의는, ① 첫째로, 군주에게 자기의 자발적인 주장
이나 자의적 판단에 의한 적극적 통치행위를 포기하게 만든다. 그러나
② 둘째로, 백성들로 하여금 오직 그들 각각에게 주어진 자기 규정적인
'몫' (역할/기능)만을 따르게 만든다. 요컨대, 유가儒家들의 주장처럼, 국
가의 통치에 있어서, 군주의 자기 의지적인 통치나 백성들의 자발적 참

여행위를 이끌어 내도록 권면하기보다는, 오히려 군주나 백성들 모두가 적극적 자기주장의 개진을 포기하고, 그 대신 가장 합리적으로 만들어진 국가통치체제의 틀 — 마치 매우 합리적으로 조합된 기계적 도구장치 — 의 부품처럼 각자에게 요구되는 기능과 역할을 한 치의 착오 없이 자동 기계적, 즉 무반성적으로 수행하게 함으로써 국가기능의 효율성을 최대로 높이려는 '무위'의 통치이념이 또한 『노자』에서 분명하게 드러나고 있다.

전국시대 당시에 제후국가들 간의 경쟁, 특히 군사적 경쟁을 통한 사회적 통합의 길이 점점 확대되고 심화됨에 따라서, 한 나라가 주위의 다른 국가들보다 우세한, 따라서 최후로 승리할 수 있는 최강의 국가체제로 변혁, 발전시키려는 인위적인 노력과 제도개혁들이 제자백가들 사이에서 격렬하게 논의되고 있었다.64) 유가에서는 지식인을 중심으로 하는 지식인 우위의 상현尙賢론과 함께 군주의 우월한 영도력이 아래의 백성들을 이끌어나가는 핵심적 구도로 설명되어졌다. 유가의 정치론은 바로 이와 같이 ① 공동체 구성원을 지적 기능의 역할에 따라서 상(지식인, 大人, 또는 君子)과 하(백성, 小人)로 구분하고, ② 상층계층으로부터 하층민의 민생보장을 빌미로 〈하〉계층에 대한 〈상〉계층의 통치(지배)를 합법화하는 덕치德治이념을 또한 제시하고 있다. 그러나 묵가에서는 하나의 공동체 내에서 이런 상/하 계층의 차별(즉, 예제禮制)을 부정하고, 노동하는 백성들의 〈공동연대〉와 〈공동이익〉의 도모, 말하자면, 겸상애兼相愛 · 교상리交相利의 철학적 구호를 외치면서 유가 정치론에 대항

---

64) 쿠데타로 군위를 찬탈한 전씨田氏의 제齊나라 직하稷下학궁에서의 제자백가諸子百家들의 쟁명爭鳴, 그리고 진秦에서의 상앙商鞅 변법의 추진 등이 그 대표적인 예이다.

하였다. 상앙商鞅을 위시한 진秦 법가法家에서는 군주에게 통치절대권을 허용하면서, 군주는 절대권자로서 국가에 종속된 백성들의 노동력을 법제를 통하여 농업과 전투력의 증강에 몰입시키려는 전제적 절대국가 권력체제의 확립을 적극적으로 추진하였다. 이런 여러 정치노선들의 상호 격돌 속에서 『노자』의 군주 '무위' 설은 이런 유가, 묵가, 주로 진秦 법가들의 주장과 구별되는 ── 직하稷下 학궁에서 주로 활동한 제齊나라 법가들에 의하여 고안된 ── '황노黃老' 학[다음 장章에서 후술]으로 발전되어 나갔다.

말하자면, 현실적으로 한 국가의 최고통치자로 군림하는 군주君主의 지적, 또는 도덕적 역량이 언제나 탁월할 수 없기 때문에, 군주는 자기 주도적, 즉 자의적 통치행위를 해서는 안 된다는 것이다. 군주에게 오직 국가[公]에 이익을 가져오는 백성의 행위 결과[功]에 상賞을, 그 반대의 경우에 벌罰을 주는 자동 기계적 행위만을 허용해야 한다는 의미로 군주의 '무위' 론의 강조점이 크게 바뀌게 되었다. 물론 『노자』의 '무위' 설을 이와 같이 개조하여 '무위' 의 통치이념을 발전시킨 후대의 학자들(특히 韓非子, 기원전 약280-233 등)에 의하면, 도덕적으로 선할 수도, 혹은 악할 수도 있는 백성들을 그들의 본성적 자율에만 맡겨서 통치해서는 안 된다고 주장하였다. 그들로 하여금 언제나 자기의 개인적 이익[私]을 포기하게 하고 국가이익[公]의 최대 추구를 도덕적으로 설득한다면, 그것은 한낱 환상에 지나지 않기 때문에, 결단코 통치효율 제고의 필연성이 확보될 수 없다는 것이다. 따라서 백성들에게는 외재적 규제, 즉 공권력(또는 국가의 형벌刑罰 제도)에 의하여 그들 각각에게 주어진 각각의 행위, 즉 각각 서로 다르게 주어진 '유위有爲' 의 기능을 자동적으로

수행할 수 있도록 법령제도가 재조정되어야 한다고 보았다. 국가운영의
효율성을 최대로 높이기 위해서는 자기의 자각적 지식이 발동될 수 있
는 모든 비판적 지식과 학문의 획득은 아예 금지되어야만 한다고 본 것
이다. 이에 『노자』에서는 한편으로 군주를 향하여 자기의 감각적, 사변
적 판단을 중지할 것과 동시에, 다른 한편으로 공익(또는 '국가' 이익)의
추구(즉, 개인들의 도구적 이용)에 저항할 수 있는 '개인의 자아의식' (또는
비판의식)을 배양할 소지가 있는 학문의 습득을 금하고 바로 그들에 대한
우민정책을 설득하고 있다.

　물론 이런 군주 '무위' 통치이념 역시 결국 군주의 자의적 통치를
제한하고 그것을 합리적 제도에 의한 통치체제로 대치하려는 점에서는
진보적인 측면을 가질 수 있다. 그러나 결국 군주나 백성들 모두에게
〈자의식〉의 계발을 금지시키고 그들을 될수록 단순화시켜서 국가조직
의 효율적 운용을 위한 소모적 부품으로 수단화 하는 면에서는 그 비극
적 반동성이 또한 크게 드러나지 않을 수 없다.

9.1) 군주는 자신의 감각적 인식을 믿지 말라!

(군주가)
감각기관(이목구비耳目口鼻 등)을 막아버리고
　　사려작용을 안 하면 종시토록 탈이 없다.65)
감각기관을 열어놓고

---

65) '兌' 는 '口', 즉 각종 감각기관 및 그것을 통한 지각작용까지를 의미한다. 張舜
　徽, 上同, 126쪽; '終身不勤' 의 '勤' 은 마땅히 '廑', 즉 질병으로 읽어야 한다.
　任繼愈, 上同, 173쪽 참조.

일을 자꾸 벌이면 종신토록 (탈을) 고칠 수 없다.

[塞其兌, 閉其門, 終身不勤. 開其兌, 濟其事, 終身不救. 52장]

9.2) 군주는 대립하는 모두를 수용하고 자기 판단을
보류해야 한다

아는 사람은 말하지 않고
　　말하는 사람은 모른다.
(무위無爲하는 군주는)
감각기관을 막아버리고
　　자기의 사려작용을 안 한다.
자신의 예리함을 꺾고
　　자신의 다른 생각[紛][66]을 해소해 버린다.
밝은 면과도 어울리며
　　더러운 면도 함께 한다.
이것이 현묘한 동화인 것이다.
따라서 (현묘한 동화를 하고 나면 누구도) 가까이할 수도 멀리할 수도
　　이롭게 할 수도 해칠 수도
귀하게 대할 수도 천하게 대할
　　수도 없는 것이다.
그래서 세상에서
　　존중을 받는 것이다.

---

66) 이 구절 '解其紛'의 '紛'은 다른 사람들의 생각과 구분되는 '자기의 다른 생
　　각'[己之異見]의 해소를 의미한다. 張舜徽, 上同, 131쪽 참조.

[知者不言, 言者不知. 塞其兌, 閉其門. 挫其銳, 解其分. 和其光, 同其塵. 是謂玄同. 故不可得而親, 不可得而疏, 不可得而利, 不可得而害, 不可得而貴, 不可得而賤. 故爲天下貴. 56장]

9.3) 군주는 자기의 경험적 인식을 믿지 말아야 한다

(군주는) 문을 나서지 않아도
　　세상일을 다 알고
창으로 내다보지 않아도
　　자연의 도리[天道]를 알 수 있다.
밖으로 나가면 나갈수록
　　(참된) 지식은 적어진다.
그래서 성인은
　　돌아다니지 않아도 알고
보지 않아도 분명히 알고67)
　　(몸소) 행하지 않아도 공을 이룬다.

[不出戶, 知天下. 不窺牖, 見天道. 其出彌遠, 其知彌少. 是以聖人, 不行而知, 不見而名[明], 不爲而成. 47장]

9.4) 도를 잘 닦은 사람은 백성이 어리석어
　　자기주장을 할 수 없게 한다

---

67) 이 구절 '不見而名'에서 '名'은 '明'으로 통한다. 任繼愈, 上同, 163쪽 참조.

옛날에 도를 잘 닦은 사람은

　　백성을 깨우쳐 주지 않았고

　　그들을 어리석게 하고자 하였다.

백성들을 다스리기 어려운 것은

그들이 아는 것이 많기 때문이다.

그러므로 지능을 가지고 나라를 다스리는 것이

　　나라의 해가 되고,

지능으로 나라를 다스리지 않는 것이

　　나라의 복이 된다.

이 둘을 아는 것이

　　또한 (통치의) 법식이다.

항상 이 원칙을 알고 있는 것,

　　그것이 오묘한 덕[玄德]이다.

이 오묘한 덕은 깊고도 원대하여

일반 사람들의 생각[物論]68)과는 (사뭇) 달라야

그 뒤에 크게 순통하게[大順] 되는 것이다.

　　[古之善爲道者, 非以明民, 將以愚之. 民之難治, 以其智多. 故以智治
　　國, 國之賊. 不以智治國, 國之福. 知此兩者, 亦稽式. 常知稽式, 是謂
　　元德. 元德, 深矣遠矣! 與物反矣. 然後, 乃至大順. 65장]

9.5) 학문은 욕망을 더해 주지만, 도의 수행은
　　　욕망을 덜어 낸다

---

68) 이 구절 '與物反矣'에서 '物'은 물론 '物論', 또는 '物議'(일반 사람들의 의론과
　　여론)의 의미로 해석하였다.

(군주나 백성이) 학문을 하면

　　(욕망이) 날로 늘어나지만

도를 닦으면

　　날로 줄어든다.

줄어지고 줄어져서

　　(자기주장대로) '함이 없음'[無爲]에 이르게 된다.

(성인이 자기주장대로)

　　'함이 없음'[無爲]에 이르면

　　하지 못할 것이 없게 되는 것[無不爲]이다.

천하를 차지하려면

　　항상 (군주가 자기주장대로 하는) 일이 없어야 한다.

(군주가 자기주장대로 하는) 일이 있게 되면

　　천하를 차지할 수 없다.

　　[爲學日益, 爲道日損. 損之又損, 以至於無爲. 無爲, 而無不爲. 取天
　　下, 常以無事. 及其有事, 不足以取天下. 48장]

9.6) 군주는 현인賢人을 우대하지 말고 스스로
무위無爲해야 한다

(군주가) 현명한 인물을

　　우대하시 않게 뇌면

백성들은 (현인이 되고자)

　　서로 경쟁하지 않게 될 것이다.

얻기 어려운 재화를

　　귀하게 여기지 않으면
백성들은 도둑질을
　　하지 않게 될 것이다.
욕심이 생겨날 물건을
　　눈에 띄게 하지 않으면
백성들의 마음이
　　어지러워지지 않을 것이다.
그러므로 성인의 다스림은
　　그들의 마음을 텅 비우게 하고,
그들의 배를 채워주며,
　　그들의 (사적인) 의지를 약화시키고,
그들의 뼈대[氣骨]를 강하게 해준다.
　　늘 백성들로 하여금 (사적인 욕심을 길러내는)
　　지식도, 욕망도 없게 하며,
(허욕을 고취하는) 식자識者들이 설치지 못하게 한다.
(군주가 설치지 않는) 무위無爲의 정치를 행하면
　　다스려지지 않음이 없게 된다.

　　[不尙賢, 使民不爭. 不貴難得之貨, 使民不爲盜. 不見可欲, 使民心不
亂. 是以, 聖人之治: 虛其心, 實其腹; 弱其志, 强其骨. 常使民, 無知
無欲. 使夫智者, 不敢爲也. 爲無爲, 則無不治. 3장]

9.7) '특정한 자기이득을 위한 함'이 없지만[無爲]
　　　그로 말미암지 않은 일이란 없다[無不爲]

도道는 늘 (특정한 이익을 위한) '함이 없으나'[無爲]

(그로 말미암지) 않는 일이란 없다 [無不爲].

만약 임금이 이것을 지킬 수 있다면

만물(즉, 온 백성)은 저절로 귀화할 것이다.

(그들이) 귀화는 했어도

욕심이 일어난다면

나는 (무어라) '이름 지을 수 없는 소박함'으로써

그것을 진정시킬 것이다.

'이름 지을 수 없는 소박함'이란

욕심을 없이 하는 것이다.

(임금에게) 사욕이 없어져

(마음이) 고요해지면

세상은 저절로 안정되리라!

[道常無爲, 而無不爲. 侯王若能守之, 萬物將自化. 化而欲作, 吾將鎭之, 以無名之樸. 無名之樸, 夫亦將無欲. 不欲以靜, 天下將自定! 37장]

〈참고문헌〉

『老子』(『王弼集校釋』上下册), 樓宇烈校釋, 北京: 中華書局, 1980;

『老子』(『老子道德經河上公章句』), 王卡點校, 北京: 中華書局, 1993;

『老子』(『老子新譯』修訂本), 任繼愈譯著, 上海: 上海古籍出版社, 1985;

『老子』(『郭店楚簡老子校釋』), 廖名春校釋, 北京: 青華大學出版社, 2003;

『老子』(『帛書老子校注』), 高明校注, 北京: 中華書局, 1996;

『老子』(『帛書老子釋析』), 尹振環譯注, 貴州: 人民出版社, 1995;

『老子』(『老子今註今譯』), 陳鼓應譯注, 北京: 商務印書館, 2003;

『莊子』(『校正莊子集釋』), 郭慶藩撰, 北京: 中華書局, 1961;

『莊子』(『莊子淺注』), 曹礎基譯注, 北京: 中華書局, 1982;

『韓非子』(『韓非子集釋』), 陳奇猷校注, 上海: 上海人民出版社, 1974;

『韓非子』(『韓非子全譯』), 張覺譯注, 貴州: 人民出版社, 1992;

『孟子』(『孟子譯注』全二冊), 楊伯峻譯注, 北京: 中華書局, 1961;

『列子』(『列子集釋』), 楊伯峻撰, 北京: 中華書局, 1979;

『淮南子』(『淮南子集釋』(全三冊), 何寧撰, 北京: 中華書局, 1998;

『文子』(『文子校釋』), 李定生, 徐慧君校釋, 上海: 上海古籍出版社, 2004;

『管子四篇詮釋』, 陳鼓應著, 北京: 商務印書館, 2006;

『史記』(全十冊), 司馬遷撰, 北京: 中華書局, 1972;

『古史辨』, 顧頡剛主編, 全七冊, 臺灣影印本

詹劍峯, 『老子其人其書及其道論』, 武漢: 湖北人民出版社, 1982;

楊榮國, 『中國古代思想史』, 北京: 人民出版社, 1954;

張舜徽, 『周秦道論發微』, 北京: 中華書局, 1982;

李零, 『郭店楚簡校讀記』, 北京: 北京大學出版社, 2002;

荊門市博物館編, 『郭店楚墓竹簡』, 北京: 文物出版社, 1998;

聶中慶, 『郭店楚簡老子研究』, 北京: 中華書局, 2004;

丁四新, 『郭店楚墓竹簡思想研究』, 北京: 東方出版社, 2000;

武漢大學中國文化硏究院編, 『郭店楚簡國際學術硏討會論文集』, 武漢: 湖北人民出版社, 2000;

余明光, 『黃帝四經與黃老思想』, 哈爾濱: 黑龍江人民出版社, 1989;
孫以楷主編, 『道家與中國哲學』, 北京: 人民出版社, 2004;
朱哲, 『先秦道家哲學硏究』, 上海: 人民出版社, 2000.
木村 英一(기무라 에이이찌), 『老子の新硏究』, 東京: 創文社, 1959.

제 8 장

송견·윤문 학파의 평화주의와 전쟁반대론

송견宋銒·윤문尹文학파는 전국시대 중기 제齊나라 직하稷下학파 중에서 도가道家계열에 가까운 사상가들이라 하겠다. 이들의 생졸生卒연대는 상세하지 않으나, 대체로 맹자孟子(약 전390-전 305)와 같은 시기이거나 조금 빠른 시대의 인물로 추정되고 있다.

『맹자』, 「고자告子」 하편에서 맹자가 송견宋銒(약 전 370-전 291)을 선생이라 불렀으니, 송견은 마땅히 맹자보다 연장年長인듯 싶다. 송견은 『맹자』에서는 송경宋牼으로, 『장자莊子』에는 송영자宋榮子, 그리고 『한비자韓非子』에서는 송영宋榮으로 기록되어 있다.

『여씨춘추呂氏春秋』, 「정명正名」편에 의하면, 윤문尹文(전 360-전280)은 일찍이 제齊왕을 만난 적이 있었다고 기록되어 있다. 『여씨춘추』에 대한 한漢나라 고유高誘의 주석에 따르면, 윤문尹文은 제齊나라 사람이다. 공손룡公孫龍(전 320-전 250)이 윤문을 언급한 적이 있으니, 아마도 공손룡보다는 앞섰거나 또는 그와 동시대의 인물이었던 것으로 추정된다.

송견과 윤문의 철학사상에 대한 개괄적인 소개가 『장자』, 「천하天下」

편에 실려 있고, 또『한비자』,『순자荀子』및『여씨춘추』등에도 약간씩
의 언급은 보인다.『장자』, 「천하」편과『순자』, 「정론正論」편에 기록되
어있는 것에 따르면, 그들의 주장은 크게 〈별유別宥〉[편견의 제거], 〈금공
禁攻〉[전쟁반대] 및 〈정욕과천情欲寡淺〉[감성적 욕구의 절제] 등으로 요약될
수 있다. 바로 이런 점에서 우리는 이들이 묵가의 적극적인 〈금공禁攻〉
[침략전쟁 반대]의 실천적 논의를 수용한 도가道家의 한 유파流派로 분류해
볼 수 있을 것이다.

　오늘날 송견 · 윤문의 사상을 연구하는 데 있어서 또 다른 중요한 자료
가 될 수 있는 것은 ―『장자』, 「천하」편의 〈송견 윤문의 사상적 내용〉과
근접할 수 있는 ― 특히 〈정욕과천〉, 즉 감성적 욕구의 절제라는 측면과
관련하여,『관자管子』의「심술心術」(상, 하), 「내업內業」, 「백심白心」등 네
편이라 하겠다. 근래의 고증에 따르면, 이 네 편의 사상은『장자』, 「천하」
편 및『순자』,『한비자』,『여씨춘추』등에 산발적으로 보이는 송견 · 윤
문의 사상과 기본적으로 일치한다는 것이다.[1] 우리가 여기에서 소개할
『관자』「내업」편의 내용은, 꿔모뤄郭沫若(1892-1978)의 고증에 따르면, 송
견 · 윤문 일파의 철학적 저작이라는 것이다. 그러나 펑요우란馮友蘭
(1895-1990)은 꿔모뤄의 이런 주장을 반박한다.[2] 그리고 이『관자』네
편의 형성시기를 대체로 전국시대 중기(약 기원전 4세기)로 보고 있다.

---

1) 장수회張舜徽의 괄목할만한 연구에 의하면, 이『관자』의 네 편은 송견 · 윤문의 사
　상 자료인 것이 아니라『老子』에 버금가는 전국말기 黃老학의 중요한 사상전거로
　보고 그것을 해석해 내고 있음에 우리는 또한 주목해 보지 않을 수 없다. 張舜徽,
　『周秦道論發微』, 北京: 中華書局, 1982 참조.
2) 郭沫若,『靑銅時代』중「宋銒尹文遺著考」참조. 그러나 馮友蘭은『管子』네 편의
　내용과『莊子』「天下」편에서 소개된 송견 윤문의 사상이 합치하지 않는다는 점을
　들어 郭의 설을 부정하고 있다. (『中國哲學史新編』第一卷 168-9쪽 참조.

전국시대에 천지만물의 구성에 대한 철학적 이론을 제기한 사상가는 이미 적지 않았다. 예를 들어 수水, 화火, 목木, 금金, 토土 등 오행五行으로 구성된 것이라 생각한 사람이 있었는가 하면, 음양陰陽이라는 두 가지 〈기氣〉로써 모든 자연현상의 생성과 변화를 해명한 사람도 있었다. 이러한 때에 송견·윤문학파의 절욕론과 상통하는 『관자』의 「내입」편에서는 〈정기精氣〉를 만물을 구성하는 본원으로 제시하였다. 거기에는 또한 생명의 기원에 대한 문제 및 생명을 오래도록 보전하는 방법[양생술養生術]까지도 언급하는 〈정기精氣〉학설을 확립하였다고 하겠다. 이런 관점에서 그들은 〈정기〉의 개념으로 인간의 생명현상과 정신을 설명하였다. 그 이론에 따르면, 사람이 정기를 얻게 되었을 때에야 비로소 몸의 형체가 강건해지고 아홉 개의 감각기관[九竅]이 모두 제 기능을 갖게 된다는 것이다. 또한 〈정기〉가 사람의 마음속에 자리 잡아야만 마침내 총명하게 되고, 지혜가 있게 되는 것이라고 한다. 만일 〈정기〉를 잃게 되었을 때에는 생명은 곧 고갈되어 죽게 된다는 것이다.

송견·윤문학파가 〈정기〉를 보존하는 수양방법[양생술]으로 추천하고 있는 것은, 항상 안으로 마음을 비우고 고요하게 하여, 일체의 욕망과 잡념을 버리고, 그럼으로써 외물의 유혹을 받지 않고서 오로지 몸의 보전保全에 주의를 기울이되 적절하게 섭생하며 병이 생기지 않게 하는 것이었다. 그러나 이와 같은 관념들은 결코 그들이 최초 독창적으로 제기한 것으로는 볼 수 없다. 『관자』, 「내업」편에 제기된 이 〈정기精氣〉의 개념은 무엇보다도 먼저 『노자』에서 제시된, 말하자면 도가道家학파가 일찍이 만유만상의 근원으로서의 〈도道〉의 관념과 불가분의 관계에 있음을 우리는 간과해서는 안 될 것이다. 물론 『노자』에서 이미 〈도〉가

〈기〉(氣)와 연관되는 것으로 제시되고 있지만, 이 둘의 관계에 대해서는 충분한 설명이 결여되어 있다고 보아진다. 이에 비해 『관자』, 「내업」편에서는 〈도〉가 곧 〈기〉라고 분명하게 정의되어 있다. 『노자』에서는 비록 〈천天〉, 즉 물리적인 자연현상을 의인화擬人化한 것에 대한 명백한 부정이 보이기도 하지만, 부분적으로는 또한 우주의 근원에 대한 존재론적·관념론적 설명이 동시에 엿보이고 있기 때문이다. 그러나 『관자』, 「내업」편에서는 오로지 〈천天〉을 명확하게 자연으로 간주하고 〈기氣〉를 〈천天〉보다 더 근본적인 것, 즉 〈천〉을 구성해주는 미세한 유동적 물질로 설명하고 있다. 또 〈기〉와 〈정〉의 관계에 대하여도 「내업」편에서 "정精이라는 것은 기氣의 정수精髓이다(精也者 氣之精者也)"라고 하였는데, 이것은 〈정〉이 바로 〈기〉이며, 또 기의 정수라는 의미일 것이다.

1. 평화주의와 전쟁반대론

송견·윤문학파는 — 노동하는 백성들의 연대적 사랑과 그들의 민생문제 해결을 위한 침략전쟁의 방어에 적극적으로 나섰던 — 묵가학파처럼, 개인이나 국가 간의 싸움이나 전쟁을 현실적으로 종식시키고자 하였다. 그렇기 때문에 이들 역시 평화론을 그들의 철학적 기치로 내걸었다. 그리고 이들은 만인의 사회적 평등을 주장하면서, 분쟁의 원인이 되는 욕심을 마음의 근원에서부터 척결해 내려고 하였다. 그래서 남으로부터 모욕을 당해도 그것을 모욕으로 생각하지 말라고 권하고 있다. 그리고 최소한의 물질생활에 필요한 최소욕구에 만족할 것[情欲寡淺]을 만인들에게 요구하였다. 이들의 이러한 구세활동은 지칠 줄을 몰랐다.

1.1) 송견 · 윤문의 적욕適欲설과 상하 평등론

세속[관념]에 얽매이지 않고, [마음을] 외물外物3)로 꾸미지 않는다. 남들을 각박하게 대하지 않고, 민중들에게 해害됨을 없이 하고자 한다. 남이나 나나 [욕심을 자제하고] 먹고살기에 충족하면 그쳐야 한다는 이런 생각[適欲說]을 공표하였다. 옛날의 도술道術에 이런 측면이 있었는데, 송견宋鈃과 윤문尹文은 이런 풍조를 듣고 기뻐하였다. [이들은 위도 아래처럼 평평한] 화산華山 모양의 모자를 만들어 씀으로써 이들의 [상하평등의 정신을] 표양하였다. (『장자莊子』, 「천하天下」)

[不累於俗, 不飾於物, 不苟於人, 不忮於衆. 願天下之安寧, 以活民命. 人我之養, 畢足而止, 以此白心. 古之道術, 有在於是者: 宋鈃·尹文, 聞其風而悅之. 作爲華山之冠, 以自表.]

1.2) 편견 제거와 만민과 만국의 평화론:
편견 제거를 통한 만민의 화합과 공격전쟁 반대론

---

3) 여기서 "外物"이란 인간의 사회적 관계의 유지에서 어쩔 수 없이 필요하게 되는 사회적 부산물로서의 사회적 제도, 관습, 이념, 물질적 또는 심리적 욕망의 대상들(예 부유, 권력, 이념, 미색 등등)을 가리킨다. 이들은 개인들의 마음 밖에 있는 존재, 즉 "외물"이기 때문에, 그것들을 누구나 다 반드시 가질 수는 없다. 그러나 이것을 타인보다 먼저 가지려는 욕망이 마음의 평화를 깨며 남들과 투쟁하게 만든다. 도가는 자기 생명 밖의 이런 사회적 부산물 때문에 내 자신의 생명을 해치거나 마음의 평학를 깨는 것을 가장 어리석은 행위로 치부하고 있다. 이런 점에 대하여는 도가사상을 창도한 양주의 개인주의와 생명존중(제4장)을 참조할 것.

만사를 대할 때 편견을 없이하는 것[別宥]으로 으뜸을 삼았다. 마음의
관용을 말하니, 이를 "마음 씀"이라고 말하였다. 온화한 말로 [천하의 사
람들과] 마음의 기쁨을 같이 하여, [당대의 처절한 전쟁 상황에 있는] 세상을
화합시키려 하였다. 이들[송견과 윤문학파]은 이것[즉 만인들의 함께하는 기쁨
과 세상의 화합]을 (그들의) 주요 과제로 삼았다. '모욕을 당해도 욕으로
생각지 말라'는 것(설득)으로 사람들 간의 (개인적) 다툼을 말렸다. (국가
들 간의) 침략전쟁 반대와 "무기폐기" 론을 들고서 세상의 다툼을 종식시
키고자 하였다. (『장자』, 「천하」)

> [接萬物, 以別宥爲始. 語心之容, 命之曰, 心之行. 以聇合驩, 以調海
> 內. 請欲置之, 以爲主; 見侮不辱, 救民之鬪. 禁攻寢兵, 救世之戰.]

1.3) 자신에 대한 극소의 요구와 만민평화를 위한
쉼 없는 외침:

이런 [만민의 화합과 평화] 사상을 가지고 온 천하를 두루 다니면서, 위
로는 (임금들을) 설득하고 아래로는 (관리와 백성들에게) 설교하였다. 비록
세상 사람들이 듣지 않으려 하여도 억지로 귀에다 대고 말하며 그치지
않았다. 때문에 윗사람이나 아랫사람이나 (이들을) 만나기를 싫어했으나
억지로 만나보고자 하였다. 오직4) 이러했으니, 이들은 남들을 위해서
는 많이 했으나 그들 자신들을 위한 것은 너무나 적었다. (이들은) 말하
였다: "진실로 닷 되의 밥이면 충분합니다. 이 세상의 선생님[즉 일반 백
성]들께서 배부르게 잡수실 수 없는데, 저희 제자[즉 송견, 윤문학파]들이

---

4) 여기서 "雖"는 "唯"의 의미로 통함.

비록 굶는다 해도,5) 세상일을 잊을 수 없습니다.” 밤낮으로 쉬지 않으면서 말했다: “우리들은 반드시 [서로의 다툼과 전쟁으로 인한 지금의 파탄 지경에서] 살아나야만 합니다!”(『장자』,「천하」)

> [以此周行天下, 上說下敎. 天下不取, 强聒而不舍者也. 曰: 上下見厭, 而强見也. 雖然, 其爲人太多, 其自爲太少. 曰: 請欲固置五升之飯, 足矣. 先生恐不得飽. 弟子雖飢, 不忘天下. 日夜不休, 曰: 我必得活哉!]

1.4) 대단한 구세의 인물:

(이들은) 아아, 대단한 구세의 인물이다! (이들은) 말하였다: “군자들이란 (남에 대해) 각박하게 따져서는 아니 되고, 자기(이익) 때문에 남의 힘을 빌리고자 해도 안 됩니다!”

(이들은) 사회 전체에 이롭지 못한 것[즉, 결투나 전쟁으로 인한 파괴 행위 등]은 명백히 밝히어 (그것을) 그치게 하는 것보다 더 (큰일은) 없다고 생각하였다. (이에) 전쟁반대와 무기폐기를 밖의 일[利他]로, 욕심을 적게 가짐을 내심의 일[自利]로 삼았다. (이것이) 이들의 (이론과 실천의) 크고 작은 일[槪要]이요 (또한) 장점[精]과 단점[粗]이니, 이들의 행동은 마침 이런 점에서 다할 뿐이다. (『장자』,「천하」)

> [圖傲乎, 救世之士哉! 曰: “君子不爲苛察, 不以身假物!” 以爲無益於天下者, 明之不如已也. 以禁攻寢兵爲外, 以情欲寡淺爲內. 其大小·精粗,. 其行, 適至是而止.]

---

5) 여기서는 郭慶藩撰, 『校正莊子集釋』, 臺北: 世界書局, 1084-85쪽의 郭慶藩의 주석과 成玄英의 疏에 의거하여, “先生”은 “일반 백성”(黔首)로, “弟子”는 “송견·윤문학파 자신들”로 해석함.

2. 절욕을 통한 마음의 평화와 〈정기精氣〉의 보전保全을 통한 양생술

송견·윤문학파의 내심의 "욕구절제"론은 『관자』의 여러 편에서는 "정기精氣"론과 합류하면서, 감성적 욕구의 절제와 정신의 평안함이 서로 영향을 미친다는 "심신균형"론으로 발전되었음을 알 수 있다. 이 장에서는 특히 "절욕"론을 통한 심신의 안정이 집중적으로 논의됨으로써, ― 후세 도교道敎에서 집중적으로 발전된 ― "양생"론이 원초적으로 논의되고 있다.

2.1) 〈기 일원적氣 一元的〉 자연관과 성덕成德론

사물의 미세한 것[精]은 서로 결합하여 사물을 낳는다. (그것은) 땅에서는 오곡五穀을 생산하며, 하늘에서는 허다한 별을 펼쳐놓는다. 그것이 하늘과 땅 사이에서 유동하는 것을 귀신鬼神이라 하며, 자신의 가슴 속에 그것을 간직한 이를 성인聖人이라고 한다. 그래서 그것을 〈기氣〉라고 부른다. 때로는 밝게 빛나 하늘에 올라 있는 듯하고, 때로는 보이지 않게 숨어 깊은 물속에 들어가 있는 것 같기도 하다. 풍부하고 부드러워 바다 가운데 있는 듯 할 때도 있고, 높이 떠올라 산 위에 있는 듯 할 때도 있다. 때문에 그 기氣라는 것은 힘으로 잡아맬 수 없고, 덕德을 쓴다고 해서 안정시킬 수 없으며, 소리쳐 불러올 수도 없으나, 헤아려서[意] 그를 맞이할 수는 있다. 삼가 지켜서 (그것을) 잃지 않는 것을 덕을 이루는 것[成德]이라 한다. 덕이 이루어지면 지혜 또한 나오니, 그렇게 되면 만물은 모두 그 마땅한 바를 얻은 것이다. (『管子』, 「內業」)

[凡物之精, (此)[比]則爲生. 下生五穀, 上爲列星. 流於天地之間, 謂之鬼神. 藏於胸中, 謂之聖人. 是故, (民)[名]氣. 杲乎如登於天! 杳乎如入於淵! 淖乎如在於海! 卒乎如在於(己)[祀]! 是故, 此氣也, 不可止以力, 而可安以德; 不可呼以聲, 而可迎以(音)[意]. 敬守勿失, 是謂成德. 德成而智出, 萬物(果)[必]得.]

2.2) 신묘한 마음의 작용과 평온한 마음

마음[心]의 드러남[形]은 저절로 가득 차고 저절로 넘쳐흐르며, 저절로 생겨나서 저절로 자신을 완성시키는 것이다. 때때로 그것이 그 온전함을 잃는 것은 반드시 근심과 쾌락, 기뻐함과 노함, 욕망과 탐심 때문이다. 그러한 것들을 제거하기만 한다면 마음은 곧 본래의 상태를 회복하여 온전해진다. 그 마음[心]의 본성[情]은 안정되고 편안한 상태를 최고로 친다. 번거롭지 않고 어지럽지 않다면 마음의 평화는 저절로 이루어진다. 이 평화스러운 마음은 그 밝고 분명함이 몸 옆에 있는 것 같고, 어슴푸레하여 찾아 잡지 못할 듯도 하며, 아득하여 끝 간 데가 없는 듯도 하다. (그러나 잘 살펴보면) 그것은 멀리 있는 것이 아니며, 누구나 날마다 그를 누릴 수 있는 것이다. (『관자』, 「내업」)

[凡心之刑, 自充自盈, 自生自成. 其所以失之, 必以憂樂喜怒欲利. 能去憂樂喜怒欲利, 心乃反濟. 彼心之情, 利安以寧. 勿煩勿亂, 和乃自成. 折折乎如在於側, 忽忽乎如將不得, 渺渺乎如窮無極. 此稽不遠, 日用其德.]

2.3) 오직 마음의 평정平靜을 통해 얻어지는 도道

도道라고 하는 것은 사람의 몸을 꽉 채우고 있는 것이지만, 사람이 그것을 견고하게 붙잡아 둘 수는 없다. 그것은 한번 떠나면 돌아오지 않고, 왔다고 해서 오래 붙잡아 둘 수도 없다. (나는) 멍하니 어리석어서 그 소리를 들을 수 없으나 홀연히 마음속에 들어와 있기도 하며, 어두컴컴하여 그 모습을 볼 수 없으나 어느 사이에 나와 더불어 살고 있다. 그의 모습은 볼 수 없고 그의 소리도 들을 수 없으나, 차례대로 자신을 완성시켜 가니 그것을 일러 도道라고 한다.

[夫道者, 所以充形也, 而人不能固. 其往不復, 其來不舍. 謀乎[6]莫聞其音, 卒乎乃在於心; 冥冥乎不見其形, 淫淫乎與我俱生. 不見其形, 不聞其聲, 而序其成, 謂之道.]

도道는 일정하게 머무르는 곳이 없으며, 선량한 마음이면 거기에 편안히 거한다. 심心이 고요하고 기氣의 흐름이 순조롭다면 도道는 그곳에 머무를 수가 있다. 도는 먼 곳에 있는 것이 아니니 사람들은 도를 얻음으로써만 생산하여 살 수가 있다. 도는 사람으로부터 떨어져 있는 것이 아니니 사람들은 도를 얻어야 앎에 이를 수 있다. 그래서 도라는 것은 높은 곳에 있어 찾아 그에 도달할 수 있는 듯도 하지만, 또한 아득하여 찾아 그것이 있는 자리를 꼬집어 낼 수는 없는 듯도 하다. 그 도의 본성[情]은 소리와 음[의 언어로 해석되는 것]을 싫어한다. 따라서 마음을 닦고 뜻을 평정平靜하게 하면 도를 얻을 수 있는 것이다. 도라는 것은 입으로

---

6) 여기서 謀는 媒(중매군)와 통한다. "謀乎"는 "昏昧不明"(우매하여 똑똑하지 못함)의 뜻이다. 『管子通解』下册, 趙守正撰, 北京經濟學院出版社, 1989, 123쪽 참조.

말할 수 없고, 눈으로 볼 수 없으며, 귀로 들을 수 없다. 그것으로 마음
을 닦고 몸을 단정하게 하니, 그것을 잃음으로 사람은 죽게 되고, 그것
을 얻음으로 살게 된다. 그것을 잃음으로 일을 그르치고, 그것을 얻음
으로 일을 이룬다. 도道는 뿌리도 줄기도 없고 잎도 꽃도 없다. [그러나]
만물은 그것으로 생장하며, 그것으로 자기를 완성한다. 그래서 이름 하
여 도道라 하였다. (『관자』, 「내업」)

　　[凡道無所, 善心安(愛)[處]. 心靜氣理, 道乃可止. 彼道不遠, 民得以
　　産.[7] 彼道不離, 民因以知. 是故, 卒乎其如可與索, 眇眇乎其如窮無
　　所. 彼道之情, 惡音與聲. 修心靜(音)[意], 道乃可得. 道也者, 口之所
　　不能言也, 目之所不能視也, 耳之所不能聽也. 所以修心而正形也, 人
　　之所失, 以死; 所得, 以生也. 事之所失, 以敗; 所得以成也. 凡道, 無
　　根無莖, 無葉無榮. 萬物以生, 萬物以成. 命之曰, 道.]

2.4) 흔들리지 않는 마음[定心]에 정기精氣가 깃든다

　하늘은 바름[正]을 핵심[主]으로 하고, 땅은 공평[平, 평등]함을 핵심으
로 하며, 사람은 안정되고 고요함[安靜]을 핵심으로 한다. 봄, 가을, 겨
울, 여름은 하늘이 운행하는 때(의 명칭)이고, 산, 언덕, 시내, 계곡은 땅
이 갖추고 있는 것이며, 기뻐하고, 노하고, 받고, 주는 것은 사람이 하
는 일이다. 그래서 성인聖人은 (하늘의) 때와 같이 변하지만 그것에 화동
化同하지 않으며, (땅 위의) 사물의 변화에 이끌리지만 본성을 바꾸지는
않는다. 자신을 바르게 고요하게 하고 난 다음에야 흔들리지 않는 마음

---

7) 여기서 産은 생산하며 생존하는 것을 의미한다.

[定]을 갖는다. 속으로 마음이 안정되면, 눈과 귀가 맑고 밝게 되며, 사지四肢가 굳세어지니, 정精[미세한 알맹이]이 머무를 수 있다. 정精이라는 것은 기氣 중에서 가장 미세한 것이다. 기氣가 통하고 나서야 생명이 있고, 생명이 있으면 사유思惟가 생기고, 사유하면 앎이 생긴다. 앎이 있으면 [가장 적절한 곳에서] 그칠 수 있는 것이다. (『관자』, 「내업」)

> [天, 主正; 地, 主平; 人, 主安靜. 春秋冬夏, 天之時也. 山陵川谷, 地之(枝)[材]也. 喜怒取予, 人之謀也. 是故, 聖人, 與時變而不化; 從物 [遷]而不移; 能正能靜. 然後能定. 定心在中, 耳目聰明. 四枝堅固, 可以爲精舍. 精也者, 氣之精者也. 氣, 道8)乃生, 生乃思, 思乃知, 知乃止矣.]

2.5) 모든 것을 통일하는 '하나'[一]의 '보편법칙'[公]

무릇 마음[心] 됨이란 지나치게 앎을 추구하다 보면 생명을 잃는 수가 있다. 한가지로 사물[物]에 맡겨 사물이 자연스럽게 변화하도록 하는 것을 '신통'[神]이라고 한다. 한가지로 사태[事]에 맡겨 사태가 자연스럽게 변경되도록 하는 것을 '지혜'[智]라고 한다. 사물이 변화해도 기氣를 바꾸지 않으며, 사태는 변경되어도 지혜를 바꾸지 않는 것, 이는 일관된 원칙을 굳게 관철시키는 오직 군자君子만이 할 수 있지 않을까!

> [凡心之形, 過知, 失生. 一物能化, 謂之神. 一事能變, 謂之智. 化不易氣, 變不易智, 惟執一之君子, 能爲此乎?]

---

8) 여기서 道는 명사가 아니고 동사로 "導", 즉 通達의 뜻이다. 『管子通解』 下冊, 上同, 125 쪽 참조.

하나[一]를 굳게 잡고 놓치지 않는다면 만물을 지배할 수 있다. 군자
가 만물을 부리지, 만물에 의해 부리는 바 되지는 않는 것은, 그가 '하
나'의 이치를 얻었기 때문이다. [군자가] 잘 수양된 마음을 마음속에 두
고, 입으로는 정제된 좋은 말을 하며, 백성들에게는 좋은 일을 베풀면
천하는 태평하게 된다. 한마디 말을 해서 천하가 복종하고, 한마디 말
이 확정되어 온천하가 듣고 따른다면, 그것은 '보편법칙'[公]인 것이
다. (『관자』, 「내업」)

> [執一不失, 能君萬物. 君子使物, 不爲物使, 得一之理. 治心在於中,
> 治言出於口, 治事加於人. 然則, 天下治矣. 一言得, 而天下服. 一言
> 定, 而天下聽, 公之謂也.]

2.6) 바른 몸에서 올바른 인식을 얻는다[中得]

몸이 단정하지 않은 사람은 덕성을 가질 수도 없다. 마음은 고요하지
않으면 다스려지지 않는다. 몸을 단정하게 하고 덕성을 지니면 하늘과
같은 인자함과 땅과 같은 올바름이 자연스럽게 이른다. 신통스러운 밝
음[神明]이 극도에 이르면 만물을 명료하게 인식할 수 있으며, 마음을 지
켜 사특한 것에로 빠지지 않는다. 바깥사물로써 감각기관을 어지럽히지
않으며, 감각기관으로 마음을 어지럽히지 않는 것을 '마음에 얻음'[中
得]이라고 한다. (『관자』, 「내업」)

> [形不正, 德不來. 中不靜, 心不治. 正形攝德, 天仁地義, 則淫然而自
> 至. 神明之極, 照(乎)知萬物. 中(義)守不忒. 不以物亂官, 不以官亂
> 心. 是謂: '中得'.]

2.7) 바른 마음[正心]에서 만물은 자기 법도를 얻는다

정신[神]은 저절로 사람의 몸 안에 있어 한 번 가고 한 번 오니 그를 생각으로 잡아 둘 수는 없다. (그러나) 그를 놓치면 반드시 일이 엉망이 되고, 그를 얻으면 반드시 일이 잘 처리된다. 삼가 (그것이 깃들) 몸을 깨끗이 하면 '미세한 것' [精]이 자연스럽게 이른다. 정精을 사념하고, 그것을 편안히 잘 다스리고 엄숙히 외경하면 정精은 스스로 안정될 것이다. 그것을 얻어서 버리지 않는다면 귀와 눈에 지나침[過度]이 없고, 마음은 딴 생각을 벌이지 않게 된다. 올바른 마음[正心]이 마음속에 있으면, 만물은 제 법도를 얻게 되는 것이다. (『관자』, 「내업」)

[有神, 自在身, 一往一來, 莫之能思. 失之, 必亂; 得之, 必治. 敬除其舍, 精將自來. 精想思之, 寧念治之. 嚴容畏敬, 精將(至)[自]定. 得之, 而勿捨; 耳目, 不淫; 心無他圖. 正心在中, 萬物得度.]

2.8) 평정한 마음에서 도를 터득해야 세상이 다스려진다

도道가 천하 가운데 가득 차 있고 널리 백성들의 마음 가운데 있으나, 백성들은 그것을 알아차리지 못한다. [도道라는 것을] 한마디로 말하자면 위로는 하늘까지 미치고 아래로는 땅에서 지극하며 온 세계에 가득 차 있는 것이다.

[道滿天下, 普在民所. 民不能知也. 一言之解, 上察於天, 下極於地, 蟠滿九州.]

어떻게 해야 도를 이해할 수 있는가? 그것은 마음을 다스리는 것에 달려 있다. 내 마음이 다스려지면 감각기관도 다스려지며, 내 마음이 평안하면 감각기관도 평안하다. 다스리는 것도 마음이요, 평안하게 하는 것도 마음이다. 마음을 마음속에 감춘 것이니, 마음속에 또 마음이 있는 것이다. 그 마음속의 마음이란 말[言]보다 먼저 [떠오르는] 뜻[意]을 말한다. 뜻이 있고 난 후에 드러나니[形], 드러난 뒤에 말로써 표현되는 것이다. 말로 표현된 뒤에 부릴 수 있으며, 부린 뒤에야 (세상을) 다스릴 수 있는 것이다. (세상은) 다스려지지 않으면 반드시 어지러워진다. 어지러우면 곧 멸망하는 것이다. (『관자』, 「내업」)

[何謂解之? 在於心(安)[治]. 我心治, 官乃治; 我心安, 官乃安. 治之者, 心也. 安之者, 心也. 心在藏心. 心之中, 又有心焉. 彼心之心, (音)[意], 以先言. (音)[意]然後, 形. 形然後, 言. 言然後, 使. 使然後, 治. 不治, 必亂. 亂, 乃死.]

2.9) 생명의 정기精氣를 가진 성인聖人

미세한 것[精]이 마음속에 있으면 사람은 자연스럽게 생장한다. 외모는 편안하고 영화롭게 보이고, 속에는 생명의 원천을 담게 된다. 넓고 크며 온화하고 평화로워 기氣의 연못[淵]이 된다. 그 연못이 마르지 않으면 사지는 튼튼해지고, 그 샘이 마르지 않으면 몸의 아홉 가지 구멍[구규九竅, 감각기관]이 통하게 되어 하늘과 땅을 다하고, 온 천하[四海]에까지 미쳐 마음에는 의혹이 사라지고, 밖으로는 사악한 재앙이 없어지게 된다. 마음이 몸 가운데서 온전해지고, 그 모습이 바깥에서 온전해지면 자연의 재해를 만나지 않고, 인간의 해침도 받지 않게 된다. 그러한 사람을 일러 성인聖人이라고 한다. (『관자』, 「내업」)

> [精存, 自生. 其外, 安榮; 內藏以爲泉原. 浩然和平, 以爲氣淵. 淵之不
> 涸, 四體乃固. 泉之不竭, 九竅遂通. 乃能窮天地, 被四海. 中無惑意,
> 外無邪菑. 心, 全於中; 形, 全於外. 不逢天菑, 不遇人害. 謂之聖人.]

2.10) '내득內得'한 삶과 어그러진 삶

사람이 바르고 고요할 수 있으면 피부가 윤택해진다. 귀와 눈은 밝고 맑게 된다. 근육이 부드러워지고, 뼈는 튼튼해진다. 그는 하늘을 머리에 이고 땅위에 굳게 설 수 있다. (그는) 저 크고 맑은 하늘을 거울로 삼고, 해와 달 같은 밝음으로 (세상 만물을) 본다. 엄숙하게 삼가 근신하여 실수하지 않고, 날마다 자신의 덕을 새롭게 한다. 두루 천하를 알고, 그 헤아림은 멀리 사방의 끝까지 이른다. 삼가 자신의 내부에 충만한 것을 발휘하는 것, 그것을 일러 '안에서 얻은 것' [內得]이라 한다. 그러나 이러한 ['내득內得'으로] 되돌아가지 못하는 것은 어그러진 삶인 것이다. (『관자』, 「내업」)

> [人能正靜, 皮膚裕寬. 耳目聰明, 筋信而骨强. 能戴大圓, 而履大方.
> 於大淸, 視於大明. 敬愼無忒, 日新其德. 知天下, 窮於四極. 發其充,
> 是謂: '內得'. 而不反, 此生之忒.]

2.11) '기의氣意'가 새네로 되면 '신의心意'가 안정된다

도라는 것은 반드시 두루 미치며, 세밀하여 빠뜨림이 없고, 크고 넉넉한 것이며, 굳센 것이요, 선善을 지켜 버리지 않으며, 사악한 것을 몰

아내고 경박한 것을 배제한다. (사람이) 그 지극한 것을 알기만 한다면
저절로 도道와 덕德에로 돌아가게 마련이다. 온전한 마음을 몸 가운데
간직하면 그것은 결코 가려지지 않고, 저절로 바깥으로 드러나서 피부
와 안색으로 나타나기 마련이다.

[凡道, 必周必密, 必寬必舒. 必堅必固. 守善勿舍. 逐淫(澤)[釋]薄. 旣
知其極, 反於道德. 全心在中, 不可蔽匿; (和)[知]於形容, 見於膚色.]

'착한 기운' [善氣]으로 서로 대하면 서로 형제처럼 친하게 지낼 수
있고, '악한 기운' [惡氣]으로 서로 대하면 서로 병기를 가지고 해치는
것과 같다. (기는) 말없는 소리지만 번개나 천둥보다 빠르다. 심기心氣가
밖으로 나타나는 것은 해와 달보다 밝다. (이 기氣는) 부모가 자녀를 관찰
하는 것보다 더 정확하며, 상賞으로 유도할 수 없고 벌로써 막을 수도
없다. (누가 이런 천지에 가득 찬) '기운의 의도[氣意]'를 제대로 얻게 되면
온 세상 사람들이 그에게 복종하고, (그의) 마음의 의도[心意]가 안정되면
온 세상 사람들이 그를 따르게 된다. (『관자』, 「내업」)

[善氣迎人, 親於弟兄. 惡氣迎, 害於戎兵. 不言之聲, 疾於雷鼓. 心氣
之形, 明於日月. 察於父母. 賞不足以勸善, 刑不足以懲過. 氣意得,
而天下服. 心意定, 而天下聽.]

2.12) 마음속에 있는 정기精氣의 신묘함.

기氣를 모으면 신묘[神]해지고, 만물을 마음 가운데 갖추어 둘 수 있
다. 기를 모을 수 있는가? 하나로 집중시킬 수 있는가? 점을 치지 않고
도 길흉을 점칠 수 있는가? 머무를 곳에 머무를 수 있는가? 그만두어야

할 때 그만둘 수 있는가? 다른 이에게서 구하지 않고 스스로 자득할 수
있는가? 생각하고 생각하라. 또 한 번 생각하라! 생각하고 생각해도 통
하지 못하면 귀신이 뚫어 줄 것이다. 그것은 (사실) 귀신의 힘이 아니요
미세한 기[精氣]가 그 극점에 이른 결과이다. (『관자』, 「내업」)

> [搏氣如神, 萬物備存. 能搏乎? 能一乎? 能無卜筮, 而知吉凶乎?
> 能止乎? 能已乎? 能勿求諸人, 而得之己乎? 思之思之, 又重思之!
> 思之而不通, 鬼神將通之. 非鬼神之力也, 精氣之極也!]

2.13) 절제를 통한 온전한 삶

사지四肢가 바르고 혈기血氣가 진정되면[靜] 하나의 뜻으로 마음이 모
아지니, 귀와 눈은 방종해지지 않게 된다. (그러면) 비록 멀리 있는 것이
라 해도 가까운 데 있는 것 같이 쉽게 알 수 있다. 사색은 지식을 낳고,
태만은 쉽게 근심을 낳는다. 난폭한 오만은 원망을 낳고, 우울은 질병
을 낳으니, 질병이 심하면 죽음에 이른다. 사색이 지나쳐도 쉬지 않으
면 안으로는 곤궁해지고 밖으로는 메마르게 되니, 급히 손을 쓰지 않으
면 생명을 버리게 된다. 먹는 것은 모자란 듯이 먹는 것이 가장 좋고,
생각은 끝에 이르지 못한 듯이 하는 것이 가장 좋다. 먹는 것을 절제하
고 생각하는 것을 조절하여 적당하게 한다면, 생명은 자연히 회복될 것
이다. (『관자』, 「내업」)

> [四體旣正, 血氣旣靜, 一意搏心, 耳目不淫. 雖遠若近. 思索生知, 慢
> 易生憂. 暴傲生怨, 憂鬱生疾. 疾困乃死. 思之而不捨, 內困外薄, 不蚤
> 爲圖, 生將巽舍. 食, 莫若無飽; 思, 莫若勿致. 節適之齊, 彼將自至.]

2.14) 희로喜怒와 우환憂患이 생명을 망친다

사람의 생명이란 것은 하늘로부터 그 미세한 것[精]을 받고, 땅으로부터 몸[形]을 받는다. 이 두 가지가 합해져서 사람이 된다. (이 두 가지가) 회합하면 살고 화합하지 못하면 죽는다. 그 화합하는 도리를 살펴보면, 그 실정은 볼 수 없고, 나타난 징상徵象들도 유비9)해서 볼 수조차 없다.

[凡人之生也, 天出其精, 地出其形. 合此以爲人. 和, 乃生; 不和不生. 察和之道, 其(精)[情]不見, 其徵不醜.]

(하지만) 화평함과 바름이 가슴 속에 있고, 화목한 기운이 마음에 가득 차면 그로써 장수할 수 있다. 노하는 마음이 도를 지나치게 되면 방도를 세워 다스려야 한다. 다섯 가지 [감각적] 욕구를 절제하고, 두 가지의 흉한 것[喜怒]을 제거하여 기뻐하지도 분노하지도 않게 되면, 화평함과 바름으로 유지된다. 무릇 사람이 살려면 반드시 (감성적 욕구를 억제하여 그것을) 고르고 바르게 해야 한다. (이런 절욕과 균형을) 잃게 되는 것은 반드시 희로喜怒와 우환[憂患] 때문이다. (『관자』, 「내업」)

[平正擅匈, (論治)[淪洽]在心. 此, 以長壽. 忿怒之失度, 乃爲之圖. 節其五欲, 去其二凶. 不喜不怒, 平正擅匈. 凡人之生也, 必以平正. 所以失之, 必以喜怒憂患.]

2.15) 시詩 · 음악[樂] · 예禮와 안정[靜]을 통한 본성의 회복

---

9) 여기의 '醜'는 '類比'한다는 뜻임.

이렇기 때문에 분노를 그치게 하는 데에는 시詩만한 것이 없고, 우환을 제거하는 데에는 음악[樂]만한 것이 없으며, 음악을 절제하는 데에는 예禮만한 것이 없다. 예禮를 지키는 데에는 공경[敬]만한 것이 없으며, 공경을 지키는 데에는 안정[靜]만한 것이 없다. 안으로 고요하고 밖으로 경건하면 (사람은) 반드시 그 본성을 회복할 수 있으며, 본성은 크게 안정될 것이다. (『관자』, 「내업」)

> [是故, 止怒, 莫若詩; 去憂, 莫若樂; 節樂, 莫若禮; 守禮, 莫若敬; 守敬, 莫若靜. 內靜外敬, 能反其性, 性將大定.]

2.16) '조화를 이루는' [和成] 올바른 식사법[食道]

올바른 식사법[食道]은 이러하다: 지나치게 많이 먹으면 위장을 헤쳐 몸에 좋지 않다. 지나치게 적게 먹으면 뼈가 마르고 피가 정체된다. 적당히 먹는 것, 그것을 일러 '조화를 이루는 것' [和成]이라고 한다. 그렇게 하면 미세한 것[精]이 그에 모여들고, 지혜가 그로부터 나온다. 적게 먹는 것과 많이 먹는 것이 잘 조절되지 않으면 방도를 강구해야 한다. 지나치게 많이 먹었으면 서둘러 운동해야 하고, 너무 굶었으면 잠시 머물러 생각해야 하며, 노쇠하게 되었으면 일체의 근심을 떨쳐 버려야 한다. 지나치게 많이 먹고서도 서둘러 운동하지 않으면 혈기가 사지에 고루 미치지 못하게 된다. 지나치게 굶고도 잠시 머물러 생각하지 않으면 배불리 먹고서도 (편안함을) 느끼지 못하게 된다. 노쇠하고도 일체의 생각을 떨쳐버리지 못하면 (정기精氣의) 원천이 속히 말라버리게 된다.

> [凡食之道: 大充, [傷而形]不臧. 大攝, 骨枯而血沍. 充攝之間, 此謂

和成. 精之所舍, 而知之所生. 飢飽之失度, 乃爲之圖. 飽則疾動, 飢
則廣思. 老則(長)[忘]慮. 飽, 不疾動; 氣不通於四末. 飢不廣思, 飽而
不廢. 老不(長)[忘]慮, 困[10]乃邃竭.]

마음을 크게 가져 과감하게 하고, 기氣를 넉넉하게 하여 널리 펼치며,
몸을 편안히 하여 옮기지 않고, 하나를 올곧게 지켜 일체의 번잡한 것
을 버리며, 이익을 보아도 유혹되지 않고, 손해[害]를 보아도 두려워하
지 않으며, 마음을 넉넉히 하고, 인자[仁]하게 하고, 홀로 그 몸을 즐겁
게 하는 것, 그것을 일러 '구름 타는 기'[雲氣]라고 한다. 의지(의 기운)
의 움직임이 마치 하늘을 [날듯이 자유롭기] 때문이다.(『관자』,「내업」)

　　[大心而敢, 寬氣而廣. 其形, 安而不移. 能守一, 而棄萬苛. 見利不誘,
　　見害不懼. 寬舒而仁. 獨樂其身. 是謂: '雲氣', 意行似天.]

2.17) 도道와 함께 하는 완전한 삶은 욕구의 절제에서
　　　　얻어진다

사람의 생명은 반드시 즐거움[歡]으로 유지되니, 근심하면 정상적인
조리[紀]를 잃게 되며, 분노하면 그 실마리를 잃게 된다. 근심하고 슬퍼
하고 기뻐하고[喜] 분노[怒]하면 도道는 머물 곳이 없게 된다. 집착하고
요구하는 마음이 생기면 그것을 고요하게 하며, 어리석고 어지러운 생
각이 일어나면 그것을 바르게 잡아주어야 한다. 그러면 끌어당기거나
떠밀어 올리지 않아도 복福이 저절로 굴러들어올 것이다. 그 도道가 저

---

10) 여기서 困은 困(흉연, 연못)의 오자이다. 즉 淵의 뜻임.『管子通解』, 上同, 132 쪽
　　참조.

절로 이른다면 그에 기대어 함께 일을 도모할 수 있다. 고요하면 그것
[道]을 얻을 수 있고, 조급하게 굴면 그것을 잃게 된다.

> [凡人之生也, 必以其歡. 憂則失紀, 怒則失端. 憂悲喜怒, 道乃無處.
> 愛慾, 靜之; 遇亂, 正之. 勿引勿推, 福將自歸. 彼道自來, 可藉與謀.
> 靜則得之, 躁則失之.]

영기靈氣는 마음에 있어 한번 오고 한번 간다. (그것은) 작기로 말하면
안[內, 더 작은 것]이 없는 것이요, 큰 것으로 말하면, 밖[外, 더 큰 것]이 없
는 것이다. 그것을 잃게 되는 것은 조급함으로 해를 끼치기 때문이다.
마음[心]이 고요함을 유지할 수 있다면 도道는 저절로 안정될 것이다. 도
를 얻은 사람은 (온화함이) 피부의 결에 따라 일어나고, 터럭의 미세한 구
멍으로부터 흘러나와 전신에 흐르며, 마음속에는 꽉 막힌 울적함이 없
다. 욕구를 절제하는 도리를 지켜 나가면 (천하의) 만물 (어느 것도) 해를
끼칠 수 없는 것이다. (『관자』, 「내업」)

> [靈氣在心, 一來一逝. 其細無內, 其大無外. 所以失之, 以躁爲害. 心
> 能執靜, 道將自定. 得道之人, 理丞, 而(屯)[毛]泄, 匈中無敗. 節欲之
> 道, 萬物不害.]

⟨참고문헌⟩

『莊子』(『校正莊子集釋』), 郭慶藩撰, 北京: 中華書局, 1961;

『韓非子』(『韓非子集釋』), 陳奇猷校注, 上海: 上海人民出版社, 1974;

『荀子』(『荀子簡注』), 章詩同注, 上海: 人民出版社, 1974;

『呂氏春秋』(『呂氏春秋新校釋』二冊), 陳奇猷校釋, 上海: 上海古籍
　　出版社, 2002;

張舜徽, 『周秦道論發微』, 北京: 中華書局, 1982;

郭沫若, 『靑銅時代』, 北京: 人民出版社, 1954;

馮友蘭, 『中國哲學史新編』, 第一冊, (1980年修訂本), 北京: 人民出
　　版社, 1982;

『管子』(『管子校注』, 全三冊), 黎翔鳳撰, 北京: 中華書局, 2004;

『管子』(『管子通解』, 全二冊), 趙守正撰, 北京: 北京經濟學院出版
　　社, 1988;

『管子四篇詮釋』, 陳鼓應著, 北京: 商務印書館, 2006.

제9장

맹자孟子의 왕도王道 정치론과 인본주의 철학

맹자(대략 전390-305)의 이름은 가軻이다. 그는 기원전 4세기를 전후로 한 전국시대 중엽에, 공자의 유가사상을 계승하여 다른 제자백가諸子百家의 사상들을 열심히 비판하고, 지식인의 자율적 활동과 그들이 중심이 되어 민생의 안정을 크게 외쳤던 대표적인 유가儒家 사상가이다. 그는 공자의 손자인 자사子思의 제자의 제자, 말하자면 '자사' 학파의 학통을 이어받았다고 전해지고 있다.1) 그도 또한 공자와 마찬가지로 제후국, 특히 당시의 대국인 제齊와 그 뒤 양梁[당시 위魏의 별칭]나라 등을 전전하면서 자신의 학설을 폈다. 그러나 당시의 격렬한 겸병전쟁의 와중에서 실제로 여러 국가들(예 진秦, 초楚, 위魏, 제齊 등)은 부국강병을 꾀하는 법가와 병가의 정책에 치중할 수밖에 없었기 때문에, 지식인들의 자율적인 활동을 통해 당시 급격히 강화되어가는 군주의 절대 권력을 견제하려 했던 그의 학설은 결국 당대의 군주들에게 진지하게 받아들여지지 못하였다. 만년에 정계에서 물러나서 그는 자기의 고향인 소국인 추鄒

---

1) 『史記』, 「孟荀列傳」, "孟軻, 鄒人也, 受業子思之門人." 참조.

에 돌아와, 그의 제자인 만장萬章 등과 함께 학술적 논의를 한 내용이
현재 전해지고 있는『맹자孟子』7편에 실려 있다.

그러나 이『맹자』는 한漢대에는 11편으로서,「양혜왕梁惠王」,「공손추
公孫丑」등의 7편 외에 또한「성악변性善辨」,「문설文說」,「효경孝經」,「위
정爲政」등의 외서外書 4편이 더 있었다고 하나, 이들은 후세에 전해지
지 않고 있다. 그리고『맹자』는 맹자의 사상을 연구할 수 있는 직접적
인 자료일 뿐만 아니라, 또한 거기에는 양주楊朱, 허행許行, 고자告子 등
그 밖의 다른 학파에 속한 사상가들에 관한 비판적인 자료들도 찾아볼
수 있다.

맹자는 단순히 공자의 학설을 계승한 것뿐만은 아니다. 사실 그는 유
가사상에 특정한 의미를 부여함으로써 유가사상을 더욱 드러내고 발전
시켰다고 하겠다. 공자가 제시한 덕치의 이념은, 종래의 혈연적인 세습
귀족 대신에, 당대에 새롭게 등장하는 지식인계층, 즉 "군자君子"들에
의한 통치 질서의 확립을 제창하면서, 당대 사회에서 점차 확대일로에
있었던 전쟁, 겸병 등에 의한 민생의 파탄이나 상호 심각한 이해관계의
충돌로 인한 계층 간의 불화와 모순을 될수록 완화시키고 조화시키려는
새로운 대안으로 제시된 것이었다. 당대 지식인 엘리트의 특권적 자율
성의 보장을 배제하고 오로지 군주의 절대 권력을 중심으로 그로부터의
획일적인 강제력에 의한 부국강병의 추구라는 법가의 노선과는 달리,
기본적으로 지식인들의 자율적인 주도적 역할을 강조하고, 지식인들이
중심이 되는 사회의 안정적 질서의 확립을 노리는 이런 덕치의 이념을
실현하기 위해서 공자가 한 요컨대 두 가지 요청,2) 즉 객관적으로 타당

---

2) 이 점에 관해서는 송영배,『중국사회사상사』(증보판), 제1부「유교의 본질」, 특히
77-82쪽 참조

한 통치 질서로서의 '주례周禮'에의 귀의와 지식인 엘리트(즉 군자)가 사회적 지도자로서 가져야 될 전제조건으로서의 윤리·도덕성의 함양을 강조했다면, 맹자는 이 둘 중에서 특히 후자의 측면, 즉 지식인 엘리트들의 도덕성 함양의 문제에 보다 많은 주의를 기울여 그 점을 더욱 발전시켰다고 볼 수 있겠다. 따라서 그의 사상의 핵심은 한편 군주절대주의[즉, 획일적 강제적인 패도覇道]의 추구를 부정하고, 지식인들의 자율성의 보장 속에서 민생의 안정과 상이한 계층들 간의 사회적 조화를 실현하려는 왕도王道 이상의 천명과, 다른 한편 그런 이상을 실현시킬 수 있는 선한 본성이 인간에게 선험적 선천적으로 부여되어 있다고 하는 낙관론적인 인본주의 사상의 천명에 있다고 하겠다.

사회정치 사상 방면에서 맹자는 왕도王道와 인정仁政을 주장하여, 군주가 인애仁愛한 마음으로 온천하의 백성을 대할 때 곧 천하가 통일될 수 있다고 보았다. 따라서 겸병전쟁을 반대하고, 백성에게 경제적 안정을 제공하여 배고픔과 추위, 고통에서 벗어날 수 있게 한 뒤에, 말하자면, 민생民生의 안정을 목표로 하는 인정仁政을 베푼 뒤에, 그들을 교화하고 예의를 가르칠 것을 주장하였다.「등문공滕文公」상편에 나타난 정전제도에서는 농민에게 일정한 토지를 나누어 주고 농민에게 노동지대의 부담을 지우면서, 또한 귀족의 '세록世祿' 제도[즉, 작록의 세습]를 유지시키고자 하였다.「만장萬章」상편에서는 선양禪讓[왕위를 어진 사람에게 물려줌]을 논의하면서, 왕의 지위와 정권은 하늘이 준 것이며, 또 하늘의 의지는 군주를 통해 실현된다고 말하고 있다.「양혜왕梁惠王」하편에서는 '군주의 덕'을 결여한 폭군을 시해하는 것의 정당성을 말하고 있다. 이어서「진심盡心」하편에서는「누가 군주가 되어야 하느냐」하는 문제는 '가벼운' [輕] 문제이며, 「백성의 문제」가 가장 '귀貴한 것' 임을 천명하고 있다. 이렇듯이 민의民意를 존중하지 않는 군주의 절대주의를 근원적으로 문제시 하고 있는 이런 맹자식의 민본주의 사상은 언제나 「자의적인 군주의 독재정치의 차단의 근거」가 되었다는 점에서 동양 정치사상사에서 상당히 긍정적인 영향을 미쳤다고 평가할 만한 것이다.

그러나 이러한 맹자식의 민본주의는 정말 지식인들과 일반 백성들 간의 상하 차등적인 사회질서의 폐지, 말하자면 묵가墨家식의 '친친親親[혈연]주의' 의 혁파를 주장하고, 노동하는 만민의 '평등적인 연대' [兼愛]론으로 발전해 나갈 수는 없었다. 맹자의 민본주의는 오히려 인간을 '대인大人'과 '소인小人', 즉 정신노동을 하는 귀한 지식인 계층과 육체노동을 하는 천한 백성간의 상하 차등적인 사회적 분업을 자연적 질서로 합리화 정당화하는, 상하 차등의 틀 안에 머물고 있다는 한계를 안고 있다. 맹자는 「등문공」 상편에서 농가農家인 허행許行 일파의 철저한 「군신君臣평등론」을 원리적으로 부정하고, 그 대신 정신노동과 육체노동의 사회적 분업에 기초한 인간(사회)관계를 보다 효율적인 사회관계로 천명하고 있다. 맹자는 정신노동과 육체노동, 요컨대 통치자와 피통치자의 역할 구별은, 한 사회의 효율성이 사회 만인들의 상호 다른 기능의 유기적인 융합에서 찾아진다는 관점에서 보았을 때, 지극히 타당한 「사회적 "통의通義"」라고 역설力說하였다. 따라서 허행 일파의 '임금과 백성은 함께 농사에 종사해야 한다.' 는 「철저한 군신평등론」은 낙후된 비효율적인 사회관계로 물리치고 있다.

「고자告子」 상편에서는 맹자와 고자 사이의 인성人性에 관한 대화가 나온다. 맹자는 인간의 도덕관념은 선천적으로 구비된 것이며, 인간의

본성은 선한 것으로서, 인간의 품성이 변하고 파괴되는 것은 단지 물욕
物欲에 의해 가려져서 내심에 고유한 도덕적 본능이 크게 드러나지 못하
는 것뿐이라고 생각했다. 이것은 인간, 특히 지식인들의 도덕적 자율성
을 존재론적으로 규정지으려는 일종의 낙관론적인 도덕형이상학이다.
그러나 인간의 본성은 선험적·선천적으로「선하다」는 맹자의 이런 낙
관론적인 도덕형이상학을 고자告子는 부정하고 있다. 그에 의하면, 인
간의 본성은 본래「선도 악도 아니며」, 오직 후천적 경험에 의해서 만
들어진다는 경험주의적 인식에서 맹자의 선험적 도덕형이상학을 부정
하고 있다. 그러나 인간은 단순히 '감성적', '수동적' 존재가 아니라,
도덕적 자기계발을 할 수 있는「선험적 선천적으로 도덕적 존재」라는
맹자의 낙관적 확신에서, 이제 우리는 중국 사상사에서 맹자가 끼친 강
한 인본주의적 도덕형이상학의 발단發端을 만나보게 된다.

그리고 또한「공손추公孫丑」상편에서 맹자는 '호연지기浩然之氣'를
말하고 있다. 맹자는 '기氣'를 도덕적 성질을 갖춘 것으로 파악하고
'기'가 사람을 사람답게 만드는 오랜 정신적 수양의 축적 결과에서 오
는 일종의 정신 역량의 외재적 표현으로 파악하여 설명해주고 있다. 이
런 점에서 맹자의 '호연지기' 설은 바로 직하稷下의 도가道家학파, 특히
송견宋銒, 윤문尹文 등에 의해 제기되었던 기氣, 특히 '정기精氣' 개념을
도덕적 정신적 힘의 결정체로 연결지어 설명하고 있는 독특한 특색을
보여주고 있다.

그리고「진심盡心」상편에서는 '신심盡心', '지명知命', '지천知天'
등의 천인합일天人合一의 존재론적 사유의 맹아가 발단하고 있다. 이런
천인합일의 존재론적 사유에 의하면, 실제로 인간의 도덕 본성은 하늘

로부터 온 것이며, 우주 또한 도덕 법칙에 의해 지배되는 것으로 보고 있다.

이상의 서술을 통해 맹자가 주장하는 '덕치'는 다음과 같이 요약될 수 있다. 도덕상의 의무를 토대로 하는 군자 통치는 지배받는 백성들의 복지에 기여하여야 하는 반면, 통치 자체는 백성에 의해 시행되지 않고 도덕적으로 우월한 '군자'에 의해 시행되어야 한다. 오직 그러한 군자만이 그의 개인적 윤리적 '자기완성'을 토대로 지식인 엘리트로 구성된 통치계층과 신분이 낮아 육체적 노동을 하는 일반 백성들 사이의 사회적인 불화不和를 해소할 수 있다고 맹자는 보고 있다. 이런 관점에 서 있는 맹자에 의하면, 그의 시대를 풍미했던 사회적 혼란, 즉 인간관계 내의 불화와 갈등의 원인을 근원적으로 볼 때, 오직 통치를 위임받은 지식인 통치계층의 도덕적 결함으로 바라보지 않을 수 없었다. 따라서 맹자는 당대 사회 혼란의 원인을 그 당대 사회의 사회·경제적 상태의 객관적인 변화와 발전과 연관하여 설명하지도 못했으며 할 수도 없었다. 맹자로서는, 인간, 특히 지식인들의 도덕적 자기계발과 자기완성이 바로 인간관계의 조화를 이루어내는 성숙한 조건으로 비쳤기 때문에, 한편 내성적 도덕형이상학의 기치를 높이 들고서, 다른 한편 인간의 물질적 욕구를 자극하여 사회적 갈등을 일으킬 소지가 있는 일체의 공리주의적인 태도를 의식적 의도적으로 비판할 수밖에 없었다. 따라서 맹자는 통치를 담당하는 계층의 주관적인 도덕적 자기완성의 추구 이외에 객관적이고 구체적인 사회제도적인 해결책의 제시에는 미약할 수밖에 없었다. 요컨대, 맹자는 공자와 마찬가지로 사회생산력의 적극적인 「공리주의적」 촉진보다는 단지 백성의 신뢰를 얻어낼 수 있는 사회생산물의 정당하고 공정한 분배를 통한 심리적인 화합의 달성에 보다 더 큰 의미를 부여했다고 하겠다.

1. 인정仁政론과 왕도王道정치

맹자에게 있어서 정치란 백성들에게 민생을 안정시켜 주는 일이다. 그것이 바로 인정仁政의 시작이라고 그는 말한다. 그리고 당대 제후국들 간의 전쟁을 통한 적대적인 병합의 과정을 그는 '패도覇道'로 부정하고, '인정'을 통한 평화적인 천하통일론을 제시한다. 말하자면, 고통을 받는 만민을 도탄에서 구원해 냄으로써 백성들로부터 전폭적인 신임을 받는 민중해방의 정치를 말한다. 그것이 바로 '왕도王道'의 정치 이상이다.

1.1) 왕도정치의 출발점: 민생民生의 보장

농사철[月令]을 위반하지 않으면, 곡식을 이루 다 소비할 수 없다. 촘촘하게 짜인 그물로 깊은 연못에서 투망질을 하지 않으면, 물고기와 자라를 이루 다 소비할 수 없다. 도끼와 자귀를 가지고 때에 맞게 벌목을 하게 되면, 재목을 이루 다 소비할 수 없다. 곡식과 물고기와 자라를 이루 다 소비할 수 없고, 재목을 이루 다 소비할 수 없으면, 백성들이 산 자를 봉양하고 죽은 자를 장사지내는 데 유감을 가지지 않게 된다. 산 자를 봉양하고 죽은 자를 장사지내는 데 유감을 가지지 않게 함은

왕도정치의 출발점이다. (『맹자』, 「양혜왕梁惠王」상, 1.3)

> [不違農時, 穀不可勝食也. 數罟不入洿池, 漁鼈不可勝食也. 斧斤以
> 時入山林, 材木, 不可勝用也. 穀與漁鼈, 不可勝食; 材木, 不可勝用.
> 是, 使民養生喪死, 無憾也. 養生喪死無憾, 王道之始也.]

1.2) 왕도정치의 전제조건: 민생民生의 안정과 이익을 보장하는 인정仁政론

통치자가 현명한 이[賢]를 존중하고 유능한 인재[能]를 등용시켜 걸출한 인물들이 벼슬자리에 있으면 온 천하의 지식인[士]들이 모두 기뻐하여 그 나라의 조정에서 봉사하기를 원하게 된다. 시장에 점포세만 받고 (물품저장에 대한) 세금은 징수하지 않으며, [재화가 오랫동안 적체되어 판매되지 않는 경우] 관官에서 법에 따라 매상해 주고 점포세도 징수하지 않는다면, 온 천하의 상인들이 모두 기뻐하며 그 나라의 시장에서 상품을 비축하기를 원하게 된다. 관문關門(즉 세관)에서는 (의복과 언어에 대해) 조사만 하고 통행세를 징수하지 않으면, 온 천하의 여행자들은 모두 기뻐하며 그 나라의 길로 돌아다니기를 원하게 된다.

> [尊賢私能, 俊傑在位, 則天下之士, 皆悅而願立於其朝矣. 市廛而不
> 征, 法而不廛, 則天下之商, 皆悅而願藏於其市矣. 關譏而不征, 則天
> 下之旅, 皆悅而願出於其路矣.]

경작자에게는 정전의 노동지대만을 요구하고 다른 세금을 거두지 않으면, 온 천하의 농민들은 모두 기뻐하며 그 나라의 농지에서 농사짓기를 바라게 된다. 집에 '인두세'를 거두지 않으면, 온 천하의 백성들이 모두 기뻐하며 그곳의 백성 되기를 원하게 된다. 진실로 이 다섯 가지를 실시할 수 있다면 이웃 나라의 백성들이 그[임금]를 부모와 같이 우러러보게 된다.

[耕者助, 而不稅, 則天下之農, 皆悅而願耕於其野矣. 廛, 無夫里之布, 則天下之民, 皆悅而願爲之氓矣. 信能行此五者, 則隣國之民, 仰之若父母矣.]

자기의 자제들을 거느리고 자기의 부모(와 같은 나라의 임금)을 공격하는 일은, 백성이 생겨난 이래로 이루어진 적이 없었다. 이렇게 되면 천하에 대적할 자가 없게 된다. 천하에 대적할 자가 없게 되면, 그는 하늘이 낸 관리[天吏]가 된다. 그렇게 되고서도 왕王[천하를 통일한 군주]이 되지 못한 일은 아직 없었다. (「공손추公孫丑」上, 3.5)

[率其子弟, 攻其父母, 自生民以來, 未有能濟者也. 如此, 則無敵於天下. 無敵於天下者, 天吏也. 然而, 不王者, 未之有也.]

1.3) 인정론과 왕도정치의 심리적 전제조건

1.3.1) 인정론과 왕도정치의 심리적 기초: 민심의 상실은 천하天下의 상실이다

맹자가 말했다.

"걸桀과 주紂가 천하를 잃은 것은 그들의 백성을 잃은 것이다. 그 백성을 잃은 것은 그들의 마음을 잃은 것이다. 천하를 얻는 데에는 원칙[道]이 있다. 백성을 얻으면 이미 천하를 얻은 셈이다. 백성을 얻는 데에는 원칙이 있다. 그 마음을 얻으면 백성을 얻은 셈이다. 그 마음을 얻는 데는 원칙이 있다. 그들을 위하여 원하는 바를 축적해 주고, 싫어하는 바를 그들에게 행하지 않는 것이다. (…)

[孟子曰: 桀紂之失天下也, 失其民也. 失其民者, 失其心也. 得天下有道, 得其民, 斯得天下矣. 得其民有道, 得其心, 斯得民矣. 得其心有道, 所欲, 與之聚之; 所惡, 勿施爾也. (…)]

탕湯임금과 무왕武王에게로 민심이 쏠리게 만든 이는 걸과 주[와 같은 폭군]이었다. 오늘날 천하의 군주 중에 (누구라도) 인仁을 좋아한다면, 제후들이 그를 위하여 민심을 몰아다 줄 것이다. (그 자신이) 비록 (천하를 통일하는) 왕이 되려고 하지 않으려 해도, 그렇게 되지 않을 수 없다.”
(「이루離婁」상 7.9)

[爲湯武, 歐民者, 桀與紂也. 今天下之君, 有好仁者, 則諸侯皆爲之歐矣. 雖欲無王, 不可得已.]

1.3.2) 인정론과 왕도 정치의 심리적 기초:
백성의 ‘아픔을 참지 못하는 마음’ [不忍人之心]

(맹자가) 말하였다.

“제가 호흘胡齕에게서 다음과 같은 이야기를 들었습니다. 왕이 당상에 앉아 있을 때 소를 끌고 당 아래를 지나가는 사람이 있었습니다. 왕께서는 그것을 보시고 ‘소를 어디로 끌고 가느냐?’고 묻자 그는 ‘종鍾에 피를 칠하는데 쓰려고 데리고 갑니다.’ 라고 대답했습니다. 그때 왕께서는 ‘소를 놓아 주라. 소가 아무 죄도 없이 벌벌 떨며 죽으러 가는 것을 차마 볼 수 없구나!’ 라고 했습니다. 그때 그는 ‘그러면 종에 피를 바르는 일을 그만 둘까요?’ 라고 응답하자, 왕께서는 ‘어찌 그 일을 폐지할 수 있겠는가? 소를 양으로 바꾸어서 하도록 해라!' 라고 했습니다. 잘 모르지만 이런 일이 있었습니까?"(제齊 선왕)이 말했다: "그런 일이 있었습니다."

> [曰: 臣聞之: 胡齕曰, 王坐於堂上, 有牽牛而過堂下者, 王見之. 曰,
> 牛何之? 對曰: 將以釁鐘. 王曰: 舍之. 吾不忍其觳觫, 若無罪而就
> 死地. 對曰: 然則, 廢釁鐘與? 曰: 何可廢也! 以羊易之. 不識, 有諸?
> 曰: 有之.]

"이런 마음가짐이면 왕도王道정치를 할 수 있습니다. 백성들은 왕께서 (소 한 마리를) 아까와 한다고 생각하겠지만, 저는 진실로 왕께서 차마 하지 못하는 (마음을) 압니다."

"그랬습니다. 백성 중에는 그렇게 생각하는 사람도 있을 것입니다. (그러나) 제나라가 아무리 작아도 내가 한 마리의 소를 아끼겠소? 곧 소가 아무 죄 없이 벌벌 떨며 죽으러 가는 것을 차마 볼 수가 없었기 때문에 소를 양으로 바꾸라고 한 것이오."

> [曰: 是心, 足以王矣. 百姓, 皆以王爲愛也; 臣, 固知王之不忍也. 王
> 曰: 然. 誠有百姓者. 齊國雖褊小, 吾何愛一牛? 卽不忍其觳觫, 若無
> 罪而就死地. 故以羊易之也.]

"왕이 한 마리의 소를 아낀다고 백성들이 생각하는 것을 왕께서는 이상하게 생각하지 마십시오. 작은 것으로서 큰 것을 바꾼 (왕이 마음을) 백성들이 어떻게 알 수 있겠습니까?"

왕은 난처한 듯이 웃으면서 말했다: "이것이 진실로 무슨 마음인가? 나는 재물이 아까워서 양으로 바꾼 것은 아닌데, 백성들이 내가 (재물을)

아낀다고 생각하는 것은 당연하겠군!"

[曰: 王無異, 於百姓之以王爲愛也. 以小易大, 彼惡知之? 王若隱其
無罪而就死地, 則牛羊何擇焉? 王笑曰: 是, 誠何心哉? 我非愛其財,
而易之以羊也. 宜乎百姓之謂我愛也!]

"마음 쓸 것 없습니다. 이것이 인仁을 실행하는 방법입니다. 소는
보았지만 양은 보지 못한 탓입니다. 군자는 짐승에 대해서 그것이 살아
있는 것을 보면 그것이 죽는 것을 차마 보지 못하고, 그 소리를 들으면
차마 그 고기를 먹을 수 없습니다. 그러므로 군자는 푸줏간을 멀리하는
것입니다."(「양혜왕」上, 1.7)

[曰: 無傷也. 是, 乃仁術也. 見牛, 未見羊也. 君子之於禽獸也, 見其
生, 不忍見其死; 聞其聲. 不忍食其肉. 是以, 君子遠庖廚也.]

1.3.3) 인정론과 왕도정치의 심리적 기초: 자기로부터 점차 가족 및 사회전체에 이르는 관심 범위의 확대

자기 집의 어른을 존경함으로써 남의 집 노인에게 미치고, 자기 집의
어린아이를 보호함으로써 남의 집 아이에게 미친다면, 천하를 자기 손
바닥 안에서 다스릴 수 있습니다. '자기의 아내에게 먼저 모범을 보이
고, 그리고 형제에게 이르고, 나아가 지역사회와 국가에까지 이른다.'
고 『시경』에서 말하고 있습니다. 이것은 자신의 이 마음을 다른 쪽으로
확대해 나가는 것입니다. 그러므로 은혜를 확대하면 온 세상[四海]의 사
람을 보호할 수 있지만, 은혜를 미루어 넓히지 않으면 아내도 보존할
수 없습니다.

[老吾老, 以及人之老. 幼吾幼, 以及人之幼. 天下可運於掌. 詩云:'刑

于寡妻, 至于兄弟, 以御于家邦.' 言: 擧斯心, 加諸彼而已. 故推恩, 足以保四海. 不推恩, 無以保妻子.]

옛날의 성인이 일반인보다 뛰어난 것은 다름이 아니라 그 행위를 잘 미루어 확대한 것입니다. 지금 왕의 은혜가 금수에게까지 미치면서도 그 공덕이 백성에게까지 이르지 못함은 도대체 무슨 까닭입니까? 저울을 달아본 뒤에야 가벼움과 무거움을 알고, 재어본 뒤에야 길고 짧음을 압니다. 만사가 모두 그러합니다. (먼저 헤아려 본 연후에 그 실정을 알 수 있습니다.) 사람의 마음은 더욱 그러합니다. 임금께서도 헤아려 보십시오! 그렇지 않고 임금께서 군대를 일으켜 군사와 신하를 위태롭게 하고 제후에게 원한을 맺어야만 (임금의) 마음이 유쾌하겠습니까?"(「양혜왕」上, 1.7)

[古之人所以大過人者, 無他焉. 善推其所爲而已矣. 今恩, 足以及禽獸; 而功, 不至於百姓者, 獨何與? 權然後, 知輕重. 度然後, 知長短. 物皆然; 心爲甚. 王請度之! 抑, 王興甲兵, 危士臣, 構怨於諸侯; 然後, 快於心與?]

2. 왕도정치의 경제적 기초

농사짓는 백성에게 일정한 크기의 경작지를 보장해 주고, 동시에 그들의 민생경제에 부담을 주지 않는 적절한 세금의 부과를 통하여 백성들의 경제적 안정을 실질적으로 도모해 주는 일이 맹자가 말하는 왕도정치의 시작이다. 여기에 유명한 공동경작과 개인의 토지소유를 합법화하는 정전제井田制의 확립이 맹자에 의하여 제기된 이래, 동아시아 유교 문화권 사회에서는 국민경제의 이상적 목표로 설정되었다.

2.1) 정전井田제도

2.1.1)

하夏나라 때에는 50무畝의 토지를 주어 공貢이라는 세법을 행하고. 은殷나라 때에는 70무의 토지를 나누어 주어 조助라는 세법을 시행하고, 주周나라 때에는 100무를 나누어주고 철徹이라는 세법을 시행했습니다. 실제로 이것들은 모두 10분의 1세였습니다. '철徹'이란 다른 지역에도 다같이 10분의 1을 부과하는 것을 말하고, '조助'란 노동력으로 세금을 내는 것[노동지대]을 말하는 것입니다.

> [夏后氏, 五十而貢. 殷人, 七十而助. 周人, 百畝而徹. 其實, 皆什一也. 徹者徹也. 助者, 藉3)也.]

용자龍子4)는 '토지세는 조법助法이 가장 좋고 공법貢法이 가장 나쁘다'라고 말했습니다. 공법貢法은 여러 해의 수확량의 평균치로서 기준을 정하는 것입니다. 풍년에는 어디에나 곡식이 (흔하게) 있기에 더 많이 거두어도 심한 것이 아니니 적게 취하는 것이 되고, 흉년에는 [다음 해에] 밭에 줄 거름비용도 모자랄 정도이므로 반드시 가득 채워 탈취하는 셈이 됩니다. (「등문공滕文公」 上, 5.3)

> [龍子曰: "治地, 莫善於助. 莫不善於貢. 貢者, 校數歲之中, 以爲常.

---

3) 藉는 借(빌리다)의 뜻이다. 서로 노동력을 빌려주는 '품앗이'를 말한다.
4) 龍子는 옛날 현인의 이름이다.

樂歲, 粒米狼戾; 多取之, 而不爲虐, 則寡取之. 凶年, 糞其田而不足,
則必取盈焉.]

2.1.2)

[군주가] 백성의 부모가 되어 백성들을 힘들게 부려먹고, 그들이 일 년
내내 일해도 자기의 부모마저 봉양할 수 없게 되고, 또 빚을 내어 보태
어서 (세금을 물게 하니) 노인과 어린아이들이 죽어서 산골짜기나 도랑에
뒹굴고 있다면 군주가 백성의 부모됨은 어디에 있는 것입니까? (「등문
공」上, 5.3)

　　[爲民父母, 使民盻盻然. 將終歲勤動, 不得以養其父母. 又稱貸而益
　　之, 使老稚轉乎丘壑, 惡在其爲民父母也?]

2.1.3)

[관리에게 일정한 토지(公田)를 주어 거기에서 나오는] 봉록을 대대로 세습시
키는 제도[世祿]는 등滕나라도 진실로 실행하고 있습니다. 『시경』에 '우
리 공전公田에 먼저 비를 내리고, 다음에 우리의 사전私田에 비를 내리
소서!' 5)라는 시구가 있습니다. 오직 조법助法은 공전公田에 있어야만
합니다. 이렇게 보면 주나라도 또한 조법助法을 썼던 것입니다.

　　[夫世祿, 滕固行之矣. 詩云: "雨我公田, 遂及我私!" 惟助, 爲有公
　　田. 由此觀之, 雖周, 亦助也.]

　　그리고 상庠, 서序 학교를 세워 교육을 시행했습니다. 상庠은 기른다
는 뜻이며, 교校는 가르친다는 뜻입니다. [시골학교를] 하夏 때는 교校, 은

---

5) 여기서는 周나라 당시의 노래(詩)를 말함. 『詩經』, 「小雅」, 「大田」편 참조.

殷 때는 서序, 주周 때는 상庠이라 했습니다. 학學[즉 太學]은 삼대三代(하, 은, 주)에 다 있었습니다. 이것은 모두 인륜을 밝히기 위한 것입니다. 인륜이 위에서 밝아지면 아래에서는 백성들이 서로 친목할 것입니다.

[設爲庠序學校, 以敎之. 庠者, 養也. 校者, 敎也. 序者, 射也. 夏日校, 殷曰序, 周曰庠. 學, 則三代共之. 皆所以明人倫也. 人倫明於上, 小民親於下.]

만약 (나중에) 성왕聖王이 나타난다면 반드시 (등滕 나라로부터) 본받고자 할 것이니, 이렇게 성왕의 스승이 되는 셈입니다. 『시경』에 이르기를 '주나라가 비록 옛 나라이지만 그 천명은 새롭구나!' 라고 했습니다. 이는 문왕文王을 말한 것입니다. 임금께서 이런 [정치를] 힘써 실행한다면 임금의 나라[즉 滕] 역시 새로워질 것입니다."(「등문공」上, 5.3)

[有王者起, 必來取法. 是爲王者師也. 詩云: "周雖舊邦, 其命維新!"[6] 文王之謂也. 子力行之, 亦以新子之國.]

2.1.4)

(등문공이) 신하 필전畢戰을 시켜서 (맹자에게) 정전법을 묻게 했다.

맹자가 말했다:

"당신의 군주가 장차 인정仁政을 실행하고자 당신을 뽑아서 시키고자 하니, 그대는 힘써서 일해 보시오! 대체로 어진 정치라는 것은 반드시 토지의 경계를 분명히 하는 것에서부터 시작합니다. 경계가 바르게 되지 않으면 정전井田의 크기가 고르지 않게 되고, 따라서 곡물과 봉록도 공평하지 않게 됩니다. 그래서 폭군이나 탐관오리는 토지의 경계를

6) 『시경』, 「大雅」, 「文王」 편을 보라.

분명히 하지 않았습니다.

[使畢戰問井地. 孟子曰: "子之君, 將行仁政, 選擇而使子, 子必勉之! 夫仁政, 必自經界始. 經界 不正, 井地不鈞, 穀祿不平. 是故, 暴君汚 吏必慢其經界.]

경계가 바르다면 토지를 나누고 봉록을 정하는 일은 앉아서도 할 수 있습니다. 등滕나라가 비록 토지가 협소하지만 (관리하는) 군자君子가 있고, 또 노동하는 백성[野人]이 있습니다. 군주가 없으면 백성을 다스릴 수 없고, 백성이 없으면 군자가 먹고살 수 없습니다."(「등문공」上, 5.3)

[經界旣正, 分田制祿, 可坐而定也. 夫滕, 壤地褊小, 將爲君子焉, 將 爲野人焉. 無君子, 莫治野人. 無野人, 莫養君子."]

2.1.5)

내가 건의하는 것은 교외의 토지는 9분의 1의 조법助法을 실시하고, 성내城內에서는 10분의 1의 세율로 스스로 납부하게 하십시오. 경卿 이 하의 관리들에게는 반드시 규전圭田[제사에 쓰도록 주는 토지]을 주고, 이 규전은 50무로 합니다. 부모와 처자식 이외의 식구가 있으면 25무를 더 줍니다.

[請野九一而助. 國中什一, 使自賦. 卿以下, 必有圭田. 圭田, 五十畝. 餘夫二十五畝.]

죽어서 매장하거나 이사를 가더라도 자기의 고향을 벗어나지 않으며, 향리의 토지는 1정井의 구획에 공동으로 속하는 것입니다. 오고 가면서 서로 우애롭게 지내고, 지키고 보호하여 서로 돕고 질병이 들면 서로

돌보게 된다면 백성들은 친애하고 화목할 것입니다. (「등문공」上, 5.3)
[死徙無出鄕. 鄕田同井, 出入相友, 守望相助, 疾病相扶持. 則百姓親睦.]

2.1.6)
사방 1리里를 1정井으로 하고, 1정은 900무畝입니다. (9등분하여) 그 가운데의 100무는 공전公田으로 하고, 8가구가 각각 100무의 개인 토지[私田]를 갖고 있으면서 공전을 공동으로 경작합니다. 공전의 일이 끝나면 그때 각자의 '개인 토지'에 가서 일을 합니다. 이것은 군자와 야인野人[농민과 같이 생산에 직접 종사하는 사람]을 구별하기 위해서입니다. 이상이 정전제에 관한 개략적인 설명입니다. 이것을 지금의 시대와 실정에 맞게 수정하는 것은 군주와 당신에게 달려 있습니다. (「등문공」上, 5.3)
[方里而井, 井九百畝. 其中爲公田. 八家皆私百畝, 同養公田. 公事畢, 然後敢治私事. 所以別野人也. 此, 其大略也. 若夫潤澤之, 則在君與子矣.]

2.2) 경제적 안정이 도덕적 이상[王道] 정치의 전제조건: 백성들은 '일정한 소득'[恒産]이 없으면 '일정한 마음' [恒心, 즉 도덕 이성]이 없음

(맹자가) 말하였다.

" '일정한 소득'이 없어도 '일정한 마음'[도덕이성]을 가지는 것은 오직 선비만이 가능합니다. 백성들은 일정한 소득이 없으면 따라서 '일정한 마음'을 가질 수 없습니다. 일정한 마음이 없으면 방종해지고 사치스러워져 못하는 일이 없게 됩니다. 죄를 짓게 한 뒤에 잡아서 벌을 주는 것은 그물을 쳐놓고 백성을 잡는 일입니다. 어찌 어진 사람이 군주의 자리에 앉아 있으면서 백성을 그물질할 수 있겠습니까?

[曰: 無恒産, 而有恒心者, 惟士爲能. 若民, 則無恒産, 因無恒心. 苟無恒心, 放辟邪侈, 無不爲已, 及陷於罪. 然後, 從而刑之, 是罔民也. 焉有仁人在位, 罔民而可爲也?]

그러므로 현명한 군주는 백성들의 소득을 마련하되 반드시 위로는 부모를 섬기기에 충분하고, 아래로는 처자식을 먹이기에 풍족하게 하여, 풍년에는 배불리 먹고, 흉년에도 굶어 죽는 것은 면하게 합니다. 그런 다음에 백성들을 선한 길로 이끌어가므로 백성들이 쉽게 따라갈 수 있습니다.

[是故, 明君制民之産, 必使仰足以事父母, 俯足以畜妻子. 樂歲, 終身飽; 凶年, 免於死亡. 然後, 驅而之善, 故民之從之也輕.]

지금은 백성들의 소득을 마련하되 위로는 부모를 섬기기에 부족하고, 아래로는 처자식을 기르기에 부족하여, 풍년에도 일 년 내내 몸이 고달프고, 흉년에는 죽음을 면치 못하고 있습니다. 이에 죽음을 벗어나려고 하는 것만도 힘을 다하지 못할까 염려하는데, 어찌 예의를 닦을 겨를이 있겠습니까?"(「양혜왕」 上, 1.7)

[今也制民之産, 仰不足以事父母, 俯不足以畜妻子. 樂歲, 終身苦; 凶年, 不免於死亡. 此, 惟救死而恐不贍, 奚暇治禮義哉?][7]

---

7) 위와 같은 내용이 「『맹자』「滕文公」上3」에도 나온다. "民之爲道也, 有恒産者, 有恒心. 無恒産者, 無恒心. 苟無恒心, 放辟邪侈, 無不爲已. 及陷乎罪. 然後, 從而刑之,

3. 민본주의民本主義

'인정'론이나 왕도의 이상은 모두 국가정치의 기본이 민생의 안정
에 있음을 말한다. 따라서 맹자에게는 민생, 즉 백성의 기본적인 생활
보장의 문제가 제일 중요하다. 누가 군주가 되느냐 하는 것은 지엽적인
문제이다. 이와 같이, 맹자의 '민본주의' 사상은 서구로부터 유입된 근
대적 민권사상과 구별되는, 동아시아 유교문화권 내의 독특한 민권사상
이다. 일찍이 20세기 20년대 중국의 일부 전통주의자들은 서구의 "데
모크라시"(德謨克拉西)의 특징을 '민생'(民生: for the people), 민주(民主: of
the people)와 민권(民權: by the people)으로 요약하는 한편, 중국의 전통적
정치관을 "데모크라동"(德謨克拉東)으로 칭하고, 그 특징을 '민생'(for
the people), 민주(of the people)와 "군자에 의한 정치"(by the junzi-elites)로
규정하고 그것을 정당화하고자 하였다.

3.1) "백성이 가장 귀하다"[民爲貴]는 민본주의 정치론: 누가 임금이 되느냐는 지엽적 문제이다.

맹자가 말했다.
"백성이 가장 귀중하고, 사직(社稷8))이 그 다음이고, 임금은 가벼운 것

是罔民也. 焉有仁人在位, 罔民而可爲也?" 참조.
8) '社'는 토지神이고 '稷'은 중국 고대에서 최초로 경작한 곡물인 '피'가 신격화되
어 곡물신이 된 것이다. 이 社와 稷은 모두 '농업' 신으로 고대왕조에서 매우 중요
하게 받들어지고 모셔졌다. 따라서 社稷은 그것을 모시는 해당 왕조와 운명을 같
이 하였다.

이다. 그러므로 백성의 신임을 얻어야 천자가 되고, 천자의 신임을 얻어야 제후가 되고, 제후의 신임을 얻어야 대부가 된다.

[孟子曰: 民爲貴, 社稷次之, 君爲輕. 是故, 得乎丘民, 而爲天子. 得乎天子爲諸侯. 得乎諸侯爲大夫.]

제후가 사직을 위태롭게 하면 제후를 바꾼다. 희생을 모두 갖추고, 제사에 사용할 음식을 깨끗이 하여 제사 때를 어기지 않고 잘 지냈음에도 가뭄이나 홍수가 발생하면 '사社(토지神)'와 '직稷(곡식神)'을 바꾼다."(「진심盡心」下, 14. 14)

[諸侯危社稷, 則變置. 犧牲旣成, 粢盛旣潔, 祭祀以時. 然而, 旱乾水溢, 則變置社稷.]

3.2) 민본주의와 천명天命론

3.2.1) 통치권[천명天命]의 부여는 개인의 생각에 의해 결정될 수 없다

만장萬章이 물었다:

"요임금이 천하를 순舜에게 넘겨준 것이 사실입니까?"

맹자가 대답했다:

"아니다. 천자天子는 천하를 남에게 줄 수는 없다."

"그러면 순이 천하를 얻은 것은 누가 준 것입니까?"

"하늘이 그에게 주었다."

[萬章曰: "堯以天下與舜, 有諸?" 孟子曰: "否, 天子不能以天下與人." "然則舜有天下也, 孰與之乎?" 曰: "天與之."]

"하늘이 주었다면 하늘이 분명한 말로써 그의 의지를 알린 것입니까?"

"아니다. 하늘은 말을 하지 않고 행위와 하는 일을 통해 그 뜻을 보여 줄 따름이다."(「만장萬章」上, 9. 5)

["天與之者, 諄諄然命之乎? 曰: "否, 天不言, 以行與事, 示之而已矣."]

3.2.2) 통치자는 다음 세대의 통치자를 천거할 수 있다

"행위와 일을 통해 그 뜻을 보여준다는 것은 무엇을 의미합니까?"

"천자는 하늘에 어떤 사람을 천거할 수 있지만, 하늘로 하여금 그[천거 받은 사람]에게 천하를 주라고 시킬 수는 없다. 제후가 어떤 사람을 천자에게 천거할 수는 있지만, 천자로 하여금 그[천거 받은 사람]에게 제후의 지위를 주라고 시킬 수는 없다. 대부[大夫, 귀족]가 제후諸侯에게 어떤 사람을 천거할 수는 있지만, 제후로 하여금 그 [천거 받은 사람]에게 대부의 지위를 주라고 할 수는 없다.

[曰: "以行與事示之者, 如之何?" 曰: "天子能薦人於天, 不能使天與之天下. 諸侯能薦人於天子, 不能使天子與之諸侯. 大夫能薦人於諸侯, 不能使諸侯與之大夫.]

옛날 요임금이 순을 하늘에 천거했는데 하늘이 그를 받아들였고, 그를 백성들 앞에 내놓았는데 백성들이 그를 받아들였다. 그러므로 하늘은 말을 하지 않고 행위와 일로써 그 뜻을 보일 뿐이라고 한 것이다." (「만장」上, 9.5)

[昔者, 堯薦舜於天, 而天受之; 暴之於民, 而民受之. 故曰: 天不言,

以行與事, 示之而已矣."]

3.3) 민의民意 본위의 천명天命론

"감히 여쭙건대 요임금이 순을 하늘에 천거했는데 하늘이 그를 받아들였고, 그를 백성에게 내놓았는데 백성이 그를 받아들였다는 것은 어떻게 된 것입니까?"

[曰: "敢問薦之於天而天受之, 暴之於民而民受之, 如何?"]

"요가 순을 시켜 제사를 주관하게 하였는데, 모든 신들이 이 제사를 받아들였으니(즉 농사짓기에 좋은 날씨와 풍성한 수확을 얻음 등), 이는 하늘이 그를 받아들인 것이다. 그를 시켜 나라 일을 주관하게 하였는데, 나라 일이 잘 다스려지고 백성들이 이를 편안하게 여겼으니, 이는 백성들이 그를 받아들인 것이다. 하늘이 주었고, 백성이 주었기 때문에, 천자는 천하를 남에게 주지 못한다고 하는 것이다."(「만장」上, 9.5)

[曰: "使之主祭, 而百神享之. 是, 天受之. 使之主事, 而事治, 百姓安之. 是, 民受之也. 天與之, 人與之. 故曰: 天子, 不能以天下與人."]

4. 국가 공리주의의 비판

국가가 장려해야 할 것은 사회적 정의를 잘 지키게 하는 일이요, 결코 물질적 이익을 추구하는 공리주의에 있지 않다고 맹자는 말한다. 만

약에 개인이나 국가로 하여금 사회적 정의를 고려하지 않고 물질적 이
익을 최대로 추구하는 공리주의를 추구하게 된다면, 개인과 개인, 그리
고 국가와 국가 간에는 물질적 이익을 추구하는 각축전이 벌어질 수밖
에 없다고 맹자는 말한다. 그러나 사람들이 서로 '사랑[仁]하고' '도의
[義]'를 지키게 된다면, 사회적 질서가 바로 잡혀서 안정될 것이나, 반
대로 공리를 추구하게 되면, 결국 개인들이나 국가 간에 물질적 이익을
추구하는 약탈전이 전개될 것이기 때문에, 사회가 어지럽게 될 것임을
맹자는 경고하고 있다.

4.1) 공리주의의 비판과 인의仁義에 바탕을 둔 도덕정치

맹자가 양혜왕을 뵈었다. 왕이 물었다.

"선생께서 천리를 멀다하지 않고서 오셨는데 앞으로 어떤 방법으로
우리나라를 이롭게9) 하시겠습니까?"

[王曰: "叟! 不遠千里而來, 亦將有以利吾國乎?"]

맹자가 대답했다.

"왕은 하필이면 이익을 말하십니까? 다만 인의仁義가 있을 뿐입니
다. 만약 왕께서 '어떻게 국가를 이롭게 할까'라고 하시면 대부大夫[귀
족]들은 '어떻게 하면 식읍食邑을 이롭게 할까?'라고 하고, 하급관리
[士]나 일반 백성들은 '어떻게 나 자신을 이롭게 할까?'라고 말하게 됩
니다. (이렇게 되면 온 국가에) 상하가 서로 이익을 각축하게 되어 국가가

---

9) 여기서 "利吾國"의 의미는 실제로 "孟子曰: 廣土衆民, 君子欲之."를 의미한다. (『
맹자』, 「盡心」上13:21) 참조.

위태로워집니다.

> [孟子對曰: "王何必曰利? 亦有仁義而已矣. 王曰: '何以利吾國?'大
> 夫曰: '何以利吾家?'士庶人曰: '何以利吾身?'上下交征利, 而國危
> 矣.]

만승萬乘[만대의 戰車를 소유한 대국]의 제후국에서 그 제후를 시해弑害하
는 사람은 천승의 식읍에서 나오고, 천승千乘[천대의 戰車를 소유한 소국]의
제후국에서 그 제후를 시해하는 사람은 반드시 백승의 식읍에서 나옵니
다. 만萬 중에서 천千을 가졌고, 천 중에서 백을 가졌다면 적게 가진 것
은 아닙니다.

> [萬乘之國, 殺其君者, 必千乘之家. 千乘之國, 殺其君者, 必百乘之
> 家. 萬取千焉, 千取百焉, 不爲不多矣.]

진실로 왕께서 의義를 뒤로하고 이익을 앞세우신다면, (누구나 남의 것
을) 빼앗지 않고서는 만족하지 않습니다. 아직 인仁하면서도 자신의 부
친을 유기遺棄하거나, 의義하면서도 자신의 군주를 홀시하는 경우는 없
었습니다. 왕께서는 인의를 말씀하실 따름이지 어찌 이익을 말하십니
까?"(「양혜왕」上, 1.1)

> [苟爲後義, 而先利, 不奪不厭. 未有: 仁而遺其親者也. 未有: 義而後
> 其君者也. 王亦曰, 仁義而已矣. 何必曰利?"]

4.2) 국가 공리주의 비판: 송경[宋牼, 즉 송견宋鈃]의 국가
   공리주의에 입각한 전쟁반대론에 대한 비판

송경이 초나라로 가는 도중에 맹자가 그를 석구石丘에서 만났다.

(맹자)가 말하였다.

"선생님은 장차 어디로 가시는 겁니까?"

(송경이) 말하였다.

"나는 진秦나라와 초楚나라가 전쟁을 일으킨다는 소문을 들었습니다. 나는 장차 초나라 왕을 만나서 (전쟁의 불이익을) 유세하여 무력 동원을 중지시키려고 합니다. 초왕이 그것을 좋아하지 않으면 나는 장차 진왕을 만나서 (전쟁의 불이익을) 유세하여 무력 동원을 중지시키려고 합니다. 두 나라 임금 중에 나와 장차 뜻이 부합되는 사람이 있을 것입니다."

[宋牼將至楚. 孟子遇於石丘. 曰: "先生將何之?" 曰: "吾聞: 秦楚構兵, 我將見楚王, 說而罷之. 楚王不悅, 我將見秦王, 說而罷之. 二王, 我將有所遇焉."]

(맹자)가 말하였다.

"저는 상세한 내용은 묻고 싶지 않으나 그 요점은 듣고 싶습니다. 어떻게 설득하시렵니까?"

(송경이) 말하였다.

"저는 (전쟁으로 인한) 그들의 불이익을 말하렵니다."

[曰: "軻也請無問其詳, 願聞其旨. 說之, 將何如?"

曰: "我將言: 其不利也."]

(맹자가) 말하였다.

"선생님의 뜻은 좋으나,10) 선생님의 구호口號는 옳지 않습니다. 선

___
10) 여기서 '志大'에서 '大'의 뜻을 '善'의 뜻으로 이해하였다. 楊伯峻, 上同, 282

생님이 공리功利의 관점에서 진왕이나 초왕에게 유세하여서, 두 왕은
(국가의) 공리功利를 좋아하여 삼군三軍의 동원을 그만둔다고 합니다. 이
로 인해 삼군의 군사들이 군대 출동의 파기를 즐거워함은 [불출동의] 이
득이 많기 때문입니다. 남의 신하된 이가 이득만을 생각하고서 군주를
섬기고, 자식이 이득만을 생각하고서 자신의 부친을 섬기고, 아우가 이
득만을 생각하고서 형을 섬긴다면, 이것은 군신, 부자, 형제가 마침내
인의를 버리고 이득만을 생각하면서 서로 대하는 셈입니다. 그렇게 되
고서도 망하지 않는 경우는 없습니다."(「고자告子」 下, 12.4)

　　[曰: "先生之志, 大矣. 先生之號, 則不可. 先生以利, 說秦楚之王.
　　秦楚之王悅於利, 以罷三軍之師. 是三軍之士樂罷, 而悅於利也. 爲人
　　臣者, 懷利以事其君; 爲人子者, 懷利以事其父; 爲人弟者, 懷利以事
　　其兄. 是, 君臣父子兄弟, 終去仁義, 懷利以相接. 然而, 不亡者 未之
　　有也."]

4.3) 제후들의 부국강병을 위한 당대 사회개혁의 부정

　맹자가 말하였다.

　"오늘날 군주를 섬기는 신하들은 '나는 군주를 위해 토지를 개간하
고 창고에 물자를 가득 채울 수 있다'라고 말한다. 오늘날 소위 훌륭한
신하는 고대의 이른바 백성을 해치는 자[民賊]이다. 군주가 도道를 지향
하지 않고 인의에 뜻을 두지 않는데 그를 부상하게 만들려고 하니, 이
는 걸桀과 같은 포악한 군주를 부강하게 만드는 꼴이다."

　　[孟子曰: "今之事君者曰: '我能爲君, 辟土地, 充府庫.' 今之所謂良

───────────────

　쪽 참조.

臣, 古之所謂民賊也. 君不鄉道, 不志於仁, 而求富之, 是富桀也.]

'나는 군주를 위해 동맹국과 맹약을 채결하고 전쟁을 벌이면 반드시 승리할 수 있다'라고 말한다. 지금의 좋은 신하는 옛날의 이른바 백성을 해치는 자[民賊]이다. 군주가 도道를 지향하지 않고 인의에 뜻을 두지 않는데, 그를 부강하게 만들려고 하니 이는 걸桀과 같은 포악한 군주를 부강하게 만드는 꼴이다. 그를 위해 무리하게 전쟁을 벌이도록 하니 이것은 걸과 같은 폭군을 도와주는 꼴이다. (「고자」下, 12.9)

> ['我能爲君, 約與國, 戰必克.' 今之所謂良臣, 古之所謂民賊也. 君不鄉道, 不志於仁, 而求富之, 是富桀也.. 而求爲之强戰, 是輔桀也."]

5. 혁명론: 군주 교체[革命]론의 합법성

맹자에게 있어서 군주의 합법성은 바로 민생의 보장에 있었기 때문에, 그가 민생을 보장할 수 없다면 그는 더 이상 '주권자'(군주)가 아니다. 그런 〈민생 파괴자〉[殘賊之人]는 〈한 사내〉[一夫]에 불과하다. 따라서 그런 사내는 보다 더 군주의 소임을 잘 할 수 있는 다른 군주에 의하여 대체되어도 좋다는 혁명론을 정당화하고 있다. 그러나 이 혁명론은 주권자(군주)와 혈연관계에 있는 "같은 혈족의 재상"[貴戚之卿]에게만 허용되고, "다른 혈족의 재상"[異姓之卿]에게는 유보된다는 점에서 그 한계를 드러내고 있다. 그러나 군주의 절대권이 신성시되었던 전통시대에 "민본주의"의 사상을 군주 절대주의보다 상위에 두었다는 점에서 여전히 역사적 진보성이 인정되지 않을 수 없다.

5.1) 혁명의 역사적 사실

제 선왕이 물었다.

"탕이 걸桀을 쫓아내고 무왕이 주紂를 정벌한 일이 있었습니까?"

맹자가 대답했다.

"전해오는 책에 그런 일이 (적혀) 있습니다."

"신하가 임금을 죽일 수 있는 것입니까?"

"인仁을 파괴하는 사람은 도적이고, 의義를 파괴하는 사람은 강도입니다. 도적이나 강도는 하나의 장부丈夫입니다. 한 장부를 죽였다는 말은 들었지만 임금을 죽였다는 말은 듣지 못했습니다."(「양혜왕」下, 2.8)

　　[齊宣王問,　曰: "湯放桀,　武王伐紂,　有諸?" 孟子對曰: "於傳有之." 曰: "臣弑其君,　可乎?" 曰: "賊仁者,　謂之賊; 賊義者,　謂之殘. 殘賊之人,　謂之一夫. 聞: 誅一夫紂矣; 未聞: 弑君也."]

5.2) 같은 혈족[貴戚]의 재상[卿]은 혁명을 할 수 있다

제齊나라 선왕宣王이 재상[卿]에 대하여 물었다.

맹자가 말하였다.

"왕께서는 어떤 재상을 물으십니까?"

왕이 말했다.

"재상이라면 다 같지 않습니까?"

(맹자가) 말하였다.

"같지 않습니다. 같은 혈족[貴戚]의 재상이 있고 다른 혈족[異姓]의 재상이 있습니다."

[齊宣王問卿. 孟子曰:"王, 何卿之問也." 王曰:"卿不同乎?" 曰:"不同. 有貴戚之卿, 有異姓之卿."]

왕이 말하였다.

"같은 혈족의 재상에 대하여 묻고자 합니다."

(맹자가) 말하였다.

"군주가 큰 잘못이 있으면 비판의 말씀을 올립니다. 그것을 되풀이 하여도 듣지 않으면 그를 버리고 다른 이를 (군주로) 세웁니다."

임금이 갑자기 얼굴색이 변하였다.

(맹자가) 말하였다.

"임금은 이상하게 여기지 마십시오. 임금께서 저에게 물으시니, 제가 진실하게[11] 대답 드리지 않을 수 없었습니다."

임금이 얼굴색을 바로한 뒤에 다른 혈족의 재상에 대하여 묻고자 하였다.

(맹자가) 말하였다.

"군주가 잘못하면 비판의 말씀을 올립니다. 그것을 되풀이 하여도 듣지 않으면 (그 나라를) 떠나갑니다."(「만장」下 10. 9)

[王曰:"請問貴戚之卿." 曰:"君有大過, 則諫. 反覆之, 而不聽, 則易位." 王勃然變乎色. 曰:"王勿異也. 王問臣, 臣不敢不以正對."

---

11) 여기서 '正'을 '올바름'의 뜻이 아니라, '誠'(진실하게)의 뜻으로 풀이하였다. 楊伯峻, 上同, 252쪽 참조.

王色定然後, 請問異姓之卿. 曰: "君有過, 則諫. 反覆之, 而不聽, 則
去."]

6. 군신君臣 평등론의 부정과 상하 차등적 분업론

맹자는 모든 사람의 역할이 동일하지 않다고 보았다. 위에서 만백성
을 통괄하는 군주가 있고, 그 아래에 그의 통치를 받는 백성이 있는 것
은 서로에게 이익이 되는 사회분업이기 때문에 정당하다고 보았다. 따
라서 군주를 포함하여 만인이 함께 노동하고 생산물을 공동 소유해야
한다고 하는 농가農家학파에 속한 허행許行 일파의 〈군신평등〉론을 비
효율적인 것으로 그는 일축하였다. 군주를 비롯한 지식인("君子", 또는
"大人")이 위에서 정신노동["勞心"]을 하고, 그들의 지시, 보호, 감독을
받는 백성["野人", 또는 "小人"]들이 아래에서 육체노동["勞力"]을 하는 상
하 차등적 분업을 맹자는 "천하의 보편적인 원칙"[天下之通義]으로 설득
하고 있다.

6.1) 허행許行학파의 「군신 평등론」에 대한 비판

신농神農12)의 말씀을 실천하는 허행許行이라는 사람이 [남방의] 초楚나
라에서 [북방에 있는] 등滕나라로 왔다. 궁궐 문에 이르러 (등滕의 군주) 문
공文公에게 아뢰었다.

---

12) 신농神農은 농사짓는 법을 처음으로 가르쳤다는 중국고대의 전설적 인물.

"(저는) 먼 (남방) 사람으로 임금께서 인정仁政을 베푼다는 말씀을 들었습니다. 한 자리를 받아서 백성이 되고자 합니다."

(등) 문공이 그에게 거처할 곳을 주었다. 그의 제자 수십여 명은 모두 거친 베옷을 입고서, 짚신을 엮고 자리를 짜는 것으로 생활을 하였다.

> [有爲神農之言者許行, 自楚之滕. 踵門而告文公, 曰: "遠方之人, 聞
> 君行仁政. 願受一廛而爲氓." 文公與之處. 其徒數十人, 皆衣褐, 捆
> 屨, 織席以爲食.]

진량陳良[13]의 문도인 진상陳相이 그의 동생 진신陳辛과 함께 농기구를 등에 짊어지고 송宋에서 등滕으로 와서 말하였다.

"임금께서 성인聖人의 정치를 하신다고 들었습니다. 이렇다면 (임금) 역시 성인이시니, 성인의 백성이 되고자 합니다."

진상이 허행을 만나보고는 크게 기뻐하여, (이제까지 배운) 그의 학문을 다 버리고 그[許行]에게서 배우게 되었다.

> [陳良之徒, 陳相與其弟辛, 負耒耜, 而自宋之滕, 曰: "聞: 君行聖人
> 之政. 是亦聖人也. 願爲聖人氓." 陳相見許行, 而大悅, 盡棄其學而
> 學焉.]

진상陳相이 맹자를 만나서 허행의 말씀을 해주었다.

"등滕나라 임금은 진실로 현명한 군주입니다. 비록 그러하나 아직 진리[道]는 터득하지 못했습니다. 현자라면 백성과 함께 농사를 지어서 먹고 살고, 스스로 아침 저녁밥을 직접 취사하면서 나라를 다스립니다.

---

13) 梁啓超,『先秦政治思想史』에 의하면, 陳良은『韓非子』,「顯學」편에서 말하는 儒家의 한 분파인 "仲良氏之儒"라는 것이다. 楊伯峻, 上同, 131 쪽.

(그러나) 지금 등 나라에는 (곡식)창고와 (재물)창고가 있습니다. 이렇다면 이것은 백성들에게 해를 끼쳐서 자기를 봉양하는 것이니, 어찌 현명하다 하겠습니까?"

[陳相見孟子, 道許行之言, 曰: "滕君則誠賢君也. 雖然, 未聞道也. 賢者與民竝耕而食, 饔飱而治. 今也滕有倉廩府庫, 則是厲民而以自養也, 惡得賢?"]

맹자가 말하였다.

"허 선생[許行]은 반드시 곡식을 파종하고 거두고서야 음식을 먹습니까?"

(진상이) 말하였다.

"그렇습니다."

"허 선생은 반드시 천을 짜고서야 옷을 만들어 입습니까?"

(진상이) 말했다.

"아닙니다. 허 선생은 거친 베옷을 입습니다."

"허 선생은 모자를 쓰십니까?"

(진상이) 말하였다.

"모자를 쓰십니다."

(맹자가) 말하였다.

"어떤 모자를 쓰십니까?"

(진상이) 말하였다.

"모자는 흰 것입니다."

(맹자가) 말하였다.

"스스로 그것을 짭니까?"

(진상이) 말했다.

"아닙니다. 곡식을 주고 바꿉니다."

[孟子曰: "許子必種粟而後食乎?" 曰: "然." "許子必織布, 而後衣乎?" 曰: "否. 許子衣褐." "許子冠乎?" 曰: "冠." 曰: "奚冠?" 曰: "冠素." 曰: "自織之與?" 曰: "否, 以粟易之."]

(맹자가) 말했다.

"허 선생은 왜 스스로 짜지 않습니까?"

(진상이) 말했다.

"농사짓는 데 방해가 됩니다."

(맹자가) 말했다.

"허 선생은 가마솥과 시루로 밥을 지으며, 쇠 쟁기로 농사를 짓습니까?"

(진상이) 말했다.

"그렇습니다."

"(허 선생이) 스스로 그것들을 만듭니까?"

(진상이) 말했다.

"아닙니다. 곡식을 주고 교환합니다."

[曰: "許子奚爲不自織?" 曰: "害於耕." 曰: "許子, 以釜甑爨, 以鐵耕乎?" 曰: "然." "自爲之與?" 曰: "否. 以粟易之."]

"곡식을 주고 농기구를 교환하는 일이 어찌 '질기장이'[陶工]와 '쇠장이'[冶工]를 괴롭히는 것입니까? 그리고 허자도 질기장이와 쇠장이를 괴롭히지 않고, 그들 역시 (자기의) 농기구를 가지고 (농부의) 곡식과 교환

하는 일이 어찌 농부를 괴롭히는 것이겠습니까? 그런데, 허 선생은 왜
'질기장이'와 '쇠장이'의 일을 (직접)하여 어떤 것이라도 모두 자기 집
에 보관하여 때에 맞게 사용하지 않습니까? 무엇 하려고 번거롭게 여러
장인들과 교역하는 것입니까? 어찌하여 허 선생은 귀찮은 일을 꺼리지
않습니까?"

["以粟易械器者, 豈爲厲農夫哉? 且許子不爲厲陶冶. 陶·冶亦以其械
器易粟者, 豈爲厲農夫哉? 且許子何不爲陶冶, 舍皆取諸其宮中, 而用
之? 何爲紛紛然與百工交易? 何許子之不憚煩?"]

(진상이) 말했다.

"여러 장인의 일은 원래 농사지으면서 동시에 할 수가 없습니다."

(맹자가 말했다.)

"그렇다면 천하를 다스리는 일만이 오로지 농사를 지으면서 동시에
할 수 있는 것입니까?"(「등문공」上, 5.4)

[曰: "百工之事, 固不可耕且爲也." "然則治天下, 獨可耕且爲與?"]

6.2)「상하 차등적」사회분업론: 정신노동[勞心者]을 하는
대인大人과 육체노동[勞力者]을 하는
소인小人의 사회적 노동 분업

"대인大人의 할 일이 있고 소인小人의 할 일이 있습니다. 한 사람의
몸에 [필요한 것은] 많은 기술자들에 의해 만들어져 갖추어지는 것입니다.
만일 스스로 만들어서 사용하게 한다면, 이는 온 천하 사람들을 낭패하
게 만드는 일입니다.[14] 그러므로 어떤 사람은 정신노동[勞心]을 하고,

어떤 사람은 육체노동[勞力]을 하는 것입니다. 정신노동을 하는 사람[勞心者]은 다른 사람들[육체노동을 하는 勞力者]을 다스리고, 육체노동을 하는 사람들은 그 사람들[정신노동을 하는 勞心者]로부터 다스림을 받습니다.

　[有大人之事, 有小人之事. 且一人之身, 而百工之所爲備, 如必自爲, 而後用之. 是, 率天下而路也. 故曰: 或勞心, 或勞力. 勞心者治人, 勞力者治於人.]

　다스림을 받는 자[육체노동을 하는 勞力者]는 그 (다스리는) 자[勞心者]들을 먹여주고, 다스리는 자[勞心者]들은 그 사람[육체노동을 하는 勞力者]들로부터 얻어먹는 것이 천하에 보편적인 원칙입니다. (「등문공」上, 5.4)

　[治於人者食人, 治人者食於人, 天下之通義也.]

7. 힘에 의한 통치[霸道]와 겸병전쟁의 반대

맹자에 의하면, 정권의 합법성은 백성으로부터 신임을 얻는 일이다. 따라서 백성들의 생활을 기본적으로 보장하여 그들이 편안히 살 수 있게 만들어 주어야 한다. 이것이 인정仁政의 시작이다. 따라서 군주가 백성들을 강제로 동원하여 군사력을 배양하고 침략전쟁에 힘쓰게 한다면, 이는 결과적으로 백성들의 생명을 죽이기를 좋아하는 셈이 된다. 이와 같이 군사력의 강화는 결국 백성들의 생명을 위협하는 것이기 때문에,

---

14) 여기 이 문장: "是率天下而路也"에서 '路'의 해석은 "路謂奔走道路"로 본 朱子集註의 해석을 좇지 않고, '路'를 '露', 즉 '敗'로 본 楊伯峻의 해석을 따랐다. 楊伯峻, 『孟子譯註』(北京: 中華書局), 132쪽 참조.

맹자는 당시 법가法家들이 추진하는 군국주의 노선을 반대할 수밖에 없었다. 힘으로 백성을 통치하는 것은 백성들의 마음을 진심으로 얻는 길이 아니기 때문에, 폭력에 의한 정치는 오래 지속될 수 없다고 말한다. 백성을 가난과 전쟁에서 구원해 주는 일이란 결코 힘(폭력)에 의한 통치, 즉 패도覇道와 정반대의 길, 즉 왕도王道일 뿐임을 맹자는 강력하게 외치고 있다. 따라서 맹자는 일체의 국가 공리주의 노선과 겸병전쟁을 반대한다.

7.1) 힘에 의한 통치[覇道]의 부정과 도덕[仁義]의 정치

맹자가 말하였다.

"힘에 의지해 인仁의 명분을 빌리는 것이 패[覇](의 원리)이다. 패[강자]가 되려면 반드시 큰 나라를 소유해야 한다. 덕에 근거해서 인정을 실행하는 것은 왕王(의 원리)이다. 왕이 되려면 큰 나라일 필요가 없다.

[孟子曰: "以力假仁者, 覇. 覇, 必有大國. 以德行仁者, 王. 王不待大.]

탕湯 임금은 사방 70리의 영토로써 그 과업을 성취하였고, 문文왕은 사방 100리로써 그 과업을 성취했었다. 힘으로 남을 복종시키는 것은 (상대가) 마음에서 복종하는 것이 아니라 (단지) 힘이 부족하기 때문이다. 덕으로 남을 복종시키는 것은 마음 속에서 기뻐서 진심으로 복종하는 것이니, 70제자가 공자에게 복종하는 경우와 같다. (「공손추」上, 3.3)

[湯以七十里, 文王以百里. 以力服人者, 非心服也, 力不贍也. 以德服人者, 中心悅, 而誠服也, 如七十子之服孔子也."]

7.2) 폭력적 겸병전쟁 반대론: 전쟁을 하지 않는 군주가 천하를 통일한다

(양혜왕이) 갑자기 물었다.

"천하가 어떻게 안정될 수 있겠습니까?"

내[맹자]가 대답하여 말하였다.

"하나가 되어야 안정될 것입니다."

"누가 (천하를) 하나로 만들 수 있겠습니까?"

(맹자가) 대답하여 말하였다.

"사람 죽이기를 좋아하지 않는 이가 천하를 하나로 할 수 있습니다."

(양혜왕이 물었다.)

"누가 그를 따르겠습니까?"15)

["天下惡乎定?" 吾對曰: "定于一." "孰能一之?" 對曰: "不嗜殺人者, 能一之." "孰能與之?"]

(맹자가) 대답하여 말하였다.

"천하에 그를 따르지 않는 사람이 없을 것입니다. (…) 오늘날 천하의 군주 중에 사람 죽이기를 좋아하지 않는 이가 없습니다. 만약 사람을 살해하기를 좋아하지 않는 이가 있다면, 온 세상의 백성은 모두 목을 길게 빼고 그를 바라보게 될 것입니다. 정말 그와 같이 한다면 백성이 그에게 귀복하는 것이 물이 하류로 흘러가는 형세와 같습니다. 누가

---

15) 이 구절: '孰能與之?'에서 '與'는 '從'(따르다)의 뜻이다. 楊伯峻, 上同, 14쪽 참조.

거대한 물 흐름을 막을 수 있겠습니까?"(「양혜왕」上, 1.6)

> [對曰: "天下, 莫不與也. (……) 今夫天下之人牧, 未有不嗜殺人者
> 也. 如有不嗜殺人者, 則天下之民, 皆引領而望之矣. 誠如是也, 民歸
> 之, 由水之就下. 沛然, 孰能禦之?"]

7.3) 인仁을 실현하는 의전義戰론: 정벌征伐의 정征은
잘못을 '바로 잡는다'[正]는 뜻일 뿐이다

맹자가 말하였다.

"어떤 이가 '나는 진陳을 잘치고 나는 전투를 잘 한다'고 하니, 그
는 (백성에 대해서) 큰 죄인이다. 군주가 인仁을 좋아하면 천하에 대적할
자가 없게 된다. (탕왕이) 남방으로 정벌을 하자 북방 이민족이 (자기 민족
을 나중에 구원한다고) 원망하였고, 동방으로 정벌하자 서방 이민족이 원
망하며 '왜 우리를 나중에 (정벌합니까?)'라고 했다. (…)

> [孟子曰: "有人曰: '我善爲陳, 我善爲戰.' 大罪也. 國君好仁, 天下
> 無敵焉. 南面而征, 北狄怨. 東面而征, 西夷怨, 曰: '奚爲後我. (…)]

(정벌征伐하다의) 정征은 (바르지 못한 것을) 바로잡는다[正]는 뜻이다. 각기
자기를 바로 잡아주기를 바라는데 무엇 때문에 전쟁을 하겠는가?"
(「진심」下, 14.4)

> ['征'之爲言 '正'也. 各欲正己也, 焉用戰?"]

8. 성선性善론의 도덕 형이상학

선진시대 제자백가들은 인간의 본질을 보통 감성적인 차원에서 설명하였다. 사람이 나중에 선, 또는 악하게 되는 것은 살아가면서 훈습薰習되는 것으로 보는 것이 일반적인 경향이었다. 공자 또한 사람들이 태어날 때의 "본성은 서로 가깝다. 훈습에 따라 (차이가) 멀어진다."("性, 相近也; 習, 相遠也.",『論語』「陽貨」17.2)라고 말한 바 있다. 그러나 맹자는 처음으로 인간의 본성을 선험적으로 '선善'하다고 규정하였다. 일상생활에서 우리가 악한 사람을 만나는 경우, 그 악인은 후대에 잘못 습관들어서 그렇게 타락된 것으로 설명한다. 이와 같이, 인간은 원리적으로는 모두 성자聖者이기 때문에, 성인聖人의 이상정치가 현실적으로 가능하다고 맹자는 말한다. 이에 대한 고자告子의 반론 또한 『맹자』에 소개되고 있다.

8.1) 고자告子의 인간본성의 「불선불악不善不惡」에 대한 비판

8.1.1.) 고자告子가 말하였다.

"인간의 본성은 버드나무와 같고, 의義는 나무로 만든 술잔과 같다. 인간의 본성을 인의仁義라고 하는 것은 버드나무를 나무술잔이라고 하는 것과 같다."

[告子曰: "性猶杞柳也. 義猶桮棬也. 以人性爲仁義, 猶以杞柳爲桮棬."]

맹자가 말했다.

"자네는 버드나무의 본성에 순응하여 나무술잔을 만드는가? 아니면 버드나무의 본성을 해친 다음에 술잔을 만드는가? 만일 버드나무를 해친 다음에 술잔을 만든다면, 또한 (우선) 사람의 본성을 해치고 난 후에 인의仁義(의 도덕)을 만든다는 말인가? [그렇게 주장한다면] 온 세상 사람들을 이끌고서 인의(의 도덕)에 흠집을 내는 것이 (바로) 자네의 말이네." (「고자」上, 11.1)

> [孟子曰: "子能順杞柳之性, 而以爲桮棬乎? 將戕賊杞柳, 而後以爲桮棬也? 如將戕賊杞柳, 而以爲桮棬; 則亦將戕賊人, 以爲仁義與! 率天下之人, 而禍仁義者, 必子之言夫!"]

8.1.2) 고자가 말하였다.

"인간의 본성은 소용돌이치는 물과 같다. 동쪽으로 터주면 동으로 흐르고, 서쪽으로 터주면 서쪽으로 흐른다. 인간의 본성을 선善과 불선不善으로 나눌 수 없는 것은 물이 동과 서로 구분 없이 흐르는 것과 같다."

> [告子曰: "性猶湍水也. 決諸東方, 則東流, 決諸西方, 則西流. 人性之無分於善不善也, 猶水之無分於東西也."]

맹자가 말하였다.

"물은 사실 동서의 구분은 없지만, 상하의 구분도 없겠는가? 인간의 본성이 선하다는 것은 물이 아래로 흘러 내려가는 것과 같다. 사람은 선하지 않은 사람이 없으며 물은 아래로 내려가지 않는 게 없다. 지금 물을 손으로 쳐서 뛰게 하면 이마에까지 닿게 할 수 있고, 물을 막아 세차게 흐르게 하면 산에까지 끌어 올릴 수 있다. 이것이 어찌 물의 본성이겠는가? 물이 바깥의 힘에 의해 그렇게 된 것이다. 사람을 불선하게 할 수도 있지만, 그것은 본성이 이와 같이 외부의 힘에 의해 그렇게

된 것이다." (「고자」上, 11. 2)

> [孟子曰: "水信無分於東西. 無分於上下乎? 人性之善也, 猶水之就下
> 也. 人無有不善, 水無有不下. 今夫水, 搏而躍之, 可使過顙; 激而行
> 之, 可使在山. 是, 豈水之性哉? 其勢, 則然也. 人之可使爲不善, 其
> 性亦猶是也."]

8.1.3) 고자가 말하였다.

"태어난 그대로[生]가 본성이다."

"태어난 그대로를 본성이라고 한다면, 흰 것을 희다고 하는 것과 같은 것인가?"

"그렇다."

"흰 깃털의 흰색은 흰 눈의 흰색과 같고, 흰 눈의 흰색은 흰 옥의 흰색과 같은가?"

"그렇다."

> [告子曰: "生之謂性." 孟子曰: "生之謂性也,　猶白之謂白與?" 曰:
> "然." "白羽之白也, 猶白雪之白. 白雪之白, 猶白玉之白與?" 曰:
> "然."]

"그렇다면 개의 본성은 소의 본성과 같고, 소의 본성은 사람의 본성과 같은가?" (「고자」上, 11.3)

> ["然則, 犬之性, 猶牛之性; 牛之性, 猶人之性與?"]

8.2) 「도덕적 존재」로서의 인간: 사단四端론

지금 사람이 갑자기 어린아이가 장차 우물에 빠지는 상황을 당하게
되면, 모두 깜짝 놀라고 측은해하는 마음을 갖게 된다. 그것은 어린아
이의 부모와 교분을 맺으려고 해서도 아니고, 지역사회의 친구들에게서
칭찬을 바래서도 아니고, 그 아이의 울음소리를 듣기 싫어해서 그렇게
한 것도 아니다. 이러한 상황으로부터 관찰한다면, 측은해 하는 마음이
없으면 사람이 아니고, 부끄러워하고 미워하는 마음이 없으면 사람이
아니고, 사양하는 마음이 없으면 사람이 아니고, 시비를 가리는 마음이
없으면 사람이 아니다.

[今人乍見: 孺子將入於井, 皆有怵惕惻隱之心. 非所以內交於孺子之
父母也. 非所以要譽於鄉黨朋友也. 非惡其聲而然也. 由是觀之, 無惻
隱之心, 非人也. 無羞惡之心, 非人也. 無辭讓之心, 非人也. 無是非
之心, 非仁也.]

측은해 하는 마음은 인仁의 단서이고, 부끄러워하고 미워하는 마음은
의義의 단서이고, 사양하는 마음은 예禮의 단서이고, 시비를 가리는 마
음은 지智의 단서이다. (…) 자기에게 이 사단을 가지고 있는 이는 모두
계발시켜 채워갈 줄 안다. 불이 처음 타오르고 물이 처음 솟아나듯이 진
실로 사단을 계발시켜 채워갈 수 있으면 온 세상을 보호할 수 있다. (계발
시켜) 확충해 가지 못한다면 부모조차 섬길 수 없다. (「공손추」上, 3.6)

[惻隱之心, 仁之端也. 羞惡之心, 義之端也. 辭讓之心, 禮之端也. 是
非之心, 智之端也. (……) 凡有四端於我者, 知皆擴而充之矣, 若火之
始然, 泉之始達. 苟能充之, 足以保四海. 苟不充之, 不足以事父母.]

8.3) 성선론

8.3.1) 공도자公都子가 말했다.

"고자告子는 '인간의 본성은 선도 없고 불선도 없다'고 한다. 어떤 사람은 '인간의 본성은 선할 수도 있고 불선할 수도 있기 때문에 문왕 무왕과 같은 시기에는 백성들이 모두 선을 좋아하고, 유왕幽王이나 여왕 厲王의 시대에는 백성들이 모두 난폭한 행동을 좋아한다.'고 말합니다.

[公都子曰: "告子曰: '性: 無善, 無不善也.'或曰: '性, 可以爲善, 可以爲不善. 是故, 文武興, 則民好善. 幽厲興, 則民好暴.]

또 어떤 사람은 '본성이 선한 사람도 있고 본성이 불선한 사람도 있기 때문에 요임금 같은 성인이 군주가 되어서도 상象[16]같은 악인이 있고, 고수瞽瞍같은 나쁜 아버지가 있어도 순舜과 같은 성인이 있고, 주紂[와 같은 악인]이 형의 아들[조카]이고 또 군주였지만 미자계微子啓와 왕자 비간比干과 같은 현인이 있다'고 합니다. 이제 선생님께서 본성은 선하다고 한다면 그들이 모두 틀린 것입니까?"(「고자」上, 11.6)

[或曰: '有性善, 有性不善. 是故, 以堯爲君, 而有象; 以瞽瞍爲父, 而有舜. 以紂爲兄之子, 且以爲君, 而有微子啓王子比干.'今曰性善. 然則, 彼皆非與?"]

8.3.2) 맹자가 대답했다.

"사람의 본래의 바탕은 선하게 될 수 있으니 이것이 내가 말하는 선이다. 만일 불선을 저지르는 것은 재질(바탕)의 잘못이 아니다. 측은히 여기는 마음은 사람이 모두 가지고 있고, (잘못을) 부끄러워하는 마음은

---

16) 舜의 이복동생으로 악인의 상징적인 인물로 자주 인용됨.

사람이 모두 가지고 있고, 공경하는 마음은 사람이 모두 가지고 있고, 옳고 그름을 구별하는 마음은 사람이 모두 가지고 있다. 측은히 여기는 마음은 인仁이며, (잘못을) 부끄러워하는 마음은 의義이며, 공경하는 마음은 예禮이며, 옳고 그름을 판단하는 마음은 지혜[智]이다. 인의예지는 다른 사람이 나에게 준 것이 아니라 내가 본래 가지고 있는 것이지만, 사람들은 [다만 그것을] 생각하고 있지 않을 뿐이다.

> [孟子曰: "乃若其情, 則可以爲善矣, 乃所謂善也. 若夫爲不善, 非才其罪也. 惻隱之心, 人皆有之. 羞惡之心, 人皆有之. 恭敬之心, 人皆有之. 是非之心, 人皆有之. 惻隱之心, 仁也. 羞惡之心, 義也. 恭敬之心, 禮也. 是非之心, 智也. 仁義禮智, 非由外鑠我也, 我固有之也. 弗思耳矣.]

그러므로 구하면 그것을 얻고 버리면 잃을 것이다. (사람들 간의 차이가) 혹 2배, 5배 심지어 셀 수 없을 정도로 되는 것은 그 재질(바탕)을 다하지 않았기 때문이다. 『시경』에는 '하늘이 백성을 낳을 때 각각의 사물에 법칙이 있게 하였다. 백성들이 불변의 법칙을 파악하여 미덕을 좋아하네!' 라고 하였는데, 공자는 '이 시를 지은 사람은 아마 도를 아는 사람일 것이다.' 라고 말했다. 그러므로 사물에는 각각의 법칙이 있고, 백성들은 그 불변의 법칙을 좇아서 아름다운 덕을 좋아한다."(「고자」上, 11.6)

> [故曰, 求則得之, 舍則失之. 或相倍蓰而無算者, 不能盡其才者也. 詩曰: '天生蒸民, 有物有則. 民之秉夷, 好是懿德. 孔子曰: '爲此詩者, 其知道乎!' 故有物必有則, 民之秉夷也, 故好是懿德."]

8.3.3) 맹자가 말했다.

"풍년에는 젊은이들이 많이 게으르고, 흉년에는 젊은이들이 많이 거칠어진다. 이것은 하늘이 사람에게 내린 재질(바탕)이 다른 것이 아니라 그들의 마음이 잘못에 빠진 탓이다. 이제 보리를 파종하여 흙을 덮었다고 하자. 그 땅이 같고, 심은 때도 같으면, 싹이 돋아나서 하지夏至 때가 되면 모두 익게 된다.

[孟子曰: "富歲, 子弟多賴; 凶歲, 子弟多暴. 非天之降才爾殊也. 其所以陷溺其心者, 然也. 今夫麰麥, 播種而耰之. 其地同, 樹之時又同. 勃然而生. 至於日至之時, 皆熟矣.]

비록 다른 것이 있다면, 토지가 비옥하고 척박한 차이가 있고, 비와 이슬의 영향과 사람의 노력이 차이가 있다. 그러므로 같은 종류의 사물은 모두 비슷한데 어찌 사람만이 그렇지 않다고 하겠는가? 성인도 나와 같은 부류이다. 그래서 용자龍子는 '(비록) 발의 크기를 모르고 신발을 짓는 경우라도, 나는 삼태기를 만들지는 않는다.' 라고 말했다. 신발이 서로 비슷한 것은 천하의 발이 같기 때문이다." (「고자」上, 11.7)

[雖有不同, 則地有肥磽, 雨露之養, 人事之不齊也. 故凡同類者, 擧相似也. 何獨至於人而疑之? 聖人, 與我同類者. 故龍子曰: '不知足, 而爲屨; 我知: 其不爲蕢也.' 屨之相似, 天下之足同也."]

8.3.4) [각 사람의] 입에도 서로 함께 좋아하는 입맛이 있다.

역아易牙는 먼저 우리의 입맛을 안 사람이다. 만약 입맛이 사람 사람마다 다른 것이 마치 개나 말이 우리(인간)들과 다른 것과 같은 정도라면, 온 세상 사람들이 어떻게 모두 역아가 조리한 맛을 따르겠는가? 맛

에 대해서 천하의 사람들이 역아에게 기대하는 것은 모든 사람들의 입
맛이 비슷하기 때문이다. 귀도 역시 마찬가지다. 소리에 대해서 사람들
이 모두 사광師曠에게 기대를 거는 것은 천하 사람들의 귀가 모두 비슷
하기 때문이다. 눈도 마찬가지다. 자도子都[17]를 보고 그가 아름답다는
것을 모르는 사람은 없다. 자도가 아름다운 줄 모르는 사람은 눈이 없
는 사람이다. 그러므로 맛에 대해서 입은 똑같은 기호가 있고, 소리에
대해서 귀는 똑같은 (쾌적한) 청각이 있고, 얼굴의 생김새에 대해서는 눈
은 똑같은 미감美感을 갖고 있다.

> [口之於味, 有同耆也. 易牙先極我口之所耆者也. 如使口之於味也,
> 其性與人殊, 若犬馬之於我不同類也. 則天下何耆, 皆從易牙之於味
> 也? 至於味, 天下期於易牙. 是, 天下之口相似也. 惟耳亦然. 至於聲,
> 天下期於師曠. 是, 天下之耳相似也. 惟目亦然. 至於子都, 天下莫不
> 知其姣也. 不知: 子都之姣者, 無目者也. 故曰: 口之於味也, 有同耆
> 焉. 耳之於聲也, 有同聽焉. 目之於色也, 有同美焉.]

　마음에 대해서만 똑 같이 [옳다고] 당연하게 보는 것이 없겠는가? 마
음이 똑같이 그렇다(당연하다)고 여기는 것이 무엇인가? 도리와 '의義'이
다. 성인은 우리 마음이 같이 여기는 것을 먼저 얻은 사람이다. 그러므
로 도리와 '의'가 우리의 마음을 기쁘게 하는 것은 소고기, 돼지고기가
우리의 입맛을 돋우는 것과 같다." (「고자」上, 11.7)

> [至於心, 獨無所同然乎? 心之所同然者, 何也? 謂: 理也, 義也. 聖
> 人, 先得我心之所同然耳. 故理義之悅我心, 猶芻豢之悅我口.]

---

17) 『시경』,「鄭風」,「부소扶蘇」를 보라. 『毛傳』에 의하면, 子都는 당대의 미인의 이
　름이다. 楊伯峻, 上同, 262 쪽.

8.4) 천인합일天人合一의 도덕적 존재론의 발단: 성誠의 도덕 형이상학

아랫자리에 있으면서 윗사람의 (신임을) 얻지 못하면 백성을 통치할 수 없다. 윗사람에게 신임을 얻는 데 방법이 있다. 친구에게 신뢰를 받지 못하면 윗사람에게 신임을 받을 수 없다. 친구에게 신뢰를 받는 데 방법이 있다. 어버이를 섬겨서 기뻐하지 않으면 친구에게 신뢰를 받지 못한다. 어버이를 기쁘게 하는 데 방법이 있다. 자신을 반성해서 (행위의 동기가) 성실하지 않으면 어버이를 기쁘게 할 수 없다. 자신을 성실하게 하는 데 방법이 있다. (인간본성이) 선善함을 명백하게 자각하지 못하면 그 자신을 성실하게 할 수 없다. 그러므로 '성실'[誠]은 자연의 원리[天之道]이고, 성실(과 일치를) 생각함[思誠]은 인간의 도리[人之道]이다. 지극히 성실하고서도 (남을) 감동시키지 않는 경우는 아직 없었고, 성실하지 않은데 (남을) 감동시킨 경우도 아직 없었다. (「이루」上, 7.12)

> [居下位, 而不獲乎上, 民不可得而治也. 獲於上, 有道. 不信於友, 弗獲於上矣. 信於友, 有道. 事親弗悅, 弗信於友矣. 悅親有道, 反身不誠, 不悅於親矣. 誠身有道. 不明乎善, 不誠其身矣. 是故, 誠者, 天之道也; 思誠者, 人之道也. 至誠, 而不動者, 未之有也. 不誠, 未有能動者也.]

8.5) 군자의 수양론

8.5.1) 군자의 수양: 과욕寡欲론

마음 수양에 사욕을 줄이는 것보다 좋은 방법이 없다. 누가 사람됨이 사욕을 적게 가졌으나 [선한 본성을] 보존하지 못하고 있는 경우는 (지극히) 적을 것이다. 누가 사람됨이 사욕이 많은데 [선한 본성을] 보존하고 있는 경우 (또한) 적을 것이다. (「진심」下, 14.35)

[養心, 莫善於寡欲. 其爲人也寡欲, 雖有不存焉者, 寡矣. 其爲人也多欲, 雖有存焉者, 寡矣.]

8.5.2) '마음을 다하여'[盡心] '자연본성'[天]의 터득

마음의 능력을 완전하게 발휘하면 자신의 본바탕[本性]을 자각하게 된다. 자신의 본성을 자각하면 천天[즉, 자연으로 주어진 이치]을 인식하게 된다. 마음을 보존하고 본성을 배양함은 천을 섬기는 것이다. 요절하거나 장수하거나 천명을 의심하지 않고 자신의 덕성을 수양하여 천명을 기다리는 것은 천명을 세우는 것이다. (「진심」上, 13.1)

[盡其心者, 知其性也. 知其性, 則知天矣. 存其心, 養其性, 所以事天也. 夭壽不貳, 脩身以俟之, 所以立命也.]

8.5.3) 군주의 도덕정치의 결정적 중요성: 군주의 정심正心이 모든 문제해결의 열쇠이다.

오직 대인大人만이 군주의 잘못을 바로잡을 수 있다. 군주가 인仁하면 인하지 않는 사람이 없게 되고, 군주가 의로우면 의롭지 않는 사람이 없게 되고, 군주가 올바르게 되면 올바르지 않는 사람이 없게 된다. 한 번 군주의 잘못을 바로잡게 되면 국가가 안정된다. (「이루」上, 7.20)

[惟大人, 爲能格君心之非. 君仁, 莫不仁. 君義, 莫不義. 君正, 莫不正. 一正君, 而國正矣.]

9. 호연지기浩然之氣: 도덕정신 역량의 물리적 표현

맹자는 도덕적으로 올바르면 그 정신적 기운이 '호연지기'로 온몸에 가득하여 밖으로 나타난다고 보았다. 여기에 '정신'과 '기'의 상호융합이 맹자의 독특한 사상으로 나타난다. 『관자』에서 언급된 "정기精氣"가 맹자에서는 "호연지기"로 표현되어 있다.

공손추公孫丑가 물었다.
"선생님은 무엇을 잘하시는지를 감히 묻겠습니다."
맹자가 대답했다.
"나는 (남의) 말[言]을 잘 분별하고, 나는 호연지기浩然之氣를 잘 기른다."
"호연지기가 무엇입니까?"
[(公孫丑)問, "敢問夫子, 惡乎長?"曰: "我知言, 我善養吾浩然之氣."]

"말하기 어렵다. 그 기는 지극히 크고 강하여 곧게 키워서 해치지 않으면 하늘과 땅 사이에 가득 찬다. 그 기는 의義와 도道와 배합된다. 의와 도가 없으면 힘이 없게 된다. 이것은 의를 모아서 생겨나는 것이지, 의가 바깥으로부터 와서 생겨나는 것이 아니다. 마음에 꺼리는 일을 하고 나면 이런 [호연한] 기는 맥이 빠질 것이다. 나는 그래서 '고자告子가 의義를 알지 못한다. (의를) 밖에서 오는 것으로 보고 있기 때문이다' 라고 말했다.

> [曰: "難言也. 其爲氣也, 至大至剛. 以直養而無害, 則塞於天地之間.
> 其爲氣也, 配義與道. 無是, 餒也. 是, 集義所生者; 非義襲, 而取之也.
> 行, 有不慊於心, 則餒矣. 我故曰, '告子未嘗知義, 以其外之也.']

[의義란 마음 안에 선험적으로 주어진 것이니,] 반드시 그것을 길러내야만 한다. 그러나 규정짓지[正]18) 말고, [일분일초라도] 잊지 말고, [억지로] 자라나게 도와주지도[助長] 말아야 한다. 송나라 사람처럼 되지 마라! 어떤 송나라 사람이 벼 싹이 자라지 않는 것을 염려하여 벼 싹을 뽑아 주었다. 피곤한 모습으로 집에 돌아와 집사람들에게 '오늘 대단히 피곤하다. 나는 벼 싹이 자라는 것을 도와주었다' 라고 말했다. 그의 아들이 달려 나가 보니 벼 싹이 다 말라 죽어 있었다.

> [必有事焉, 而勿正[定]. 心勿忘. 勿助長也. 無若宋人然. 宋人, 有閔
> 其苗之不長, 而揠之者. 芒芒然歸, 謂其人, 曰: '今日病矣! 子助苗長
> 矣!' 其子趨而往視之, 苗則槁矣.]

천하에 벼 싹이 자라는 것을 돕지 않는 이가 드물다. (돕는 것이) 무익하다 해서 방치하는 것은 벼 싹에 김을 매주지 않는 것이다. (그러나 반대로) 억지로 자라도록 도와주는 것[助長]은 벼 싹을 뽑아놓는 일이다. 이것은 단지 무익할 뿐만 아니라 또한 해를 끼치는 것이다." (「공손추」上, 3.2)

> [天下之不助苗長者, 寡矣. 以爲無益, 而舍之者, 不耘苗者也. 助之長
> 者, 揠苗者也. 非徒無益, 而又害之."]

---

18) 여기서 '勿正' 은 '勿定' 의 뜻임. 楊伯峻, 上同, 70 쪽.

10. 제자백가들에 대한 비판

『맹자』에서는 자기와 철학적 입장을 달리하는 다른 제자백가들에 대한 비판적 언론이 곳곳에 소개되어 있다. 이것들은 다른 제자백가의 철학적 사상에 대한 정확한 이해를 제공한다기보다는 오히려 맹자의 철학적 입장을 좀 더 자세하게 파악하는 데 도움을 준다.

10.1) 양주楊朱와 묵적墨翟에 대한 비판

10.1.1)

성왕이 출현하지 않으니 제후諸侯들은 방자하고, 벼슬이 없는 지식인들은 멋대로 의론을 내세우니, 양주와 묵적의 언론이 천하에 가득 차 있다. 천하의 언론이 양주에게 돌아가지 않으면 묵적에게로 돌아간다. 양주는 '위아爲我'[개인주의]의 입장을 주장하므로 군주(의 고유한 권위)를 인정하지 않고, 묵적은 '겸애兼愛'[평등주의]의 입장을 주장하므로 (자기) 아버지(의 고유한 권위)를 인정하지 않는다. 군주(의 권위)를 부정하고 아버지(의 권위)를 부정하는 것은 짐승이 하는 짓이다. (「등문공」下, 6.9)

> [聖王不作, 諸侯放恣, 處士橫議. 楊朱墨翟之言, 盈天下. 天下之言, 不歸楊, 則歸墨. 楊氏爲我, 是無君也. 墨氏兼愛, 是無父也. 無父無 君, 是禽獸也.]

10.1.2)

양주와 묵적의 이론이 종식되지 않으면 공자의 학설이 영향력을 발휘하지 못하게 된다. 이것은 사악한 학설이 백성들을 속여서 인의仁義의 (도덕을) 막히게 하는 것이다. 인의의 도덕이 막히게 되면, [그것은] 짐승을 몰고 와서 사람을 잡아먹게 하는 것과 같으니, 사람과 사람들이 서로 잡아먹게 되는 지경에 이르게 될 것이다. 나는 이러한 것이 두렵기 때문에 선대 성인의 도를 막아내려고[閑]19) 양주와 묵적을 배격하는 것이다. (「등문공」下, 6.9)

> [楊墨之道不息, 孔子之道不著. 是, 邪說誣民, 充塞仁義也. 仁義充塞, 則率獸食人, 人將相食. 吾爲此懼, 閑先聖之道, 距楊墨.]

10.1.3)

묵적의 학파에서 도망쳐 나오면 반드시 양주의 학파로 돌아가고, 양주의 학파에서 도망쳐 나오면 반드시 유가로 돌아온다. (만약 어떤 이가) 유가로 돌아오면 그를 받아줄 뿐이다. 지금 양주와 묵적과 변론하는 일은 우리를 뛰쳐나간 돼지를 뒤쫓는 것과 같으니, 우리 안으로 들어왔다 해도 다리를 묶어놓아야 한다. (「진심」下, 14.26)

> [逃墨, 必歸於楊. 逃楊, 必歸於儒. 歸, 斯受之而已矣. 今之與楊墨辯者, 如追放豚. 旣入其苙, 又從而招之.]

10.1.4)

양주는 '위아爲我' [개인주의]의 입장을 취한다. 터럭 하나를 뽑아서 천하를 이롭게 하는 일을 하지 않는다. 묵적은 '겸애兼愛' [만민연대]설을

---

19) 여기서 '閑'은 '杆禦', 즉 「막아내다」의 뜻임. 楊伯峻, 上同, 158 쪽.

주장한다. 머리털이 닳아서 빠지고 달려서 발뒤꿈치가 망가져도 천하를
이롭게 하는 일이라면 한다. (「진심」上, 13.26)

　　[楊子取爲我, 拔一毛利而天下, 不爲也. 墨子兼愛, 摩頂放踵, 利天
　　下, 爲之.]

10.2) 자막子莫의 '중中'에 대한 비판

　자막은 "중中"을 주장했다. 그가 "중"을 주장함은 성인의 도[仁義]에
근사하지만, 중을 주장하면서 권도를 무시하면 하나의 단서端緖만을 고
집하는 것이다. 하나의 단서만을 고집함을 미워하는 까닭은 도를 해치
고, 하나의 단서만을 내걸고 백 가지를 없애 버리기 때문이다. (「진심」
上, 13.26)

　　[子莫執中. 執中爲近之. 執中無權, 猶執一也. 所惡執一者, 爲其賊道
　　也. 擧一而廢百也.]

10.3) 종횡가縱橫家: 공손연公孫衍, 장의張儀에 대한 비판

　경춘景春이 말했다.

　"공손연과 장의[20]가 어찌 진정한 대장부가 아니라 하겠습니까? (그

---

20) 기원전 4세기 전국시대 중엽에는 겸병전쟁이 치열하였기 때문에 천하통일을 놓고서
　서쪽의 강력한 세력인 진秦과 중원의 6국(韓, 魏, 趙, 楚, 齊, 燕) 사이에 군사적 동맹노
　선의 구성을 두고 치열한 외교전이 전개되었다. 이에 중원의 6국이 연합하여 강력한
　진秦에 대항하려는 동맹노선을 합종合縱이라고 한다면, 진나라의 입장에서 장의張儀
　(기원전?-310)가 먼저 위나라를 설득하여 진나라를 받들게 하고, 이어서 다른 제후들
　이 이것을 본받아 '합종'의 연합전선을 깨뜨리려 했던 노선을 연횡連橫이라고 부른
　다. 이런 '합종' 또는 '연횡' 설을 늘먹이며 당시 각 나라 제후들을 설득하여 단번에

들이) 한번 노하면 (천하의) 제후들이 벌벌 떨고, 조용하면 세상이 태평합니다."

[景春曰: "公孫衍·張儀, 豈不誠大丈夫哉! 一怒, 而諸侯懼, 安居, 而天下熄."]

맹자가 말했다.

"그들이 어찌 [진정한] 대장부이겠습니까? (…) [남자라면] 세상의 가장 넓은 곳[즉, 인仁의 도덕정신]에 살며, 세상의 가장 올바른 자리[즉, 예禮]에 서서, 세상에 가장 정대한 길[즉, 의義]을 걸어야 합니다.[21] 뜻을 얻었을 때는 백성들과 함께 그 길을 가야하고, 뜻을 얻지 못했을 땐 홀로 그 길[道]을 지켜나가야 합니다. 많은 재산[富]과 높은 지위[貴]도 마음을 흔들어 놓지 못하며, 곤궁함[貧]과 비천한 처지[賤]에도 변심하지 않으며, 위협적 무력에도 뜻을 꺾지 않을 수 있어야 합니다. (그래야만) 대장부라고 할 만합니다!"(「등문공」下, 6.2)

[孟子曰: "是, 焉得爲大丈夫乎? (……) 居天下之廣居, 立天下之正位, 行天下之大道. 得志, 與民由之. 不得志, 獨行其道. 富貴不能淫, 貧賤不能移, 威武不能屈. 此之謂大丈夫!"]

10.4) 순우곤을 위한 예禮와 권權에 대한 설명

부귀와 영화를 도모하려 했던 유세객遊說客들이 이른바 종횡가縱橫家들이다. 이들 중 소진蘇秦이 '합종' 설로 6국의 재상이 되었고, 그 뒤로 상의張儀는 진秦에 들어가 '연횡' 설로 큰 세력을 떨쳤다. 이에 대해 위나라 사람 서수犀首, 즉 공손연公孫衍이 또다시 '합종' 설로 장의의 '연횡' 노선에 대항하였다. 그러나 그도 장의의 사후 진의 재상이 되었다.

21) 주자朱子는 '넓은 곳' [廣居]은 인仁, '올바른 자리' [正位]는 예禮, 그리고 '정대한 길' [大道]은 의義로 풀이하였다. 朱熹, 『孟子集註』 참조.

순우곤淳于髡이 말했다.

"남자와 여자가 주고받기를 직접 하지 않는 것은 예입니까?"

맹자가 말했다.

"예입니다."

(순우곤이) 말했다.

"형수가 물에 빠졌을 경우 손으로 직접 구원해야 합니까?"

　[淳于髡曰: "男女授受不親,　禮與?" 孟子曰: "禮也." 曰: "嫂溺,
則援之以手乎?"]

(맹자가) 말했다.

"형수가 물에 빠졌는데도 구해주지 않는 것은 승냥이나 할 짓입니
다. 남자와 여자가 주고받기를 직접 하지 않는 것은 예이지만, 형수가
물에 빠졌을 경우 손으로 직접 구해주는 것은 권도權道입니다."

　[曰: "嫂溺不援, 是豺狼也. 男女, 授受不親, 禮也. 嫂溺, 援之以手
者, 權也."]

(순우곤이) 말했다.

"지금 천하가 도탄에 빠졌는데도 선생님께서는 구원하지 않으시니
무슨 까닭입니까?"

(맹자가) 말했다.

"천하가 도탄에 빠지면 도道로써 세상을 구원하고, 형수가 물에 빠
지면 손으로 건져냅니다. 그대는 손으로 천하를 구제하려고 하십니
까?"(「이루」上, 7.17)

　[曰: "今天下溺矣. 夫子之不援, 何也?" 曰: "天下溺, 援之以道; 嫂

溺, 援之以手. 子欲手援天下乎?”]

〈참고문헌〉

『孟子』(『孟子譯注』 全二册), 楊伯峻譯注, 北京: 中華書局, 1961;

『孟子集註』, 朱熹撰, 成百曉譯註, 서울: 傳統文化硏究會, 1991;

『韓非子』(『韓非子集釋』), 陳奇猷校注, 上海: 上海人民出版社, 1974;

『시경』, 이상진, 이준녕, 황송문 解譯, 서울: 자유문고, 1994;

『史記』(全十册), 司馬遷撰, 北京: 中華書局, 1972;

梁啓超, 『先秦政治思想史』, 北京: 中華書局, 2016;

宋榮培, 『中國社會思想史』(증보판), 서울: 사회평론, 1988.

제 10 장

장자의 상관적 사유와 자유주의 철학사상

장자莊子의 이름은 주周이며 전국시대 송宋나라 몽蒙지방 사람이다. 『사기史記』에 의하면, 장자는 맹자와 친숙했던 양梁, 즉 위魏의 혜왕惠王 (통치: 기원전 369-338)이나 제齊의 선왕宣王(통치: 기원전 319-301)과 동시대의 인물이다. 또한 장자는 일찍이 십여만 자字나 되는 긴 글을 남겼다고 한다.1) 『한서漢書 · 예문지藝文志』에는 『장자』가 원래 52편이라고 적혀 있으나 현존하는 『장자』는 33편(내편 7, 외편 15와 잡편 11)일 뿐이다. 『노자』가 요점적 '철학시' 의 형식을 빌리고 있는 반면, 『장자』는 굉장한 상상력이 동원된 환상적 비유와 풍부한 우언들, 그리고 탁월한 문체 때문에 중국 문인들에게 문학적 미학적으로 굉장한 영향을 끼친 뛰어난 〈철학적이고 문학적인〉 작품이라고 평가받고 있다.

장자가 활동했던 전국시대는 '사상의 백가쟁명' 시대라고 불리듯이 다양한 사상들에 의해 현실 세계에 대한 여러 가지 해석과 처방들이 제

---

1) "莊子者, 蒙人也, 名周. 周嘗爲蒙漆園吏, 與梁惠王齊宣王同時. 然其要本歸於老子之言. 故其著書十餘萬言, 大抵率寓言也. 作「漁父」,「盜跖」,「胠篋」, 以詆訿孔子之徒, 以明老子之術." 『史記』 卷63, 「老莊申韓列」傳.

공되었다. 그러나 당대에 계속 확대일로에 있던 대소 사회적 혼란양상
들과 빈발하는 전쟁의 참상은 장자와 같은 개인주의적 철학자들에게는
너무나 위험스럽고 통탄할 일이었다. 장자 당대에 유가나 묵가 등 다른
제자백가의 사상들이 사회문제의 해결에 관한 수많은 방책들을 내놓았
지만, 서로 다른 이념들의 통합은 기대될 수 없었고, 오히려 서로의 갈
등만 증폭되었다. 인간들의 관계란 "합치려 하면 갈라놓고, 이루려 하
면 훼방하고, 청빈하면 꺾으려 하고, 지위가 높아지면 비평하고, 하는
일이 있으면 손해를 입히고, 똑똑하면 모함하고, 못났으면 속이려 한
다."2)고 말한다. 또한 빈번한 전쟁을 통하여 인간생명들이 무참히 희
생당하고 있었다. 이런 비극적 사회현실 앞에서 장자의 철학적 관심은
공동체에 앞서는 개개인들의 '사람다운 삶의 추구'에 있었다. 따라서
장자와 같은 개인주의적인 철학자들에게는 개인 밖, 말하자면, 사회(공
동체)의 관점에서 개인을 규제하려는 일체의 행정적 또는 이념적 규제와
간섭이란 '불행을 불러오는 인위적 재앙'[재災]으로 보일 수밖에 없었
다. 이미 공자 시대를 전후하여 사회적 규범 밖에서 자신들의 자유를
추구하던 일민逸民들의 경물중생輕物重生[외물을 무시하라, 생명을 존중하라!]
의 기치, 즉 인간생명 존중 사상이 일단 양주楊朱학파에서 크게 고조되
었다면, 이런 양주의 사상을 보다 더 철학적으로 고양하여 개인 생명의
단순한 물리적 보존뿐만 아니라 그것을 넘어서는 정신적 자유를 본격적
으로 추구한 것은 장자 철학의 몫이다.

　인간 하나하나는 '살아있는 생명체'이기 때문에 ⊥ 사체의 생명성은

---

2) "若夫萬物之情, 人倫之傳, 則不然. 合則離, 成則毁. 廉則挫, 尊則議, 有爲則虧, 賢
　則謀, 不肖則欺. 胡可得而必乎哉?", 『莊子』(이하 편명만 언급), 「山木」(20:1, 제20
　장 제1문단의 약칭).

자기 밖의 어떤 것에 의하여 인위적으로 규제받을 수 없다는 것이 장자의 생각이다. 사람이란 각기 자기의 타고난 소질과 본성에 따라서 살아야 하는 존엄한 존재이기 때문이다. 사회적 관습이나 규제 너머에서 자기의 주어진 본성에 따라서 '스스로 그러하게'[自然] 사는 것, 즉 주체적·자율적인 삶이 바로 장자가 말하는 이른바 '소요유逍遙遊'의 삶이다. 그러나 현실세계는 개인의 본성적인 자기 계발과 발전을 쉽게 허용하지 않는다. 유가, 묵가, 법가, 병가 등등의 제자백가들은 성인의 권위를 빌려서 각각 자기의 이념을 ─ 배타적인 ─ '절대선'으로 주장한다고 장자는 보았다. 그러나 장자가 보기에 수많은 상이한 정치이념들이나 주장들은 각각 '자기 하나의 특수한 입장과 그것에서 파생한 특수 이해관계'를 반영하는 자기주장, 자기 목소리에 불과하다. 그와 입장을 달리하는 타자에게는 통용될 수 없는 개별적인 억견에 불과하다. 그렇기 때문에, 자기주장만을 '보편적·절대적' 진리로 착각하고 그것에 동의할 수 없는 타인, 말하자면, 다른 생명체들에게도 '자기 방식대로 행동하기를 강요' 하는 독단론자들의 이념적 폭력성을 장자는 그의 탁월하고 기발한 여러 가지 우화와 비유를 통하여 신랄하게 고발하고 있다. "옛날 어떤 [상서로운] 새가 노魯나라 도성 밖에 앉았다. 노임금은 이를 매우 기뻐하여 소, 양, 돼지를 잡아 큰 잔치를 열고 구소九韶[순舜임금의 음악]를 연주하여 그를 즐겁게 하였다. 새는 이에 [속에서] 두려움과 슬픔이 발동하여 눈동자가 풀리면서 [거의 가사假死상태에서] 감히 아무 것도 마시고 먹을 수가 없었다. 이것은 [인간] 자신이 먹고사는 방식으로 새를 먹인 것이다."3) 이와 같이 사람의 사는 방식은 새에게도 통용되는 보편적인 방

---

3) "昔者, 有鳥止於魯郊. 魯君說之, 爲具太牢, 而饗之. 奏九韶以樂之, 鳥乃始憂悲眩視, 不敢飮食. 此之謂: 以己養養鳥也.", 「達生」(19:14)

식일 수 없다. 새에게는 마땅히 새가 먹고사는 방식으로 대접해야만 그
새의 생명이 살아날 수 있는 것이다. 따라서 자기 하나의 특수한 입장
과 관점을 자기 아닌 타인들에게 무차별적으로 요구하는 독단론자들을
장자는 개체 생명의 파괴자로 간주한다. 따라서 장자에게는 인위적인
모든 제도나 이념, 도덕, 명분 등등은 기껏해야 임시적 방편적인, 다시
말해, '비본질적인 것'에 불과할 뿐이다. 장자는 인위적인 규제 대상이
될 수 없는, 말하자면, 인간의 이해관계[人]에 의하여 도구적으로 이용되
고 조작되어서는 안 되는 자연으로부터 받은 생명의 자연권[天]을 강조
한다. "무엇이 본연[天]인가? 무엇이 '인위' [人]인가?" "소와 말이 네
다리를 가진 것이 '본연'이다. 말머리를 (줄로) 얽어매고 소에 코뚜레를
하는 것, 그것이 '인위'이다."4) 인간의 관점에서 말이나 소를 제압하
는 수단이 '인위'라면, 소나 말의 자연생명이 '본연' [天]인 셈이다. 이
에 장자는 "'인위'로써 '본연'을 소멸시키지 말라![無以人滅天!]5)"를 크
게 외친다. 따라서 장자가 추구하는 '소요유'의 세계는 아무런 인위적
간섭과 억압이 없이 저절로 무심하게, 그러나 순조롭게 조화하는 자연
세계의 자율적인 성장 발전을 모델로 제시한다. 독단적 이념들에 의한
자기 밖의 다른 존재들에 대한 무차별적 규제나 강제를 철폐하고, 각각
'(자기본위에서 타자를 압박)함이 없는' [無爲], 그래서 그들 각각으로 하여금
'스스로 자연스럽게 활동하게 하는'[自然]의 세계, 말하자면 교조적인 진
리나 이념의 독재가 부재하는 세계에서의 개개인들의 정신적 자유와 해
방을 장자는 이렇게 말한다. "샘물이 말라 물고기들이 맨 땅에 드러나

---

4) "河伯曰: 「何謂天? 何謂人?」北海若曰: 「牛馬四足, 是謂天. 落馬首, 穿牛鼻, 是謂
人.」", 「秋水」(17:8)
5) 위와 같음.

자 서로 물기를 뿜어주고 거품을 내어 적셔준다. (이는) 강물이나 호수에 살면서 서로를 잊고 지나던 때만 못한 것이다. 마찬가지로 요堯임금을 기리고 걸桀임금을 비난하는 것은 차라리 두 사람을 다 잊고 [사회성 너머의] 도道[생명원리]와 화합化合하는 것만 못하다."6)

인간이 만들어내는 지식, 즉 인위人爲는 우주의 천지생명 속에 존재하는 인간이라는 한 종의 특수행위에 불과하다. 이런 인종人種은 그 밖의 만물萬物과 함께 존재한다. 말하자면, 인간은 인간 이외의 타자, 자연을 적대적 지배의 관계로 볼 것이 아니라 상호 보완적 관계로 보아야할 것을 말한다. 요컨대, 천지만물이 없다면 인간의 생명도 없다는 것이다. 이런 인간 독단주의의 비판은 인간 이기주의를 병으로 규정하는 유기체적인 세계관을 전제로 하는 일종의 생명철학이다. 유기체적인 세계관에 의하면, 사회적 관계에서 군신君臣, 남녀, 상하 등등의 관계도 일방은 타방에 대하여 일방적으로 지배할 수 없고, 서로 존재-의존적이기 때문에 상호 존중해야 한다고 말한다. 그래서 『노자老子』에서는 "귀한 것의 기반은 천한 것이다. 높음은 아래를 기반으로 한다. 그래서 [최고의 통치자인] 왕이나 공후는 자신을 외톨이[孤], 적은 자[寡], 좋지 못한 자[不穀]라고 부른다. 이것이 천한 것이 높은 것의 기반이 아닌가?"7)라고 말한다. 이와 같이 상하 차등적 지배질서 대신에 도가에서는 유기적 생명체 안에서 간이나 쓸개 등등, 각각 서로 다른 기능을 하면서도 서로 차별이 없는 상호 상관적·평등적 관계를 유지하는 유기체론을 제

---

6) "泉涸, 魚相與處於陸, 相呴以濕, 相濡以沫, 不如相忘於江湖. 與其譽堯而非桀也, 不如兩忘而化其道.",「大宗師」(6:4)
7) "故貴以賤爲本, 高以下爲基. 是以, 侯王自謂孤·寡·不穀. 此, 非以賤爲本邪? 非乎?",『老子』 39장.

시한다. 이런 유기체적 생명철학에서 보자면, 인간과 인간, 인간과 사물의 관계는 결국 하나의 생명적 유기체에 속하는 한 기관(부분)과 또 다른 기관(부분)의 생명적 연대관계에 있다. 물론 이런 생명기관(부분) 하나하나는 각각 — 서로 구분되는 — '자기 본위의 행위', 즉 '유위有爲'의 역할을 수행할 수밖에 없다. 그러나 전체 생명체 안에서 각기 다른 역할을 하는 생명기관들의 각기 다른, 이런 〈유위〉의 행위는 결국 그들을 넘어서서, 그들 각각에게 생명력을 불어넣고 있는 보이지 않는 총체적인 생명원리, 즉 '무위無爲하는 도道'를 떠나서 따로 존재할 수 없다. 떠나 있다면 그 기관은 더 이상 살아있는 생명적 존재가 아니기 때문이다. 천지자연 속에서 서로 다른 만물들이 각각 번성하는 이유는 궁극적으로 도道의 만물에 대한 무간섭에 있듯이, 인간의 통치도 백성들의 자발성을 최대로 보장하는 통치자의 '무위', 무간섭 속에서 만인의 '유위'의 포섭을 가장 이상적인 정치형태로 말한다. 장자철학에서 보자면, 물론 인간은 사회화가 필요하다. 그러나 사회적 간섭이 최소화하여 그 속에 사는 만물들의 본성이 제대로 발휘될 수 있도록 방임하는 '무통치의 통치'가 최상의 통치임을 말하고 있다. 말하자면, 장자철학에서는, 만물 하나하나에 총체적인 생명을 부여하는 '도'의 무간섭, 무조작을 결국 '무위無爲'로 파악하고, 개별성을 최대로 보장하는 최고통치자의 무간섭의 방임정치를 이상적인 사회형식으로 고취하는 이상론을 제시해 주고 있다.

이렇게 본다면, 장자철학의 적극적 의의는 우선 인간 개개의 본성과 생명성을 고려하지 않는 전체주의적이고 독단적인 이념체제와 제도에 대한 혁명적인 부정과 해방의 목소리에서 찾아진다. 그러나 이런 그의 혁명적 외침은 철저하게 자신 안에 '내면화된 관념적 해방'일 수밖에 없다. 왜냐하면 해방임에도 불구하고 자기 정신 밖의 현실세계는 조금도 변한 것이 없기 때문이다. 그렇기 때문에 장자의 비판적 목소리는 모든 독단적 이념비판의 날카로운 예지가 번득임에도 불구하고, 철저한 '자기 진실성'이 타인과의 연대 속에서 다시 사회 속으로 환원되는 실천적 힘으로 나타나기보다는 오히려 명상적 관념적인 비판에 머무르고 만다. 그렇기 때문에 자기 삶에 철저한 '자기 진실성'(self-authenticity)이 결여되어 있다면, 그것은 결국 또 하나의 '자기도취적'인 관념적 해방과 자유로 귀결될 수밖에 없다. 그렇기 때문에, 이런 그의 관념적 자유와 해방은 결국 속세의 이해관계를 홀연히 떠나서도, 도대체 그것들에 조금도 흔들리지 않을 수 있는 몇몇 천재들의 강한 '자기 진실성'의 추구에서 의미를 갖는다. 말하자면, 그것은 위대한 장인匠人들이나 예술가들을 통하여 간혹 미적인 예술세계에서 얻어질 수 있는 이상화되고 신비화된 '자유와 해방'의 길일 것이다. 따라서 장자의 세계는 영원한 유토피아의 세계인지 모른다. 하지만, 자기 삶의 진정성의 추구를 포기한 채 가상세계가 이끄는 기계놀이의 세계에 매몰되어서, 개성적 진실성이나 생명성을 잃고서, 현대와 미래를 살아가야 하는 '기계(도구) 종속적 인간들'에게 장자의 환상적인 유토피아 얘기가 주는 의미는 적지 않을 것이다.

1. 장자가 말하는 자신의 '무한한 변화'의 철학사상

『장자』의 「천하天下」 편은 고대 중국의 제자백가 사상에 대한 최초의 개괄적 서술이다. 이 「천하」 편에 장자철학에 대한 다음과 같은 서술이 보인다.

[근원은] 고요하여 형체가 보이지 않으나, (만물은) 무상하게 변화해 간다. 무엇이 삶이고 무엇이 죽음인가? (나는) 자연과 함께 가는 것인가? 정신은 어디로 움직여 가는 것인가? (그들은) 훌훌 어디로 가고, 총총히 어디로 떠나가 버리는가? 모든 존재는 눈앞에 펼쳐 있으되 돌아갈 곳을 모르는구나!
[寂漠無形. 變化無常. 死與? 生與? 天地竝與? 神明往與? 芒乎何之? 忽乎何適? 萬物畢羅, 莫足以歸.]

옛날 도술道術의 이런 면을 장주莊周는 듣고서 기뻐하였다. 그는 터무니없는 환상, 황당하기만 한 이야기, 끝없는 변론으로 때때로 방자하게 사설을 늘어놓지만, 편견을 고집하지 않았고, 한 면[觭]만으로 자기를 나타내지 않았다.
[古之道術, 有在於是者. 莊周聞其風, 而悅之. 以謬悠之說, 荒唐之言, 無端崖之辭, 時恣縱而不儻. 不以觭見之也.]

그는 세상이 더러워서 정중한 말을 쓸 수 없다고 생각했다. 두서없이 흘러넘치는 말(치언卮言)노써 변화무궁히게 답론하고, 옛 성현의 말씀(중언重言)으로 진실을 믿게 하고, 비유(우언寓言)로써 도리를 펼쳤다.
[以天下爲沈濁, 不可與莊語. 以卮言爲曼衍, 以重言爲眞, 以寓言爲廣.]

[그는] 홀로 천지자연과 더불어 정신을 교류하였으나, 뽐내어 만물을 경시한 적이 없었다. 그리고 옳고 그름[是非]을 따지지 않고서 세속에 섞여 살았다.

[獨與天地精神往來. 而不敖倪於萬物. 不譴是非, 以與世俗處.]

그의 글은 비록 장대하지만 완곡하여 어그러짐이 없다. 그의 말들이 비록 들쑥날쑥하고 괴상해도 읽어볼 만하다. 꽉 들어차 있어 끝날 줄을 모른다.

[其書, 雖瓌瑋, 而連犿無傷也. 其辭, 雖參差, 而諔詭可觀. 彼其充實, 不可以已.]

그의 정신은 위로는 천지의 '조물자造物者'와 함께 노닐고, 아래로는 삶과 죽음, 처음과 끝을 넘어서 있는 자연과 벗이 되는 것이다.

[上與造物者遊, 而下與外死生 · 無終始者爲友.]

그의 (철학사상은) 바탕이 원대하고 탁 트였다. 그 요점은 조화롭고 적절하여 최고라고 할 수 있다.

[其於本也, 弘大而闢, 深閎而肆. 其於宗也, 可謂: 調適而上遂矣!]

하지만, 모든 변화에 적응하고 모든 존재를 해석함에 있어서 그의 이론은 무진장하고, 그 전개는 종잡을 수 없으니 홀홀 망망하여 다 파악될 수 없도다! 「천하天下」(33:8)

[雖然, 其應於化而解於物也. 其理不竭, 其來不蛻, 芒乎昧乎, 未之盡者!]

2. 인위적 제도 및 이념적 명분론에 대한 비판

장자에 의하면, 모든 존재의 생명성은 바로 그 존재 나름의 자기 생명적 변화 발전에서 드러나는 것이다. 따라서 모든 생명적 자기 변화는 그 자체로 귀중한 것이고 존엄한 것이다. 그것은 결코 자기 생명 밖의 기준에 의하여 상대화되고 수단화될 수 없는 숭엄한 자기 목적성을 가지고 있다. 그러나 사회조직이 커지고 문명이 발전되면서부터 공동체를 운용하는데 필요한 인위적 제도, 이념, 명분 등등은 오직 하나의 척도만을 기준으로 삼아서, 각각의 생명에 대한 규제와 압박을 정당화하고 있다. 말하자면, 자기 생명 밖에 정해진 가치척도를 가지고 어느 것은 옳고 어느 것은 그르다고 평가한다. 그 결과, 문명의 발전이라는 미명 속에서, 생명의 자연성과 존엄성이 자기생명 밖의 기준에 의하여 개조되고 변질되고 만다. 따라서 개체의 생명적 본성의 발휘에 최대의 가치를 두는 개인주의적 철학자인 장자에게는 인위적 조작과 간섭은 결국 개체의 생명성과 자연성에 대한 압박과 파괴를 의미할 뿐이다. 따라서 장자는 외재적 기준에 의한 개체 생명성과 자율성에 대한 제도적·이념적 간섭을 거부한다. 그는 인간의 본성이 사회적 제약과 억압으로부터 해방된 — 인간 문명사회 너머의 — 순연한 생명세계의 총체적 원리를 우선 도道라고 말한다. 그 다음으로, 인간 사회제도에 의하여 왜곡되고 소외되지 않은 생래적인, 다시 말해, 천부적으로 부여받은 만물(인간 포함)의 '본연기능'을 특히 "덕德"이라고 불렀다. 장자에게 있어서는 제자백가, 특히 유가나 묵가 등이 말하는 인간사회에 대한 운영원리(예, 인의

仁義나 겸애兼愛 등)는 특정한 하나의 기준을 만물(만인)에 보편타당한 절대 기준으로 착각하거나, 아니면 의도적으로 왜곡함으로써, 만물(만인)을 외재적으로 간섭하고 압박하는 '이념적 폭력'에 다름 아니다. 모든 인간의 사회적, 이념적 폭력에서 해방된 생명의 세계를 그는 또한 인간사회 너머의 "혼돈씨混沌氏"의 세계라고 부르기도 하였다. 장자는, 공자가 말하는 인간세계와 "혼돈씨"의 세계는 서로 그 차원이 다르다고 말한다. 왜냐하면 "혼돈씨"의 세계는 인위적 간섭과 압박이 부재한 유토피아이기 때문이다.

2.1) 인위人爲의 극치는 자연성의 파괴

말의 발굽은 서리와 눈을 밟을 만하고, 털은 바람과 추위를 막을 만하다. 풀 뜯어 먹고 물 마시고 발을 들어 펄쩍 뛰는 것이 말의 참된 본성이다. 비록 높은 누대樓臺나 [화려한] 내실은 [말에게는] 소용이 없다.

> [馬蹄, 可以踐霜雪; 毛, 可以禦風寒. 齕草飲水, 翹足而陸. 此, 馬之眞性也. 雖有義臺路寢,[8] 無所用之.]

백락伯樂[9]이 나타나서, "나는 말을 잘 다룬다."고 말하기에 이르렀다. (말을) 불로 지지고 털 깎고 발굽 깎고 낙인찍고 고삐로 조이고 마구간에 묶어두니, 죽는 말이 열 중 두셋이다.

---

8) 의대義臺는 의대儀臺, 즉 의식을 치르는 높은 樓閣을 말한다. 노침路寢은 정실正室, 주인의 제대로 된 안방을 말함.

9) 『열자列子』에 의하면, 성姓은 손孫, 이름(名)은 양陽이고 자字가 백락伯樂이다. 진秦 목공穆公(전 659-전 621) 때의 유명한 말 조련사이다. 郭慶藩撰, 『校正莊子集釋』, 北京: 中華書局, 「마제馬蹄」편, 331頁 참조.

[及至伯樂, 曰:「我善治馬.」燒之, 剔之, 刻之, 雒之. 連之以羈馽, 編之以皁棧. 馬之死者, 十二三矣.]

굶기고 갈증 나게 하고 뛰고 달리고 나란히 세우고 가지런히 하고, 앞에는 재갈물린 고통이 있고, (등 뒤에는) 채찍의 위세가 있으니, 죽은 말이 이미 반수를 넘었다고 하겠다.

[饑之, 渴之, 馳之, 驟之, 整之, 齊之. 前有嬀飾之患, 而後有鞭筴之威. 而馬之死者, 已過半矣.]

도공陶工은 말한다. "나는 점토를 잘 다룬다. 둥근 그릇은 원(컴퍼스)에 맞고, 네모진 그릇은 직각에 꼭 맞는다." 목수는 말한다. "나는 나무를 잘 다룬다. 굽게 만든 것은 곱자[鉤]에 맞고, 곧바른 것은 먹줄에 맞는다."

[陶者曰,「我善治埴. 者中規, 方者中矩.」匠人曰,「我善治木. 曲者中鉤, 直者應繩.」]

점토와 나무의 본성이 어찌 원자, 직각자, 곱자와 먹줄에 맞고자 하는 것이겠는가? 그러나 세세대대로 이들을 칭찬하여 말한다. "백락이 말을 잘 다루고, 도공과 목수가 점토와 나무를 잘 다룬다." 이는 또한 세상을 다스리는 사람들의 잘못인 것이다. (「마제馬蹄」, 9:1)

[夫埴·木之性, 豈欲中規矩鉤繩哉? 然且世世稱之曰:「伯樂善治馬. 陶匠善治埴木.」此, 亦治天下者之過也.]

2.2) 인간의 세속적 지혜:

사회윤리제도는 좀도둑만을 잡을 뿐 국가를 찬탈하는 대도大盜를 오히려 합법화시킨다.

상자를 열고, 주머니를 뒤지고, 궤를 몰래 여는 도둑을 막기 위해 방비를 하고자 (사람들은) 반드시 상자나 주머니나 궤 등을 끈으로 단단히 묶고 자물쇠를 튼튼하게 잘 채워둔다. 이것이 세속에서 말하는 지혜이다.

　[將爲胠篋·探囊·發匱之盜, 而爲守備; 則必攝緘縢, 固扃鐍. , 世
　俗之所謂知也.]

하지만, 큰 도적이 오면 궤짝을 통째로 짊어지거나 상자를 둘러매고 주머니를 통째로 들고 달아나면서, 다만 상자나 궤짝을 맨 끈이나 자물쇠가 튼튼하지 않을까 걱정한다. 그렇다면 조금 전의 이른바 [좀도둑에 대비했던 세속적] 지혜란 바로 큰 도적을 위해 재물을 모아준 셈이 아닌가?

　[然而, 巨盜至, 則負匱·揭篋·擔囊, 而趨. 恐 '緘縢扃鐍之不固'
　也. 則, 鄕之所謂知者, 不乃爲大盜積者也?]

그러므로 이 문제를 한번 따져보자. 세속에서 말하는 '지혜'라는 것은 큰 도적을 위해 재물을 모아 준 결과가 아닌가? 이른바 '성인의 법도'[聖]라는 것이 큰 도적을 지켜주는 것이 아닐 수 있을까?

　[故嘗試論之: 世俗之所謂: '知'者, 有不爲大盜積者乎? 所謂: '聖'
　者, 有不爲大盜守者乎?]

무엇으로써 그렇다는 것을 아는가? 옛날 제齊 나라는 이웃 고을이 서로 바라보이고 닭과 개소리가 서로 들리며, 고기 잡는 그물들이 쳐지는 곳과 쟁기와 괭이로 경작되는 땅이 사방 2천여 리나 되었다.

[何以知其然邪? 昔者齊國, 隣邑相望, 鷄狗之音相聞. 罔之所布, 耒
耨之所刺, 方二千餘里.]

그래서 광대한 온 나라의 국경 내에 종묘·사직을 세우고 읍邑, 옥屋,
주州, 여閭, 향鄕 10)을 다스리는 데 어찌 성인의 법도를 본받지 않은 것
이 있었겠는가?

[闔四竟之內, 所以立宗廟·社稷. 邑·屋·州·閭·鄕曲者, 曷嘗不法聖
人哉?]

그러나 전성자田成子11)가 하루아침에 제나라 임금을 죽이고 나라를
도둑질하였다. 도둑질한 것이 어찌 그 나라뿐이겠는가? 성인의 지혜에
서 나온 법도까지도 아울러 도둑질해 버린 것이다.

[然而, 田成子, 一旦殺齊君, 而盜其國. 所盜者, 豈獨其國邪? 並與其
聖知之法, 而盜之.]

그래서 전성자는 [원칙대로라면] 도둑이란 명칭이 붙여져야겠지만, 오
히려 몸은 요순堯舜처럼 군왕으로 편안히 지냈다. 작은 나라들은 감히

---

10) 읍邑, 옥屋, 주州, 여閭, 향鄕은 각각의 행정적 단위들이다. 『사마법司馬法』에 의하
면, "6척尺이 보步, 100보步가 무畝, 100무畝가 부夫. 3부夫가 옥屋, 3옥屋이 정井,
4정井이 읍邑"이고 또한 "5가家가 비比, 5비比가 여閭, 5여閭가 족族, 5족族이 당
黨, 5당黨이 주州, 5주州가 향鄕"이라고 한다. 정현鄭玄(127-200)에 의하면 "25가家
가 여閭, 2,500가家가 주州, 12,500가家가 향鄕"이다. 곽경번郭慶藩, 上同, 344쪽
참조.
11) 전성자田成子는 제齊나라 좌상左相인 진항陳恒(또는 전상田常)으로 기원전 481년에
쿠데타를 일으키어 제齊 간공簡公을 살해하고 제나라를 전田씨 천하로 만든 장본인
이다.

그를 비난할 수가 없었고, 큰 나라들도 그를 응징하지 못하니, 12대에 걸쳐 제나라를 차지할 수 있었다.

[故田成子, 有乎盜賊之名, 而身處堯舜之安. 國不敢非, 大國不敢誅. 二有世齊國.]

이렇다면 이것은 제나라와 아울러 성인聖人의 지혜에서 나온 그 법도까지를 훔쳐내어 도적인 자기의 몸을 지킨 것이 아니겠는가? (「거협胠篋」, 10:1)

[則是, 不乃竊齊國竝與其聖知之法, 以守其盜賊之身乎?]

2.3) 인위적인 법제가 사회적 대혼란(쿠데타)의 원인

냇물이 말라야 텅 빈 골짜기가 나타나고, 언덕이 평평해져야 [깊은] 연못이 메워지듯이, [법도를 만드는] 성인이 사라져야 [그것을 훔치려는] 큰 도적(찬탈자)이 (또한) 일어나지 않는다. (그래야) 세상이 태평해지고 아무런 변고도 없게 될 것이다.

[夫川竭, 而谷虛; 丘夷, 而淵實. 人已死, 則大盜不起. 下平而无故矣.]

성인이 사라지지 않으면 '큰 도적'은 끊이지 않을 것이다. 오로지 성인[의 권위]를 존중하며 세상을 다스린다면 이것은 바로 [그것을 훔치려는] 도척盜跖(척跖 같은 큰 악당)을 크게 이롭게 하는 것이다.

[聖人不死, 大盜不止. 12)重聖人, 而治天下, 則是重利盜跖也.]

[성인이] 말[斗]과 되[斛]를 만들어서 곡식의 량을 헤아리면 [큰 도적은] 그 말과 되 자체를 훔쳐갈 것이고, 저울을 만들어서 물건을 단다면 그 저울 자체를 훔쳐갈 것이다.

[爲之斗斛, 以量之; 則竝與斗斛, 而竊之. 爲之權衡, 以稱之; 則竝與 權衡, 而竊之.]

부신符信이나 도장으로 신표를 삼으면 그 부신과 도장 자체를 훔쳐갈 것이다. [성인이] 인의仁義를 가지고 사람들의 행위를 바로 잡으려 한다면, 그 인의 자체를 도적질할 것이다.

[爲之符璽, 以信之; 則竝與符璽, 而竊之. 爲之仁義, 以矯之; 則竝與 仁義, 而竊之.]

어떻게 그렇다는 것을 아는가? (하찮은) 돈[鉤]13)을 도둑질한 사람은 벌을 받지만, 나라를 훔친 자는 오히려 제후諸侯가 된다. 제후의 문안에 인의仁義가 있게 된다, 그렇다면 이것은 인의와 성인의 지혜까지를 도적 질한 것이 아닌가?

[何以知其然邪? 彼竊鉤者, 誅; 竊國者, 爲諸侯. 諸侯之門, 而仁義存 焉. 則是非竊仁義聖知邪?]

그러므로 큰 도적을 따라서 제후들을 [무력으로] 사로잡아 인의를 도둑 질히며, 말斗, 뇌斛·저울·부신符信·도장의 이로움까지를 훔치는 행위 [즉 쿠데타]는, 비록 높은 벼슬을 내리는 상賞이 있다 해서 마음을 바꾸게

---

12) 雖는 여기서 唯로 통함.
13) 구鉤는 갈고리 모양으로 생긴 전국시대의 동전.

할 수 없으며, 도끼로 참수당하는 엄한 형벌의 위협으로도 근절시킬 수
없다.

> [故逐於大盜, 揭諸侯; 竊仁義, 竝斗·斛·權衡·符璽之利者, 雖有軒
> 冕之賞, 弗能勸; 斧鉞之威, 弗能禁.]

이렇게 도척盜跖[같은 악당]을 크게 이롭게 하여 그것을 근절시키지 못
하는 것은 바로 성인의 잘못인 것이다.(「거협胠篋」, 10:4)

> [此, 重利盜跖, 而使不可禁者, 是乃聖人過也.]

2.4) 사회적 도덕규범의 허구성 비판

2.4.1) 이른바 성인의 지혜는 대도大盜를 위한 지혜일뿐이다.

한번 논의해 보자. 세속의 지극한 지혜[至知]라는 것이 큰 도적을 위
해 재물을 쌓아 주는 것이 아닌가? 이른바 지극한 성법[至聖]이라는 것
이 큰 도적의 몸을 지켜주는 것이 아닌가?

> [嘗試論之. 世俗之所謂至知者, 有不爲大盜積者乎? 所謂至聖者, 有
> 不爲大盜守者乎?]

어떻게 그렇다는 것을 알 수 있는가? 옛날 용봉龍逢[14]은 목이 잘리
고, 비간比干[15]은 가슴을 도륙당하고, 장홍萇弘[16]은 수레에 찢기어 죽
었고, 자서子胥[17]는 (시체가 강물에 던져져서) 썩어버렸다. 진실로 이 네 사

---

14) 하夏나라 걸桀왕의 현명한 신하.
15) 은殷, 또는 상商나라 주紂왕의 현신.
16) 주周나라 영靈왕의 현신.
17) 자서子胥(즉, 오원伍員, 전559-전484)는 초楚나라에서 오吳나라에 망명하여, 오왕 부

람은 현명했으나 살육됨을 면치 못했다.

　　[何以知其然邪? 昔者龍逢, 斬; 比干, 剖; 萇弘, 胣; 子胥, 靡. 故四
　　子之賢, 而身不免乎戮!]

　따라서 도척18)의 부하가 [지독한 악당이지만 도리어 살아있는] 도척에게 물
었다. "도둑질에도 도道가 있습니까?"

　　[故跖之徒問於跖, 曰: "盜亦有道乎?"]

　도척이 대답하였다. "어디를 간들 도道가 없을 수 있겠는가? 남의 집
안에 감추어져 있는 것을 마음대로 알아내는 것은 성인[聖]이다. 또 남
보다 먼저 들어가는 것이 용기[勇]이다. 더욱이 남보다 늦게 나오는 것
은 의로움[義]이다. 그리고 도둑질을 해도 되는지, 안 되는지를 판단하
는 것이 지혜[智]이다. 마지막으로 고르게 나누어 갖는 것은 어진 행동
[仁]이다.

　　[跖曰: "何適而无有道邪? 夫妄意室中之藏, 聖也. 入先, 勇也. 出後,
　　義也. 知可否, 知也. 分均, 仁也.]

　이 다섯 가지를 갖추지 않고서 큰 도적이 될 수 있었던 사람이란 세

──────────

　차夫差를 도와 초를 공격하는 데 큰 공적을 남겼다. 그러나 나중에 오왕 부차에게
　충언을 진언하다가 도리어 미움을 사게 되어 살해되고, 그 시체는 가죽부대에 남
　겨져 강에 버려지게 되었다.
18) 도척盜跖은 공자 당시 노魯나라의 저명한 현자賢者인 유하계柳下季의 동생으로, 무
　려 9천여 명의 부하를 거느리고 여러 나라를 침략한 당대의 잔인무도하기로 유명
　한 대도大盜이다. 도척은 또한 악당의 대명사로 통한다. "孔子與柳下季爲友. 柳下
　季之弟, 名曰盜跖. 盜跖從卒九千人, 橫行天下, 侵暴諸侯, 穴室樞戶, 驅人牛馬, 取
　人婦女. 貪得忘親, 不顧父母兄弟, 不祭先祖. 所過之邑, 大國守城, 小國入保, 萬民苦
　之.", 「도척盜跖」제29편 참조.

상에 하나도 없었다."

[五者不備, 而能成大盜者, 天下未之有也."]

이것으로 볼 때, 착한 사람도 성인의 도道를 얻지 못하면 입신立身하
지 못하며, 도척도 성인의 도를 얻지 못하면 행세하지 못하는 것이다.
세상에 착한 사람은 적고 착하지 않은 사람이 많으니, 성인이 세상을
이롭게 하는 점은 적고 세상을 해롭게 하는 점이 더 많은 것이다.

[由是觀之, 善人不得聖人之道, 不立. 跖不得聖人之道, 不行. 天下之
善人少, 而不善人多. 則聖人之利天下也少, 而害天下也多.]

그러므로 입술이 없어지면 이가 시려지고, 노魯나라의 술이 싱거웠기
에 한단邯鄲이 포위당하게 되었다19)는 말이 있다.

[故曰:「脣竭, 則齒寒; 魯酒薄, 而邯鄲圍.」]

성인이 생겨나니 큰 도적이 생겨난 것이다. 그러니 성인을 쳐 없애고
도적을 멋대로 내버려두면 세상은 비로소 다스려질 것이다. (「거협(胠
篋」, 10:2)

[聖人生, 而大盜起. 掊擊聖人, 縱舍盜賊, 而天下始治矣.]

---

19) 초楚나라 선공宣公이 여러 제후와 회맹을 주도할 때, 노魯나라 공공恭公이 늦게 도
착했고 가지고 온 술의 맛은 싱거웠다. 이를 빌미로 초나라는 노나라를 침공했다.
양혜왕梁惠王은 항상 조趙나라를 칠 생각을 하고 있었지만, 초의 지원을 두려워해
서 실행에 옮기지 못했다. 초가 노나라를 침공하는 기회에, 양혜왕이 조趙의 수도
한단邯鄲을 포위하게 되었다는 설이 있다. 보다 상세한 설명은, 『장자교전莊子校詮』,
王叔岷撰, 353頁, 주10 참조.

2.4.2) 인위적 문명의 비판과 생래의 '본연기능'[德]을
유지하는 삶

그러므로 (『노자』에서는) "물고기[의 생명]은 [속이 컴컴하여 자신을 감출 수
있는] 심연을 떠날 수 없듯이, 나라[를 다스리는] 날카로운 도구는 남들에
게 보이면 안 된다."20)라고 말한다.

[故曰:「魚, 不可脫於淵; 國之利器, 不可以示人.」]

(눈에 보이는 작위가 없는 듯한) 저 성인들은 (세상을 다스리는) 예리한 도구
이다. 세상에 그것을 밝게 드러내 보일 수 없는 까닭이 있다.

[彼聖人者, 天下之利器也. 非所以明天下也.]

그러므로 [유가나 묵가들이 각각 만인의 모범으로 명백하게 제시하는] 성인을
없애고 그 지혜를 버리면 큰 도적 또한 없어질 것이다. (값비싼) 옥을 내
던지고 진주를 깨뜨려 버리면 작은 도적이 생기지 않을 것이다.

[故 「絶聖棄知, 大盜乃止.」21) 摘玉毁珠, 小盜不起.]

부신을 태워버리고 도장을 부숴버리면 백성들이 순박해질 것이다.
말[斗]이나 되[斛]를 쪼개 없애고 저울을 꺾어 끊어버리면 백성들은 자연
히 다투지 않게 될 것이다. 천하의 성인이 정한 [인위적] 법제를 다 파괴

---

20) 이 구절은 『노자老子』, 39장에 보인다. 군주가 온전히 시기 역할을 하사빈 신하들
에게 자신의 실제 모습을 드러내보여서는 안 된다는 철학적 메시지를 담고 있다.

21) 이 구절과 거의 같은 뜻의 구절은 최초로 『노자』에 보인다. 곽점郭店 초간갑본楚
簡甲本의 第1編第1章: "絶智棄辯, 民利百倍. 絶巧棄利, 盜賊無有. 絶 ■[위 爲+아래
心]棄慮, 民復季子."(廖明春, 『郭店楚簡老子校錫』, 13쪽; 그리고 후대에 개찬改撰
정리된 王弼本『老子』 19장: "絶聖棄智, 民利百倍; 絶仁棄義, 民復孝慈; 絶巧棄利,
盜賊無有." 참조.

하고 없애 버리게 되면, 비로소 [생래의 소박한] 백성들은 [속임과 다툼 없이] 함께 논의할 수 있을 것이다.

> [焚符破璽, 而民朴鄙. 掊斗折衡, 而民不爭. 殫殘天下之聖法, 而民始可與論議.]

성인이 제정한 육률六律의 음악을 다 뒤흔들어 없애고 우竽·슬瑟(현악기)을 태워 없애고 사광師曠의22) 귀를 막아버리면 세상 사람들은 그때서야 비로소 [생래의 진정한] 청력을 유지할 것이다.

> [擢亂六律, 鑠絕竽瑟. 塞師曠之耳, 而天下始人含其聰矣.]

무늬를 지우고 오채五彩를 없애버리고 (시력이 특별한) 이주離朱23)의 눈을 아교로 붙여 놓으면 세상 사람들 [본래의] 시력이 비로소 밝아질 것이다.

> [滅文章, 散五采; 膠離朱之目, 而天下始人含其明矣.]

곱자[鉤]와 먹줄[繩]을 부숴버리고, [원을 그리는] 그림쇠[規]와 먹줄을 잘라 버리고, '그림쇠'와 '직각 자'[矩]를 내버린 다음, 공수工倕24)의 손가락을 비틀어 버리면, 세상 사람들은 비로소 [생래의] 자기 재주를 함유하게 될 것이다.

> [毀絕鉤繩, 而棄規矩; 攦工倕之指, 而天下始人含其巧矣.]

증삼曾參과 사추史鰌의 행실을 깎아버리고 양주楊朱와 묵자墨子의 입을

---

22) 사광師曠은 춘추시대 진晉나라의 유명한 장님 음악가이다.
23) 이주離朱는 黃帝의 신하인데, 시력이 아주 좋아서 100보步 밖에서 가을 터럭의 끝을 볼 수 있었다고 함.
24) 공수工倕는 요堯임금 시절의 유명한 기술자이다.

틀어막고 인의仁義를 내던져버리면, 세상 사람들의 [생래의] '본기능'
[德]은 비로소 [인위적 조작을 넘어서는] 현묘한 경지와 합일되게 될 것이다.
 [削曾 · 史之行, 鉗楊 · 墨之口, 攘棄仁義, 天下之德, 始玄同矣.]

 사람들이 [생래의 소박한] '분별력' [明]을 보유하고 있으면, 그들은 세
상에 [자기 생각을] 과시하지 않을 것이다. 사람들이 [생래의] 총명함을 보
유하고 있으면, 번거로운 일을 하지 않을 것이다.
 [彼人含其明, 則天下不鑠25)矣. 人含其聰, 則天下不累矣.]

 사람마다 [본연의] 지혜를 함유하고 있으면 [남을] 현혹하는 일이 없을
것이고, 또 사람마다 [자기의] '본연기능' [德]을 보유하고 있으면 (행동이)
괴팍하지 않을 것이다.
 [人含其知, 則天下不惑矣. 人含其德, 則天下不僻矣.]

 저 증삼曾參26), 사어史魚, 양주楊朱, 묵자墨子, 사광師曠27), 공수工
倕28), 이주離朱 등은 모두 (각자마다 다른 생래의) 덕德[본연기능]을 밖으로
(즉 누구에게나 보편타당한 기준으로) 내세움으로써 천하를 어지럽힌 자들이
다. [각자마다 '본연기능'이 서로 다르기 때문에, 보편타당한] 법도는 소용이 없
는 것이다. (「거협胠篋」, 10.5)
 [彼曾、史29)、楊、墨、師曠、工倕、離朱, 皆外立其德, 而以爚亂天下者

---

25) 삭鑠은 여기서 삭爍(과시하다)이나 혹惑(미혹하다)과 뜻이 통함.
26) 증삼曾參(기원전 505-435)은 孔子의 제자이다. 曾子로 칭해진다.
27) 사공師曠은 진晉나라의 유명한 음악가이다.
28) 공수工倕는 요堯임금 때 유명한 기술자이다.
29) 사史는 위衛나라 영공靈公 때 祭官을 지낸 사어史魚이다. 그는 또한 사추史鰍라고

也. 法之所无用也.]

2.5) 반문명적 사회비판 사상: 기계문명을 버리고
혼돈한 자연세계에 산다.

자공子貢이 남쪽으로 초楚나라에 [가서] 유세遊說하고 진晉나라로 돌아오면서, 한수漢水의 남쪽을 지나가는 길에 막 밭에서 일하는 사람을 만났다. 땅의 통로를 파고 우물에 들어가서는 항아리를 껴안고 [다시] 나와 [밭고랑에] 물을 주고 있었다. 끙끙거리며 힘은 많이 드나 나타난 효과는 별로 없었다.

[子貢, 南遊於楚, 反於晉. 過漢陰. 見一丈人, 方將爲圃畦. 鑿隧而入井, 抱甕而出灌. 搰搰然, 用力甚多; 而見功寡.]

자공이 말했다.

"여기에 기계가 있습니다. 하루에 백 두락에 물을 줄 수 있습니다. 힘은 아주 적게 들고 나타나는 효능은 많으니 선생님께서 한번 써보지 않으시겠습니까?"

밭일 하던 사람이 위를 쳐다보면서 말하였다.

"어떻게요?"

(자공이) 말하였다.

"나무를 깎아 기계를 만듭니다. 뒤 쪽은 무겁고 앞쪽은 가볍기에 물을 길어 올리는 것이 마치 (실을) 뽑아 올리는 것 같으니, 빠르고 마냥

─────────

도 불린다. 정직함으로 유명함.

편합니다. 그 이름을 지렛대라 합니다."

> [子貢曰: "有械於此. 一日浸百畦. 用力甚寡, 而見功多. 夫子不欲
> 乎?" 爲圃者, 卬而視之, 曰: "奈何?" 曰: "鑿木爲機, 後重前輕.
> 挈水若抽, 數如泆湯. 其名爲槔."]

　밭일하던 사람이 화난 표정을 짓다가 웃으면서 말하였다.

　"제가 저의 스승님에게 듣기로는, 기계가 있으면 기계에 매이는 일
이 있게 되고, 기계에 매이는 일이 있으면 반드시 기계에 매이는 마음
이 있게 됩니다.

　기계에 매이는 마음이 가슴 속에 있으면 [부담 없이 움직이는 마음의] 순
백純白함이 없게 되고, 순백함이 없으면 마음자리가 안정되지 못합니다.
마음자리가 안정되지 않으면 도道를 실을 수 없게 됩니다.

　제가 [기계 쓰는 일을] 알지 못하는 것이 아닙니다. 부끄러워서 그렇게
하지 않는 것입니다."

> [爲圃者, 忿然作色, 而笑, 曰: "吾聞之吾師. 有機械者, 必有機事.
> 有機事者, 必有機心. 機心存於胸中, 則純白不備. 純白不備, 則神生
> 不定. 神生不定者, 道之所不載也. 吾非不知, 羞而不爲也."]

　자공은 계면쩍고 부끄러워서 얼굴을 떨어뜨리고 대답을 하지 못하였
다. 이윽고 밭일하던 사람이 물었다.

　"당신은 무엇을 하시는 분입니까?"

　(자공이) 말했다.

　"공자의 제자입니다."

　밭일하던 사람이 말했다.

"당신은 박학博學을 (내세워) 성인을 흉내 내고, 큰 소리로 사람들을 압도하면서, 홀로 (비파를) 켜고 애달픈 노래를 부르며 세상에 명성을 팔아먹는 사람이 아닌가요? 당신이야말로 바야흐로 당신의 신기神氣가 사라져버릴 것이고 당신의 몸은 망가질 것이니, 당신은 거의 끝장날 판입니다! 당신 몸(하나)도 다스릴 수 없으면서 어느 여가에 세상을 다스리려는 것입니까! 당신은 (빨리) 떠나시오. 내 일을 망치지 마시오!"

[子貢瞞然慙, 俯而不對. 有間, 爲圃者曰: "子奚爲者邪?" 曰: "孔丘之徒也." 爲圃者曰: "子非不博學以擬聖, 於于以蓋衆, 獨弦哀歌, 以賣名聲於天下者乎? 汝方將忘汝神氣, 墮汝形骸, 而30)庶幾乎! 而身之不能治, 而何暇治天下乎? 子往矣! 無乏吾事!"]

자공은 부끄러워 얼굴 표정을 잃어버리고 멍청하니 마음이 편치 않았다. 삼십 리를 가고 난 뒤에야 (마음이) 나아졌다.

그의 제자들이 말하였다.

"아까 그 사람은 무엇을 하시는 분입니까? 선생님께서는 왜 그를 보고 얼굴색이 변하고 하루 종일 스스로 평정을 찾지 못하십니까?"

[子貢卑陬失色, 頊頊然不自得. 行三十里而後愈. 其弟子曰: "向之人, 何爲者邪? 夫子何故見之, 變容失色, 終日不自反邪?"]

(자공이) 말하였다.

"일찍이 나는 세상에 오직 한 사람(즉 공자)만 있는 줄 알았지 또 다시 저런 분이 계신 줄 몰랐네. 일을 함에는 [오직] 합당한 것을 추구해야 하고, 공功은 이루어 내야 하고, 힘은 적게 들이고, 드러난 결과[功]가 많은

---

30) 여기서 而은 爾(너)의 뜻임.

것이 '성인의 도' 라고 나는 공자 선생님에게서 들었네. 지금 그러나 그
렇지가 않네. 도를 잡아야 덕德[본연기능]이 온전해지고, 덕[본연기능]이
온전해야 몸이 온전하며, 몸이 온전해야 정신이 온전하니, 정신을 온전
하게 하는 것이 '성인의 도' 라는 것이네. [그런 성인은] 세상에 백성들과
함께 살아가며 (자기가) 꼭 가고자 할 곳을 모르고 멍하니 순박함을 갖출
뿐이네! 공리와 기교를 따지면 그런 [순박한] 마음은 반드시 잃어버릴 것
이네.

[曰: "始吾以爲天下一人耳. 不知復有夫人也. 吾聞之夫子: 事, 求可.
功, 求成. 用力少, 見功多者, 聖人之道." 今徒不然. 執道者, 德全.
德全者, 形全. 形全者, 神全. 神全者, 聖人之道也. 託生, 與民竝行,
而不知其所之. 汒乎淳備哉! 功利機巧, 必忘夫人之心.]

[순박하고 자연과 함께하는] 그런 사람은 자기 뜻에 맞지 않으면 좇아 하
지 않고, 자기 마음과 맞지 않으면 하지 않네. 비록 온 세상 사람들이
그를 칭송하고 그네들의 뜻과 합치한다 해도 전연 (그것을) 고려하지 않
네. 온 세상 사람들이 비난하고 그네들의 뜻을 얻지 못했다 해도 전혀
그것에 영향 받지 않는 것이네. 세상의 비난과 칭찬이 그를 덜하게도
더하게도 못하니, 이는 온전한 '본연기능' [德]을 가진 이라 할 수 있는
것이네! 우리들은 (세상의) 풍파에 (흔들리는) 속물이라 하겠네."

[若夫人者, 非其志, 不之; 非其心, 不爲. 雖以天下譽之, 得其所謂,
謷然不顧. 以天下非之, 失其所謂, 儻然不受. 天下之非譽, 無益損焉.
是謂全德之人哉! 我之謂風波之民."]

(자공이) 노魯나라에 돌아 와서 공자에게 (이 이야기를) 하였다. 공자가

말하였다.

"그는 (인간세상 너머의) 혼돈씨混沌氏의 방술을 닦은 사람이네. (그는) 하나(즉, 자연)는 알지만 둘(즉, 인간사회)은 모르네. 내면(즉, 마음)은 다스리나 밖의 일(즉, 세상사)은 다스리지 못하네.

(그가) 마음이 밝고 소박한 경지에 들어가서, (하나의 자기 특정한) 함[有爲]이 없이[無爲] (본연의) 소박함을 다시 얻어 (자기의) 본성을 체현하고 (온전한) 정신을 가지고 속세간에 노니는 것이네.

자네는 어찌 그리 놀랐는가? 또한 (인간세상 너머의) 혼돈씨混沌氏의 방술을 나와 자네가 어찌 알 수 있겠는가?"(「천지天地」, 12:10)

> [反於魯, 以告孔子. 孔子曰: "彼假脩渾沌氏之術者也. 識其一, 不知其二. 治其內, 而不治其外. 夫明白入素, 無爲復朴, 體性抱神, 以遊世俗之閒者. 汝將固驚邪? 此, 渾沌氏之術, 予與汝何足以識之哉!"]

2.6) 반문명적 유토피아 사상

2.6.1) 문명 비판과 자연 속의 유토피아

내 생각에 천하를 잘 다스린다는 것은 그렇지 않네.[31] 저들 백성들은 늘 [한결 같은] 본성을 가지고, (스스로) 옷감을 짜서 입고, 농사지어 먹으니, 이것이 [도道와] '같은 생명기능'[동덕同德]이네. 순일純一하면서 치우치지 않으니, '자연이 준 자유'[天放]라고 부르네.

> [吾意: 善治天下者, 不然. 彼民有常性. 織而衣, 耕而食. 是謂同德. 一而不黨, 命曰:天放.]

---

31) 백성들을 위압적으로 규제하는 인위적인 규제나 제도적 강제성이 없는 '자유방임'의 정치이상을 말하는 것임.

따라서 '지극히 순일한 세상'[至德之世]에는 사람들의 행동은 은연 자중하였고 그들의 눈빛은 순일 질박하였다.

[故至德之世, 其行塡塡, 其視顚顚.]

그 시대에는 산에 소로小路나 통로도 없었고, 물가에는 배나 다리도 없었다. 만물이 군락을 이루고 살아서 사는 곳이 함께 이어져 있었다. 새나 짐승들이 무리를 이루었고 초목들도 멋대로 자라났다.

[當是時也, 山無蹊隧, 澤無舟梁. 萬物群生, 連屬其鄕. 禽獸成群, 草木遂長.]

이렇기 때문에 [아이들은] 새나 짐승들을 새끼줄로 묶어서 놀았으며, 나무타고 올라가 새들의 둥지를 만져보고 들여다 볼 수 있었다. '지극히 순일한 세상'[至德之世]에는 (사람들이) 새와 짐승들과 함께 살아 만물들과 나란히 무리를 이루었으니, 어찌 (누가) 군자이며 소인인 줄 분별할 수 있었겠는가?

[故其禽獸, 可係羈而遊; 烏鵲之巢, 可攀援而闚. 夫至德之世, 同與禽獸居, 族與萬物竝. 惡乎知君子小人哉?]

모두 아는 것이 없으니[無知] 그들의 '본연기능[德]'은 ['도'에서] 떠나 있지 않았으며, 모두 다 욕심이 없으니[無欲] 이것이 '순박함'이라 하겠다. 순박함을 잃지 않아서 백성[民]들의 본성이 보존되었네.

[同乎無知, 其德不離. 同乎無欲, 是謂素樸. 素樸而民性得矣.]

성인들이 나타나기[즉 문명시대]에 이르러, 이리 절뚝거리고 저리 절뚝

거리며 (억지) 사랑[仁]을 하고 의義를 자만하니, 세상 사람들은 의혹되기
시작하였다.

　　[及至聖人, 蹩躠爲仁, 踶跂爲義, 而天下始疑矣.]

　방종한 마음 짓이 음악[樂]이 되고, 꾀죄죄한 짓거리가 예[禮]가 되니
온 세상 사람들[의 함께했던 본연기능同德]이 갈라지기 시작하였네.

　　[澶漫爲樂, 摘僻爲禮, 而天下始分矣.]

　따라서 [생명 본연의] 질박함이 깨트려지지 않고서 어떻게 희생제사에
[쓰이는 화려한] 술잔이 생겨나겠는가! 백옥白玉들이 깨지지 않고서 어떻
게 (귀한) 옥기(규珪와 장璋)들이 만들어지겠는가! '도'[총체적인 생명력]와
'덕'[개체마다의 생명 본연기능]이 파괴되지 않고서 어떻게 인의仁義 도덕이
주창될 수 있겠는가!

　　[故純樸不殘, 孰爲犧樽! 白玉不毀, 孰爲珪璋! 道德不廢, 安取仁義!]

　본래의 마음이 [자연생명의 진실성을] 떠나지 않고서, 어떻게 예악禮樂이
통용될 수 있겠는가!

　　[性情不離, 安用禮樂!]

　[인위로 만들어진] 오색五色이 뒤섞이지 않고서 어떻게 아름다운 무늬색
깔이 나오겠는가! 오음五音이 뒤섞이지 않고서 어떻게 멜로디가 이루어
지겠는가!

　　[五色不亂, 孰爲文采! 五聲不亂, 孰應六律! 夫殘樸以爲器, 工匠之罪也.]

[생명의] 질박함을 깨트려 그릇을 만든 것은 기술자들의 죄이요, '도' (총체적인 생명력)와 '덕'(개별적 생명[본연]기능)을 파괴한 것은 성인들의 죄로다! (「마제馬蹄」, 9:2)

[毀道·德, 以爲仁義, 聖人之過也.]

2.6.2) 문명비판과 자급자족하는 소규모 공동체의 이상

그대만이 홀로 '지극히 순일한 세상至德之世'을 알지 못하는가? 옛날 용성씨容成氏, 대정씨大庭氏, 백황씨伯皇氏, 중앙씨中央氏, 율륙씨栗陸氏, 여축씨驪畜氏, 헌원씨軒轅氏, 혁서씨赫胥氏, 존로씨尊盧氏, 축융씨祝融氏, 복희씨伏羲氏, 신농씨神農氏의 시대에는 "새끼줄에 매듭을 지어 글자로 썼고, 자기[마을]의 음식을 달게 여겼고, 자기 마을의 옷을 아름답게 여겼으며, 자기 마을의 풍속을 즐겼으며, 자기 마을의 거처에 편안해 하였다.

[子獨不知: '至德之世'乎? 昔者, 容成氏, 大庭氏, 伯皇氏, 中央氏, 栗陸氏, 驪畜氏, 軒轅氏, 赫胥氏, 尊盧氏, 祝融氏, 伏羲氏, 神農氏. 當是時也, "民結繩而用之. 甘其食, 美其服, 樂其俗, 安其居.]

이웃나라는 서로 바라보며 닭이나 개 짖는 소리가 서로 들려도 사람들은 늙어서 죽을 때까지 서로 왕래하지 않았다."[32] 이러한 시대야말로 지극히 잘 다스려진 시대인 것이다.

[隣國相望, 鷄狗之音相聞. 民至老死, 而不相往來." 若此之時, 則至治已.]

[그러나] 지금은 백성들로 하여금 목을 길게 빼어들고 발돋움을 하게

---

32) 『老子』 80장에서 인용됨.

하고서는 "어느 곳에 현자가 있다"고 말하게 한다. [이에 백성들은] 길 양식을 마련하여 그곳으로 달려간다. 그래서 안으로는 그의 어버이를 버리고 밖으로는 그들이 할 바를 팽개치게 되는 것이다.

[今遂至使民延頸擧踵, 曰: '某所有賢者.' 贏糧而趣之, 則內棄其親, 而外去其主之事.]

그들의 발자취는 제후들의 국경을 연잇게 되고, 그들의 수레바퀴 자국은 천 리 밖에까지 연결된다. 이것은 바로 군주가 [도구적] 지식[知]을 좋아하는 데서 생긴 잘못이다. (「거협胠篋」, 10:2)

[足跡, 接乎諸侯之境. 車軌, 結乎千里之外, 則是上好知之過也.]

군주가 진실로 [도구적] 지식[知]만 좋아할 뿐 참된 '도'가 없으니, 세상은 크게 어지럽다. 어떻게 그렇다는 것을 알 수 있는가? 무릇 활, 쇠뇌, (새잡는) 그물, (실이 달린) 화살, (새잡는) 덫[을 만드는] 지식이 많게 되니 곧 새들은 하늘 위에서 [나는 일이] 혼란스럽게 되었다.

[上誠好知而無道, 則天下大亂矣. 何以知其然邪? 夫弓·弩·畢·弋·機辟33)之知多, 則鳥亂於上矣.]

낚시, 미끼, 그물, 전대, 투망, 통발을 만드는 지식이 많게 되니 물고기들은 물속에서 [살기가] 혼란스럽게 되었다. (짐승)덫, 함정, (짐승 잡는) 그물[을 만드는] 지식이 많게 되니 곧 짐승들이 늪의 풀 속에서 [살기가] 혼란스럽게 되었다.

---

33) 필畢 · 익弋 · 기벽機辟에서 畢은 捕鳥網(새잡는 그물), 弋(줄이 달린 화살), 機辟(덫)을 말함.

[鉤 · 餌 · 罔 · 罟 · 罾34) · 笱之知多, 則魚亂於水矣. 削格 · 羅落 · 罝罘之知多, 則獸亂於澤矣.]

지능적 거짓, 속임수, 혼란, 위선, 교활, 견백堅白과 동이同異의 궤변35)이 많아지자 곧 세상의 습속은 [이론적] 변론에 미혹되게 되었다. 따라서 세상이 암흑 속에 빠져서 크게 어지럽게 된 죄는 [도구적] 지식을 좋아하는 데 있다.

[知詐 · 漸毒 · 頡滑 · 堅白 · 解垢36) · 同異之變多, 則俗惑於辯矣. 故天下每每大亂, 罪在於好知.]

진실로 세상 사람들은 모두 자기가 (아직) 모르는 것은 추구할 줄 알면서도, 자기가 이미 알고 있는 것(의 의미)를 (새롭게) 따질 줄 모른다.

[故37)天下皆知 '求其所不知', 而莫知: '求其所已知者.']

모두 이미 [인습적으로] 좋지 않다고 정해진 것을 그르다고 할 줄 알은 알지만, 그러나 이미 [인습적으로] 좋다고 받아드린 것을 (감히) 그르다고 할 줄은 모른다. 이렇게 (인습에 사로잡혀 있기) 때문에 세상은 크게 혼란스

---

34) 증罾은 어망漁網을 말함.
35) 견백석堅白石을 두고 그 돌의 촉감적인 〈굳음〉과 시각적인 〈흼〉은 결코 하나로 통일될 수 없기 때문에 〈굳고 흰 돌堅白石〉은 결코 하나가 아니라, 촉각적인 견석堅石과 시각적인 백석白石, 즉 두 실체일 수밖에 없다거나, 또는 촉각적인 견석堅石과 시각적인 백석白石은 〈같은 것이냐〉 〈다른 것이냐〉를 두고 옛떠 논쟁을 벌였던 논리적 궤변론을 가리킨다. 이 논의는 일찍이 공손룡公孫龍(약 전 330-전 242)에 의해 제기된 바 있다.
36) 漸毒에서 점漸은 사詐(속임수), 힐활頡滑은 기교機巧(약삭빠른 꾀), 해구解垢는 궤곡詭曲(요리조리 요령 피는) 말을 말함.
37) 여기서 故는 固(진실로)의 뜻으로 통함.

러운 것이다.

[皆知非 '其所不善'; 而莫知非 '其所已善' 者. 是以大亂.]

이 (인습의 고질적 병폐) 때문에, (인위적 조작이 극치를 달리니) 위로는 해와 달의 빛이 이지러지고, 아래로는 산천의 정기精氣가 사라지고, 가운데로는 사철의 변화가 흐트러진다. 숨 쉬며 움직이는 벌레나 날아다니는 새들에 이르기까지 모두가 그[자연]의 본성을 잃어버렸다.

[故上悖日月之明, 下爍山川之精; 中墮四時之施. 惴耎之蟲, 肖翹之物, 莫不失其性.]

심하도다! [인위적·도구적] 지식을 좋아하는 것이 이토록 세상을 어지럽게 하다니! 삼대(하夏, 은殷, 주周, 즉 문명시대 진입) 이후론 언제나 그러하였다. 농사짓는 순박한 백성들을 버리고 교활하고 간사한 사람들을 좋아하며, (임금이) 담담한 무위無爲는 하지 않고 (물정도 모른 채 앞에서 우쭐거리며) 남을 가르치려 떠드는 것을 기뻐한다. (물정모르는 임금이 신하들을) 우쭐대며 가르치려 떠들어 대면 세상은 이미 난리를 만난 셈이다! (「거협胠篋」, 10.6)

[甚矣, 夫好知之亂天下也! 自三代以下者, 是已. 舍夫種種之民, 而悅夫役役之佞. 釋夫恬淡无爲, 而悅夫啍啍38)之意. 啍啍已亂天下矣!]

2.7) 이념적 명분논리의 부정

---

38) 톤톤啍啍은 제대로 물정을 모르는 임금이 앞서서 우쭐대며 신하들을 가르치려고 지껄이는 모습이다.

2.7.1) 난세에서의 이념론자[예, 유가와 묵가]의 공론空論 비판

아래로는 걸桀 같은 폭군과 도척盜跖 같은 도적이 있고, 위로는 증삼曾
參과 사어史魚[39) 같은 도덕군자가 있게 되니, 유가와 묵가가 모두 일어
나 [서로 다른] 자기주장만을 한다. 이에 기쁨과 분노가 서로 엇갈리게
되고, 우매한 자와 똑똑한 자가 서로 속이고, 좋으니 나쁘니 서로 비판
하고, 거짓과 진실이 서로를 헐뜯게 되어 세상이 쇠락하게 되었다.

> [下有桀跖, 上有曾 · 史, 而儒 · 墨畢起. 於是乎, 喜怒相疑, 愚知相
> 欺, 善否相非, 誕信相譏, 而天下衰矣.]

(천지만물을 주재하는) '원대한 본연기능'[大德]이 (과거와) 같지 않으니
(만물의) 생명력[性命]은 크게 손상을 입게 되었다. (이제) 누구나 자기 '이
념'[知]만을 (배타적으로) 좋아하게 되니, 백성들이 (서로 적대적으로) 갈등
을 일으키고 있도다!

> [大德不同, 而性命爛漫矣. 天下好知, 而百姓求竭矣!]

이에 도끼와 톱 같은 형구가 만들어지고, 형법으로 사형을 집행하고,
송곳과 끌로 해결을 보게 되었다. 아, 세상이 시끌시끌하게 크게 혼란
하구나!

> [於是乎, 釿鋸制焉, 繩墨殺焉, 椎鑿決焉. 天下脊脊大亂.]

잘못은 사람들의 (다양한) 마음을 [하나의 이념으로] 묶으려는데 있다. 이
에 현자가 큰 산 바위 밑에 숨게 되고 '대국의 군주'[만승萬乘]가 종묘사

---

39) 증삼曾參은 공자의 제자이고, 사어史魚는 위衛의 영공靈公의 신하이다. 증삼은 인
효仁孝하기로, 사어史魚는 충직忠直하기로 특히 유명하였다.

당에서 전율하고 있다.

[罪在攖人心. 故賢者, 伏處大山嵁巖之下; 而萬乘之君, 憂慄乎廟堂
之上.]

지금 세상에 머리 잘린 시체들이 서로 포개어 있고, 형틀 쓴 죄인들이
서로 떠밀리며, 육형肉刑을 당한 사람들이 길에서 서로 바라볼 정도로다.

[今世, 殊死者, 相枕也; 桁陽者, 相推也; 刑戮者, 相望也.]

[이런 난세에] 유가와 묵가의 지식인들이 수갑과 족쇄 사이에서 어깨를
걷어붙이고 활보를 하는구나! 아, 너무하다! 그들의 무식한 몰염치가
너무하다! (「재유在宥」, 11:2)

[而儒 · 墨乃始離跂攘臂乎桎梏之間. 噫, 甚矣哉! 其無愧, 而不知恥也
甚矣!]

2.7.2) 명분보다 중요한 '생명존중' 론

백이伯夷는 이름[名]을 위해 수양산에서 죽었고, 도척盜跖은 재화[利]
때문에 동릉산東陵山에서 죽었다. 이들이 죽은 이유는 다르다.

[伯夷, 死名於首陽之下; 盜跖, 死利於東陵之上. 二人者, 所死不同.]

그들이 몸을 망치고 생명을 잃은 것은 같다. 어찌하여 백이伯夷만이
옳고 도척은 그르다고 할 수 있겠는가?

[其於殘生傷性, 均也. 奚必伯夷之是, 而盜跖之非乎!]

세상에서 다 같이 죽었다. 그 사람이 인의仁義를 위해 죽었으면 세속에

서 그를 '군자'라 하고, 재물을 위해 죽었으면 그를 '소인'이라고 한다.

[天下盡殉也. 彼其所殉仁義也, 則俗謂之君子. 其所殉貨財也, 則俗
謂之小人.]

(그러나) 생명이 희생된 것은 똑같은데, 어떤 이는 군자가 되고 어떤
이는 소인이 되는가? 그들이 몸을 망치고 생명을 잃기에 이르러서는 도
척 또한 백이인 것이다. 그 중에 어찌 군자와 소인을 구별할 수 있겠는
가? (「변무駢拇」, 8:3)

[其殉, 一也. 則有君子焉, 有小人焉? 若其殘生損性, 則盜跖亦伯夷
已. 又惡取君子小人於其間哉?]

3. 제물론齊物論40)에 입각한 상관적 인식이론:
─ 인식 주체를 떠나서 보편타당한 절대인식의 부정

장자에 의하면, 이 우주 안에 존재하는 만물들 하나하나는 모두 살아
있는 생명체들이다. 따라서 자신에게서 보자면, 자기 생명이 가장 존귀
하다. 말하자면, 생명 하나하나는 자기 밖의 어떤 기준과 평가에 의하
여 그 생명가치가 결단코 상대화될 수 없다. 왜냐하면, 개개의 생명체
는 자기 목적성을 지닌 독립체들이기 때문이다. 만물(즉, 모든 생명체 하나

---

40) 「제물론齊物論」은 『장자』의 내편 중 두 번째 편명이다. 이 편명의 의미에 대해서
는 첫째, 〈여러 이론[物論]〉을 〈똑같이 봄[齊]〉이라는 해석과, 2) 〈모든 것들을 똑
같이 보는〉[齊物] 〈이론〉[論]이라는 해석, 즉 〈齊之物論〉과 〈齊物之論〉이라는 두
가지 해석이 모두 가능하다.

하나)은 각각 그 자체의 기준으로 보자면 모두 각자에게는 지존한 생명체라는 점에서 자신이 다른 생명체에 대하여 결코 우위거나 (혹은 하위가) 될 수 없다. 요컨대, 만물(만인 포함)은 모두 자기에게는 가장 존귀한 존재라는 점에서 서로 평등하다는 것이다. 그러나 인간이 문명사회를 구성하면서부터, 사회 운영에 도움이 되는 능력이나 기능, 또는 그런 능력을 '가진 자'와 '안 가진 자'가 계급적으로 구별되기 시작했다. 그 결과, 이런 문명(사회) 질서체제에서 유리한 입지에 서있는 사람들이 정해놓은 기준에 따라서, 어떤 이는 고귀한 군자가 되고, 어떤 이는 천한 소인으로 분류된다. 말하자면, 각자 자기에게 제일 소중한 생명의 가치가 자기 밖, 즉 외물外物에 의해 정해진 척도에 따라서 자기 생명의 존엄성이 상대화되고, 급기야 자기 삶에 합당한 자율적 자유가 억압되면서 그 삶이 왜곡되고 소외된다고 보고 있다. 따라서 장자는 이런 근원적인 가치 전도, 또는 왜곡을 고발하기 위하여, 각양각색의 사물(생명체)를 그 생명체 밖에 있는 외재적 기준에 따라서 평가를 할 수 없다고 말한다. 바꿔 말하자면, 모든 인식이란, 인식하는 주체에 상관적이라는 것이다. 무엇이 '크다/작다', '좋다/나쁘다.'라는 사실이나 가치판단은 모두 인식 주체의 삶의 크기에 상관적이라는 것이다. 인식 주체의 삶의 크기나 그 특성을 떠나서 별도로 독립적으로 존재하는 보편타당한 절대인식은 있을 수 없다고 장자는 말한다.

3.1) 모든 주의 주장들은 결코 보편타당하지 않으며, 자기 상대적이다: 수많은 구멍에서 나온 다른 소리들은 바람과 구멍 크기에 상관적일 뿐이다

남곽자기南郭子綦41)가 책상에 기대어 앉아 하늘을 쳐다보고 숨을 내쉬니, 멍청한 것이 마치 자기 짝을 잃어버린 듯했다.

[南郭子綦, 隱机而坐. 仰天而噓, 嗒焉似喪其耦.]

안성자유顔成子游가42) 앞에 서서 시중들면서 말하였다.

"어찌 되신 일입니까? 진실로 몸은 마른 나뭇가지와 같게, 그리고 마음은 죽은 재처럼 하실 수 있는 것입니까? 지금 책상에 기대신 분은 조금 전에 책상에 기대었던 그 분이 아닙니까?"

[顔成子游立侍乎前, 曰: "何居乎? 形固可使如槁木, 心固可使如死灰乎? 今之隱机者, 非昔之隱机者也."]

자기子綦가 말하였다.

"언偃아! 네 질문이 좋지 않느냐? 지금 내가 나 자신을 잃었으니, 자네가 그것을 아는가? 자네는 사람의 소리[인뢰人籟]는 들어 보았겠으나 땅의 소리[지뢰地籟]는 아직 못 들어 보았을 것이고, 자네가 땅 소리를 들어보았으나 자연의 소리[천뢰天籟]는 아직 못 들어 보았을 것이로다!"

[子綦曰: "偃! 不亦善乎, 而問之也! 今者吾喪我, 汝知之乎? 汝聞人籟, 而未聞地籟. 汝聞地籟, 而未聞天籟夫!"]

자유가 말하였다.

"무슨 말씀이십니까?"

---

41) 남곽자기南郭子綦는 초楚 장왕莊王의 이복동생이며 자字는 자기子綦이다. 도성의 남쪽에 살았기에 남곽南郭을 호로 하였다. 곽경번郭慶藩, 上同, 43頁 참조.

42) 안성자유顔成子游는 자기子綦의 제자이다. 성은 안顔, 명은 언偃, 자유子游는 자字다.

자기가 말하였다.

"대지가 기氣를 토해낸 것을 바람이라 한다. 불지 않으면 그만이다. [한번] 불면 수많은 구멍에서 성난 소리들이 나온다. 자네는 홀로 '쉬쉬' 하고 부는 그 긴 바람소리를 들어 보지 못했는가? 높은 산 숲 속에 백여 아름이나 되는 거목의 깊은 구멍들, 마치 코, 입, 귀, 물병, 술잔, 절구통, 소沼나 웅덩이 같기도 한 구멍들에서, 마치 급한 물소리, 화살 날아가는 소리, 질책하는 소리, 숨 쉬는 소리, 울부짖는 소리, 곡하는 소리, 신음하는 소리, 애처로운 소리들이 흘러나온다. 앞에서 '우' 하면, 뒤에서 '위' 하고 따라한다. 작은 바람에는 작게 화음하고 강풍에는 크게 화답한다. 센 바람이 그치면 모든 구멍들도 소리를 죽인다. 자네는 [맞는 소리에] 바르르 떠는 나뭇가지를 보지 못했는가?"

[子游曰: "敢問其方." 子綦曰: "夫大塊噫氣, 其名爲風. 是惟無作. 作則萬竅怒呺. 而獨不聞之翏翏乎? 山林之畏佳, 大木百圍之竅穴, 似鼻, 似口, 似耳, 似枅, 似圈, 似臼, 似洼者, 似汚者. 激者, 謞者, 叱者, 吸者, 叫者, 譹者, 宎者, 咬者. 前者唱于, 而隨者唱喁. 泠風則小和, 飄風則大和. 厲風濟, 則衆竅爲虛. 而獨不見之調調之刁刁乎?"]

자유가 말하였다.

"땅의 소리란 여러 구멍들일 뿐이며, 사람소리란 악기들뿐일 것입니다. '자연소리'란 무엇입니까?"

[子游曰: "地籟, 則衆竅是已. 人籟, 則此竹是已. 敢問天籟."]

자기가 말하였다.

"바람이 불어 [거기서 나온] 천천만만의 (서로) 다른 소리들은 [구멍들이] 자기 스스로 그렇게 하여, 모두 스스로 취한 소리다. [그러니] 소리를 낸 자가 누구이겠는가!"(「제물론齊物論」, 2:1)

　　[子綦曰:"夫吹萬不同, 而使其自己也, 咸其自取. 怒者, 其誰邪?"]

3.2) 모든 인식은 인식하는 주체의 삶의 크기에 상관적이다

3.2.1) 작은 존재의 지식[小知]은 큰 존재의 지식[大知]에 못 미친다

북쪽에 깊은 바다가 있었다. 그곳에 사는 물고기의 이름은 곤鯤이라고 하였다. 그 고기는 어마어마하게 커서 아무도 그것이 몇 천리가 되는지를 몰랐다. 그것이 붕鵬이라는 새로 변하였다.

　　[北冥有魚, 其名爲鯤. 鯤之大, 不知其幾千里也. 化而爲鳥, 其名爲鵬.]

아무도 이 붕새의 등이 몇 천리나 되는지를 몰랐다. 그 새가 힘을 다해 날아오르면 그 날개는 하늘에서 내려온 구름 같았다. 이 새는 바다에 큰 태풍이 일어나야 비로소 남쪽의 깊은 바다로 날아갈 수 있었다. 남쪽 바다는 천지天池이다.

　　[鵬之背, 不知其幾千里也. 怒而飛, 其翼若垂天之雲. 是鳥也, 海運, 則將徙於南冥. 南冥者, 天池也.]

『제해齊諧』[43)]에는 괴상한 일들이 기록되어 있다. 『제해』에 이렇게 기록되어 있다. "붕이 남쪽바다로 움직여 가면, 파도가 3천 리里나 튄

---

43) 『제해齊諧』는 〈제齊나라의 유머[諧謔] 모음집〉으로 번역될 수 있는 책명이다.

다. 소용돌이를 일으키면서 위로 9만 리를 올라가서 여섯 달을 가서는
멈춘다."

[『齊諧』者, 志怪者也. 諧之言, 曰, "鵬之徙於南冥也, 水擊三千里,
搏扶搖而上者九萬里. 去以六月息者也."]

[그러나 미세한] 아지랑이는 먼지다. 생물이 숨 쉬는 대로 이리 불리고
저리 불린다. 푸릇푸릇한 하늘이 진짜 그런 색깔일가? 아마도 [아득히]
멀고 끝 간 곳이 없어서 그렇게 [보이는 것은] 아닐까? 거기서 아래를 내
려다보면 또한 이와 같을 뿐이리라! (「소요유逍遙遊」, 1.1)

[野馬也, 塵埃也, 生物之以息相吹也. 天之蒼蒼, 其正色邪? 其遠而
無所至極邪? 其視下也, 亦若是則已矣.]

물의 깊이가 두텁지 않으면 큰 배를 띄울 힘이 없다. 술잔의 물을 오
목한 곳에 부으면 풀잎이 배가 된다. 잔을 놓으면 땅에 닿을 뿐이다.
물은 옅고 배가 큰 것이다.

[且夫水之積也不厚, 則負大舟也無力. 覆杯水於坳堂之上, 則芥爲之
舟. 置杯焉則膠. 水淺而舟大也.]

바람의 부피가 크지 않으면 큰 날개를 감내할 힘이 없다. 따라서 9만
리를 가자면 그렇게 큰 바람이 밑에 있어야 하는 것이다. 그 뒤에 비로
소 바람을 타는 것이다. 등에 푸른 하늘을 지고 날면 방해할 아무 것도
없으니 그런 뒤에 비로소 남쪽으로 가는 것이다.

[風之積也, 不厚; 則其負大翼, 也無力. 故九萬里, 則風斯在下矣. 而
後乃今培風背負靑天, 而莫之夭閼者, 而後乃今將圖南.]

[그러나 조그만] 매미와 콩새가 이것을 비웃었다. "우리가 힘을 다해서 날면 느릅나무 가지까지 갈 수 있다. 때로는 그곳에 이르지 못하고 땅에 앉을 뿐이로다! 어떻게 9만 리 남쪽으로 날아갈 수 있겠는가?"

　　[鳥與學鳩, 笑之曰, "我決起, 而飛搶楡榜. 時則不至, 而控於地而已矣. 奚以之九萬里而南爲?"]

푸른 들판에 놀러가는 사람은 세끼 밥을 먹고 돌아와도 배가 아직 부르다. 백리를 가는 사람은 (양식을) 밤을 새워 절구질을 해야 한다. 천리를 가는 사람은 삼 개월 동안 양식을 모아야 한다. 이 두 작은 벌레들이 또한 무엇을 알겠는가! (「소요유逍遙遊」, 1:2)

　　[適莽蒼者, 三湌而反, 腹猶果然. 適百里者, 宿舂糧. 適千里者, 三月聚糧. 之二蟲, 又何知?]

작은 자의 지식[小知]은 큰 자의 지식[大知]을, 짧게 사는 존재[小年]는 오래 사는 존재[大年]를 이해하지 못한다. 어떻게 그렇다는 것을 알 수 있는가?

　　[小知不及大知, 小年不及大年. 奚以知其然也?]

[하루만 살다가는] 버섯[朝菌]은 [한 달 중의] 그믐과 초하루를 모르고, [여름만 살다가는] 매미는 봄과 가을을 모른다. 이들은 짧게 사는 존재들이다.

　　[朝菌不知晦朔, 蟪蛄不知春秋. 此小年也.]

초楚의 남쪽에 있는 명령冥靈나무는 500년을 봄으로 500년을 가을로 삼는다. 상고上古에 있었던 대춘大椿나무는 8천 년을 봄으로 8천 년을 가을로 삼는다.

> [楚之南, 有冥靈者. 以五百歲爲春, 五百歲爲秋. 上古有大椿者. 以八千歲爲春, 八千歲爲秋.]

팽조彭祖[44]는 요즈음 장수한 것으로 특히 유명하여 많은 사람들이 그와 같아지고자 하니, 또한 슬프지 아니한가! (「소요유逍遙遊」, 1:3)

> [而彭祖乃今以久特聞. 衆人匹之. 不亦悲乎!]

3.2.2) '크다/작다', '많다/적다'와 같은 인식주체 상관적 인식론

가을비가 제때에 오니 수백의 개울물이 황하로 흘러 들어갔다. 흘러 지나가는 물이 대단하여, 강의 양안과 사구沙丘들 사이가 아득하게 멀어서 마소를 분간할 수 없었다.

> [秋水時至, 百川灌河. 涇流之大. 兩涘渚崖之間, 不辯牛馬.]

이때에 하백河伯(황하黃河의 의인화)이 흔쾌히 절로 기뻐하며 천하의 미美가 다 자기에게 있다고 생각하였다. 그가 물결을 타고 동쪽으로 가서 북해北海[즉 발해渤海]에 이르러서 동쪽을 향하여 바라보니 물의 끝이 보이지 않았다.

> [於是焉, 河伯欣然自喜, 以天下之美爲盡在己. 順流而東行, 至於北海. 東面而視, 不見水端.]

---

44) 팽조彭祖는 800년을 살았다고 하는 중국 고대의 전설적 인물.

이에 하백은 비로소 그의 눈길을 돌려서 망연히 북해약北海若[발해의 의인화]을 쳐다보고는 탄식하며 말하였다. "속담에 도를 백 번 들어도 자기만 못하다고 생각한다."라는 말이 있는데, 저를 두고 한 말입니다.

[於是焉, 河伯始旋其面目, 望洋向若而歎曰: "野語有之, 曰: '聞道百, 以爲莫己若者.' 我之謂也.']

제가 일찍이 (어떤 이가) 중니仲尼(공자의 이름)의 가르침을 대수롭지 않게 보고 백이伯夷의 절개[義]를 가벼이 본다고 들은 적이 있으나, 그때 저는 믿지 못했습니다.

[且夫我嘗聞: '少仲尼之聞, 而輕伯夷之義者,' 始吾弗信.]

지금 저는 선생님의 끝없음을 보았으니, 제가 선생님의 문전에 오지 않았다면 아마도 우습게 되었을 것입니다. 대도大道를 터득하신 분들에게 오랫동안 웃음거리가 되었을 것입니다!"(「추수秋水」, 17:1)

[今我睹子之難窮也. 吾非至於子之門, 則殆矣! 吾長見笑於大方之家!"]

북해약이 말하였다.

"우물 안의 개구리에게 바다를 말해 주지 못하는 것은 그가 사는 장소에 매여 있기 때문이고, 여름벌레에게 어름[氷]을 말해줄 수 없는 것은 그가 사는 시간에 매어 있기 때문이고, [하나의 입장만] 고집하는 지식인[曲士]에게 도를 말해줄 수 없는 것은, 그가 교리에 매여 있기 때문이네.

[北海若曰: "井䲓, 不可以語於海者, 拘於虛也. 夏蟲, 不可以語於氷者, 篤於時也. 曲士, 不可以語於道者, 束於敎也.]

오늘 자네는 [좁은] 강안을 벗어나 큰 바다를 보고 자네의 누추함을 알았으니 자네에게 큰 이치를 말해줄 수 있겠네!

[今爾出於崖涘, 觀於大海, 乃知爾醜. 爾將可與語大理矣!]

천하의 물 가운데 바다보다 큰 것은 없네. 수만數萬의 강물들이 모여 드니, 언제 물 흐름이 그쳐서 차지 못하게 될 줄 모르며, 미려尾閭[45]로 [줄곧] 물이 빠져 나가니 언제 물 빠짐이 멈추어 텅 비게 되지 않으리라 는 것도 알 수가 없네.

[天下之水, 莫大於海. 萬川歸之, 不知 '何時止, 而不盈.' 尾閭泄之, 不知 '何時已, 而不虛.']

봄이나 가을이나 변하지 않으니 홍수와 가뭄을 모르네. 이 점에서 바다는 강물보다 헤아릴 수 없이 큰 것이네. 그러나 나는 이것으로 내 자신이 크다고 생각해본 적이 없네.

[春秋不變, 水旱不知. 此其過江河之流, 不可爲量數. 而吾未嘗以此自多也.]

천지로부터 음양의 기운을 받아서 생겨난 것으로 스스로를 생각해보니, 내가 우주 안에 있다는 것은, 작은 돌이나 작은 나무가 큰 산에 있는 것과 비슷하여 바야흐로 적은 양으로 보이는데, 또 어떻게 스스로 많은 양이라고 생각할 수 있겠는가!

[自以比形於天地, 而受氣於陰陽. 吾在於天地之間, 猶小石小木之在

---

45) 미려尾閭는 바다물의 꼬리 부분에 있으면서 그 물을 배설하는 상징적 장소로, 벽해碧海의 동쪽에 있다고 함. 郭慶藩, 上同, 565쪽 참조.

大山也. 方存乎見少. 又奚以自多?]

우주 안에 사해四海가 있다는 것은 큰 연못 안의 물병만한 빈틈[공간]
과 비슷하다고 생각할 수 있지 않을까? 사해 안에 중국中國이라는 나라
는 큰 창고 안의 낱알 같다고 생각할 수 있지 않을까?

[計四海之在天地之間也, 不似礨空之在大澤乎? 計中國之在海內, 不
似稊米之在太倉乎?]

모든 것을 만물萬物이라 부른다면, 사람은 그 중에 하나인 것이네. 사
람들이 세상[九州]에 산다고 해도, 곡식들이 자라고 배와 수레가 다니는
곳 중 한 곳에 사람이 사는 것이네. 그것을 [대우주속의] 만물에 대비해
보면 터럭 끝이 말의 몸[馬體]에 있다는 것과 같지 않을까?

[號物之數謂之萬. 人處一焉. 人卒九州, 穀食之所生, 舟車之所通, 人
處一焉. 此其比萬物也, 不似豪末之在於馬體乎?]

오제五帝들이 이어져온 [선양禪讓] 제도나, 삼대[하, 은, 주]의 왕들이 다
투어온 바이나, [유가의] 도덕군자[仁人]의 근심이나 [묵가의] 협객들이 애
쓰는 바는, 다 이런 것들인 셈이네.

[五帝之所連, 三王之所爭, 仁人之所憂, 任士之所勞, 盡此矣.]

백이는 사양하여 유명하고, 공자는 설교함으로써 박식하다 하니, 이
들은 다 (자기) 스스로를 크다고 여기는 것이네! [이것은] 자네가 조금 전
에 강물[水] 가운데서 자기가 크다고 자만했던 것과 비슷하지 않은
가?"(「추수秋水」, 17:2)

[伯夷辭之, 以爲名. 仲尼語之, 以爲博. 此其自多也! 不似爾向之自多
於水乎?"]

3.3) 무한한 변화 속에서의 상관적 인식론

3.3.1) '이것'과 '저것'의 상관적 관계

어느 존재이건 '그것'[彼]이 아닌 것이 없고, '이것'[是]이 아닌 것도
없다. 그러나 자기가 타인에게는 [저것]이라는 것을 모르고, 자기는 자
기에게만 [이것]이라는 것을 안다. 따라서 '저것'은 '이것'에서 나온
것이고, '이것'은 '저것'에 말미암은 것이다.」

> [物無非彼, 物無非是. 自彼則不見, 自知則知之. 故曰:「彼出於是,
> 是亦因彼.」]

'이것'과 '저것'은 (상관적으로) 생겨남을 말한다. 하지만, 막 '생겨
남'[生]은 막 죽음으로, 막 죽음은 막 생명으로 변한다. 가능은 막 불가
능으로, 불가능은 막 가능으로 변한다.

> [彼是, 方生之說也. 雖然, 方生, 方死; 方死, 方生. 方可, 方不可; 方
> 不可, 方可.]

시是(옳음)는 비非(그름)에서 말미암고, '비'는 '시'에서 말미암는다.
따라서 성인聖人은 ['시'나 '비'를 모순대립으로 보아 그 중 하나만을] 따르지
않고 그것을 자연[천天의 흐름]에 비추어 보니, [각각 그 자체로는] '이것'일
뿐이다.

> [因是因非, 因非因是. 是以, 聖人不由, 而照之於天, 亦因是也.]

(따라서) '이것' 또한 '저것'이고, '저것' 또한 '이것'이다. 저것 또한 자기에게 하나의 시비是非가 있고, 이것 또한 자기에게 하나의 '시비'가 있다. 과연 이것과 저것[의 구별]은 있는가? 과연 저것과 이것[의 구별]은 없는가? (「제물론齊物論」, 2:6)

> [是亦彼也. 彼亦是也. 彼, 亦一是非. 此, 亦一是非. 果且有彼是乎哉? 果且無彼是乎哉?]

3.3.2) '유有'[있음]와 '무無'[없음]의 상대적 의미:
― 만물은 언제나 변화하기 때문에 '유'와 '무' 또한
객관적 존재가 아니다

(만물은 언제나 변화하기 때문에) 한번 시험 삼아 말을 해보자! '시작'[始]이 있으면, (그것보다 먼저), '그 시작이 아직 있기 전의 것'[未始有始者]이 있다. (또 그보다 앞서) 〈그 시작이 '아직 있기 전의 것' 조차도 아직 시작하지 않은 것〉[未始有 '夫未始有始' 者]이 있다.

> [請嘗言之! 有 '始'也者. 有 '未始有〈始〉'也者. 有 '未始有〈夫未始有始〉'也者.]

'유'[有]가 있으면, 이것이 있기 전의 존재[즉 '무無']가 있다. 또 이 '무' 앞에는 이 〈'무'가 존재하지 않았던 시각의 존재〉[未始有 '無'也者]가 있다. (또 그 앞에는) 이 〈무가 아직 존재하지 않았던 시각의 존재' 자체도 아예 존재하지 않았던 시각의 존재〉[未始有 '夫未始有無'也者]가 있다고 하겠다.

> [有 '有'也者. 有 '無'也者. 有 '未始有〈無〉'也者. 有 '未始有〈夫未始有無〉'也者.]

(이런 식으로 말하니) 갑자기 '유有' [있음]도 '무無' [없음]도 존재하게 되었다. 이런 '유'와 '무'의 경우, 과연 어느 것이 '유'인가, 어느 것이 '무'인가를 [나, 즉 장자]는 모르겠다.

[俄而 '有'·'無' 矣. 而未知: '有'·'無'之果孰 '有' 孰 '無' 也?]

지금 나는 이것을 이미 '말'['위謂']로 표현하였다! 그러나 내가 말한 바가 과연 '유' [있음]를 말한 것인가? '무' [없음]를 말한 것인가를 모르겠다. (이와 같이 우주의 무궁한 유동과 변화 속에서 '유' [있음]와 '무' [없음]는 변화 자체를 떠나서 각각 자립적、객관적으로 존재할 수 없기 때문에) "세상에는 터럭 끝보다 더 큰 것이 없으나, 태산泰山은 작다.", "어려서 죽은 아이보다 더 오래 사는 존재는 없으나, 팽조彭祖는 단명한 셈이다." 등의 말을 할 수 있다.

[今我則已有 '謂' 矣! 而未知: 吾所謂之其果 '有謂' 乎, 其果 '無謂' 乎? 天下莫大於秋毫之末, 而太山爲小. 莫壽乎殤子, 而彭祖爲夭.]

천지자연은 '나' (즉 주체의 인식)와 함께 [변화해] 가는 것이며, 모든 존재[萬物]는 '나' (주체의 인식)와 더불어 '하나'가 된다. 일단 이미 '하나'가 되었다면, '언어'가 또한 있을 수 있다!

[天地, 與我並生; 而萬物, 如我爲一. 旣已爲 '一' 矣, 且得有 '言' 乎!]

이미 '하나'를 언어로 표현했다면, 어떻게 언어가 없을 수 있는가? '하나'와 '언어'가 둘이 되고, 둘과 하나가 셋이 되었다. 이런 식으로 추론해 가면 신묘한 역산가曆算家도 계산할 수 없거늘 하물며 평범한 사람은 말할 필요도 없도다!

[旣已謂之一矣, 且得無言乎? 一與言, 爲二. 二與一爲三. 自此以往,
巧歷不能得. 而況其凡乎!]

진실로 '무'[없음]에서 '유'[있음]로 추론해 가면서 '셋'에 이르렀다.
하물며 '유'에서 '유'로 나간다면, (그 결과는 어떻겠는가)! 더 이상 나아
가지 말자! 만물은 이것(즉, 무궁한 변화·유동)에 말미암을 뿐이다! (「제물
론齊物論」, 2:9)

[故46) 自 '無' 適 '有', 以至於 '三'. 而況, 自'有' 適 '有' 乎! 無
適焉! 因是已!]

3.4) 인간의 인식은 절대적일 수 없다:
— 인식에 있어서 '인간중심(독단)주의'의 부정

사람은 습한 데서 자면 허리 병에 걸려 반신불수가 된다. 미꾸라지도
또한 이러한가? 사람은 나무 위에 올라가면 떨어질까 무서워 벌벌 떤
다. 원숭이도 또한 이러한가? 이 셋 중에서 어느 것이 올바른 거처를
아는 것인가?

[民溼寢, 則腰疾偏死. 鰍然乎哉? 木處, 則惴慄恂懼. 猨猴然乎哉?
三者, 孰知正處?]

사람은 소나 돼지를 먹고, 사슴은 풀을 먹고, 지네는 뱀의 골[蛇腦]을,

---

46) 여기서 故는 固(진실로)의 뜻으로 통함.

솔개와 '갈 가마귀'는 쥐를 맛있게 먹는다. 이 넷 중에서 어느 것이 올바른 맛을 아는가?

[民食芻豢. 麋鹿食薦. 蝍且甘帶. 鴟鴉嗜鼠. 四者, 孰知正味?]

편저猵狙 원숭이는 암놈 원숭이와 짝하고, 고라니는 암사슴과 짝하고, 미꾸라지는 물고기와 더불어 논다. 모장毛嬙·여희麗姬(전국시대의 미인)는 사람들이 좋아하지만, 물고기가 보고는 물속 깊이 숨고, 새가 보고는 높이 달아나고, 사슴이 보고는 마구 도망친다. 이 넷 중에 무엇이 진정한 미모를 아는가?

[猨猵狙以爲雌. 麋與鹿交. 鰌與魚游. 毛嬙·麗姬, 人之所美也. 魚見之深入. 鳥見之高飛. 麋鹿見之決驟. 四者, 孰知天下之正色哉?]

나의 관점에서 보자면, (유가에서 주장하는) 인의仁義의 단서나 '옳고 그름'(을 판단하는) 방도는 잡다하게 뒤얽혀 어지러운 것이다. 내가 어찌 그것들을 분별해낼 수 있겠는가?"(「제물론齊物論」, 2:12)

[自我觀之, 仁義之端, 是非之途, 樊然殽亂. 吾惡能知其辯?]

3.5) 객관적으로 타당한 절대적 인식(판단)의 부정

구작자瞿鵲子(공자의 제자)가 장오자長梧子에게 물었다.

"제가 공자 선생님에게서 들은 일이 있습니다. 성인은 세상일에 종사하지도, 이득을 추구하지도, 해로움을 피하지도, 무엇인가를 즐겨 추구하지도, 도를 해치지지도 않는다.[47]

[瞿鵲子問乎長梧子, 曰: "吾聞諸夫子. '聖人: 不從事於務, 不就利,
不違害, 不喜求, 不緣道.]

[그런 성인은] 말씀을 안 했어도 한 것이며, 했어도 안 한 것이니; 이
티끌먼지[속세] 밖에서 노닌다고 합니다. 공자께서는 [이를] 황당한 얘기
로 치부하셨으나, 저는 묘도妙道로 통한다고 봅니다. 선생님께서는 어
떻게 생각하십니까?"

[無謂有謂, 有謂無謂; 而遊乎塵垢之外! 夫子以爲孟浪之言, 而我以
爲妙道之行也. 吾子以爲奚若?"]

장오자가 대답하였다.

"이는 황제黃帝48)가 들었어도 어리둥절했을 것이네. 공자가 어떻게
이해할 수 있겠는가? 자네 또한 [묘도를] 너무나 빨리 찾고 있네. 계란을
보고 때 알리는 수탉을, 총알을 보고 구운 새고기를 찾는 격이네.

[長梧子曰: "是黃帝之所聽熒也. 而丘也何足以知之? 且汝亦太早計.
見卵而求時夜. 見彈而求鴞炙. 吾嘗爲女妄言之.]

나는 자네를 위해 한 번 망령된 얘기를 해보겠으니, 자네도 망령된
것으로 들어 두는 것이 어떻겠는가?

[성인은] 해와 달을 옆에 차고, 우주를 팔 옆에 끼고서, 이들과 함께

---

47) 이 구절 〈不緣道〉의 〈연緣〉의 의미를 曹礎基는 〈폐廢〉(폐기하다), 즉 〈연捐〉(버리
　　다)의 뜻으로 보고 있다. 〈緣道〉는 곧 〈害道〉(도를 해친다)의 뜻이라는 것이다. 曹
　　礎基, 『莊子淺注』北京: 中華書局, 1982, 37쪽 참조.
48) 황제黃帝는 중국 고대의 전설적인 인물로 오제五帝: 복희伏羲(즉 태호太皞), 신농神
　　農(즉 염제炎帝), 황제黃帝, 요堯와 순舜 중의 하나이다.

어울리며, (세속의) 혼란을 방임하며 [세속에서 천한] 종놈을 귀인으로 본
다네.

   [女以妄聽之, 奚? 旁日月, 挾宇宙, 爲其脗合, 置其滑涽, 以隷相尊.]

   (속세의) 사람들은 분주하지만, 성인들은 우둔하여 만년의 도리를 뒤
섞어서 혼돈을 이룬다네.49) 만사만물은 모두 다 이러하니, 이 [우주의
혼돈으로] 서로를 감싸 나가는 것이라네.

   [衆人役役, 聖人愚芚. 參萬歲而一成純! 萬物盡然. 而以是相蘊.]

   삶을 좋아하는 것이 착각이 아님을 내가 어찌 알겠는가? 죽음을 싫어
하는 것이 마치 어려서 집을 잃은 아이가 제집으로 돌아갈 줄 모르는
것임을 내 어찌 알겠는가?

   [子惡乎知: '說生之非惑邪?' 子惡乎知: '惡死之非弱喪而不知歸者
   邪?']

   여희麗姬는 애艾땅 경계지기의 딸이었네. 진晉나라 [군인들이] 처음 그
를 얻었을 때, 그녀는 눈물 콧물로 옷깃을 적셨네. 그녀가 임금의 처소
에 이르러, 임금과 침대를 함께 하며 좋은 음식을 먹고 난 뒤에는, 자기
가 [처음에] 울었던 것을 후회하였네.

   [麗之姬, 艾封人之子也. 晉國之始得之也, 涕泣沾襟. 及其至於王所,
   與王同筐牀, 食芻豢, 而後悔其泣也.]

---

49) 이 구절 〈參萬歲而一成純〉에서 〈萬歲〉는 만세의 도리로; 〈純〉은 『老子』의 "愚人
   之心也, 沌沌兮"의 "돈沌"의 뜻임. 曹礎基, 같은 책, 38쪽 참조.

　죽고 난 사람이 그가 당초에 [살아서] 살기를 바랐던 것을 후회하지 않는다는 것을 내가 어찌 알겠는가?
　　[予惡乎知夫死者, 不悔: 其始之蘄生乎?]

　[간밤] 꿈에 술 마신 사람이 낮에는 곡을 하며 우네. [간밤] 꿈에 곡을 하며 운 사람이 낮에 [아주 쾌활하게] 사냥놀이를 하네.
　　[夢飮酒者, 旦而哭泣. 夢哭泣者, 旦而田獵.]

　막 꿈을 꾸고 있을 때는 꿈을 꾸고 있는 줄을 모르네. 꿈속에서도 또 꿈꾸는가 하고 점쳐 볼 수도 있네. 깨어난 뒤에야 그것이 꿈이었음을 아는 것이네. 또한 크게 깬 다음에야 이것이 긴 꿈이었음을 알게 된다네.
　　[方其夢也, 不知其夢也. 夢之中, 又占其夢焉. 覺而後, 知其夢也. 且有大覺而後, 知此其大夢也.]

　어리석은 이는 스스로 깨어 있다고 생각하여 속으로 그렇게 알고 있는 것이리라! [나는 고귀한] "주인이다! [너는 천한] 양치기다!"하니 정말 딱한 노릇이네!50)
　　[而愚者自以爲覺, 竊竊然知之. "君乎! 牧乎!" 固哉!]

　공자도 자네[瞿鵲子]도 또한 모두 꿈[속의 얘기]이네. 내가 자네에게 (지

----

50) 이 구절 〈固哉!〉의 固는, 곽상郭象의 주석에 따르면, 고루固陋함의 뜻이다. "어리석은 이들은 긴 꿈을 꾸면서 스스로 깨어있는 것으로 여기기 때문에, 마음속으로 좋아하는 것이 임금 되는 것이요, 싫어하는 것이 양치기인 것이다. 한 학파[一家]의 편견을 흔쾌히 믿는 것이니, 고루하다고 할 것이다."(夫愚者大夢而自以爲寤, 故竊竊然以所好爲君上而所惡爲牧圉, 欣然信一家之偏見, 可謂固陋矣!), 郭慶藩, 上同, 105쪽 참조.

금) 꿈 얘기를 하는 것도 또한 꿈이네. 이런 [나의] 얘기를 저들[어리석은 속인들]은 '아주 황당하다'고 말하네.

[丘也與汝, 皆夢也. 予謂汝夢, 亦夢也. 是其言也, 其名爲弔詭.]

(그러나) 만년 뒤에 [크게 깨달은] 대성인이 한번 나타나서 이 뜻을 이해한다면, 이것을 (그는 하루 사이의) 아침과 저녁처럼 (당연한 이치로) 대할 것이네. (「제물론齊物論」, 2:14)

[萬世之後, 而一遇大聖, 知其解者, 是旦暮遇之也.]

3.6) 인식 주체를 떠난 객관적 인식(판단)의 부정과 그 지양: ― 사물 각각의 관점에 따른 '시비' 논변의 상관적 평등성과 '시비'를 잊어버린 화합의 자연세계 ―

(이제) 나와 (나 밖의) 그대가 변론을 한다고 가정해 보세! 그대가 나를 이겼다면 나는 그대를 이기지 못한 것이니, 과연 그대가 옳고 나는 틀리는 것인가? 내가 (나 밖의) 그대를 이겼다면 그대가 나를 이기지 못한 것이니, 과연 내가 옳고 그대가 틀린 것인가?

[旣使我與若, 辯矣! 若勝我, 我不若勝. 若果是也, 我果非也邪? 我勝若, 若不吾勝. 我果是也, 而果非也邪?]

어느 쪽이 옳고 어느 쪽이 틀린 것인가? 다 함께 옳은 것이고 다 함께 틀린 것인가? 나와 (나 밖의) 그대는 (서로 각각 인식주체가 다르기 때문에) 서로 알 수 없다면 다른 사람들도 반드시 모를 수밖에 없네.

[其或是也, 其或非也邪? 其俱是也, 其俱非也邪? 我與若不能相知也,

則人固受黮闇.]

(그러면) 나는 (나 밖의) 누구로 하여금 올바른 판단을 내리게 할 것인
가? (관점이) 그대와 같은 사람이 바른 판단을 한다고 보면, 이미 그대와
같을 것이네. (그가) 어찌 바른 판단을 한다고 할 수 있겠는가?

[吾誰使正之? 使同乎若者, 正之; 旣與若, 同矣. 惡能正之?]

나와 같은 사람이 바른 판단을 한다고 보면, 이미 나와 같을 것이네.
(그가) 어찌 바른 판단을 한다고 할 수가 있겠는가?

[使同乎我者, 正之; 旣同乎我矣. 惡能正之?]

나와도 그대와도 다른 (관점의) 사람이 바른 판단을 한다고 보면, 이미
나와도 그대와도 다를 것이네. (그가) 어찌 바른 판단을 한다고 할 수 있
겠는가?

[使異乎我與若者, 正之; 旣異乎我與若矣. 惡能正之?]

나와 그대와 같은 (관점의) 사람이 바른 판단을 한다고 본다면, 이미
나와 그대와 같을 것이네. (그가) 어찌 바른 판단을 한다고 할 수 있겠는
가? 그러니 나나 그대나 다른 사람들이나 모두 (각각 인식 주체가 다르기
때문에 서로) 알 수가 없는 것이네. 그러니 [또 다른] 그 무엇을 기다려야
하겠는가?"

[使同乎我與若者, 正之; 旣同乎我與若矣. 惡能正之? 然則, 我與若
與人, 俱不能相知也. 而待彼也邪?"]

[구작자가 물었다.]

"자연의 분수[天倪]⁵¹⁾에 따라 [모든 것을] 화합시킨다는 것은 무엇을 말하는 것입니까?"

["何謂: '和之以天倪'?"]

[장오자가] 말하였다.

"[그런 화합은] '옳지 않은 것'[不是]도 '옳은 것'[是]으로; '그렇지 않은 것'[不然]도 '그러한 것'[然]으로 보는 것이네. [왜냐하면 어느 한 인식 주체의 입장에서 보자면 그에게] '옳은 것'이 '옳은 것'이기에 [모든 인식은 결국 각각 그 인식주체의 관점에 매여 있기 때문에] 〈'옳은 것'과 '옳지 않은 것'의 다름〉조차도 [나는] 또한 변별할 수 없는 것(이기 때문)이네.

[曰: "是, 不是; 然, 不然. 是, 若果是也; 則「'是'之異乎 '不是'」, 也亦無辯.]

[어느 한 존재(인식 주체)에게] '그러한 것'이 '그러한 것'(일 수밖에 없기) 에 〈'그러한 것'과 '그렇지 않은 것'의 다름〉조차도 [나는] 또한 변별할 수 없다네.

[然, 若果然也; 則「'然之異乎不然'」, 也亦無辯.]

[철학자들의] 시비논변[化聲]⁵²⁾들은 서로 대립되지만 [각각 자기 관점에서 는 옳은 것이므로 '도'의 높은 차원에서 본다면] 대립될 수 없는 것과 같네. 자

---

51) 곽상郭象의 주석에 의하면, 천예天倪는 〈자연의 분수〉(天倪者, 自然之分也.)를 말 함. 郭慶藩, 上同, 109쪽 참조.
52) 곽상郭象의 주석에 의하면, '化聲'은 是非의 논변[夫是非之辯爲化聲]으로 풀이하였 다. 郭慶藩, 위와 같은 곳 참조.

연의 분수[天倪]에 따라 화합하여 [그들 각각에게] 그대로 내맡기는 것이네.
[化聲之相待. 若其不相待. 和之以天倪. 因之以曼衍.]

(이와 같이, 만물 각각의 시비판단을 다 허용하고 나면 서로 다툴 일이 없을 것이
네. 그것이) 자기에 주어진 나이[壽命]를 다 하는 이유이네. 나이도 잊고
의리[도덕]도 잊고 무한한 경지에서 노니는 것이네. 그러므로 마음을 무
한한 경지에 두어야 하는 것이네. (「제물론齊物論」, 2:15)
[所以窮年也. 忘年忘義, 振於無竟. 故寓諸無竟."]

3.7) 장주와 나비의 꿈: 각각의 관점에서 상관적으로 보면 꿈도 현실도 하나인 것이다.

예전에 장주가 꿈에 나비가 되었었다. 훨훨 날아다니는 정말 나비였
다. 스스로 멋진 뜻을 펼쳤으나 자기가 장주임을 알지 못하였다.
[昔者, 莊周夢爲胡蝶. 栩栩然胡蝶也. 自喻適志與! 不知周也.]

갑자기 꿈에서 깨어나니 뻣뻣하게 드러누워 있는 장주였다. 장주가
꿈에서 나비가 되었던 것인지, 나비의 꿈에서 장주가 되었는지를 알 수
가 없도다!
[俄然覺, 則蘧蘧然周也. 不知: '周之夢爲胡蝶, 胡蝶之夢爲周'與!]

장주와 나비에는 반드시 분별이 있을 것이로다. [하지만, 장주와 나비의
전환] 이것은 물화物化[즉, 자연사물의 변화]라고 한다.(「제물론齊物論」, 2:17)
[周與胡蝶, 則必有分矣. 此之謂物化.]

4. 험난한 세상과 인간 중심(독단)적 소용所用의 세계를 넘어서는 '무용無用'의 자연적 생명세계

장자에 의하면, 세속의 사람들(즉, 만물, 혹은 만인)은 모두 '자기'의 이해관계에만 매몰되어 있기 때문에, 자기 집착적이다. 따라서 자기 이익만을 생각하고 자기의 관점만을 '옳다'고 여긴다. 따라서 자기와 다른 대상 사물에 대하여는 그것을 그것 나름의 생명적 가치의 관점에서 대하지 않는다. 그것 자체의 생명적 목적성은 처음부터 배제되고, 그것이 〈나, 인간〉에게 갖는 도구적 의미에 따라서 결국 '소용'과 '무소용'의 범주로만 구분될 뿐이다. 특히 인간은 인간 중심('독단')적인 입장에서 자기에게 이로운 것[利物]을 선호하여 그것을 자기소유로 만들고자 한다. 그 반대로 '무소용한 것은 하찮은 것'[비천卑賤]으로 치부하고 버려진다. 이와 같이, 세상 사람들이 모두 오직 자기 이익만을 추구하고 상대를 자기-이용 대상으로만 대하기 때문에, 이 세상은 마음 놓고 살 수 없는 "위험한 세상"이 되었다고 장자는 말한다. 이런 위험의 진정한 원인은 지독히 〈인간 중심적인 도구주의〉에서 비롯된다고 보고 있다. 따라서 장자는 '소용/무소용'의 논변을 신랄하게 비판하고 있다. 결국 장자에게는 '소용/무소용'의 이분법이 너무 인간-이기적이고 근시안적이기 때문에, 그것을 넘어서는 〈소용/무소용〉의 상관관계를 제시한다. 왜냐하면 '소용'이란 '무소용'과 분리될 수 없는 한 몸이기 때문이라는 것이다.

궁극적으로 장자는 〈소용〉에 대한 집착도 〈무소용〉에 대한 집착도 모두 경계한다. 왜냐하면 대상은 〈나〉를 위한 하나의 도구물이 아니라 그 자체 자기 나름대로 자기 존재의 의미를 갖고 있는 생생한 생명체로 보기 때문이다. 이에 〈나〉에게 대상으로 나타나는 모든 것들을 그것 나름대로 수용하며 방임할 것을 권한다. 대상 세계에 대하여 인간의 도구주의, 이기주의를 포기하고, 서로가 무심하게 교류하는, 말하자면, 근시안적인 인간의 〈나와 남(대상)의 도구적 관계를 넘어서는〉 생명적 소통을 말한다. 그것이 바로 인간세계와 자연세계가 서로 부담 없이 소통하는 '소요유逍遙遊'의 세계이다. 거기에서 인간이면 누구나 시인으로서 구름과 달과 바람과 벗으로 어울리는 〈인간 너머의 정취[無情]〉의 철학적 의미를 장자는 우리에게 알려주고 있다.

4.1) 세속 사람들의 자기중심적인 생각

세속의 사람들은 (자기중심적으로 생각하기 때문에) 모두 남이 자기와 같은 입장을 좋아하고 남이 나와 다른 입장을 싫어한다.

[世俗之人, 皆喜人之同乎己, 而惡人之異於己也.]

(사람들이) 자기와 같은 입장이면 수용하고자 하고, 자기와 다른 입장이라면 싫어하는 것은, (자기가) '대중' [衆]들 위에 군림하고자 하는 마음 때문이다.

[同於己, 而欲之; 異於己, 而不欲者, 以出乎衆爲心也.]

(그러나 누가 홀로) 대중들 위해 군림하고자 마음먹는다고 해서 어떻게

항상 대중들 위에 군림할 수 있겠는가?

  [夫以出乎衆爲心者, 曷常出乎衆哉?]

  (오히려) 대중을 따르면 (마음이) 편안한 것은, (나 홀로) '이해한 지식'
[所聞]은 대중의 많은 말씀보다 못하기 때문이다. (「재유在宥」, 11:9)

  [因衆以寧, 所聞不如衆技衆矣.53)]

4.2) 위험한 세상

  공자가 초楚나라에 갔을 때, 초나라의 미치광이 접여接輿가 공자가
(머무는 집) 문 앞을 어슬렁이며 외쳐대었다.

  "봉황54)이여, 봉황이여!

  세태는 어찌하여 이렇게 쇠하였는가!

  미래는 기대할 수 없고

  과거 [또한] 만회할 수 없도다.

  세상에 도道가 있으면

  성인은 뜻을 이루고

  세상에 도가 없으면 그는

  [자기] 삶만을 지킬 뿐이로다!

---

53) 技는 辭(말씀)의 뜻이다. 여기서 所聞(들은 지식)은 나, 한 사람이 '들은 지식'을
  말한다. 한 사람이 들은 말씀은 사람들의 많은 말씀만 못하다. 『莊子歧解』, 崔大
  華著, 河南: 中州古籍出版社, 1988, 358-359쪽 참조.
54) 봉황鳳凰은 높은 학덕을 가진 공자에 대한 비유.

바야흐로 지금은
화禍만 면하기를 바랄 뿐이다.

행운이 깃털보다 가볍기에 그것을
어디에다 나타내야 할지 모르겠고
불행은 땅덩이보다 무겁기에 그것을
어떻게 피해야 할지 모르겠다.
이젠 끝이다, 끝이다,
남을 후덕하게 대하는 일도!

험하고 험한 세상,
땅에 그어진 선線만 따라 살자꾸나!
가시 돋친 풀이여, 가시 돋친 풀이여,
나의 갈 길을 해치지 말아다오!
작은 가시여, 작은 가시여,
내 발을 찌르지 말아다오!"(「인간세人間世」, 4:15)

[孔子適楚. 楚狂接輿, 遊其門, 日: "鳳兮鳳兮, 何如德之衰也! 來世
不可待, 往世不可追也. 天下有道, 聖人成焉. 天下無道, 聖人生焉.
方今之時, 僅免刑焉. 福輕乎. 羽, 莫之知避. 禍重乎地, 莫之知避. 已
乎已乎, 臨人以德! 殆乎殆乎, 畫地而趨! 迷陽載陽, 無傷吾行! 吾行
卻曲, 無傷吾足."]

4.3) 처참한 생존경쟁

장자가 어느 날 조릉雕陵의 밤나무 농원을 거닐다가 남쪽에서 오는 이상한 새를 보게 되었다. 날개의 넓이가 일곱 자[七尺]나 되고 눈의 직경도 한 치[一寸]나 되었으나, 그 새는 장자의 이마를 치면서 밤 숲에 앉았다.

  [莊周遊乎雕陵之樊. 覩一異鵲, 自南方來者. 翼廣七尺, 目大運寸. 感周之顙, 而集於栗林.]

  장자가 말했다.

  "이것은 무슨 새일까? 날개는 커도 잘 날지 못하고, 눈은 커도 잘 보지를 못하는 구나!"

  [莊周曰: "此何鳥哉? 翼殷不逝, 目大不覩."]

  [그는] 바지 깃을 걷어잡고 조심스레 걸어가서 새총을 잡아들고 그 새를 기다렸다. [바로 그때] 매미 한 마리가 바야흐로 그늘을 즐기느라고 자기 몸을 잊고 있는 광경을 보게 되었다.

  [蹇裳躩步, 執彈而留之. 覩一蟬方得美蔭, 而忘其身.]

  이때 사마귀가 톱니를 들어내며 매미를 잡고자 하니, 그 역시 자기 몸을 잊고 있었다. [그 순간] 이상한 새가 쫓아가 그 사마귀를 잡고자 하니 그 이득에 흘려서 [새 또한] 자기의 타고난 [관찰]본능마저 망각하였다.

  [螳蜋執翳而搏之, 見得而忘其形. 異鵲從而利之, 見利而忘其眞.]

  장자가 섬뜩함을 느끼며 외쳤다.

  "아! 만물은 서로 맞물려서 두 종류가 서로 [잡아먹고자] 끌어당기는

구나!"

　[莊周怵然曰: "噫, 物固相累, 二類相召也."]

　[장자는 놀라] 새총을 버리고 되돌아갔다. 그때 밤밭 지킴이가 좇아오며 그를 욕하였다.

　[捐彈而反走, 虞人逐而誶之.]

　장자는 [집으로] 되돌아 와서 사흘 동안 마음이 좋지 않았다. 인차藺且(장자의 제자)가 좇아 와서 물었다.

　"선생님께서는 요즈음 어째서 마음이 매우 좋지 않으십니까?"

　[莊周反入, 三日不庭. 藺且從而問之: "夫子, 何爲頃間甚不庭乎?"]

　장자가 말했다.

　"나는 [사물들이 드러낸] 형체들에 마음이 사로잡혀 내 자신을 잊어버렸었네. 나는 더러운 물[즉, 속세의 사정]을 꿰뚫어 보고는 [내가 추구하는] 맑은 물[즉, 도의 추구]에 미혹된 것이었네.

　[莊周曰: "吾守形而忘身. 觀於濁水, 而迷於清淵."]

　나는 스승님이 이렇게 말씀하신 것을 들은 적이 있네. '어느 곳을 가든 그곳 풍속을 따르고 그곳의 법령을 따르라!'

　[且吾聞諸夫子, 曰: '入其俗, 從其俗.']

　지금 내가 조릉에 가서 놀다가 (남에게 드러난) 내 몸을 잊어 버렸어. 이상한 새도 나의 이마를 치면서 밤 숲에 앉아 노닐면서 (자기의 타고난 보는) 본성마저 잊어 버렸네.

　　[今吾遊於雕陵, 而忘吾身. 異鵲感吾顙, 遊於栗林而忘眞.]

　밤밭 지킴이가 나를 (또한 밤도둑으로 알고) 모욕주려는 것이었네. [만물
들은 오로지 남을 잡아먹으려는 이득에 흘려서 낚에게 드러나 자기 몸을 잊고 있기에]
나는 그래서 마음이 좋지 않다네." (「산목山木」, 20:10)

　　[栗林虞人以吾爲戮. 吾所以不庭也."]

4.4) '도'[총체적 생명력]에서 보면 만물[생명체의 모든 부분들]은 모두 같다: ― 만물은 서로의 기능이 다양하게 다를 뿐, 그 자체는 동등하다

　'도[총체적 생명원리]'에서 보면, (개별적인) 물物[즉, 생명의 각 부분들]은
귀천이 없다. (개별적인) 물의 관점에서 보면, 자기는 귀하고 다른 것은
천하다. 사회관습의 관점에서 보면, 귀천은 개체 자체에 있는 것이 아
니다.

　　[以道觀之, 物無貴賤. 以物觀之, 自貴而相賤. 以俗觀之, 貴賤不在
　　己.]

　차별의 관점에서 보아서, 어떤 존재가 다른 존재보다 크기 때문에 크
다고 한다면, 만물 중에 크지 않은 것이 없다. 어떤 존재가 다른 존재보
다 작기 때문에 작다고 한다면, 만물 중에 작지 않은 것이 없다.

　　[以差觀之, 因其所大而大之, 則萬物莫不大. 因其所小而小之, 則萬物
　　莫不小.]

천지天地가 곡식 낱알만 하다는 것을 인식하고, 한 터럭의 끝이 언덕
이나 산만한 것으로 인식하는 것은 사물들의 차이를 상대적으로 본 결
과이다.

[知 '天地之爲秭米' 也, 知 '豪末之爲丘山' 也, 則差數覩矣.]

공능[功]의 관점에서 볼 경우, (무엇이) 공능이 있음에 따라 존재한다면
모든 존재는 〈존재有〉하지 않을 수 없으며, 공능이 없음에 따라 없는
것으로 본다면 모든 존재는 〈무존재無〉가 아닌 것이 없다.

[以功觀之, 因其所有而有之, 則萬物莫不有. 因其所無而無之, 則萬
物莫不無.]

[따라서] 동쪽과 서쪽은 서로 반대이지만 서로 상대가 없을 수가 없음
을 안다면, 공능[功]의 분수는 정해진 것이다.

[知 '東西之相反, 而不可以相無', 則功分定矣.]

경향성의 관점에서 볼 경우, (무엇이) 〈그런 쪽[然, 긍정]〉으로 보아 그
렇다고 본다면, 모든 존재는 〈그러하지[긍정]〉 않은 것이 없다. 〈그렇지
않다[非, 부정]〉는 쪽으로 보아서 〈그러하지 않다〉고 한다면, 모든 존재
는 〈그렇지 아니한 것[부정]〉이 아닌 것이 없다.

[以趣觀之, 因其所然而然之, 則萬物莫不然. 因其所非而非之, 則萬
物莫不非.]

우리는 요堯(성군)와 걸桀(폭군)이 [각기] 자기를 옳다 하고 서로 비난함
을 알 수 있기에 [각각의] 경향성과 선택을 볼 수 있는 것이다. (「추수秋

水」, 17:5)
[知 堯桀之自然而相非, 則趣操覩矣.]

옛날에 요堯와 순舜은 선양하여 임금이 되었으나, 자지子之(전국시대 연
燕나라의 재상)와 쾌噲(연燕나라 임금)는 선양으로 망하였다. 탕湯왕과 무武
왕은 무력투쟁으로 제왕이 되었으나, 백공白公(초楚나라 왕자)은 무력투쟁
으로 죽었다.

[昔者, 堯·舜讓, 而帝; 之·噲讓, 而絶. 湯·武爭, 而王; 白公爭, 而滅.]

이렇게 보면, 무력투쟁과 선양의 제도나 요나 걸의 행동은 (각각) 높
이 평가받거나 폄하되는 시대(의 조건)이 있을 뿐, (어느 것도 불변하게 고정
된) 법도[常]일 수는 없다.

[由此觀之, 爭讓之禮, 堯桀之行, 貴賤有時, 未可以爲常也.]

큰 대들보는 성벽은 허물 수 있으나 작은 구멍을 틀어막을 수 없음은
[쓰임이] 다른 도구를 말하는 것이다.

[梁麗可以衝城, 而不可以窒穴, 言殊器也.]

바둑무늬의 화류驊騮[55])는 하루에 천리를 달릴 수 있으나, 쥐 잡는 데
는 족제비만 못함은 (각기) 다른 재주를 말한 것이다.

[騏驥驊騮, 一日而馳千里, 捕鼠不如狸狌, 言殊技也.]

---

55) 화류驊騮는 주周나라 목穆왕 때의 유명한 말몰이꾼 조보造父가 몰았다는 전설적인
    명마의 이름이다.

수리부엉이는 밤에 벼룩을 잡을 수 있고 터럭의 끝을 볼 수 있으나, 낮에는 눈을 크게 뜨고도 언덕이나 산을 보지 못하니, (만물의 서로) 다른 본성을 말한 것이다.

[鴟鵂夜撮蚤察豪末, 晝出瞋目, 而不見丘山, 言殊性也.]

따라서 「(유가나 묵가처럼, 자기 하나의 관점에서) 옳다는 것을 본받으면 그른 것이 없어지고, (어떤 특정 학파의) '사회 안정의 방도'[治]를 본받으면 '사회혼란'[亂]이 일어나지 않는다!」고 말할 수 있는가? 이런 (자기 독단적인) 주장은 천지자연의 이치와 만물의 실정을 아직 모르는 것이다.

[故曰: "蓋師是, 而無非; 師治, 而無亂乎!"是, 未明'天地之理, 萬物之情'者也.]

이는 마치 하늘을 본받으면 땅이 없어지고, 음陰을 본받으면 양陽이 없어진다는 것과 같으니, 통용될 수 없음이 명백하다고 하겠다! 그런데도 이런 말을 시작하면 그치지 않으니, 어리석지 않다면 속이는 것이리라!

[是, 猶師天而無地; 師陰, 而無陽. 其不可行, 明矣. 然且, 語而不舍·非愚則誣也.]

(옛날) 오제五帝 삼왕三王의 선양禪讓 방식이 다르고, 삼대三代(하, 은, 주)의 계승방법이 다르다. 시류에 맞지 않고 시속에 거슬렸으면 찬탈자요, 시류에 맞았고 시속을 따랐으면 성의의 사도로 불리는 것이다. (「추수秋水」, 17:6)

[帝王殊禪, 三代殊繼. 差其時, 逆其俗者, 謂之簒夫. 當其時, 順其俗者, 謂之義之徒.]

도道(즉 무위無爲하는 총체적 생명력)의 관점에서 만물을 똑같이 본다면, 무엇이 짧고 무엇이 긴가? '도'에는 처음도 끝도 없다. (개별적) 존재 [物]에만 삶과 죽음이 있다. [개별적] 존재는 완성된 하나의 결과에만 머무를 수 없다.

　　[萬物一齊, 孰短孰長? 道無終始. 物有死生. 不恃其成.]

한 번 비었다가는 다시 차게 되니, 자기 모습을 고정할 수 없다. 세월은 다시 올 수 없고, 시간은 정지할 수 없다! 소멸과 생성, 채움과 비움은 끝나면 다시 시작하는 것이다.

　　[一虛一滿, 不位乎其形. 年不可舉, 時不可止! 消息盈虛, 終則有始.]

이것이 큰 도리의 대강을 말한 것이고, 만물들의 조리를 논한 것이다. (개개의) '존재'[物]의 삶은 마치 말이 달려가는 것처럼 빠르게 지나간다. 변화하지 않는 움직임이 없고 흘러가지 않는 시간이 없다.

　　[是, 所以語大義之方; 論萬物之理也. 物之生也, 若驟若馳. 無動而不變, 無時而不移.]

무엇을 해야 하고, 무엇을 하지 말아야 할 것인가? 진실로 [도의 흐름을 따라서] 스스로 변화할 뿐이다! (「추수秋水」, 17:7)

　　[何爲乎, 何不爲乎? 夫固將自化!]

4.5) 생생한 변화 앞에 옛 성현의 글은 썩어빠진 뼈다귀와 같은 것이다

　세상 사람들이 말하는 것을 귀하게 여기기 때문에 책이 존재한다. (그
런데) 책은 말에 지나지 않으며, 말에는 소중한 것이 있다. 말이 소중한
것은 뜻 때문이다. 뜻에는 추구하는 바가 있다. (그러나) 뜻이 추구하는
것은 말로는 전할 수 없다.

　　[世之所貴道者, 書也. 書不過語, 語有貴也. 語之所貴者, 意也. 意有
　　所隨. 意之所隨者, 不可以言傳也.]

　그런데도 세상에서는 말을 소중하게 여기기 때문에 책을 전하고 있
다. 세상 사람들이 (그것을) 아무리 소중히 여긴다고 하더라도 나[장자]는
소중하게 여기지 않는다. 그들이 소중히 여기는 것은 진짜 귀한 것이
아니다.

　　[而世因貴言, 傳書. 世雖貴之哉, 猶不足貴也. 爲其貴, 非其貴也.]

　눈으로 보아서 보이는 것은 [유위有爲하는] 형체와 색깔이고, 귀로 들어
서 들리는 것은 [유위有爲하는] 말과 소리이다. 슬프도다! 세상 사람들은
그 형체, 색깔, 말, 소리로 '도'(즉, 무위無爲하는 총체적 생명력)의 참모습
을 터득할 수 있다고 생각하는 것이!

　　[故視而可見者, 形與色也. 聽而可聞者, 名與聲也. 悲夫, 世人以形色
　　名聲爲足以得彼之情!]

　이런 것늘로는 도의 참모습을 터득할 수 없다. 그러므로 "(참으로) 아
는 사람은 말하지 않고, 말하는 사람은 알지 못한다."56)는 뜻을 세상
사람들이 어찌 알겠는가! (「천도天道」, 13.10)

---

56) 이 구절: 「知者不言, 言者不知.」는 원래 『老子』56장에 보인다.

[夫形色名聲, 果不足以得彼之情. 則「知者不言, 言者不知.」而世豈
識之哉!]

[제齊] 환공桓公이 대청마루 위에서 책을 읽고 있었다. 수레바퀴를 쪼
아내는 목수 편扁이 마루 아래에서 바퀴를 쪼고 있다가, 망치와 끌을 내
려놓고 위를 향하여 환공에게 물었다.

"여쭙건대, 임금님께서 읽고 계신 것이 누구의 말씀입니까?"

[桓公讀書於堂上. 輪扁斲輪於堂下. 釋椎鑿而上, 問桓公, 曰: "敢
問: 公之所讀者, 爲何言邪?"]

(환)공이 말하였다.

"성인의 말씀이다."

(목수 편)이 말하였다.

"그 성인이 살아 있습니까?"

(환)공이 말하였다.

"이미 죽었다."

(목수 편)이 말하였다.

"그러면, 임금님께서 읽고 계신 것은 죽은 사람의 찌꺼기로군요!"

환공이 말하였다.

"과인이 책을 읽는데 바퀴장이가 어찌 말참견을 하는가? 말이 되면
괜찮겠으나, 안 되면 죽으리로다."

[公曰: "聖人之言也." 曰: "聖人在乎?" 公曰: "已死矣." 曰: "然
則, 君之所讀者, 古人之糟魄已夫!" 桓公曰: "寡人讀書, 輪人安得議
乎? 有說則可, 無說則死."]

바퀴장이 편이 말하였다.

"저 또한 제가 하는 일로 터득한 바 있습니다. 바퀴를 쪼아내는데, (수레 축과 맞물리는 구멍이) 느슨하면 미끈거려 튼튼하지 못하고, 꼭 끼면 뻑뻑하여 잘 들어가지 않습니다.

느슨하지도 않고 꼭 끼지도 않게끔, 손놀림이 마음에 맞아드는 것은 입으로는 말할 수 없으니, 바로 거기에 전할 만한 '이치'[數]가 있는 것입니다.

(그 '이치'를) 저는 제 자식에게도 말로 일러 줄 수 없으며, 제 자식도 또한 그것을 저한테서 받을 수 없는 것입니다. 이래서 이 직업으로 나이가 70이 되어 늙었어도 바퀴를 깎고 있는 것입니다.

> [輪扁曰: "臣也, 以臣之事觀之. 斲輪, 徐則甘而不固; 疾則苦而不入. 不徐不疾, 得之於手, 而應於心. 口不能言, 有數存言於其閒. 臣不能以喻臣之子. 臣之子, 亦不能受之於臣. 是以, 行七十, 而老斲輪.]

옛날 사람과 함께 그가 전해줄 수 없었던 것(즉, 진수眞髓) 또한 죽어버린 것입니다. 그러하니 임금님이 읽고 계신 것은 옛사람의 찌꺼기일 뿐입니다!"(「천도天道」, 13,10)

> [古之人與其不可傳, 也死矣. 然則, 君之所讀者, 古人之糟魄已夫!"]

4.6) 유위有爲하는 개별자와 무위無爲하는 '도'와의 유기체적인 상관관계

크게 안다는 사람[大知의 논변]은 너무나 엉성하고, 작게 주장하는 사

람[小知의 논변]은 너무나 쩨쩨하다. '큰소리로 하는 말[大言]'은 열기 왕
성하지만, 작은 소리를 내는 말[小言]은 수다만 떤다. 잠잘 때는 정신이
산란하고, 깨어나면 몸[形]이 편치 않다. 그래서 접촉하는 외물과 날마
다 마음의 갈등을 일으킨다.

　　[大知閑閑, 小知閒閒. 大言炎炎, 小言詹詹. 其寐也魂交, 其覺也形
　　開. 與接爲構, 日以心鬪.]

　(마음의 갈등에는) 느긋한 마음[縵], 깊이 헤아리려는 마음[窖], 숨기려는
마음[密]이 있다. 작게 떨리면 마음이 두근거리나, 크게 떨리면 넋이 나
간다. 마음의 순발력이 '화살을 쏘듯 빠르다 함'은 〈옳고 그름是非〉을
재빨리 간파해야 함을 말하는 것이다.[57]

　　[縵者, 窖者, 密者. 小恐惴惴, 大恐縵縵. 其發若機栝, 其司是非之謂
　　也.]

　맹세하듯 입을 굳게 다물고 있는 것은 묵수黙守로 이기려고 함을 말하
는 것이다. (갈등으로) 그들의 마음이 가을 겨울에 (만물이 스러지듯이) 쇠락
해감은, 그들의 몸이 날로 쇠퇴하고 있음을 말하는 것이다. 그들은 하는
일(즉 마음의 갈등)에 푹 빠져서 들어가서 다시는 돌이킬 수 없게 된다.

　　[其留如詛盟, 其守勝之謂也. 其殺若秋冬, 以言其日消也. 其溺之所
　　爲之, 不可使復之也.]

　그들이 밀봉하듯 마음을 억누르고 있는 것은 그들의 몸이 망가진 것
을 말한다. (갈등으로) 죽음에 가까워진 마음들은 다시는 되살아날 가망

---

57) 이 구절 〈其司是非之謂也〉의 〈司〉는 곧 〈伺〉, "살피다"의 뜻이다.

이 없다. 기쁨과 분노, 슬픔과 즐거움, 근심과 탄식, 망설임과 고집, 경박함과 안일, 관대함과 교태. (이런 각종의 갈등하는 마음들이) 마치 음악 소리가 빈 구멍에서 나오는 것만 같이, 땅의 습기에서 버섯이 돋아나는 것만 같이, 낮이건 밤이건 밤낮없이 돌아가며 눈앞에 나타나도, (사람들은) 이것들이 어디서 싹이 터나오는지를 전혀 알지 못한다.

[其厭也緘. 以言其老洫也. 近死之心, 莫使復陽也. 喜怒哀樂, 慮嘆變熱, 姚佚啓態. 樂出虛, 蒸成菌. 日夜相代乎前, 而莫知其所萌.]

아아, 그만 두자, 그만 두자꾸나! 조만간 이런 것을(것의 이치를) 터득하면 이런 [숱한 마음의 장난들]이 생겨나는 이유를 알게 될 것이다! (「제물론齊物論」, 2:3)

[已乎, 已乎! 旦暮得此, 其所由以生乎!]

저것(즉, '도')이 없으면 나도 존재할 수 없고, 내가 없으면 그것을 수용할 데가 없게 된다. 이렇다면 (나와 '도'의 관계는) 역시 가까운 것이다. 그런데 (만물이 무엇에 의해 부림을 당하는지를 모르겠다.

[非彼, 無我; 非我, 無所取. 是, 亦近矣, 而不知所爲使.]

(유위有爲하는 만물 하나하나를 총체적으로 주재하는) 마치 진짜 주재자가 있는 것 같지만, 다만 그 조짐을 알 수 없다. (만물이) 작동(즉, 각각에 고유한 유위有爲의 작동)을 하니 [총체적인] 그 지신(즉, 무위無爲하는 도道의 존재)을 빌게끔 하지만, 그 형체는 볼 수 없다. 실상은 있으나 그 모습은 보이지 않는다.

[若有眞宰, 而特不得其眹. 可行己信, 而不見其形. 有情而無形.]

(사람의 생명 활동을 예로 들어보자.) 백 개의 뼈, 아홉 개의 구멍, 여섯 개의 내장이 다 갖추어져 있다. 나는 그 중 어느 것과 친한가? 너는 그것을 모두 다 좋아하는가, 아니면 그 중 특별히 사랑하는 것이 있는가?

[百骸. 九竅. 六藏, 賅而存焉. 吾誰與爲親? 汝皆說之乎? 其有私焉?]

이처럼 (생명체의 각 기관은) 모두 신하나 첩처럼 작용하는 것인가? 모두 신하나 첩들이라면 (이들은) 아마도 서로 다스릴 수 없지 않을까? 이들은 번갈아 가면서 서로 임금이 되고 신하가 되는 것일까? 참된 주재자(眞君, 즉 만물의 생명활동을 총체적으로 주재하는 무위無爲하는 도道)가 존재하지 않을까?

[如是, 皆有爲臣妾乎? 其臣妾, 不足以相治乎? 其遞相爲君臣乎? 其有眞君存焉?]

우리가 그 실정을 이해했든 못했든, (무위하는 도의) 참됨은 더 보탤 수도 더 덜어낼 수도 없다.

[如求得其情與不得, 無益損乎其眞.]

(자연 생명이) 일단 몸[形]을 받고 태어나면, 그것은 다 사라질(즉 죽을) 때까지는 없어지지 않는다.58) (그러나 한시적으로 태어난 인간 생명은 자기 밖의 각종 다른) 존재들[外物](즉, 명예, 도덕, 이념, 재산, 미모, 장수 등등)과 서로 칼부림하고 서로 부딪치면서, 인생을 말이 달리듯이 빨리 달려 그칠 줄

---

58) 이 구절 〈不忘以待盡〉에서 〈不忘〉을, 曹礎基는 『續古逸叢書』에 의거하여, 〈不亡〉으로 고쳐 읽었다. 曹礎基, 上同, 20쪽, 주 13 참조.

모르게 소진한다. 이 또한 슬프지 아니한가!

[一受其成形, 不忘以待盡. 與物, 相刃相靡; 其行盡, 如馳; 而莫之能止. 不亦悲乎!]

평생을 애써 힘쓰지만, 그 (자연생명의) 공효功效를 보지 못하고 있다! 멍하니 마음은 지쳐 있으면서도 자기가 되돌아갈 곳도 모르니, 어찌 불쌍하지 않겠는가?

[終身役役, 而不見其存功. 苶然疲役, 而不知其所歸. 可不哀邪!]

설령 사람들이 "(자네는) 죽지 않는다."라고 말한들, 그것이 무슨 도움이 되겠는가? 몸이 노쇠해가면 마음 또한 그렇게 노화해 가는 것이니, 참으로 큰 슬픔이 아니라 할 수 있겠는가?

[人謂之不死, 奚益! 其形化, 其心與之然, 可不謂大哀乎?]

사람의 삶이란 애초부터 이처럼 아둔한 것일까? 나만 홀로 아둔하고 다른 사람들은 역시 아둔하지 않은 것일까? (「제물론齊物論」, 2:4)

[人之生也, 固若是芒乎? 其我獨芒, 而人亦有不芒者乎?]

각자의 [입장에서] '이루어진 마음[成心]'에 따라서 그것을 시비是非의 표준으로 삼는다면, 누군들 표준이 없겠는가? 어찌 반드시 사물의 변화 발전을 이해하고 마음에 얻은 것이 있는 사람이어야만 할까? 어리석은 사람도 가질 수 있다!

[夫隨其成心, 而師之; 誰獨且无師乎? 奚必知代, 而心自取者有之? 愚者與有焉.]

[각자의] 마음에서 '이루어진 바'가 없는데 시비가 있다는 것은, 오늘 (남쪽의) 월나라로 떠나서 어제 거기에 도착했다는 것과 마찬가지 이치로, 그것은 있을 수 없는 일을 있다고 하는 것이 된다.

[未成乎心, 而有是非. 是, 今日適越, 而昔至也. 是以 '無有'爲 '有'.]

없는 것을 있다고 여긴다면, 신명神明한 우禹 임금이라도 이해할 수 없거늘, 나 혼자 어떻게 (이해)할 수 있겠는가?

['無有'爲 '有', 雖有神禹, 且不能知, 吾獨且奈何哉?]

물론 말[言]이란 바람 소리를 말하는 것은 아니다. 말에는 주장하는 것이 있다. (그러나) 말의 (진위가) 판별될 수 없다면 과연 말을 했다고 할 수 있을까? 아니면 안 한 것이나 마찬가지일까? 그래도 새소리와는 다르다고 한다면 거기에 구별이 있는 걸까, 없는 걸까?

[夫言, 非吹也. 言者有言. 其所言者, 特未定也. 果有言邪? 其未嘗有 言邪?]

도道는 무엇에 가려져 진짜와 가짜[眞僞]가 생겨나는 것일까? 말은 무엇에 가려져서 옳고 그름[是非]이 생겨나는 것일까? '도'가 존재하지 않는 곳이 어디이며, 말[言]이 되지 않는 데가 어디란 말인가?

[其以爲異於鷇音, 亦有辯乎? 其無辯乎? '道', 惡乎隱, 而有眞僞? '言', 惡乎隱, 而有是非? '道', 惡乎往而不存? '言', 惡乎存而不 可?]

도는 '작은 성취[小成]' 59)에서 어그러지고, 말은 화려한 꾸밈에서 어그러진다. 그러므로 유가儒家와 묵가墨家의 시비是非논쟁이 존재한다. 상대방이 〈그르다〉 하는 것을 이쪽에서는 〈옳다〉 하고, 상대방이 〈옳다〉 하는 것을 이쪽에서는 〈그르다〉고 한다.

[道隱於小成. 言隱於榮華. 故有儒墨之是非. 以是其所非, 以非其所是.]

상대방이 〈'그르다' 라고 하는 것〉을 '옳다' 하고, 상대방이 〈'옳다'고 하는 것〉을 이쪽에서 '그르다' 라고 한다. 그렇다면 그것은 '밝은 지혜' [明]로서 하는 것만 못하다. (「제물론齊物論」, 2:5)

[欲是其 '所非', 而非 '其所是'. 則莫若以明.]

4.7) 탈-인간 중심주의와 무소용無所用의 큰 떡갈나무[櫟樹]

목수 석石이 제齊나라로 가다가 곡원曲轅땅에 이르러, 토지 묘[社]에 있는 떡갈나무를 보았다. 그 크기는 소 수천 마리를 덮을 수 있고, 줄로 둘레를 재어보면 백여 아름이나 되었다. 높이는 산보다 80척이나 올라와서 가지가 뻗어 있었다.

[匠石之齊. 至於曲轅, 見櫟社樹. 其大蔽牛, 絜之百圍. 其高臨山, 十仞而後有枝.]

---

59) 제자백가들의 각각 일면적인 입장에서 자기주장을 일방적으로 절대화시켜서 고집하는 모습을 의미한다. 예를 들어 유가의 인의예지나 묵가의 겸애 등등을 가리키는 것으로 보인다.

배를 만들 만한 곁가지가 10여 개나 되었다. 보려는 사람들이 장바닥을 이룬 듯이 하였으나, 목수는 되돌아보지 않고 걷기를 멈추지 않았다.

[其可以爲舟者, 旁十數. 觀者如市. 匠伯不顧, 遂行不輟.]

그의 제자들이 실컷 보고서는 목수에게로 뒤쫓아 가서는 말하였다.

"저희가 도끼를 들고 선생님을 좇은 이래 이렇게 아름다운 재목은 본 적이 없습니다. 선생님께서는 보려고도 하지 않으시고 걷기를 멈추시지 않으시니, 무슨 일이십니까?"

[弟子厭觀之, 走及匠石. 曰: "自吾執斧斤, 以隨夫子, 未嘗見材如此其美也. 先生不肯視, 行不輟, 何邪?"]

(목수가) 말하였다.

"끝났다. 말하지 말라! 소용없는 나무다! 배를 만들면 배가 가라앉고, 관棺[내관]이나 곽槨[외관]을 만들면 빨리 부식하고, 그릇을 만들면 빨리 부숴어지며, 문이나 창틀을 만들면 송진이 흘러나오고, 기둥을 만들면 좀이 슨다.

[曰: "已矣. 勿言之矣! 散木也! 以爲舟, 則沈. 以爲棺槨, 則速腐. 以爲器, 則速毀. 以爲門戶, 則液構. 以爲舟, 則蠧.]

이것은 무용한 나무[散木]이니, 쓸데가 없다. 그러하기에 이렇게 장수를 누릴 수 있는 것이다."

[是, 不材之木也. 無所可用. 故能若是之壽."]

목수가 (집으로) 돌아오니, 토지묘의 떡갈나무가 꿈속에 나타나 사설을 늘어놓았다.

"당신은 나를 무엇에 비견하려는 것입니까? 나를 나뭇결 좋은 나무
와 비견하려는 것입니까?

[匠石歸. 櫟社見夢, 曰: "女將惡乎比予哉? 若將比予於文木邪?]

아가위, 배, 귤, 유자 같은 나무 과일이나 풀 열매의 무리는 열매가
익으면 껍질이 벗겨집니다. 벗겨지면 욕보는 것입니다. 큰 가지는 부러
지고 작은 가지는 휘어지게 됩니다.

[夫柤·梨·橘·柚, 果蓏之屬, 實熟則剝, 剝則辱. 大枝折, 小枝泄.]

이들은 자기 효능 때문에 자기 삶을 괴롭게 만듭니다. 따라서 (이들은)
제명대로 살지 못하고 중도에 요절하고 맙니다. (이는) 속세의 타격을 불
러들여 스스로 망가진 것입니다.

[此, 以其能, 苦其生者也. 故不終其天年, 而中道夭. 自掊擊於世俗者
也.]

(인간 중심주의에서 보면) 어느 '대상'[物]이고 이렇지 않은 것이 없습니
다. 또한 내가 (인간의 화를 모면키 위해) 무소용을 추구한 지가 오래되었습
니다. (그래도) 거의 죽을 뻔했습니다.

[物, 莫不若是. 且予求 '無所可用', 久矣. 幾死.]

지금까지 ('무소용'의 도리)를 가지고 있었기에 나에게 크게 소용이 되
었던 것입니다. 내가 만약 (인간들에게) 유용했던들 이처럼 (어마어마하게)
클 수가 있었겠습니까?

[乃今得之, 爲予大用. 使予也而有用, 且得有此大也邪?]

또한, 당신이나 나나 (인간의 관점에서 보면) 모두 (이용) '대상물' [物]입니다. 어떻게 (당신 또한 속인들처럼 나를 이용) 대상물로 대하는 것입니까?

[且也若與予也, 皆物也. 奈何哉其相物也?]

당신은 곧 죽게 될 '쓸모없는 인간' [散人]에 불과합니다. 또한, 어떻게 (만년을 사는) '무용한 나무' (散木의 경지)를 알겠습니까?"

[而60)幾死之散人, 又惡知散木?]

목수 석石이 잠에서 깨어 자기 꿈을 [제자들에게] 일러주었다.61)

제자들이 말하였다.

"무용에 뜻을 두었다면서 왜 '토지신당(社)'의 나무가 되었습니까?"

[匠石覺, 而診其夢. 弟子曰: "趣取 '無用', 則爲社, 何邪?"]

(목수가) 말하였다.

"(이건) 비밀이다! 너희들은 떠들어 대지 마라! 그 나무는 그저 (그것에) 의탁한 것뿐이다! (그래서) 그를 이해하지 못하는 사람들의 욕을 먹는다.

[曰: "密! 若無言! 彼亦直寄焉. 以爲不知己者詬厲也.]

---

60) 여기서 而는 爾, 즉 汝(너)로 읽어야함.

61) 이 구절: 〈診其夢〉의 診은 告(일러주다)의 뜻임. 曹礎基, 66 쪽, 주 13 참조.

(그러나) '토지신당'의 나무가 아니었다면 거의 베어져 버림을 당했을 것이로다! 또한 그 나무가 자기(생명)를 보호하는 방식은 보통 사람들과 다르다. (인간의 자기중심적) 상식으로 (그 나무의 장생 비결을) 깨닫고자 한다면, 또한 너무 거리가 멀지 않겠는가!"(「인간세人間世」, 4:12)

[不爲社者, 且幾有翦乎! 且也彼其所保, 與衆異. 而以義62)喻之, 不亦遠乎?]

남백자기南伯子綦가 [송宋 나라의 서울] 상구商丘에 유람 갔다가 큰 나무를 보았는데 [보통나무와 아주] 달랐다! 네 필의 말이 끄는 수레 천 대를 나무 그늘에 숨길 수 있었다. 자기子綦가 말하였다.

"이것은 무슨 나무일까? 이것은 반드시 특수한 재질을 가졌을 것이로다!"

[南伯子綦遊乎商之丘. 見大木焉, 有異! 結駟千乘, 隱將芘其所藾. 子綦曰: "此何木也哉? 此必有異材夫!"]

머리를 들어 그 나무의 작은 가지들을 살펴보니, 구불구불하여 기둥이나 대들보감이 될 수 없었다. 몸을 구부려 그 나무의 큰 뿌리를 살펴보니, 나무속이 물렁하여,63) (안쪽의) 관棺이나 (밖의) 곽槨을 만들 수가 없었다. 그 나뭇잎을 핥으면 입이 헤어져 상처를 입었다. 그것을 냄새 맡으면 사람들은 지독하게 취하게 되어 사흘이 되어도 (취기가) 끝나지 않았다.

---

62) 이 구절: 〈以義喻之〉의 義는 常理, 즉 '상식'의 뜻이다. 曹礎基, 67쪽, 주 20 참조.

63) 이 구절: 〈축해軸解〉에서 軸은 바퀴 심 모양의 나이테, 즉 나무속을 가리키며, 解는 물렁하여 흩어진 모양(鬆散)을 의미한다. 曹礎基, 67쪽, 주 6 참조.

[仰而視其細枝, 則拳曲而不可以爲棟梁. 俯而視其大根, 則軸解而不可以爲棺槨. 咶其葉, 則口爛而爲傷. 嗅之, 則使人狂酲, 三日而不已.]

자기子綦가 말하였다.

"이것은 [사람들에게] 정말 쓸모없는 나무이기에 이렇게 크게 자랄 수 있었다. 아아, 신인神人이란 이런 무소용한 [나무와 같은] 것이로다!"(「인간세人間世」, 4:13)

[子綦曰: "此果不材之木也. 以至於此其大也. 嗟呼, 神人以此不材!"]

송宋 나라의 형씨荊氏 땅은 가래나무, 잣나무와 뽕나무에 적합하였다. [굵기가] 한두 뼘 되는 나무는 원숭이 잡아맬 막대기 찾는 사람이 베어간다.

[宋有荊氏者, 宜楸·柏·桑. 其拱把而上者, 求狙猴之杙者斬之.]

서너 아름 되는 나무는 화려한 집 기둥을 찾는 사람이 베어간다. 일곱 여덟 아름 되는 나무는 귀족들과 돈 많은 상인의 집에서 통판 관槨을 찾는 사람이 베어간다.

[三圍四圍, 求高名之麗者, 斬之. 七圍八圍, 貴人富商之家, 求禪傍者, 斬之.]

따라서 나무가 제 명을 못살고 중도에 도끼에 찍혀 요절한 것은 이것들의 유용함이 [불러온] 환난인 것이다.

[故未終其天年, 而中道夭於斧斤. 此, 材之患也.]

진실로 (재앙을 풀기 위한) 제사 때에 이마에 흰 점 있는 소나 콧구멍이 위로 처진 돼지나 치질이 난 사람이 강물[제사의 제물]로 보내질 수 없다. 이 점은 모든 무당들이 이미 알고 있는 일이다.

[故解64)之, 以牛之白顙者, 與豚之亢鼻者, 與人有痔病者, 不可以適 河. 此, 皆巫祝以65)知之矣.]

[이것들이 인간의 안목으로는] 상서롭지 못하기에, 이런 [인간의 무소용]은 바로 [인간의 좁은 지평을 넘어서는] 신인神人들이 크게 상서롭게 여기는 바 인 것이다. (「인간세人間世」, 4:13)

[所以爲不祥也. 此乃神人之所以爲大祥也.]

산의 나무는 [유용하기 때문에] 자신을 베는 것이요,66) 기름덩이는 [유용 하기 때문에] 자신을 불태운다. 계수나무 가지는 [약용으로] 먹을 수 있기에 베어진다. 옻나무는 칠에 쓰이기 때문에 잘린다.

[山木, 自寇. 膏火, 自煎也. 桂可食. 故伐之. 漆可用. 故割之.]

사람들은 모두 '유용'의 쓰임은 알지만 (인간의 좁은 지평을 넘어서는) '무용'의 쓰임은 모른다. (「인간세人間世」, 4:15)

[人皆知: '有用之用.' 而莫知: '无用之用'也.]

---

64) 이 구절: 〈故解之〉에서 解란 해도解禱, 즉 화禍를 풀기 위한 기도나 제사의 뜻이 다. 曹礎基, 68頁, 주7 참조.
65) 여기서 〈以〉의 뜻은 〈이미已〉로 통함.
66) 이 구절: 〈自寇〉의 寇는 베어버린다(砍伐)의 뜻이다. 曹礎基, 70頁, 주13 참조.

4.8) '유용'의 이로움은 '무용'에 의지하고 있다

혜시가 장자에게 말했다.

"자네의 말은 '소용이 없네(無用)."

장자가 대답하였다.

"'무용'을 알아야 비로소 '소용'[用]을 말할 수 있는 법이네. 천지자연은 넓기도 하고 또한 (어마어마하게) 큰 것이네. (하지만) 사람에게 소용되는 것은 발이 디딜만한 (조그마한) 땅뙈기뿐이네. 그렇다 해도, 발 옆의 ('무용'한) 땅을 파 내려가 (아주 깊숙한 지하의) 황천黃泉에 까지 이르게 된다면, (발이 딛고 서 있는 그 작은 땅뙈기는) 사람들에게 아직도 유용할까?

> [惠子謂莊子, 曰:「子言无用. 莊子曰: 「知无用, 而始可與言用矣. 天地, 非不廣且大也; 人之所用, 容足耳. 然則, 厠足而墊之致黃泉, 人尙有用乎?]

혜시가 말하였다.

"무용하네."

장자가 대답했다.

"그렇다면 '무용'이 '유용'하다는 (이치를 자네) 또한 분명히 알 것이네! (「외물外物」, 26:7)

> [惠子曰:「无用.」莊子曰:「然則, 无用之爲用, 也亦明矣.」]

4.9) 인간 중심적인 유용有用을 넘어서는
무용無用의 자연적 생명세계

혜시가 장자에게 말하였다.

"위魏나라 임금이 나에게 큰 박의 씨를 주었네. 내가 그것을 심어서 (박이) 열렸는데, 50말[斗]67)을 채울 정도로 [무지무지하게] 컸었지. (그러나) 물을 담으면, 박의 굳기는 [무게를] 견뎌 내지를 못했네. 빠개어 바가지를 만들면 덩그러니 넓기만 하여 쓸데가 없었네. 휑하니 크지 않은 것은 아니나, 나는 그것이 [사람의 용도에] 소용이 없기에 빠개어 버렸네."

> [惠子謂莊子曰: "魏王貽我大瓠之種. 我樹之. 盛而實五石. 以盛水漿, 其堅不能自擧也. 剖之以爲瓢, 則瓠落無所用. 非不呺然大也! 吾爲其無用而掊之."]

장자가 말하였다.

"자네는 [속인들의 고정관념에 사로잡혀 있어서] 큰 것을 쓰는 데는 참으로 형편이 없네그려. 송宋 나라에 손 터지지 않는 약을 잘 만드는 사람이 있었는데, 대대로 실타래를 빠는 일을 하였다네. 길 가던 선비[過客]가 그 말을 듣고 그 기술을 백금百金에 사고자 하였다네.

가족들이 모여 의논한 뒤에 말하였다네.

「우리는 대대로 실타래 빠는 일을 해도 (겨우) 두, 세 금金밖에 안 되었는데, 지금 하루아침에 기술을 팔아 100금을 얻을 수 있으니, 주기로 합시다.」

> [莊子曰: "夫子固拙於用大矣. 宋人有善爲不龜手之藥者, 世世以洴澼絖爲事. 客聞之, 請買其方百金. 聚族, 而謀曰:「我世世爲洴澼絖, 不過數金, 今一朝而鬻技百金. 請與之.」]

---

67) 단石은 중국 고대의 용량단위이고, 1石은 10斗에 해당한다.

과객은 그 비방을 얻고 나서 오吳나라 왕을 설득하였다네. 월越나라에 난리가 나니 오나라 왕은 그를 장군으로 삼아서, 겨울에 월나라 사람들과 물 위에서 싸우게 하여서, 그가 월나라 사람들을 크게 패배시켰다네.

　　[客得之, 以說吳王. 越有難, 吳王使之將. 冬與越人水戰, 大敗越人.]

[이에 오나라 왕이] 땅을 떼어내어 그에게 봉토를 수여하였다네. 손을 터지지 않게 하는 일은 같았으나, 어떤 이는 그것으로 봉토를 받았고, 어떤 이는 실타래 빠는 일을 면치 못하였으니, 이것은 쓰는 방도가 달랐던 것이네!

　　[裂地而封之. 能不龜手, 一也. 或以封, 或不免於洴澼絖. 則所用之異也.]

지금 자네가 50말들이 표주박이 있다면, 왜 큰 단지를 만들어서 [허리에 차고] 강호江湖에 두둥실 띄울 생각을 못 하는가? 왜 다만 그것이 휑하여 담을 것이 없음만을 걱정하고 있는가? 자네 마음은 참으로 꽉 막혀 있네그려!68)"(「소용유逍遙遊」, 1:12)

　　[今子有五石之瓠. 何不慮: '以爲大樽, 而浮乎江湖', 而憂: '其瓠落, 無所用'? 則夫子猶有蓬之心也夫!"]

혜시가 장자에게 말하였다.

"내게는 큰 나무가 있는데, 사람들은 그것을 [냄새는 고약하고 덩치만

---

68) 이 구절: 〈蓬之心〉은 쑥대 풀 같은 것으로 꽉 막힌 마음을 말한다. 이는 모색茅塞, 즉 〈마치 잡초로 뒤엉겨 있는 것처럼 꽉 막히어 있는 어리석은 마음〉과 비슷한 뜻이다. 曹礎基, 13쪽, 주 23 참조.

큰] 가죽나무[저樗]라고 부르네. 줄기는 울퉁불퉁하여 먹줄을 칠 수 없고, 가지는 비비 꼬여서 자를 댈 수 없네. 길에 세워두어도 목수는 거들떠보지도 않네. 지금 자네의 말은 (무용한 가죽나무처럼) 크기만 하지 소용이 없어서 사람들이 모두 (멀리) 떠나버린다네!"

> [惠子謂莊子曰: "吾有大樹. 人謂之樗. 其大本擁腫, 而不中繩墨. 其
> 小枝卷曲, 而不中規矩. 立之塗, 匠者不顧. 今子之言, 大而無用, 衆
> 所同去也."]

장자가 말하였다.

"자네는 [약삭빠른] 살쾡이나 족제비를 보지 못했는가? [그들은 '유용한 것'을 찾기 위해] 몸을 낮게 웅크리고, 노니는 닭이나 쥐를 노리고 이리 뛰고 저리 뛰며, 높고 낮은 데를 가리지 않다가 [결국, 먹이에 눈이 멀어] 덫이나 그물에 걸려서 죽는다네.

> [莊子曰: "子不獨見狸狌乎? 卑身而伏, 以候敖者. 東西跳梁, 不辟高
> 下. 中於機辟. 死於罔罟.]

(그런데) 지금 '털북숭이 소[이우犛牛]'는 크기가 하늘에 드리운 구름 같다네. 이 (멋진 큰) 소는 (자신을) 크게 키울 수는 있지만 (덫에 걸려 죽어가면서도 포기를 못 하는) 쥐 사냥은 못 한다네!

> [今夫犛牛, 其大若垂天之雲. 此能爲大矣, 而不能執鼠.]

지금 자네는 큰 나무를 가지고서 그것의 '무소용'을 걱정하고만 있는데, 왜 그 나무를 아무것도 없는 광막한 들판에 심고서, [인간의 유용·무용을 떠나서] 그 곁을 왔다 갔다 하면서 자유로이 무위無爲하고, 그 나무

아래 눕거나 자면서 유유히 소요[逍遙遊]하지 않는가?

　　[今子有大樹, 患其無用. 何不:「樹之於無何有之鄕, 廣莫之野; 彷徨
　　乎! 無爲其側; 逍遙乎! 寢臥其下?」]

　　[그 나무가] 도끼에 맞아 요절할 리 없고, 그를 해칠 존재가 없는 것은 (사람들에게) 소용되는 바가 없기 때문이네. (그것이) 어찌 난감하고 괴로운 일이란 말인가?"(「소요유逍遙遊」, 1:13)

　　[不夭斤斧, 物無害者, 無所可用. 安所困苦哉!"]

4.10) 〈유용〉과 〈무용〉의 도구주의를 넘어서 오직
　　　　대상사물 자체 속의 도道(총체적인 생명원리)와
　　　　덕德(개체마다의 자연본능)에 대한 존중

　　장자가 산길을 가다가 큰 나무를 보게 되었다. 가지와 잎이 무성하였다. 벌목하는 이는 다만 그 옆에 서 있을 뿐 자르지 않았다. 그 이유를 물으니, 대답하였다.

　　"[사람에게] 쓸 데가 없습니다."

　　장자가 말하였다.

　　"이 나무는 [사람에게] 무용하여 제 명을 살았다."

　　[莊子行於山中, 見大木. 枝葉盛茂. 伐木者, 止其旁, 而不取也. 問其
　　故. 曰: "無所可用." 莊子曰: "此木以不材, 得終其天年."]

　　선생님이 산을 빠져나와서 친구 집에 머물렀다. 친구가 기뻐하면서

동자童子에게 산 기러기를 잡아서 요리하게 하였다.

> [夫子出於山, 舍於故人之家. 故人喜, 命豎子殺雁而烹之.]

동자가 물었다.

"한 놈은 잘 울고, 다른 한 놈은 울지 못하니, 어느 놈을 잡을까요?"

주인이 말하였다.

"울지 못하는 놈을 잡아라!"

> [豎子請, 曰: "其一能鳴, 其一不能鳴. 請奚殺?" 主人曰: "殺不能鳴
> 者."]

다음 날 제자들이 장자에게 물었다.

"어제 산속의 나무는 [사람에게] 무용했기에 제명을 다 살 수 있었는
데, 지금 주인의 산 기러기는 무용하기 때문에 죽었습니다. 선생님께서
는 바야흐로 어떻게 처신하시겠습니까?"

> [明日弟子問於莊子, 曰: "昨日山中之木, 以不材得終其天年. 今主人
> 之雁, 以不材死. 先生將何處?"]

장자가 미소 지으며 말하였다.

"나는 바야흐로 유용과 무용의 중간으로 처신하겠다. [하지만 이런]
유용과 무용의 어중간함은 [진정한 자유에] 근접한 듯하지만 [실상은] 그렇
지 못하다. 따라서 곤혹을 면치 못할 것이다. [대상을 사람의 용도로만 대하
는 도구주의를 떠나서, 그 사물을 그 자체로 방임하는] 자연의 이치[天道]와 자연
적 본성[天德]만을 따르는 자라면, 그렇지 않을 것이다.

[그런 지인至人은 속세로부터] 칭송도 없고 비난도 없을 것이다. 한번은

[하늘을 나는] 용이 되든지 한번은 [땅속의] 뱀이 되든지, 세월과 함께 변화해 가며 [속인들이 정해 놓은 용도] 한 가지만 고집하지 않을 것이다.

[莊子笑曰: "周將處夫材與不材之間. 材與不材之間, 似之而非也. 故未免乎累. 若夫乘道·德, 而浮遊者, 則不然. 無譽無訾. 一龍一蛇, 與時俱化. 而無肯專爲.]

한번은 올라가고 한번은 낙하해도 [모든 것과] 화합함을 준칙으로69) 삼으며, 만물[이 생겨나온] 원초[의 허령虛靈한 세계]에 노닐고자 한다. 인물(대상)을 인물(대상)으로 대하고, [특정한] 인물(대상)에 의거하여 어느 인물(대상)을 [수단으로] 대하지 않는다. [이런 지인이라면], 어떻게 [인물(대상)에 의해] 곤혹을 당할 수 있겠는가! 이런 것이 바로 [옛날] 신농神農과 황제黃帝의 [삶의] 규범이었다.

[一上一下, 以和爲量. 浮遊乎! 萬物之祖. 物物, 而不物於物. 則胡可得而累邪? 此, 神農黃帝之法則也.]

[그러나 인물(대상)을 오직 수단으로만 대하는 지금 문명사회에서는] 모든 일의 실정과 인륜 전통이 [옛날처럼] 그렇지 못하다. 합치려 하면 갈라놓고, 이루려 하면 훼방한다. 청빈하면 꺾으려 하고, 지위가 높아지면 비평한다. 하는 일이 있으면 손해를 입히고, 똑똑하면 모함한다. 모자라면 속이려 한다. 어떻게 꼭 해야 할 것을 고집할 수 있겠는가?

[若夫萬物之情, 人倫之傳, 則不然. 合則離, 成則毀. 廉則挫, 尊則議. 有爲則虧, 賢則謀. 不肖則欺. 胡可得而必乎哉?]

---

69) 이 구절: 〈以和爲量〉에서 양량은 양도量度의 뜻이니, 〈표준〉의 뜻으로 통할 수 있다. 曹礎基, 290 쪽, 주 11 참조.

슬프도다! 제자들아, 기억하라! 오직 (인물(대상) 그 자체를 그대로 방임하
는) 도道(〈무위無爲하는 총체적 생명원리〉)와 덕德(〈유위有爲하는 개별적 생명활동
들〉)만을 따를 것이다!"(「산목山木」, 20:1)

　　[悲夫! 弟子, 志之! 其唯道·德之鄕乎!"]

5. 정신적 자유와 해방: 소요유逍遙遊의 세계

　장자에게 있어서 만물(만인) 하나하나는 모두 살아 있는 생명체이기
때문에, 자기 밖의 다른 가치척도에 의하여 개개의 생명 그 자체는 평
가 또는 제재나 억압당할 수 없다고 보았다. 따라서 그는 하나의 특정
한 기준(또는 가치척도)에 따라서, 특히 인간의 독단적인 이해타산에 따라
서, 만물(만인)을 적절하게 수단화·대상화하는 문명적 제도나 규범, 정
치적 이념, 신조 등등을 모두 — 가장 소중한 자연으로부터 받은 — 덕德,
즉 개별적인 생명 활동 밖에서 존재하며, 자연생명의 배양에 봉사해야
하는 외물外物로 치부하였다. 따라서 자연으로부터 받은 본연의 생명이
일차적 중요성을 갖는다면 이런 외물은 부차적일 수밖에 없다고 보았
다. 그러므로 외물을 과도하게 추구한 결과 인간 개개의 본연적 생명이
압제·압박당하는 '소외된' 사회 현실을 비판하였다. 장자는 때때로
이런 소외되고 도치된 사회적 현실의 궁극적 책임은 또한 이런 인위적
법도를 창조해낸 성인의 죄라고까지 역설적으로 비판하고 있다. 왜냐하
면, 인간세계와는 달리, 자연의 생명을 주관하는 '도', 즉 총체적인 생
명 원리는 만물들 하나하나[物]에 간섭·규제하는 것이 아니라, 그것들

을 그대로 자연스럽게 방임한다고 보았기 때문이다.

더 나아가서, 장자는 인위적 규제의 틀에서 벗어나서 자기의 자연적 생명의 의미를 그대로 실현하는 '진정한 인간'[眞人, authentic men]의 세계를 말하였다. 이른바 '진인'은 세속의 법도나 가치규범 너머에서, 모든 대상을 그대로 방임하면서 그럼으로써 그들과 화합하며 소통하는 예술적 자유정신을 누리는 승화된 인류이다.

비록 장자가 인간세계 너머의 진인의 세계를 말하고 있지만, 그렇다고 장자가 인위의 문명 세계를 모두 전적으로 배척하고 부정했다고 말할 수는 없다. 그는 다만 인위적 문명적 규범이 교조화되고 우상화되어서, 그것에 의하여 인간 생명의 의미가 왜곡되고 소외된 사회현실을 비판하고 그것을 경계한 것뿐이다.

인위적 문명은 필요하지만, 그것보다 더 중요한 것은 어떤 외재적 가치척도나 인위적 틀(제도)에 의하여 억압당할 수 없는 본연적 생명의 중요성을 강조하여 말한 것이다. 따라서 장자는 궁극적으로 인위적 제도에 의하여 소외된 인간의 '자기-진정성'을 추구하고자 하였다고 말할 수 있다. 그리고 그 세계에서 인간과 자연 사물이 서로 미적으로 소통할 수 있다고 보았다. 말하자면 '천지자연의 정신'[天地精神]과 왕래하는 '소요유逍遙遊'라는 이상적, 예술적 세계로의 승화를 그는 우리 속세의 인간들에게 제시해 보여주고 있다.

5.1) '자연'[天]과 '인위'[人]를 함께 아우르는 진인眞人의 세계

'자연天'이 하는 일을 알고 '사람'이 할 바를 안다면 지극한 것이다. 자연이 하는 바를 아는 이는 (대상을 인간에게 이기적으로 이용하지 않는) 자연[天]으로 사는 것이다.

> [知天之所爲, 知人之所爲者, 至矣. 知天之所爲者, 天而生也.]

'사람'이 할 일을 아는 이가 그의 지식이 헤아리는 바를 가지고 그의 지식이 헤아리지 못하는 것(자연)을 길러내어서 제 명을 다 살며 중도에 요절하지 않으면, 그것은 지극한 지식이다.

> [知人之所爲者, 以其知之所知, 以養其知之所不知, 終其天年, 而不
> 中道夭者, 是知之盛也.]

그렇지만 문제가 있다: (사람의 경험적) 지식은 의거해야 할 바(대상·사태)가 있는 다음에야 합당하게 되는 것이다. (그런데) 지식이 의거해야 할 대상이 (무엇인지) 아직 확정되어 있지 않았을 뿐이다.

> [雖然, 有患: 夫知, 有所待, 而後當; 其所待者, 特未定也.]

그렇다면, 내가 말하는 '자연天'이 '인위人'가 아님을 어찌 알 수가 있겠는가? [그리고] 이른바 '인위'가 '자연'이 아님을 어찌 알 수가 있겠는가? (「대종사大宗師」, 6:1)

> [庸詎知: 吾 '所謂天'之非人乎? '所謂人'之非天乎?]

또한 진인眞人이 있고 난 뒤에야 진지眞知가 있는 것이다. 무엇을 일러 '진인'이라 하는가? 옛날의 진인은 실패해도 거스르는 마음이 없었고, 성공했다고 해도 뽐내지 않았고, 아무 일도 꾀하지 않았다

[且有眞人, 而後有眞知. 何謂眞人? 古之眞人, 不逆寡,[70] 不雄成, 不
謨士.[71]]

이와 같은 사람은 잘못되는 일이 있다 할지라도 후회하지 않았고, 잘
되어도 스스로 자만하지 않았다.

[若然者, 過而弗悔, 當而不自得.]

이러한 사람은 높은 곳에 올라가도 [벌벌] 떨지 않았고, 물에 **빠졌어도**
젖지 아니하며, 불 속으로 들어가도 데지 않았다. 이것은 지식이 도道의
경지에 도달한 사람이라야 이렇게 될 수 있는 것이다. (「대종사大宗師」,
6:1)

[若然者, 登高不慄, 入水不濡, 入火不熱. 是知之能登假於道者, 也若此.]

옛날의 진인들은 잠을 자더라도 꿈을 꾸지 않았고, 깨어 있다 하더라
도 걱정이 없었다. 그들의 음식은 달지 않았으며, 그들의 숨은 깊었다.
진인들은 발뒤꿈치로 숨을 쉬고 보통 사람들은 목구멍으로 숨을 쉰다.

[古之眞人, 其寢不夢, 其覺無憂. 其食不甘, 其息深深. 眞人之息以
踵, 衆人之息以喉.]

(논변에서) 굴복당한 사람은 목구멍이 꽉 막혀 (제대로 대답 못하고) 토해
낼 듯 (그저) 꺽꺽 한다. (속세의 잡다한) 재미나 욕망에 깊이 **빠진** 이들은
그들의 '타고난 재능' [天機]이 천박한 것이다. (「대종사大宗師」, 6:1)

---

70) 이 구절: 「不逆寡」의 寡를 曹礎基는 失敗로 이해했다. 曹礎基, 88頁, 주1 참조.
71) 이 구절: '不謨士'에서 '모謨'는 모謀(도모하다), '士'는 '事' [일]의 뜻이다. 위와
같음. 주3 참조.

[屈服者, 其嗌言若哇. 其耆欲深者, 其天機淺.]

옛날의 진인들은 출생도 기뻐할 줄 몰랐고, 사망도 싫어할 줄 몰랐다. 태어난 것을 기뻐하지도 않거니와 되돌아가는 것을 거부하지도 않았다. 의연히 가고 의연히 올 따름이다.

[古之眞人, 不知說生, 不知惡死. 其出不訴, 其入不距. 翛然而往, 翛
然而來而已矣.]

자기[생명]의 시작을 잊지도 않거니와 [제 명대로] 죽는 것도 [억지로는]
추구하지 않았다. [생명을] 받으면 기뻐하고 그것을 잃었으면 [자연으로]
다시 돌아간 것이다.

[不忘其所始, 不求其所終. 受而喜之, 忘而復之.]

이것이 [바로 인간의] 마음으로써 도道를 덜어내지 아니하고, 인위[人]
때문에 자연[天]을 돕지 않는다는 것이다. 이래야 진인眞人이다.

[是之謂: 不以心損道, 以人助天. 是之謂: 眞人.]

이러한 사람은 마음을 드러내 보이지 않고[72), 모습은 적연하며, 앞이
마는 소탈하다.[73) 쓸쓸하기가 가을과 같고, 따스하기가 봄과 같다.

---

72) 이 구절 〈若然者, 其心志〉에서 〈志〉의 뜻을 郭象은 〈마음을 가진에 편안하이 志
이다〉(所居而安爲志)라고 했다. 郭慶藩, 上同, 231 쪽, 주 1 참조. 그러나 楊柳橋는
『荀子』, 「解蔽」편의 "志也者, 臧(藏)也." 이에 대한 楊倞注에는, "在心爲志"에 의
거하여 이 구절 〈其心志〉을 "마음이 감추어져 드러나지 않음"(心藏而不露)으로 풀
었다. 楊柳橋, 『莊子譯詁』 上海: 古籍出版社, 1991, 116쪽, 주11 참조.
73) 상類은 '앞이마' 이고, 규類는 '질박하여 꾸밈이 없는 모양' 의 뜻임. 曹礎基, 上
同, 90쪽, 주11 참조.

[若然者, 其心志, 其容寂, 其顙頯. 凄然似秋, 煖然似春.]

기쁨과 노여움의 감정은 사철의 변화와 통하고 만물과 잘 조화되어 그 끝[極]을 알 수가 없다.

[喜怒通四時, 與物有宜, 而莫知其極.]

따라서 성인이 군사를 일으켜 (비록) 나라를 망하게 하여도 그 사람들의 마음을 잃지 않는다.

[故聖人之用兵也, 亡國而不失人心.]

이익과 은택을 만세에 베풀어 준다 해도, (특별하게) 사람을 사랑해서 그러는 것은 아니다.

[利澤施乎萬世, 不爲愛人.]

따라서 만물(만인)에게 (자의적으로) 쾌락을 주는 것이 성인[이 할 일]이 아니다. 편애하는 것이 인仁은 아니다. 때를 놓치는 것이 현명한 것은 아니다.

[故樂通物, 非聖人也. 有親, 非仁也. 天[失]74)時, 非賢也.]

이로움도 해로움도 [결국 똑같다는] 사실을 통달하지 못하면 군자君子가 아니다. 명성을 좇아서 자신을 잃었으면 선비는 아니다.

[利害不通, 非君子也. 行名失己, 非士也.]

---

74) 曹礎基는 이 구절 '天時'에서 '天'을 '失'의 오기誤記로 보고 있다. 위와 같음. 주13 참조.

몸을 망치고 [자연의] 참됨[眞]을 잃었으면, 남을 부릴 수 있는 사람은
아니다.

　　[亡身不眞, 非役人也.]

호불해狐不偕, 무광務光, 백이伯夷, 숙제叔齊, 기자箕子, 서여胥餘, 기타
紀他, 신도적申徒狄 등 이들은 남의 할 일을 해주었다.

　　[若狐不偕, 務光, 伯夷, 叔齊, 箕子, 胥餘, 紀他, 申徒狄, 是役人之
　　役.]

남의 즐거움을 위해 그들을 즐겁게 하였으나, 자기의 즐거움을 스스
로 즐겁게 하지 못한 사람들이다. (「대종사大宗師」, 6:2)

　　[適人之適, 而不自適其適者也.]

옛날 진인들의 마음 씀이나 태도[情態]는 적절하여 붕당을 만들지 않
았고, 부족하다 해도 [남의 도움을] 받지 않았다.

　　[古之眞人, 其狀義75), 而不朋; 若不足, 而不承.]

[마음의] 굳기는 칭찬해 줄 만해도 모가 나지는 않았고, 허심한 마음을
활짝 열어 보였어도 부화浮華하지는 않았다.

　　[與乎其[堅], 而不[觚]也;76) 張乎其虛, 而不華也.]

---

75) 이 十절 〈其狀義〉에서 狀은 '마음 씀과 태도' [情態]의 뜻이며, 義는 宜(적절하다)
　　또는 合(합당하다)의 뜻이다. 曹礎基, 上同, 91 쪽, 주 1 참조.
76) 이 구절 〈與乎其觚而不堅〉에서 與는 〈若擧〉(들어 올리다), 〈稱擧〉(칭찬해주다)로 읽
　　어야 한다. 觚는 네모지다의 뜻이다. 이 구절에서 〈堅〉는 아래 구절: 〈張乎其虛
　　而不華〉의 〈華〉와 운韻이 맞지 않기 때문에 마땅히 〈고觚〉와 〈견堅〉의 자리를 바
　　꾸어 마땅히 〈與乎其堅, 而不觚〉로 바로 잡아야 한다.　曹礎基, 92쪽, 주3 참조.

홀가분하게 기뻐하는 듯하였고, 행동은 마지못해서 하는 듯하였다. 온화하여 우리에게 친밀감을 더해 주었고, 융숭하여 우리의 마음을 편하게 해주었다!

　　[邴邴乎77) 其似喜乎; 崔乎78) 其不得已乎. 79) 滀乎進我色也, 與乎止我
　　德也. 80)]

[그들의 마음은] 드넓고 큰 듯하였고, 아득히 높아서 재어볼 수 없는 듯했다. 한가로이 매우 여유가 있는 듯했고, 무심하여 할 말을 잊은 듯이했다.

　　[厲乎其似世[泰]81)乎; 謷乎其未可制也. 連乎其似好閉也;82) 悗乎83)
　　忘其言也.]

[이들은] 형벌을 몸[體]으로 하고, 예법을 날개로 삼아서는, 지혜를 시의 적절하게 쓰면서, [사물 각각의] '자연본성德' 84)을 근거로 삼고 있다.

　　[以刑爲體, 以禮爲翼, 以知爲時, 以德爲循.]

---

77) 병병邴邴, 마음이 가벼운 모양.
78) 최최崔崔, 움직이는 모습.
79) 축滀은 얼굴표정이 온화한 모습. 曹礎基, 92 쪽, 주 7 참조.
80) 이 구절 〈與乎止我德也〉에서 與는 和 그리고 止는 安의 뜻이다. 위와 같음, 주 8
　　참조.
81) 이 구절 〈廣乎其似世也〉의 世는 泰(즉 太)와 통한다. 楊柳橋, 上同, 117 쪽, 주 28
　　참조.
82) 連連은 徐徐, 천천히 한가로운 모습, 好閉는 好閒(아주 한가로운 모습)이다. 曹礎基,
　　위와 같음, 주 11 참조.
83) 만悗은 무심無心한 모습을 뜻함.
84) 저자는 『장자』에 나오는 〈德〉의 의미를 「모든 사물들 각각이 가지고 있는 자기
　　고유의 〈자연본성〉」으로 이해하였다. 따라서 〈德〉은 (개개사물의) '자연본성'으로 풀
　　이하였다.

형벌을 몸으로 삼았다 함은, [만물들이란 모두 죽으니] 쇠몰衰殺의 광대함
을, 예법을 날개로 삼았다 함은 [이런 도리가] 사회에도 통용되고 있음을
말하는 것이다.

　　[以刑爲體者, 綽乎其殺也; 以禮爲翼者, 所以行於世也.]

지혜를 시의 적절하게 씀은 세상일을 어떻든 그만둘 수 없음을 말한다.

　　[以知爲時者, 不得已於事也.]

[사물은 각각 자기의] '자연본성德'을 근거로 삼음은, 아마도 발(足)이
있으면 (누구나) 산에 오를 수 있는 (당연한 이치를), 사람들은 〈부지런히
걷는 자〉만이 (오를 수 있다고) 참으로 [잘못] 생각함을 말하는 것이다.

　　[以德爲循者, 言其與有足者至於丘也, 而人眞以爲勤行者也.]

따라서 [우주 안의 만물들은] 그것들이 좋아한다는 면에서도 '하나' 85)
요, 좋아하지 않는다는 면에서도 '하나' 이다.

　　[故其好之也一, 其弗好之也一.]

그것들을 '하나' 로 본다는 면에서도 '하나' 요, '하나로 보지 않는
다.' 는 면에서도 '하나' 이다.

　　[其一也, 一; 其不一也, 一.]

이것들을 '하나로 보는 것' [其一]은 천지자연[天]과 함께 어울리는 것
이요, 이것들을 '하나로 보지 않는 다는 것' [其不一]은 인위적 사회[人]

---

85) '하나' (一)는 '서로 같음' [相同]의 뜻이다. 曹礎基, 93쪽, 주 20 참조.

와 어울리는 것이다.

[其一與天爲徒, 其不一與人爲徒.]

[이렇듯] '자연'과 인위가 서로 압박함이 없이 [서로 하나가 된], 그런 사람이 '진인真人'인 것이다. (『대종사大宗師』, 6:3)

[天與人不相勝也, 是之謂眞人.]

5.2) 삶과 죽음에서 자유로운 천지자연의 '도'와 함께 하는 삶

죽고 사는 것은 운명이다. 밤과 낮의 '불변 현상[常]'이 자연[天]이다. (자연현상은) 사람들이 관여할 수 없는 바이니, 모든 (존재하는) 개체[物]들의 실정이다.

[死生, 命也. 有夜旦之常, 天也. 之有所不得與, 皆物之情也.]

저들(보통 사람들)은 특히 '하늘'[天]을 (자신에게 생명을 준) 아버지처럼 여기면서 자기 몸보다 오히려 그것을 더 사랑한다. 하물며 더욱 탁월한 [도道]는 어떻게 해야 하는가?

[彼特以天爲父, 而身猶愛之. 而況其卓乎?]

사람들은 특히 나라의 임금을 자기보다 고귀하다고 생각하고 오히려 자기 몸을 바쳐 죽기까지 한다. 하물며 (그보다 더한) 참된 ['도'를 우리는] 어떻게 해야 하는가? (『대종사大宗師』, 6:4)

[人特以有君爲愈乎己, 而身猶死之. 而況其眞乎?]

샘물이 말라 물고기들이 맨땅에 드러나자 서로 물기를 뿜어주고 거품을 내어 적셔준다. (이는) 강물이나 호수 속에 살면서 서로를 잊고 지내던 때만 못한 것이다.

[泉涸, 魚相與處於陸, 相呴以濕, 相濡以沫. 不如相忘於江湖.]

요堯임금을 기리고 걸桀임금을 비난하는 것은 차라리 두 사람을 다 잊고 올바른 '도'와 동화하는 것만 못한 것이다. (『대종사大宗師』, 6:4)

[與其譽堯而非桀也, 不如兩忘而化其道.]

대자연은 우리에게 형체(몸)를 주고, 삶으로 우리를 수고롭게 하고, 늙음으로 우리를 한가하게 하고, 죽음으로 우리를 쉬게 한다.

[夫大塊, 載我以形, 勞我以生, 佚我以老, 息我以死.]

따라서 우리의 삶을 잘 사는 일이 바로 우리의 죽음을 잘 맞는 일인 것이다.

[故善吾生者, 乃所以善吾死也.]

배를 골짜기에 숨기고 산을 호수 속에 숨겼으면 튼튼하게 [감춘] 셈이다! 그러나 밤중에 힘센 사람이 그것을 업고 도망가도, 잠자는 사람은 그것을 모른다.

[夫藏舟於壑, 藏山於澤, 謂之固矣. 然而, 夜半有力者, 負之而走. 昧者不知也.]

작은 것을 큰 것에 감추었으면 적절한 것이나, 그래도 잃어버릴 수가 있는 것이다.

[藏小大, 有宜. 猶有所遯.]

천하天下를 천하에 감춘다면 [즉, 천지 만물을 자연 그대로 방임하면] 잃어
버릴 것이 없다는 것은 만물의 불변하는 큰 실정이다. 다만 (우연히) 사
람의 몸으로 빚어졌는데도[86] (사람들은) 오히려 기뻐한다.

[若夫藏天下於天下, 而不得所遯. 是恆物之大情也. 特犯人之形, 而
猶喜之.]

(그러나) 사람의 몸과 같은 것은 (천지자연의) 천만 가지 조화(중의 하나)
일 뿐이니, 그 끝을 알 수 없다. (무궁한 자연조화의) 즐거움을 다 헤아릴
수 있겠는가?

[若人之形者, 萬化, 而未始有極也, 其爲樂, 可勝計邪?]

따라서 성인은 (모든) 존재들이 (타고난 본성을) 잃어버리지 않고 모두
다 보존되는 그런 경지에서 노닌다. 요절했어도 좋고 오래 살았어도 좋
고, 시작도 잘 했고 끝도 잘 끝내니, 사람들은 오히려 (성인들의 이런 마음
을) 본받고자 한다.

[故聖人, 將遊於物之所不得遯而皆存. 善夭善老, 善始善終, 人猶效
之.]

하물며, 모든 만물(의 생명)이 걸려있고, 모든 변화가 의지해 있는 ['도']
는 또한 더 말해 무엇 하겠는가! 「대종사大宗師」, 6:4)

---

86) 이 구절 〈特犯人之形〉에서 犯은 범范, 즉 '본대로 주조해 낸다'의 뜻이다.

[又況萬物之所係, 而一化之所待乎!]

5.3) 생사生死 밖에서 '도'와 함께 노니는 영원한 삶

도道는 실재하는 진실한 존재이다. (그것은) 무위無爲하고 무형無形하다. (도의 뜻은) 전할 수는 있어도 ('도' 자체를) 손으로 받아 쥘 수는 없다. 체득할 수는 있어도 눈으로 볼 수는 없다.

[夫道, 有情有信, 無爲無形. 可傳而不可受, 可得而不可見.]

('도'는) 스스로 근본이 되고 스스로 뿌리가 되니, 아직 천지가 있기 전의 옛날부터 존재해온 것이다. 귀신들을 신령하게 하고 하느님[帝]을 신묘하게 하였으며, 하늘을 낳고 땅을 생성시켰다.

[自本自根, 未有天地, 自古以固存. 神鬼神帝, 生天生地.]

태극太極보다 위에 있으나 높지 않고, 육극六極[天地의 네 방향과 상하] 아래에 있으면서도 깊지 않다. 하늘과 땅보다 오래 되었으면서도 오래 되지 않았고, 태고보다 오래 되었어도 늙지 않았다.

[在太極之上, 而不爲高. 在六極之下, 而不爲深. 先天地生, 而不爲久. 長於上古而不爲老.]

희위씨狶韋氏가 이것[道]을 얻어서 천지를 개벽할 수 있었고, 복희씨伏羲氏는 이것을 얻어서 음양의 기를 화합할 수 있었다.

[狶韋氏得之, 以挈天地. 伏戲得之, 以襲氣母.87)]

북두北斗성은 이것을 얻어서 영원토록 [궤도를] 일탈하지 않고 있다.
해와 달은 이것을 얻어서 [운행을] 멈추지 않고 있다.

[維斗得之, 終古不忒. 日月得之, 終古不息.]

감배堪坏(곤륜산의 산신)는 이것을 얻어 곤륜崑崙산에 들어갔다.[88] 풍이
馮夷(황하의 신, 즉 하백河伯)는 이것을 얻어 큰 강물[大河]에서 노닌다. 견
오肩吾(태산泰山의 신)는 태산太山(즉 泰山)에 살 수 있었다.

[堪坏得之, 以襲崑崙. 馮夷得之, 以遊大川. 肩吾得之, 以處大山.]

황제黃帝는 이것을 얻어서 구름 위 하늘에 오를 수 있었다. 전욱顓頊
(黃帝의 손자, 즉 현제玄帝)은 이것을 얻어서 현궁玄宮에 살 수 있었다. 우강
禹强(북해신北海神)은 이것을 얻어서 북극北極에 설 수 있었다.

[黃帝得之, 以登雲天. 顓頊得之, 以處玄宮. 禹强得之, 立乎北極.]

서왕모西王母[89]는 이것을 얻어서 소광少廣산에 앉아 있으니 그의 처
음도 끝도 알 수가 없다. 팽조彭祖(800년 장수한 사람)는 이것을 얻어서 위
로는 우虞(순舜임금) 때에 미치었고 아래로는 오패五覇(즉 春秋시대)에 미치
었다.

---

87) 이 구절 〈襲氣母〉에서 〈襲〉은 〈合〉(화합하다)의 뜻이고, 〈氣母〉는 〈陰陽〉의 뜻이
   다. 曹礎基, 96頁, 주9 참조.
88) 이 구절 〈以襲崑崙〉에서 〈習襲〉은 〈入〉(들어가다)의 뜻이다.
89) "소광少廣은 서쪽 끝의 산의 이름이다. 왕모王母는 태음太陰의 요정[精]이다. 표범꼬
   리에, 호랑이 이빨을 하고 잘 웃는다. 순舜임금 때 사신을 시켜 옥환玉環을 보내왔고,
   漢武帝 때에는 청도靑桃를 보내왔다. 용모는 십육칠 세의 여자 같고 매우 단정하며 늘
   서쪽의 소광少廣산에 있으며, 생사[윤회를] 다시 하지 않는다. 따라서 그의 처음과 끝
   을 알 수 없다.", 郭慶藩, 上同, 250쪽 참조.

[西王母得之, 坐乎少廣, 莫知其始, 莫知其終. 彭祖得之, 上及有虞,
下及五伯.]

부열傳說90)은 이것을 얻어서 [은殷나라] 무정武丁 임금의 재상이 되어
비로소 천하를 다스리다가, [죽어서는] 동유東維별을 올라타고 기미箕尾별
을 말 타듯 하다가 [별이 되어] 다른 별들과 나란히 있게 되었다. (「대종사
大宗師」, 6:5)

[傳說得之, 以相武丁, 奄有天下; 乘東維, 騎箕尾, 而比於列星.]

5.4) 죽음과 중병을 넘어서서 '도'와 함께
하는 자유로운 삶

자사子祀, 자여子輿, 자리子犁, 자래子來, 이 네 사람이 모여서 이야기
를 하였다.

"누가 '무無'를 머리로 삼고, 삶을 척추로 여기고, 죽음을 항문으
로 여길 수 있겠는가? 누가 삶과 죽음, 생존과 멸망이 [서로 떨어질 수 없
는] 한 몸임을 알고 있는가? 우리는 그들 [모두]와 친구가 될 것이다."

[子祀, 子輿, 子犁, 子來, 四人相與語, 曰: "孰能以無爲首, 以生爲
脊, 以死爲尻? 孰知: '死生存亡之一體' 者? 吾與之友矣!"]

---

90) 부열傳說은 원래 부암傳巖땅에서 성벽을 쌓는데 동원된 노예였으나, 은殷나라 임금
무정武丁(즉 高宗)이 재상으로 발탁한 은나라 현신이다. 그는 죽은 뒤에 그의 정신이
하늘에 올라가 말을 타고 가다가 별이 되어 두 별자리: 동유東維와 기미箕尾 사이에
있는 여러 별들과 나란히 있게 되었다. 위와 같음, 주19 참조.

네 사람은 서로 쳐다보고 웃었다. 마음에 거슬리는 것이 없어서 마침내 서로 함께 친구가 되었다. 갑자기 자여子輿가 병이 들었다. 자사子祀가 문병을 갔다.

　　[四人相視而笑, 莫逆於心, 遂相與爲友. 俄而子輿有病, 子祀往問之.]

(병든) 자여子輿는 말하였다.

　　"대단하군, 조물주의 힘이! 나를 이렇게 구부정하게 만들다니!"

　　[曰: "偉哉! 夫造物者! 將以子爲此拘拘也!"]

등은 곱사등이가 되고, 오장의 힘줄은 위쪽으로 올라붙고, 턱은 배꼽 아래로 감추어지고, 어깨가 머리끝보다도 높고, 머리꼬리가 하늘을 향하게 되었다.

　　[曲僂發背, 上有五管, 頤隱於齊, 肩高於頂, 句贅指天.]

음과 양의 기가 어지러워진 것이다. 그러나 그의 마음은 편안하고 아무 일도 없는 듯하였다.

　　[陰陽之氣有沴, 其心閒而無事.]

뒤뚱뒤뚱 걸어가 우물에 자신의 모습을 비추어 보면서 말하였다.

　　"아아, 조물주가 나의 몸을 이토록 구부러지게 만들다니!"

　　[跰足鮮, 而鑑於井, 曰: "嗟乎! 夫造物者, 又將以予爲此拘拘也!"]

자사子祀가 물었다.

　　"자네는 그렇게 된 것이 싫은가?"

[子祀曰: "女惡之乎?"]

"아니. 내 어찌 싫다하겠나? 만약에 (천지) 조화의 작용이 점점 더 커져서 내 왼팔을 변화시켜 닭으로 만들어 준다면 나는 사람들에게 새벽이나 알려주겠네. 또 만일 조화의 작용으로 내 오른팔을 화살로 만들어 준다면 나는 그것으로 올빼미라도 잡아서 구워 먹도록 할 것이네.

[曰: "亡. 予何惡? 浸假而化, 予之左臂而爲鷄; 予因以求時也. 浸假而化, 予之右臂以爲彈; 予因以求鴞炙.]

조화의 작용으로 인해 나의 궁둥이가 수레바퀴가 되고 정신[神]이 (달리는) 말[馬]이 된다면, 나는 그것을 타고 다닐 것이네. 어찌 따로 수레를 찾겠는가?

[浸假而化, 予之尻以爲輪; 以神爲馬; 予因以乘之, 豈更駕哉!]

또한 [생명을] 얻는 것도 [한] 때요, 그것을 잃는 것은 [자연변화에] 순명하는 것이네. 그러니 [살았을] 때에 편안하고 [죽음에] 순명하면, 슬픔이나 즐거움은 끼어들 수가 없게 되는 것이네.

[且夫得者, 時也; 失者, 順也. 安時而處順, 哀樂不能入也.]

이것이 옛사람이 말하는 '속박으로부터의 해방'[縣解]인 것이네.

[此, 古之所謂: '縣解' 也.]

그런데 속박으로부터 자신을 해방하지 못하는 것은 (내 마음 밖의) 만물(만인萬人)이 [사람의 마음을] 동여매고 있기 때문이라네.

[而不能自解者, 物有結之.]

또한 만물(만인萬人)들이 자연[天]의 (무궁한 조화)를 이길 수 없다는 것은 이미 오래된 사실이네. 그러니 내가 어찌 이렇게 된 것을 싫어하겠나?"(「대종사大宗師」, 6:7)

[且夫物不勝天, 久矣. 吾又何惡焉!"]

갑자기 자래子來가 병이 나서 숨을 가쁘게 쉬면서 죽어 가는 듯하였다. 그의 처자들은 그를 둘러싸고 울고 있었다. 마침 자리子犁가 문병가서 [이 광경을 보고] 말하였다.

"조용히 하고 물러서시오! 조화의 작용을 놀라게 하지 마시오!"

[俄而子來有病, 喘喘然將死. 其妻子環而泣之. 子犁往問之, 日: "叱! 避! 無怛化."]

그리고 방문에 기대어 자래子來에게 말하였다.

"대단하다, 조화[의 힘]이여! 장차 자네를 무엇으로 만들려 하는 것일까? 자네를 어디로 가게 하려는 것일까?

[倚其戶, 與之語, 日: "偉哉造化! 又將奚以汝爲? 將奚以汝適?]

자네를 쥐의 간으로 만들려는 것일까, 벌레의 어깨로 만들려는 것일까?"

[以汝爲鼠肝乎? 以汝爲蟲臂乎?]

자래子來가 말했다.

"부모가 자식에게 동서남북 어느 방향으로 가라고 하던 (자식은) 그 대로 명령을 따르네. 천지 음양의 조화가 사람에게 미치는 영향은 부모 의 말씀[命令] 정도가 아니네.

[子來曰: "父母於子, 東西南北, 唯命之從. 陰陽於人, 不翅於父母.]

(그런데) 그것(음양의 조화)이 내 죽음 가까이에 오면 나는 (화를 내며) 거 역을 한다네. [그러나 내가 죽는 것이] 그에게 무슨 잘못이 되겠는가?

[彼近吾死, 而我不聽, 我則悍矣. 彼何罪焉!]

천지 대자연은 나에게 형체를 주고, 삶으로써 나를 수고롭게 하고, 늙음으로써 나를 편안하게 하고, 죽음으로써 나를 쉬게 하는 것이네. 그러므로 자기의 삶을 잘 사는 것이 곧 자기의 죽음을 잘 맞이하는 것 이네.

[夫大塊載我以形, 勞我以生, 佚我以老, 息我以死. 故善吾生者, 乃所 以善吾死也.]

지금 노련한 대장장이가 녹인 쇠를 부어 도구를 만들고자 한다고 하 세. 그런데 그 쇳물이 튀어 나서면서 '나는 반드시 막야鏌鋣[名劍의 이름] 가 되어야 해!' 라고 외친다면, 이 대장장이는 이를 상서롭지 못한 쇠라 고 생각할 것이네.

[今大冶鑄金, 金踊躍, 曰: '我且必爲鏌鋣.' 大冶, 必以爲不祥之金.]

지금 어쩌다가 우연히 사람의 형체를 만나서 태어난 것일 뿐인데, '꼭 사람이 되어야 해, 꼭 사람이 되어야 해!' 하고 외친다면 조물자는 반드시 상서롭지 못한 사람이라고 여기지 않겠는가?

[今一犯人之形, 而曰: ‘人耳人耳!’ 夫造化者, 必以爲不祥之人.]

지금 바로 하늘과 땅은 큰 용광로라 생각하고 조물자를 훌륭한 대장장이라고 생각한다면, 무엇이 된들 안 될 것이 있겠는가?”[이렇게 말하고 자래子來는] 이윽고 잠이 깊이 들었다가, 뿌듯한 마음으로 깨어나는 것이었다.91) (「대종사大宗師」, 6:8)

[今一以天地爲大鑪, 以造化爲大冶. 惡乎往而不可哉!” 成然寐, 蘧然覺.]

자상호子桑戶, 맹자반孟子反, 자금장子琴張, 이 세 사람이 서로 친구가 되어서, 말을 하였다.

“누가 서로 사귀는 것이 아니면서 서로 사귀고, 서로 돕는 것이 아니면서 서로 도울 수 있을까? 누가 하늘에 올라 안개 속에 노닐며, 무궁하게 왔다 갔다 하며, 서로 삶도 잊은 채 다함이 없이 돌아다닐 수 있을까?”

[子桑戶, 孟子反, 子琴張, 三人相與語, 曰: “孰能相與於無相友, 相爲於無相爲? 孰能登天遊霧, 撓挑92)無極, 相忘以生, 無所終窮?]

세 사람은 서로 쳐다보며 웃고 뜻이 맞아 이윽고 친구가 되었다. 아무 일 없이 얼마 동안 지내다가 자상호가 죽었다.

---

91) 이 구절 〈蘧然覺〉에서 〈蘧〉는 〈뿌듯한 마음〉이란 뜻이다.
92) 〈撓挑〉에서 〈요撓〉는 〈맴돌다〉의 뜻이고 〈挑〉는 〈요橈〉(굽다. 구부러지다)와 통한다. 따라서 ‘요도撓挑’는 ‘왕복순환’의 뜻이 있다. 曹礎基, 103쪽 주4 참조.

[三人相視而笑, 莫逆於心. 逐相與友. 莫然有閒, 而子桑戶死.]

아직 장사를 지내기 전에 공자가 이 소식을 듣고 자공子貢을 보내 일을 거들게 하였다. [가서 보니] 한 사람은 만가挽歌를 부르고, 또 한 사람은 거문고를 뜯으면서, 서로 목소리를 맞추어 노래하고 있었다.

"아, 오라! 상호여! 아, 오라! 상호여! 그대는 이미 그대의 진실로 돌아갔는데, 우리만 아직 사람이로구나."

[未葬. 孔子聞之, 使子貢往待事焉. 或編曲, 或鼓琴, 相和而歌曰: "嗟, 來! 桑戶乎! 嗟, 來! 桑戶乎! 而已反其眞, 而我猶爲人猗.93)"]

자공이 나아가서 말했다.

"묻겠습니다. 주검 앞에서 노래하는 것이 예禮입니까?"

[子貢趨而進, 曰: "敢問, 臨尸而歌, 禮乎?"]

두 사람은 빙긋이 웃으며 말하였다.

"이 사람이 어찌 '예'의 뜻을 알겠나!"

[二人相視, 而笑, 曰: "是惡知禮意?"]

자공이 돌아와 공자에게 이렇게 고하였다.

"저들은 어떤 사람입니까? 예절 바른 행동은 전혀 없고 그들 자신의 몰골을 잊어버리고 수검 앞에서 노래를 부르며 얼굴빛조차 변하지 않으니 뭐라고 말할 수가 없습니다. 그들은 어떤 사람들입니까?"

[子貢反, 以告孔子, 曰: "彼何人者邪? 修行無有, 而外其形骸. 臨尸

---

93) 의猗는 여기서 자체의 뜻이 없고 어미조사로 쓰이고 있다.

而歌, 顔色不變. 無以命之. 彼何人者邪?"]

공자가 말하였다.

"그들은 이 세상 밖에서 노니는 사람들이고, 나는 이 세상 안에서 노니는 사람인 것이네. 이 세상의 밖과 안은 서로 미치지 못하는 곳인데, 나는 자네를 조상하러 보냈으니 내 생각이 모자랐던 것이네.

[孔子曰: "彼遊方之外者也; 而丘遊方之內者也. 外內不相及, 而丘使女往弔之, 丘則陋矣!]

그 사람들은 또한 조물자造物者[우주의 자연조화]와 짝이 되어 천지자연의 '한결같은 기운[一氣]'에 노니는 사람들이네.

[彼方且與造物者爲人, 而遊乎天地之一氣.]

저들은 삶을 [거추장스럽게] 붙어있는 혹부리로, 죽음을 종기가 터져나가는 것으로 생각하고 있네. 또한 [저들이] 생사生死와 선후先後의 소재를 어찌 알겠는가?

[彼以生爲附贅縣疣, 以死爲決潰癰. 夫若然者, 又惡知死生先後之所在?]

[저들은 서로] 다른 점[異物, 즉 개체적 측면]을 빌리면서도 [정합적인] 한 몸[同體, 즉 도의 측면]에 의탁하고 있는 것이네. 간肝과 쓸개[담膽]를 안중에 두지 않고 자기의 이목耳目(의 욕구)를 잊고 사는 것이네.

[假於異物, 託於同體. 忘其肝膽, 遺其耳目.]

[삶의] 시작과 끝이 반복되는 것으로 보고 그 처음과 끝을 모른 채 망연히 속세 밖에서 방황하고 '무위無爲' 하면서 자유로이 소요하는 것이네!

[反覆終始, 不可端倪. 芒然彷徨乎, 塵垢之外. 逍遙乎, 無爲之業.]

저들이 또한 어떻게 멍청하게 세속의 예禮를 지키며 세상 사람들의 이목耳目(의 욕구들)이나 쳐다보고 있겠는가!"(「대종사大宗師」, 6:9)

[彼又惡能憒憒然爲世俗之禮, 以觀衆人之耳目哉!"]

자공이 말하였다.
"그러면 선생님은 어떤 도리를 따르십니까?"
[子貢曰: "然則夫子何方之依?"]

공자가 말하였다.
"나는 자연[天]으로부터 벌 받은 사람이네. 비록 그러하나 나는 이제 자네와 함께 그것('도' 의 자유세계)을 지향하고자 한다네.94)"
[孔子曰: "丘天之戮民也. 雖然, 吾與汝共之."]

자공이 말하였다.
"그 방도가 무엇입니까?"
[子貢曰: "敢問其方."]

공자가 말했다.

---

94) 이 구절 〈吾與汝共之〉에서 〈共〉은 〈拱〉(손으로 붙잡다)과 뜻이 통하니, 〈向〉(지향한다)의 뜻이 된다. 曹礎基, 105頁, 주3 참조.

"물고기는 서로 물에서 만나고,95) 사람은 서로 도道에서 만나는 것이네. 물에서 만나는 것은 못[지池]을 파고 나서야 살아나갈 수 있으나, '도'에서 만난 것은 아무 일에 매이지 않으면서도 심성96)이 안정되는 것이네. 따라서 '물고기들은 강물에서 서로 잊고, 사람들은 도술道術에서 서로 잊고 산다.'라고 말하는 것이네."

[孔子曰: "魚相造乎水, 人相造乎道. 相造乎水者, 穿池而養給. 相造乎道者, 無事而生定. 故曰: '魚相忘乎江湖, 人相忘乎道術'"]

자공이 말하였다.

"기인畸人[별난 사람]이란 무엇입니까?"

[子貢曰: "敢問畸人."]

(공자가) 말하였다.

"'기인'이란 인간세상[人]에는 별나지만, 자연세계[天]와 합일하는 것이네. 따라서 '자연세계'의 소인小人은 인간 세상의 군자君子이고, 인간 세상의 군자는 자연 세계의 소인일세."(「대종사大宗師」, 6:10)

[曰: "畸人者, 畸於人, 而侔於天. 故曰: '天之小人, 人之君子; 人之君子, 天之小人也'."]

5.5) 좌망坐忘: 모든 고정관념을 털어내고 '도'와 하나가 되다

---

95) 이 구절 〈魚相造乎水〉의 〈造〉는 〈遭〉(만나다)의 뜻을 빌린 것이다. 楊柳橋, 上同, 133頁, 주20 참조.
96) 이 구절 〈無事而生定〉에서 〈生〉은 〈性〉의 뜻이다.

안회顏回가 말했다. "저는 나아졌습니다."

공자가 물었다. "무슨 말이냐?"

(안회가) 말하였다. "(저는) 인의仁義를 잊게 되었습니다."

(공자가) 말하였다. "좋다. 그러나 아직 멀었다."

　　[顏回曰: "回益矣." 仲尼曰: "何謂也?" 曰: "回忘禮樂矣." 曰:
　　"可矣, 猶未也."]

뒷날 다시 만나서 안회가 말했다. "저는 나아졌습니다."

(공자가) 물었다. "무슨 뜻이냐?"

(안회가) 대답했다. "저는 예악禮樂을 잊었습니다."

(공자가) 말했다. "좋다. 그러나 아직 멀었구나."

　　[他日, 復見, 曰: "回益矣." 曰: "何謂也?" 曰: "回忘仁義矣." 曰:
　　"可矣, 猶未也."]

그 뒤 다시 만나 안회가 말하였다. "저는 나아진 것이 있습니다."

(공자가) 말했다. "무슨 뜻이냐?"

(안회가) 대답하였다. "저는 '좌망坐忘'을 하게 되었습니다."

공자는 놀란 듯이 되물었다. "'좌망'이란 어떤 것이냐?"

　　[他日, 復見, 曰: "回益矣." 曰: "何謂也?" 曰: "回坐忘矣." 仲尼
　　蹴然, 曰: "何謂坐忘?"]

안회가 대답하였다.

"자신의 신체나 손발의 존재를 잊어버리고, 눈이나 귀의 명민함을 멈추고, 몸을 떠나 마음의 지각을 버리며, [모든 차별을 넘어서] 대도大道에 동화하는 것이 좌망坐忘입니다."

공자가 말했다.

"['도' 와] 같아지면 [한쪽으로] 좋아하는 마음이 없어지고, 변화하니 집착하는 마음이 없어진다.97) 자네는 과연 현명하도다! 나도 자네의 뒤를 좇아가야겠네."(「대종사大宗師」, 6:13)

[顏回曰: "墮肢體, 黜聰明, 離形去知, 同於大通. 此, 謂坐忘." 仲尼
曰: "同則無好也, 化則無常也. 而果其賢乎! 丘也請從而後也."]

6. 진흙 속에서의 삶의 자유와 예술적 자유의 세계

장자가 제시하는 소요유의 세계는, 자기 삶이 원래 자연으로부터 받고 태어난 자기본능[德]을 그대로 키워나가면서, 주체적 그리고 능동적으로 삶을 이끌어갈 수 있는 생활 세계를 말한다. 따라서 세속적인 성공이나 실패가 그 삶에서 갖는 의미는 철저하게 무시된다. 세상의 칭찬에도 우쭐대지 않으며, 그들의 비방에도 마음이 조금도 흔들리지 않는다. 세속적 성공 실패의 지평 너머에서 자기 삶이 자기의 본연성(진정성)을 실현하여 나가는 그런 삶의 영위를 말하는 것이다. 따라서 자기의 삶이 — 남들과의 사회적 관계에서 — 외물(즉, 자기 생명 밖의 세속적인 명예, 권력, 부, 미모, 지능, 학식, 이념 등)의 추구 때문에 소외를 당하지 않는 삶을 의미한다. 이런 식으로 자기 삶의 진정성을 계발하고 키워나가며, 자기

---

97) 이 구절 〈同則無好, 化則無常〉에서 〈好〉는 〈偏好〉(한쪽으로 좋아하다)의 뜻이고, 〈常〉은 〈항상 불변하는 것〉, 즉 〈집착〉의 뜻으로 통한다. 曹礎基, 110쪽, 주 9와 10 참조.

의 삶을 온통 자기 소유로 하면서, 내 정신과 〈나 밖의〉 다른 존재와
조화롭게 대화하며 소통하는 삶을 통하여 얻어지는 자유란 〈나와 나 밖
의〉 자연 세계와의 예술적, 시적 어울림과 만남을 말한다. 따라서 장자
가 추구하는 "소요유"의 이상은 한편으로 결코 속세를 떠나지 않고 그
속에 살면서도, 다른 한편으로 세속의 이해관계에서 해방되어 예술적으
로 승화된 지평에서만 비로소 가능한 "천지자연"의 정신과 어울리는
무한대의 자유를 말하는 것이다.

6.1) 외물에 의해 흔들리지 않는 마음의 자유

안연이 공자에게 물었다.

"제가 일찍이 상심觴深(송宋 나라의 호수 이름) 호수를 건너간 적이 있습
니다. 뱃사공의 배 젓기가 신묘하여, 제가 물어보았습니다. '배 젓기를
배울 수 있습니까?'

[顔淵問仲尼曰: "吾嘗濟乎觴深之淵. 津人操舟若神. 吾問焉, 曰:
'操舟, 可學邪?']

'그럼요. 헤엄 잘 치는 사람은 몇 번만 하면 할 수 있고, 잠수를 잘
하는 사람이라면 배를 본 적이 없어도 잘 저을 수 있습니다.' 라고 했습
니다.

[曰: '可. 善游者, 數能. 若乃夫沒人, 則未嘗見舟, 而便操之也.']

제가 [더] 물으니 저에게 알려주지 않았습니다. 어떻게 된 얘기인지

여쭙고 싶습니다."

[吾問焉, 而不吾告. 敢問何謂也?"]

공자가 말하였다.

"헤엄 잘 치는 사람이 몇 번만 하면 할 수 있다는 것은 물[에 대한 두려움]을 잊은 것이네. 잠수하는 사람은 배를 본 적이 없어도 잘 저을 수 있다는 것은, 그런 사람은 호수를 언덕같이 보고 배가 뒤집히는 것을 [언덕에서] 수레가 뒤로 밀리는 정도로 여긴다네.

[仲尼曰: "善游者數能, 忘水也. 若乃夫沒人之未嘗見舟, 而便操之也; 彼視淵若陵; 視舟之覆, 猶其車却也.]

눈앞에서 엎어지고 밀리고 별의별 모양이 다 일어나도 마음에 들어올 수 없으니, 어떻게 되든 여유가 있지 않겠는가!

[覆却萬方陳乎前, 而不得入其舍. 惡往而不暇?]

깨진 기왓장을 가지고 내기를 하면 잘하다가[巧], 은전[鉤]98)을 걸고 내기하면 [마음이] 떨리고, 황금을 걸고 내기를 하면 마음이 혼란스럽네. 기술은 한 가지이나, 신중히 하는 것은 [몸] 밖의 것이 귀중한 때문이네. 무릇 [몸] 밖의 것이 귀중하면 내심은 옹졸해지네."

[以瓦注者, 巧; 以鉤注者, 憚; 以黃金注者殙. 其巧, 一也; 而有所矜, 則重外也. 凡外重者, 內拙."]

6.2) 정신과 몸을 아울러 기르는 양생養生의 도

---

98) 〈구鉤〉는 돈으로 쓰였던 은구슬[銀鍴]를 말함. 曹礎基, 276頁, 주12 참조.

전개지田開之가 주周나라 위공威公을 뵈었다. 위공이 말하였다.

"나는 축신祝腎이 양생養生의 [도술을] 배웠다고 들었네. 자네는 축신과 함께 노닐었으니 또한 무엇을 들었는가?"

[田開之見周威公. 威公曰: "吾聞: '祝腎學生'. 吾子與祝腎游. 亦何聞焉?"]

전개지가 말했다.

"저는 빗자루를 들고 청소하며 문 앞에서 시중했을 뿐이니, 그 선생한테서 무엇을 들었겠습니까?"

[田開之曰: "開之操拔篲, 以侍門庭. 亦何聞於夫子?"]

위공이 말하였다.

"전 선생, 너무 겸손하지 말게나, 과인은 듣고 싶네."

[威公曰: "田子無讓. 寡人願聞之."]

(전)개지가 말하였다.

"그 선생님께서 「양생을 잘하는 것은 양을 치는 것과 같다. 뒤처지는 놈을 보면 채찍질을 해야만 한다.」라고 하시는 말씀을 들었습니다."

[開之曰: "聞之夫子, 曰: '善養生者, 若牧羊然. 視其後者, 而鞭之.'"]

위공이 말하였다.

"무슨 뜻인가?"

[威公曰: "何謂也?"]

전개지가 말하였다.

"노魯나라의 선표單豹라는 이는 바위 속에 (은둔하여) 살며 (그 속의) 물을 마시고 사람들과 이利를 다투지 않아서 나이가 70이 되어도 얼굴빛이 어린아이 같았습니다. 불행하게도 호랑이를 만나, 배고픈 호랑이가 그를 잡아먹었습니다.

[田開之曰: "魯有單豹者, 巖居而水飲, 不與民共利. 行年七十, 而猶
有嬰兒之色. 不幸遇餓虎. 餓虎殺而食之.]

장의張毅라는 사람은 부잣집이건 가난한 집이건 [이익을 얻을 수 있다면] 찾아다니지 않는 곳이 없었습니다. 나이 40에 몸속에 열병이 나서 죽었습니다.

[有張毅者. 高門縣薄, 無不走也. 行年四十, 而有內熱之病以死.]

(선)표는 자기의 내공[마음]은 길렀으나 호랑이가 그 밖[몸뚱이]을 잡아먹었고, (장)의는 그 밖은 길렀으나 병이 그의 내공을 친 것입니다. 이 둘은 모두 그들의 뒤쳐진 것을 채찍질하지 못한 것입니다."(「달생達生」, 19:6)

[豹養其內, 而虎食其外. 毅養其外, 而病攻其內. 此二子者, 皆不鞭其
後者也."]

6.3) 화려하게 꾸며진 제물보다 더럽게 살아도 좋은 삶의 가치

축祝인과 종宗인이 검은색 제관祭官의 복장을 하고 돼지우리에 가까이

가서 돼지를 설득하며 말하였다.

"너희들은 어찌 죽음을 싫어하는가? 우리는 바야흐로 석 달 동안 너희들을 잘 먹여 줄 것이다. [우리는] 열흘간 계戒를 지키고 사흘간 재齋를 드리고 난 뒤, 흰색의 띠 풀[로 짠 돗자리를 깔고] 제기 위에 너희의 어깻죽지와 항문을 올려놓는다면 너희들은 그렇게 하겠는가?"

> [祝·宗人玄端, 以臨牢筴, 說彘, 日: "汝奚惡死? 吾將三月豢汝, 十日戒, 三日齊, 藉白茅, 加汝肩尻乎彫俎之上. 則汝爲之乎?"]

[진정] 돼지를 위하여 생각하면 [그들은] 이렇게 말할 것이다.

"돼지우리 안에서 찌꺼기를 먹으며 사는 것만 못하다."

> [爲彘謀, 日: "不如食以糠糟, 而錯之牢筴之中."]

[그러나 제관들이] 자신들을 위하여 이러한 모의: '살아서 큰 수레와 높은 모자를 쓰는 [귀인貴人으로] 존숭 되나, 죽어서는 영구차 위에 실려서 (시신이 화려한) 관속에 묻히게 된다.' 라고 하면, [그들은] 그렇게 하고 만다.

> [自爲謀, 則苟生有軒冕之尊, 死得於腞楯之上, 聚僂之中, 則爲之.]

돼지를 위하여 생각할 때는 버렸던 것을 자신을 위한 생각에서는 취했으니, [제물로 희생되는] 돼지와 무엇이 다른 것인가! (「달생達生」, 19:7)

> [爲彘謀, 則去之. 自爲謀, 則取之. 所異彘者, 何也?]

6.4) 진흙탕 속에서 꼬리를 끌며 살아가는 삶의 자유

장자가 복濮강[지금 山東성 濮현]에서 낚시질을 하였다. 초楚왕이 귀족[大夫] 두 사람을 먼저 그곳으로 보내어 말하였다.

"나라의 일로 수고롭게 하고 싶습니다."

[莊子釣於濮水. 楚王使大夫二人往先焉, 曰: "願以竟內累矣!"]

장자는 낚싯대를 붙들고 뒤도 돌아보지 않고 말하였다.

"제가 듣기로는, 초나라에 신령한 거북이 있는 데 죽은 지는 3,000년이 되었으나 임금은 [그것을] 대나무 상자에 넣고 [또] 보자기로 싸서 종묘 사당 위에 올려놓았다고 합디다.

[莊子持竿, 不顧, 曰: "吾聞, 楚有神龜, 死已三千歲矣. 王巾笥, 而藏之廟堂之上.]

이 거북이는 차라리 죽어서 뼈를 남기어 귀하게 되기를 바라겠습니까? 아니면 차라리 살아서 진흙탕 속에서 꼬리를 끌고 다니겠습니까?"

[此龜者, 寧其死爲留骨而貴乎? 寧其生而曳尾於塗中乎?"]

두 귀족은 말하였다.

"살아서 진흙탕 속에서 꼬리를 끌겠습니다."

[二大夫曰: "寧生而曳尾塗中."]

장자가 말했다.

"가보십시오! 저는 진흙탕 속에서 꼬리를 끌고 다니겠습니다."

(「추수秋水」, 17:13)

[莊子曰: "往矣! 吾將曳尾於塗中."]

6.5) 포정의 소 잡는 신기神技

포정庖丁이 문혜군文惠君을 위해 소를 잡은 일이 있었다. 손을 놀리고 어깨를 기울이고 발로 딛고 무릎을 구부리는 [몸놀림]과 '획획 획획' 하는 칼 소리가 음률에 맞지 않는 것이 없었다. 상림桑林(탕湯왕의 음악)의 춤[무舞]과 같았고, 또 경수經首(堯임금의 음악)의 음절에도 맞는 듯싶었다.

> [庖丁爲文惠君解牛. 手之所觸, 肩之所倚, 足之所履, 膝之所踦; 砉然嚮然. 奏刀騞然; 莫不中音. 合於桑林之舞, 乃中經首之會.]

문혜군이 말했다.

"아, 훌륭하구나. 기술이 어찌하여 이런 경지에까지 이를 수가 있었느냐?"

> [文惠君曰: "譆, 善哉! 技, 蓋至此乎?"]

포정은 칼을 놓고 이렇게 말했다.

"제가 즐기는 것은 '도'입니다. 기술보다 앞서는 것이지요. 일찍이 제가 소를 잡기 시작했을 때는 눈에 보이는 것이란 모두 소뿐이었으나 3년이 지난 뒤로는 소의 몸 전체를 본 적이 없습니다.

> [庖丁釋刀對, 曰: "臣之所好者, 道也; 進乎技矣. 始臣之解牛之時, 所見, 無非牛者. 三年之後, 未嘗見全牛也.]

요즘 저는 정신[神]으로 소를 보지 눈으로 보지 않습니다. 눈의 작용이 멎으니 정신이 작동하는 것입니다. 천리天理를 따라 커다란 틈새와 빈 곳을 따라가서 그것[소]의 생긴 그것대로 해나가는 것입니다. 경락이 뭉친 곳, 뼈에 붙은 살, 근육과 뼈가 엉킨 곳에서 (칼이 살, 뼈, 근육을 베는 일은) 아직 없습니다. 하물며 큰 뼈야 더 말할 나위 있겠습니까!

[方今之時, 臣以神遇, 而不以目視. 官知止, 而神欲行. 依乎天理, 批大郤. 導大窾, 因其固然. 技經肯綮99)之未嘗, 而況大軱乎!]

솜씨 좋은 칼잡이가 1년 만에 칼을 바꾸는 것은 살을 베기 때문입니다. 일반 소잡이는 달마다 칼을 바꿉니다. 마구 절단한 것이지요. 하지만 제 칼은 19년 동안 수천 마리의 소를 잡았지만, 칼날은 방금 숫돌에서 갈아 나온 것 같습니다.

[良庖, 歲更刀. 割也. 族庖, 月更刀. 折也. 今臣之刀, 十九年矣! 所解, 數千牛矣. 而刀刃, 若新發於硎.]

저 뼈마디들에는 틈새가 있으나[有] 칼날은 두께가 없습니다[無]. 두께가 없는 것을 틈에 넣으니 널찍하여 칼날을 움직이는 데 여유가 있습니다. 그러니 19년이 되었어도 방금 숫돌에서 갈아 나온 것 같습니다.

[彼節者, '有閒'; 而刀刃者, '無厚'. 以 '無厚' 入 '有閒', 恢恢乎其於遊刃, 必有餘地矣. 是以十九年, 而刀刃若新發於硎.]

하지만 근육과 뼈가 엉킨 곳에 이를 때마다 저는 그 일의 어려움을 알아채고 두려움을 지닌 채 경계합니다.

[雖然, 每至於族, 吾見其難爲, 怵然爲戒.]

---

99) 기技는 지枝자의 오기이다. 지경枝經은 경락經絡이 뭉친 곳이다. 긍肯은 뼈에 붙은 고기, 경綮은 근육과 뼈가 붙어 있는 곳이다. 曹礎基, 44쪽, 주12 참조.

눈길을 거기에 모으고 천천히 손을 움직여 칼의 움직임을 아주 미묘하게 합니다. 살이 뼈에서 털썩하고 떨어지는 소리가 마치 흙덩이가 땅에 떨어지는 것 같습니다.

[視爲止, 行爲遲, 動刀甚微. 謋然已解, 如土委地.]

칼을 든 채 일어나서 둘레를 바라보며 잠시 머뭇거리다가 마음이 흐뭇해지면 칼을 씻어 챙겨 넣습니다."

[提刀而立, 爲之四顧, 爲之躊躇, 滿志. 善刀而藏之."]

문혜군은 말했다. "훌륭하구나! 나는 포정의 말을 듣고 양생養生의 도를 터득했다."(「양생주養生主」, 3:2)

[文惠君曰: "善哉! 吾聞: 庖丁之言, 得養生焉."]

6.6) 매미잡이의 신기神技

공자가 초楚 나라를 가는데 숲을 나서니 꼽추노인이 [아교를 메긴] 막대기로 매미 잡는 일을 마치 손으로 [매미를] 주워 담는 것처럼 하는 것을 보았다.

[仲尼適楚, 出於林中, 見: 痀僂者承蜩, 猶掇之也.]

공자가 말했다.
"선생의 재주가 대단하십니다! 무슨 도술이라도 있습니까?"

[仲尼曰: "子巧乎! 有道邪?"]

(꼽추노인이) 말하였다.

"나에겐 도술이 있지요. (처음) 대여섯 달 동안 [잡으니, 막대기에] 구슬 2개를 포개 놓아도 그것이 땅에 떨어지지 않게 되어, [매미 잡는데] 실수가 적었습니다.

　[曰: "我有道也. 五六月, 累丸二, 而不墜; 則失者錙銖.]

　3개를 포개놓아도 땅에 떨어지지 않게 되니 실수는 1/10이 되었습니다. 5개를 포개놓고도 떨어지지 않게 되니 [매미를] 손으로 주워 담는 정도가 되었습니다.

　[累三, 而不墜; 則失者十一. 累五而不墜, 猶掇之也.]

　내 몸놀림은 베어진 나무 등지처럼 안정되었고[100] 어깨 놀림은 마른 나뭇가지 같습니다. 천지자연이 비록 크고 만물이 [엄청나게] 많지만, [나는] 매미 날개만을 알았을 뿐입니다.

　[吾處身也, 若橛株拘; 吾執臂也, 若枯木之枝. 雖天地之大, 萬物之多, 而唯蜩翼之知.]

　나는 뒤를 보거나 옆을 본 적이 없습니다. 결단코 만물로 인해 매미 날개[에 대한 주의력을] 바꿔본 적이 없습니다. [이러하니] 어찌 [신묘하게 매미를] 잡지 않을 수 있겠습니까?"

　[吾不反不側. 不以萬物易蜩之翼. 何爲而不得?"]

---

100) 이 구절 〈若橛株拘〉에서 〈궐橛〉은 〈궐橛〉(쐐기, 또는 잘려진 나무밑동)으로 통하고, 〈구拘〉는 〈止〉(정지)와 뜻이 통한다. 曹礎基, 275 쪽, 주 8 참조.

공자는 제자들을 뒤돌아보며 말했다.

"'뜻이 집중되면 신기神技에 비견할 만하다' 101)함은 이 꼽추노인을 말한 것 같구나!"(「달생達生」, 19:4)

[孔子顧謂弟子, 日: "用志不分, 乃疑於神, 其痀僂丈人之謂乎!"]

6.7) '자아를 잊고서' [忘我] 물 흐름과 함께 하는 헤엄의 신기神技

공자가 여량呂梁에 놀러 갔는데 폭포물이 30길[仞, 1仞은 7尺 또는 8尺]이나 되었고, 거품은 40리나 흘러갔다. 큰 자라, 악어, 물고기, 거북이들이 헤엄칠 수가 없었다.

[孔子觀於呂梁. 縣水三十仞, 流沫四十里. 黿·鼉·魚·鱉之所不能游也.]

[공자는 그곳에서] 한 남자가 헤엄치는 것을 보고서는 고민이 있어 죽으려 한다고 생각하고 제자를 시켜서 그를 구하려고 하였다.

[見一丈夫游之, 以爲有苦, 而欲死也. 使弟子竝流而拯之.]

[그 남자는] 몇 백보步 거리쯤에서 [물에서] 나와서 머리를 산발하고 흥얼거리고 걸어가면서 뚝 아래서 놀고 있었다.

[數百步而出, 被髮行歌, 而游於塘下.]

---

101) 이 구절 〈乃凝於神〉에서 〈응凝〉은 〈의擬〉(비견되다)로 통용된다.

공자가 쫓아가서 물었다.

"나는 당신이 귀신인 줄 알았는데, 자세히 보니 사람이군요. 헤엄치는데 도술이 있는지 묻고 싶습니다."

[孔子從而問焉, 曰: "吾以子爲鬼. 察子則人也. 請問: '蹈水有道' 乎?"]

(그가) 말하였다.

"없습니다. 나는 도술이 없습니다. 저는 [헤엄치는 일이] 습관에서 시작해서, 커서는 습성으로 되었고, 자연적 본성[天命]으로 완성된 것입니다.

[曰: "亡. 吾無道. 吾始乎故, 長乎性, 成乎命.]

물의 소용돌이와 함께 [물속으로] 들어가고, 솟아오르는 물과 함께 나옵니다. 물의 도리를 따를 뿐 사사로운 것은 없지요. 이것이 제가 헤엄치는 바탕입니다."

[與齊俱入, 與汩偕出. 從水之道, 而不爲私焉. 此, 吾所以蹈之也."]

공자가 말하였다.

"습관에서 시작하여, 커서는 습성이 되고, 자연적 본성으로 완성된다는 것은 무슨 뜻입니까?"

[孔子曰: "何謂: '始乎故, 長乎性, 成乎命'?"]

(그가) 말하였다.

"나는 능凌강102)에서 태어나서 능강에 편안했던 것이 습관[고故]이

요, 물(가)에서 성장하여 물에 편안한 것이 습성[성性]이요, 내가 그렇게
하는 것을 모른 채 그렇게 되는 것이 자연의 본성[명命]입니다.”(「달생
達生」, 19:10)

[曰: “吾生於陵, 而安於陵, 故也. 長於水, 而安於水, 性也. 不知:
‘吾所以然而然,’ 命也.”]

6.8) 일체에서 해방된 목공의 예술적 자유

목수 경[재경梓慶]이 나무를 깎아 악기걸이를 만들었는데, 악기걸이가
완성되자 보는 사람들은 귀신이 만든 것은 아닌가? 하고 경탄하였다.

[梓慶削木爲據. 據成, 見者, 驚猶鬼神.]

노魯나라 제후가 보고서는 물었다.
“그대는 무슨 재주로써 이렇게 만들었는가?”

[魯侯見, 而問焉, 曰: “子何術以爲焉?”]

(그가) 대답하였다.
“저는 목수인데, 무슨 재주가 있겠습니까! 그렇지만, 한 가지는 있
습니다. 제가 악기걸이를 만들려 하면 한 번도 신기神氣를 헛되이 쓰지
않습니다.

[對曰: “臣, 工人. 何術之有? 雖然, 有一焉. 臣將爲據, 未嘗敢以耗氣
也.]

---

102) 여기서 〈릉陵〉은 〈릉淩〉으로 통하며, 〈淩水〉는 江蘇省 宿遷縣의 옛 능성淩城일
대에 있다. 曹礎基, 283쪽, 주16 참조.

반드시 고요한 마음으로 재계齋戒합니다. 재계를 사흘 하면 상품이나 작록爵祿에 대한 미련이 없어집니다.

[必齊以靜心. 齊三日, 而不敢懷慶賞爵祿.]

재계를 닷새 하면 [남들의] 비판이나 칭찬 그리고 [내 기술이] 신묘할까 졸렬할까에 대한 염려가 없어집니다. 재계를 이레를 하면 홀연 나의 팔다리와 형체를 잊어버립니다.

[齊五日, 不敢懷非譽巧拙. 齊七日, 輒然 忘: ‘吾有四肢形體’ 也.]

이때에는 조정에도 나가지 않습니다. 그 기술[나무 깎는 일]에 온 마음을 쏟고 밖으로부터의 소란한 마음을 배제합니다.

[當是時也, 無公朝. 其巧專, 而外滑消.]

그런 뒤에 산림에 들어가서 [나무의] 천성적 모양새를 관찰하여 [그 형상의 이미지를] 얻게 됩니다.

[然後, 入山林, 觀天性形軀, 至103)矣.]

악기걸이에 [각종의 모양을] 나타나게 그립니다. 그런 뒤에 손대어 [깎아나가는] 것입니다.

[然後成見鐻. 然後加手焉.]

이렇지 못하면 그만둡니다. 이러하기에 ‘자연스러움’ [天, 즉 자연적 재료]에 ‘자연스러움’ [天, 즉 자연스러운 깎기 작업]이 어우러집니다.

---

103) 여기는 ‘至’ 는 ‘얻는다[得到]’ 의 뜻이다.

[不然則已! 則以天合天.]

그 기물(악기걸이)이 귀신같이 만들어지는 것은 아마도 바로 이렇기 때
문이겠지요!"(「달생達生」, 19:11)

[器之所以疑神者, 其是與!"]